国家社会科学基金项目

西华师范大学出版基金资助

刑事司法报道规制研究

唐 芳／著

人民出版社

序

龙宗智

　　现代司法,应当是"以人民为中心"的司法,因此,民众知悉和监督司法,是司法的题中应有之义。而司法报道,即媒体对案件及司法活动的报道,是实现民众参与、知悉和监督司法的重要条件与渠道。媒体与民众对司法的关注,可能对司法发生良性影响,使司法活动能接纳常识、常理、常情,并防止和克服各种不规范、不正当的司法行为。但另一方面,这种外部的影响,也可能形成舆论压迫,从而妨碍司法的独立性,使司法偏离理性的轨道。因此,对媒体的司法报道需进行必要的规制,以形成媒体与司法之间的良性互动关系。

　　由于科技进步、社会发展所带来的广泛信息融通,民众意识和意见日益广泛地通过各种媒体影响司法,传媒与司法的关系也引起了社会和学界的关注。各种研讨会、不少的研究文章,体现了这种关注。然而,我认为,如何立足于中国特有的制度背景,构建一个较为合理的传媒与司法互动的制度框架,却是一个尚未有效解决的理论与实践问题。一方面,我们需要打开司法之窗,防止司法隔离于民意,回避媒体监督;另一方面,也需要破除"媒体审判",防止以舆论挟持司法。此外还有中国背景下特有的问题:如何在由宣传部门严格管控和引导的媒体报道中,体现作为司法基本特质的抗辩性、说理性及控辩平等。例如,某些大案审判,从开始到结束,虽然在司法活动中允许辩护方在程序与实体上提出异议,但在媒体报道方面,却基本只允许一种声音,以维系舆论的"正能量",防止对打击犯罪及反腐败的消解。

思考上述问题,也许可以认识到,当今中国社会背景中,媒体与司法的关系,并非主要体现西方视角的新闻自由与司法独立的关系,可能更多的是受管控的新闻报道与司法的关系,其间可能体现出以舆论管控和引导为特点的社会逻辑与允许控诉也容纳辩护的司法理性即司法逻辑之间的深刻矛盾。这个问题我在研究法院的司法公开及宣传引导的文章中触及过(参见《"内忧外患"中的审判公开》,《当代法学》2013年第6期)。我认为,审判的力量,不在于它的国家强制力,而在于它的理性力量包括说理能力。现代司法建立在一种"相对制度"的基础上:允许不同的观点及其依据能够发出并且相互碰撞,法院需要辨别、评析并最终决定取舍,整个诉讼过程是一种理性生成和发展的过程。审判公开,以及由此伴随的司法报道及媒体监督,就是对审判理性最好的促进手段和检验方式。但法院在大力推动审判公开的同时,其宣传部门又提出"掌握宣传的主动权""第一时间发布权威司法资讯""消除不合理、不正确舆论攻击和猜疑""净化舆论空气"等观点,体现了宣传口的一种主导意识和策略,并在目前的法院宣传中被认可。然而,司法的被动性,在某种意义上也体现于司法信息传播的被动性。在审判期间,只能以公开审判的方式传达审判信息。未终审案件,如何在"第一时间"传达所谓"权威资讯"? 什么是"不合理、不正确的舆论攻击和猜疑"? 即使案件终审,难道就不允许当事人申诉和社会质疑? 在佘祥林案终审定谳有罪重判时,在浙江张氏叔侄冤案被判重罪,甚至权威媒体中央电视台播出《无懈可击——聂海芬》节目,高度赞扬"女神探"破案成绩时,发出不同声音是否就是"不合理、不正确的舆论攻击和猜疑"。法院是一个依法捍卫多元主体权利和不同声音的场所。"反对你的观点,但捍卫你发表这个观点的权利",是法院的使命。因此,在审判活动报道宣传中搞"净化舆论空气",以期实现"舆论一律",既不应当,也不可能。然而,应当承认,在案件报道尤其是刑事大要案件报道中的这种严格的传媒口径管控及"舆论一律",正是一种较为普遍的现实,从而体现出上述社会逻辑与司法逻辑的冲突。

刑事司法报道,即媒体对刑事案件的发生及其侦查、起诉、审判、执行等诉讼活动的报道,因刑事犯罪侵犯社会秩序妨碍公民基本权利,且最易点燃民众关注点和社会热点,是司法报道及其规制的主要问题。从刘涌案、许霆案,到邓玉娇案、李昌奎案、药家鑫案、李天一案,再到刘汉等人黑社会性质组织犯罪案,乃至新近的山东辱母案等案件,均凸显了刑事司法报道及其调整规制的意义,也可以引出我们对相关问题的思考。唐芳的《刑事司法报道规制研究》一书,正是基于此类思考而形成的研究成果。

本书作者是我在西南政法大学指导的 2005 级博士研究生。在读博期间,她就展现出对刑事司法报道规制这个跨学科题目的浓厚兴趣,选择此题作为博士论文进行研究,毕业后以此为基础申报国家社科基金项目并成功立项。在本书的研究中,她从概括和归纳刑事司法报道不同于一般时事报道的特点出发,对刑事司法报道规制展开了深入的理论探讨。本书研究了刑事司法报道是什么、有何特性、刑事司法报道应受保障和限制的依据,研究了中国刑事司法报道的现状和失范成因、中国刑事司法报道的现有立法规制体系及其缺陷,研究了刑事司法报道规制的域外模式和经验、刑事司法报道的规制目标和原则、中国应对媒体审判以及舆论挟持司法的刑事司法报道规制措施构建等问题,深入、系统地论述了刑事司法报道规制的理论和实践。通过研究,梳理出刑事司法报道规制体制构建的方法和路径,建议由立法选择、具体构造、配套建设三者展开。总的看,其著作言之成理,言之有据,写作规范,且有一定新意。而且作者颇注意结合案例展开理论探讨,体现了研究的实践特性。多年来,频频见诸媒体的重点案例,凸显出媒体、民意与司法及被追诉人的紧张关系。其间,部分刑事司法报道所引发的舆论挟持司法的现象,使媒体表达自由、司法权公正行使与被追诉人权利平衡问题更受关注。案例分析是探究媒体报道影响刑事被追诉人权益和司法公正的逻辑,获取国家刑事司法报道规制的经验和教训,为刑事司法报道规制提供方略的有效途径。作者以近二十年发生的典型案例作为研究素材,结合中国特定的人文和社会文化背景以及法律制度,研究造成刑事司法报道问题乃至乱象的深层缘由,强调以媒体表达自由、被追诉人人权和司法权的公正行使的良性互动为核心来透视刑事司法报道规制,有重要的理论和实践意义。同时,作者也注意对刑事司法报道的现有规制体系的分析和反思,注重从法律制度和配套建设的不同层面建构刑事司法报道的规制体系,体现出该项研究的应用价值。

不过,我认为,作者就中国特有的媒体与司法关系的某些深层次问题,如前述社会逻辑与司法逻辑的冲突与协调等问题,还有待进一步增强现实感并作更深入的研究。此外,对网络媒体的影响、自媒体传播与司法的关系等更具时代感的问题,今后还可以深入研究,以使此类研究更具有启发性乃至指导性。

作为她的博士生导师,我为本书的出版感到高兴。作者在此项成果中凝聚了辛劳和智慧,希望她能以此为起点,关注现实、揭示矛盾、深入研究,为中国刑事司法的发展作出更有价值的学术贡献。

(作者系西南政法大学原校长、现任四川大学985工程法学创新平台首席科学家、教授、博士生导师。教育部法学教育指导委员会副主任、最高人民法院特邀专家咨询员、最高人民检察院特邀专家咨询员、中国法学会检察学研究会副会长、刑事诉讼法学研究会副会长等)

目　　录

导　论

一、研究缘起

1. 由三个案例引发的思考

案例一：谢泼德案

1954 年 6 月 4 日，美国公民山姆·谢泼德(Sam Sheppard)被指控棒杀已有身孕的妻子。他辩称妻子之死并非自己所致，而是被外人入室所杀。此案一经公开，各种评论和报道随即铺天盖地而来。在谢泼德被捕前，各报纸详细报道了源自于警方但并未提交给法庭的调查工作细节，还暗示谢泼德有作案动机，所有报道与评论都认定谢泼德有罪。社论质问："为何警察不讯问首要嫌疑人？""为何不把谢泼德投牢入狱？"随后，谢泼德被指控犯有谋杀罪。对于庭审过程，媒体亦紧追不放。各种电子设备充斥法庭，对陪审员甄选、法庭调查和辩论等方面极尽影响之能事。蛊惑人心的报道直至有罪判决做出方才停息。1966 年，联邦最高法院接受谢泼德的律师的申请听审了此案，认定围绕此案的暴风骤雨式的倾向性报道使谢泼德没有得到公正的审判而将案件发回重审。已度过 12 年牢狱生活的谢泼德终于被无罪释放。联邦最高法院在此案中指责初审法院在面对狂热的刑事司法报道时没有采取本应采取的各种措施来保护被告人的公正审判权，由此在美国法律上逐步确立起细密而完整的刑事司法报道规制机制。

1

案例二:刘涌案

2001 年 7 月 11 日,沈阳嘉阳集团原董事长刘涌因涉嫌故意伤害罪、组织领导黑社会性质组织罪等七罪被刑事拘留,8 月 10 日被逮捕并被提起公诉。此案公开后,立即引起全国各地媒体的疯狂报道和评论。一审尚未开始,大量报道即以"黑老大""黑帮霸主"称呼刘涌。2002 年 4 月,辽宁省铁岭市中级人民法院一审以故意伤害罪、组织领导黑社会性质组织罪等七项罪名判处刘涌死刑。2003 年 8 月,辽宁省高级人民法院改判刘涌死刑,缓期两年执行。辽宁省高院的判决一出,就有媒体发出《对沈阳黑帮头目刘涌改判死缓的质疑》,引发媒体对辽宁高院判决的一片质疑之声。最高人民法院于 2003 年 10 月提审此案,12 月 22 日作出终审判决,判决刘涌犯故意伤害罪等七罪,数罪并罚决定执行死刑,剥夺政治权利终身。同日,刘涌被执行死刑。

案例三:李昌奎案

2009 年 5 月 16 日,云南省巧家县茂租乡鹦哥村村民李昌奎因兄长李昌国与陈礼金发生争执以及求娶遭拒而心生报复,将 19 岁少女王家飞掐晕强奸,并将其和 3 岁的王家红分别打死和倒提摔死。此案一经公开,震惊全国。2010 年 7 月 15 日,云南省昭通市中级人民法院一审审理后认定李昌奎犯罪手段特别凶残、情节特别恶劣、后果特别严重,其罪行极其严重,应依法严惩,虽有自首情节,但不足以对其从轻处罚,判处李昌奎犯故意杀人罪和强奸罪,数罪并罚决定执行死刑。2011 年 3 月 4 日,云南省高级人民法院二审审理后以有自首情节、认罪悔罪态度好,改判李昌奎死缓。死缓的终审判决结果一出,顿时在家属和媒体间引发轩然大波。2011 年 8 月 22 日,云南省高级人民法院对李昌奎故意杀人、强奸一案进行再审并当庭撤销原二审死缓判决,改判李昌奎死刑,剥夺政治权利终身。9 月 29 日,李昌奎被执行死刑。

此三案例,都是曾经轰动一时、举国皆知的大案。同样是遭遇了媒体狂轰滥炸式的密集报道和评论,但国家的回应却各不相同,被追诉人的命运更是有天壤之别,谢泼德由"死"而"生",被无罪释放,刘涌、李昌奎却由生而死,被执行死刑。此种怪象,不禁发人深省:为何两国有如此大的差异?两国面对媒体的刑事司法报道究竟有怎样的制度设计?在刑事司法遭遇媒体报道,在被追诉人以及司法与媒体狭路相逢、激烈交锋时,国家究竟应当对刑事司法报道作出怎样的回应?是自我克制、任由媒体,还是司法能动、约束媒体?在被追诉人权利受损、司法权威受到挑战时,司法应做怎样的应对?媒体又应该遵循怎样的报道规范?从刘涌案到李昌奎案,10年时光,刑事司法报道、刑事司法报道规制有了怎样的"变"或"不变"?究竟是什么因素导致了历史的重演?这是媒体时代任何一个文明社会都无法回避的追问。为了保证媒体能充分享有言论自由的权利、积极报道刑事司法,更为了维护原本就"先天不足"的司法的权威、尊严、独立以及刑事被追诉人的人权,使其在媒体的司法报道中不至于被消解和虚置,如何规制媒体的刑事司法报道,实现媒体与司法、媒体与被追诉人的博弈共赢,就成为一个理论和实践都必须高度关注的问题,值得深入研究。

2. 刑事司法报道规制研究的重要性

今天,我们所处的时代是传媒广泛参与社会生活的时代,媒体以其强大的信息传播能力和敏锐的政治嗅觉掀起了舆论导向和媒体监督的狂潮。而刑事司法因案件细节的曲折离奇、刑事司法过程的刺激性和惩罚的严重性,备受人们的关注而成为媒体报道的热点。电视、广播、报纸、图书杂志、网络等媒体对刑事司法过程和案件的报道已经迈向全方位、深层次。在刑事司法领域,媒体的报道自由得到从未有过的极致发挥。然而,任何权利的行使都不能脱离义务的履行。权利和义务的统一性原理在赋予媒体司法报道自由的同时,又要求其恪守相应的义务。鉴于司法实践中媒体报道所引发的媒体与司法之间的冲突愈演愈烈,刑事司法报道规制问题越来越为国际社会所关注和重视,并展开对刑事司法报道规制的研究和立法。反观世界,英美法系国家已基本建立起完善的刑事司法报道规制机制,越来越多的大陆法系国家和地区也正在逐步规范刑事司法报道。1994 年 1 月,在西班牙马德里汇聚一堂的 22 国法律专家和媒体代表,首次就媒体报道和司法独立的关系进行专门讨论,并通过了《关于新闻媒体与司法独立关系的基本准则》,专门规范媒体的刑事司法报道行为。2003 年 7 月 10 日,欧盟部长理事会议讨论通过第 13 号决议《透过媒体公开刑事审判信息的准则》,就媒体刑事司法报道和司法部门信息公开制定必须遵守的十八条行为准则。2005 年北京召开的第 22 届"世界法律大会",也把"言论自由与司法公正"作为"媒体与司法"专场讨论的核心议题。所有这一切均表明,刑事司法报道规制已经成为国际社会法律发展的共同趋势与目标。尽管现在我国尚未完全加入这些国际公约,但规范媒体的刑事司法报道确是大势所趋,因此,必须未雨绸缪,加强对刑事司法报道规制的研究。

除国际社会的共同要求外,加强刑事司法报道规制的研究在我国还有其自身的重要性。

首先,研究刑事司法报道规制是实现司法公正的需要。司法公正是法治的生命线,司法不公对社会所带来的巨大危害早已为历史证明,所以必须引以为戒。党的十八届四中全会为此将"保证公正司法,提高司法公信力"作为全面推进依法治国的重要方略,要求"必须完善司法管理体制和司法权力运行机制,规范司法行为,加强对司法活动的监督,努力让人民群众在每一个司法案件中感受到公平正义"。而司法公正的实现,从来就不是单向度的道路可以成就的,它既需要警察、检察官、法官、律师等法律职业群体的努力,也有赖于包括媒体在内的社会各界的支持。警察、检察官、法官、律师、媒体、社会公众,共同构筑起司法公正的支持要素。任何一个要素在与刑事司法报道交互时失范,都可能导致刑事司法报道的扭曲,造成"媒体审判""舆论审判"。贵州、北京两起"捡"球案同案异判是源于媒体激发的民意干预、李天一案双方律师的非法信息披露所引发的"媒体公诉"、巧家爆炸案侦查机关的不当信息发布导致舆情危机和侦查机关威信扫地，清洁工捡黄金案、邓玉娇案、天价手机案媒体对被追诉人的一片同情所导致的畸轻裁判，都是例证。"民愤""民怜"成为司法办案、断案的依据。如此裁判，司法公正势必荡然无存。党的十八届四中全会正是基于此，首次将"规范媒体对案件的报道，防止舆论影响司法公正"作为确保司法公正的重要途径纳入党的中央文件加以确认和强化。最高人民法院也在 2017 年 2 月 17 日发布的《最高人民法院关于全面推进以审判为中心的刑事诉讼制度改革的实施意见》中要求，"不得因舆论炒作、上访闹访等压力作出违反法律的裁判"。研究刑事司法报道规制，确立刑事司法报道的尺度和边界，确保媒体在法制的框架内报道刑事司法活动和过程，以维护司法独立，正是实现司法公正的要求。

其次，研究刑事司法报道规制是保障被追诉人人权的需要。2004 年，十届全国人大把"国家尊重和保护人权"纳入宪法，2012 年新修订的刑事诉讼法也将"尊重和保障人权"上升为刑事诉讼法的根本任务，赋予其与惩罚犯罪同等重要的地位而要求刑事司法机关与公众一体遵循。在刑事司法领域，虽然需要保护的对象有着宽泛的范畴，广泛涉及被追诉人、被害人、证人等所有诉讼参与人，但毫无疑问，被追诉人是最需要保护的对象。尽管被追诉人因为涉嫌犯罪而面临着国家的指控，要付出相应权利被限制甚至被剥夺的代价，但这种代价始终应当与其所涉嫌实施的犯罪的性质和严重程度相匹配，不应超出此范围；而且其是否有罪，也只能由刑事司法机关来最终判定，除此以外的任何人都不得进行超越法律程序的言说；不管其最终是否被定罪，都始终享有某些与普通人一样永远不可被限制或剥夺的权利。不管是国家还是传媒——即便传媒把自己装扮成公民言论自由实现的载体，将自己装扮成公意表达的化身——都无权加以侵犯。当下中国，新闻法的阙如,加上刑事诉讼法也没有媒体司法报道的具体规定,媒体在对刑事司法行为和过程进行报道时无法可据、无章可循,严重侵犯刑事被追诉人人权的现象时有发生。保障被追诉人人权,除了需要在刑事侦查、起诉、审判、执行各阶段对国家权力进行限权外,还需要建立健全刑事司法报道规制机制,从制度上划定媒体刑事司法报道的范围、确立刑事司法报道规范,建立倾向性报道预防机制、程序补救机制、报道违法制裁机制等规制体系。

最后,研究刑事司法报道规制也是保障媒体报道自由的需要。媒体的报道自由、新闻自由也是宪法所规定的基本权利,公民的言论自由的权利溯源也使报道自由归属于人权而应当受到尊重和保护。但在中国境遇下,作为公益化身的媒体正面临着尴尬的处境:一方面,作为社会公器和公众的代言人,媒体天然地拥有接近和报道刑事司法的权利;另一方面,司法的封闭性运行特征和司法功能的柔弱以及法律规制的缺位,又使媒体报道刑事司法的幅度和自由很大程度上取决于司法的自由裁量,受制于司法的单方意志,要么被排拒在外,要么听命于司法,刑事司法报道严重受限。保障媒体报道自由,就需要研究刑事司法报道的规制。在予以媒体刑事司法报道诸多限制以防范其失范之前,必须肯认和珍视媒体报道刑事司法的权利,为媒体刑事司法报道打开一扇规范的大门,防止媒体"病急乱投医"。

因此,研究刑事司法报道规制,不仅能履行"条约必须遵守"的国际法义务,更能促进司法公正、被追诉人人权和媒体报道自由三种价值在刑事诉讼中的完美实现。这正是时下中国民意、当事人与司法艰难博弈,当事人人权、媒体及公众言论自由与司法公正权益保障困局的突破口。

二、研究现状

刑事司法报道规制问题是一个新近才开始研究的问题。受制于新闻自

由的敏感性,刑事司法报道长期被学界和实务界避而不谈。直至 20 世纪
90 年代以后,新闻自由连同刑事司法报道才成为学界可以深切关注和研究
的对象,已经有相关的专著和论文发表。目前,国内学界的研究主要集中在
三个方面:一是从新闻学的角度探讨新闻自由及其限制问题。在此方面,有
大量的成果问世。① 这些著述有的对表达自由的价值、学说依据、与其他价
值的冲突作了系统的梳理,有的对两大法系的新闻法治与自律,从宏观到微
观进行了全面深入的比较研究;有的从国家司法管制、政府管理和行业自律
三个角度对各国新闻媒体作了全方位分析;有的则从媒体的视角探讨媒体
权利的保障与约束。二是从法理学、宪法学的角度探讨新闻自由与司法公
正的关系问题。在此方面,司法与媒体关系研究的成果频频见诸学术期刊
及各种书籍②。这些成果均立足于我国实际,着眼于司法阶段的刑事司法
报道来探讨媒体与司法的关系。认为,司法体制改革和新闻体制改革相对
滞后的缘由造成我国媒体与司法的冲突与对峙,当前亟待通过协商、甄别以
达成共识,为此通过自律或他律的形式构建规则,对媒体的报道行为予以规

---

① 如甄树清:《论表达自由》(科技文献出版社 2000 年版);陈堂发:《授权与限权:新闻
事业与法治》(新华出版社 2001 年版);顾潜:《中西方新闻传播:冲突、交融、共存》(复旦大学
出版社 2003 年版);陈欣新:《表达自由的法律保障》(社会科学文献出版社 2003 年版);邱小
平:《表达自由——美国宪法第一修正案研究》(北京大学出版社 2005 年版);张西明:《张力
与限制——新闻自治与自律的比较研究》(重庆出版社 2001 年版);魏永征、张咏华、林琳:《西
方传媒的法制、管理和自律》(中国人民大学出版社 2003 年版);侯健:《表达自由的法理》(生
活·读书·新知三联书店 2008 年版);郑文明、杨会永:《新闻媒体有效利用与适度控制的法
制化研究》(法律出版社 2013 年版);牛静:《媒体权利的保障与约束研究》(华中科技大学出
版社 2014 年版)。

② 如贺卫方:《传媒与司法三题》(《法学研究》1998 年第 6 期);顾培东:《论对司法的媒
体监督》(《法学研究》1999 年第 6 期);谭世贵:《论司法独立与媒体监督》(《中国法学》1999
年第 4 期);张志铭:《媒体与司法》(《中外法学》2000 年第 1 期);陈斯喜、刘松山:《冲突与平
衡:媒体监督与司法独立》(《公法》2001 年第 3 卷);李咏:《媒体与法院的紧张与冲突》(《中
外法学》2001 年第 2 期);徐迅:《中国媒体与司法关系现状评析》(《法学研究》2001 年第 6
期);顾培东:《公众判意的法理解读——对许霆案的延伸思考》(《中外法学》2008 年第 4 期);
粟铮:《传媒与司法的偏差——以 2009 年十大影响性诉讼案例为例》(《政法论坛》2010 年第 5
期);孙笑侠:《司法的政治力学——民众、媒体、为政者、当事人与司法官的关系分析》(《中国
法学》2011 年第 2 期)。

制。伴随着作为新兴媒体的网络的崛起,部分学者开始研究网络时代舆论与司法之间的关系,探讨媒体舆论影响司法的现实路径和司法的应对①。三是从刑事诉讼的角度探讨媒体与司法的关系。这些著述②有的以比较和案例研究的方法来研究传媒与司法之间的关系;有的首次从国际准则的视角对媒体与司法的关系作系统的梳理;有的则着眼于审判阶段研究媒体所掀起的民意如何影响刑事司法;有的则研究侦查机关和媒体的关系处理。这些成果为推动刑事司法报道规制研究起到了很好的助力作用,但也存在着诸多的不足需要完善。

从研究视野来看,现有的研究成果主要集中于法理学、宪法学的视角,很少从刑事诉讼的角度对司法报道规制问题进行研究③。而很显然,相对于民事、行政案件,刑事案件的报道最有卖点、最扣人心弦、最引人入胜,最能体现一国对当事人人权和司法公正的保障程度,最能折射媒体与司法的关系。"几乎所有的有关新闻界和法律系统之间的冲突的案例都发生在刑

---

① 如吴啟铮:《网络时代的舆论与司法》(《环球法律评论》2011 年第 2 期);徐骏:《司法应对网络舆论的理念与策略——基于 18 个典型案例的分析》(《法学》2011 年第 12 期);周安平:《舆论挟持司法的效应与原因——基于典型案例的分析》(《学术界》2012 年第 10 期);王启梁:《法律世界观紊乱时代的司法、民意和政治——以李昌奎案为中心》(《法学家》2012 年第 3 期);周安平:《涉诉舆论的面相与本相:十大经典案例分析》(《中国法学》2013 年第 1 期)。

② 如卞建林、焦洪昌:《传媒与司法》(中国人民公安大学出版社 2006 年版);高一飞:《媒体与司法关系研究》(中国人民公安大学出版社 2010 年版);孙万怀:《论民意在刑事司法中的解构》(《中外法学》2011 年第 1 期);胡铭:《转型社会刑事司法中的媒体要素》(《政法论坛》2011 年第 1 期);崔林:《媒体对刑事审判监督及其界限研究》(法律出版社 2013 年版);柴艳茹:《刑事侦查与大众传媒关系研究》(中国人民公安大学出版社 2013 年版);封安波:《论转型社会的媒体与刑事审判》(《中国法学》2014 年第 1 期);徐光华:《转型期刑事司法与民意互动的实证研究》(中国政法大学出版社 2015 年版)。

③ 在中国期刊网上,笔者以"犯罪新闻报道""犯罪报道""刑事法制新闻报道""媒体与刑事司法"为检索词进行检索,以这些标题发表的论文只有 70 余篇。其中只有《刑事侦查阶段的犯罪新闻报道及其限制——基于犯罪嫌疑人人权的分析》《侦查适度公开原则与犯罪新闻报道》《从无序到有序:议侦查阶段新闻自由的法律定位》《转型社会刑事司法中的媒体要素》《论转型社会的媒体与刑事审判》五篇文章是从刑事诉讼的角度来着眼的,其余都是从新闻采访、编辑的视角来展开研究的。

事诉讼和其相关程序中"。① 美国著名大众传播学者唐纳德·M.吉尔摩的这句名言可谓振聋发聩地宣示了从刑事诉讼的角度研究司法报道规制最有意义。而现有的研究显然忽视了这一点。不仅如此,既有成果即便是着眼于刑事诉讼来研究刑事司法报道规制,但研究视野往往只聚焦于诉讼的某个阶段,尚未立足于诉讼的全程,对刑事司法报道规制进行全方位、综合性、系统性的研究。从中国知网检索到的文献显示,现有研究成果主要集中于审判阶段,很少对审前程序的司法报道规制进行研究。② 已经检索到的40余篇论文,只有周长军教授发表在核心期刊《中外法学》上的《刑事侦查阶段的犯罪新闻报道及其限制》一文较为深入,其他论文大多都纠集在侦查是否应当公开这一问题上,所作分析也很简单,对怎样公开以及媒体如何报道基本没有涉及。在审前程序的刑事司法报道规制基本处于空白的前提下,审前刑事司法报道理应成为刑事司法报道规制研究的重要部分而不能被忽略。对审判阶段应如何规制刑事司法报道,尽管学界研究较多,著述也颇为丰富,但更多侧重于理论层面的梳理和阐释,真正具有可操作性的建议不多。因此,本书拟立足于刑事诉讼的全程,对刑事司法报道作全局式的深入研究。

从改革建议来看,现有的研究成果都难以回应和解决刑事司法实践所面临的难题。刑事犯罪以及与之相伴的刑事惩罚对社会公众守持的生存及生活的理念所造成的巨大冲击力、震撼力,使得影响性刑事案件往往刺激起案件当事人、公众、媒体和司法官员,乃至于为政者的激烈反应和角力。刑事裁判的走向和公正与否因而将媒体及公众的言论自由、案件当事人人权和司法公正三种权益汇聚在一起,形成错综复杂的权益诉求博弈。刑事司

---

① ［美］唐纳德·M.吉尔摩:《美国大众传播法:判例评析》,梁宁等译,清华大学出版社2002年版,第353页。

② 同样在中国期刊网上,笔者以"侦查公开""犯罪新闻报道""侦查秘密"为检索词进行检索,只检索到相关论文40余篇。

法报道规制研究,其实质就是要在厘清现实问题的基础上,为实现司法权的独立行使、公众表达自由与被追诉人人权三者在刑事诉讼中的博弈共赢而提供可行性方案。但国内的现有研究远未完成这一任务。从新闻学的角度展开的研究,缺乏全局的眼光,所提建议因囿于一门学科和部门利益而无可行性。从法理、宪法的角度探讨新闻自由与司法公正,虽能为刑事司法报道规制提供一些宏观指导,但对刑事、民事、行政司法报道笼而统之、不加区分,不能关照刑事案件和刑事司法报道的独特性,所提建议浅尝辄止,无法解决现实问题。从刑事诉讼角度展开的现有研究,除去少量成果有所关注侦查阶段或审判阶段的媒体和司法问题外,主要限于对国外刑事司法报道规制进行介绍,对中国刑事司法报道规制缺乏系统深入的研究。这些研究受研究立场的限制,或仅基于新闻自由的视角,或仅立足于法理宪法的角度,或仅钟情于对国外的介绍,所提建议都未能全面回应和解决刑事司法实践所面临的难题。这些建议构想要么视野狭窄,只见树木不见森林,与程序的系统性不匹配,要么采取拿来主义,简单套用国外的经验,所提构想与国情不合,尚未着眼于全局进行综合的考量,缺乏可操作性和法律效力。总之,现有研究没有就特定政治背景下媒体报道、刑事司法和政府、被追诉人三者的互动以及如何建构规制机制的深刻认识,刑事司法报道为何要规制?如何规制? 规制什么? 这样的理论和实践问题尚未在根本上厘清。

最后,相对于民事、行政案件,刑事案件的报道最有卖点,最能体现一国对当事人人权和司法公正的保障程度,最能折射媒体与司法的关系。因而,刑事司法报道规制涉及刑事诉讼法学、宪法学、法理学、传播学等多门学科,是一个复杂的系统工程。因此,对刑事司法报道规制的研究,离不开对相关学科的准确把握和借鉴。在新闻法尚未颁布的背景下研究刑事司法报道规制,必然要进行跨学科的研究,在把握和尊重各学科对刑事司法报道规制的特有要求基础上,致力于探讨刑事司法报道规制中的现象、原因和制度构建问题,明确中国刑事司法报道规制机制建设的政治背景、工作重点和突破方向,为规制建设提供理论支持、制度配置方案,促进司法公正、被追诉人人权和媒体及公众的言论自由三种价值在刑事诉讼中的完美实现。

三、基本概念

概念法学是大陆法系国家的典型特征,对概念进行界定往往是学术研究得以展开的前提条件。因为,"概念乃是解决法律问题所必需的和必不可少的根据。没有限定严格的概念,便不能清楚地和理性地思考法律问题。"①如果核心词汇的概念没有界定,往往会带来学术讨论中的误解,甚至产生无意义的争论。为了避免——当然也许并不能完全避免——这种无谓的争论,有必要对本书所使用的相关概念作一界定。

1.刑事司法报道

"司法"是近现代法学研究聚焦的热点。学术研究中对"司法"的理解见仁见智,有三种观点:第一是最广义说,认为司法就是适用或执行法律的活动。在此意义上,有学者认为司法是一个以法院审判为核心而向外延展的一个复合的概念体系。② 司法既包含法院的审判活动,也包含在基本功能、运行机制和构成要素方面与法院相类似的"准司法"活动(如行政裁判、仲裁),还包含围绕此活动而展开的一系列活动。因而,司法的含义远不限于公检法,而扩大到所有适用法律的活动。第二是广义说,立足于宪法的规定,认为司法就是审判机关和检察机关依照职权和法定程序运用法律定分止争、裁断诉讼案件的专门活动,司法只指向法院和检察院的办案活动。第三是狭义说,认为司法就是法院裁断纠纷的活动,其主要职能在于依法解决

---

① Max Rheinstein ,"Education for Legal Craftsmanship",*30 Lowa Law Review* 408(1945),p.450.

② 杨一平:《司法正义论》,法律出版社1999年版,第24—26页。

争端。① 这种观点把司法权等同于裁判权,因而将司法归之于审判。

本书认为,概念所处的话语背景决定着特定概念的含义,不同的话语背景可能使得同一概念呈现出很不相同的含义。因而,只要符合论者所处的话语背景,无论在哪种意义上使用"司法"一词,都无可厚非。在本书中,由于媒体对特定刑事案件的关注和报道贯穿于刑事诉讼的全过程,从案发到侦查、起诉、审判直至审判结束,媒体的报道都可能给刑事司法的独立、权威和尊严,给被追诉人人权造成严重的侵犯,甚至可能使已经生效的判决发生不利于被追诉人的逆转。因此,本书将刑事司法报道的范围扩及于从侦查到审判乃至执行的刑事诉讼全过程。本书所言的刑事司法机关,既不只是法院,也不限于检察院和法院,也不及于所有法律适用机关,而是特指在刑事诉讼中代表国家进行侦查、起诉、审判和执行的国家机关,即公、检、法、监狱,这就在正统的检察机关和审判机关之外纳入了侦查机关、刑罚执行机构。本书所言的刑事司法,就囊括了从侦查、起诉到法院审判和监狱执行四个阶段的活动;媒体对刑事司法的报道,自然就延伸至刑事司法的全程。因此,刑事司法报道,就是指新闻媒体在刑事侦查、起诉、审判和执行过程中,以声音、图像、文字等手段对公众关注、刑事法律加以禁止且以刑事惩罚为威慑的危害社会行为及其相关现象所作的报道。报道内容涉及三个方面:一是司法过程所审理或处理的案件事实;二是司法机构及其成员的职务行为;三是司法的总体形态。

需要特别指出的是,本书所指的刑事司法报道涵盖了所有媒体对刑事司法信息的报道和评论。虽然随着科技的发展,传媒产业正在经历一个飞速的变化。今日之媒体既有报纸、杂志、期刊等传统纸质媒体,也有广播、电视等电子媒体,更有如日中天的网络、手机等新媒体。因为刑事犯罪以及与之相伴的刑事惩罚对公众的生存及生活理念的巨大冲击力、震撼力,刑事司

---

① 王利明:《司法改革研究》,法律出版社2000年版,第4页。

法正越来越成为公众最为关注的视角之一。各路媒体也展现出对刑事司法的强烈兴趣,而热衷于报道刑事司法的台前幕后、前因后果。随着互联网应用技术的完善和发展,以网络、手机等为平台的新媒体大量涌现。新媒体对刑事司法的报道的及时性、互动性和覆盖的广泛性使得新媒体视域下的刑事司法报道更加需要规制。而随着新媒体的发展,传统媒体纷纷加入,选择对网络中公众关注度高的刑案进行深度报道,影响性刑事案件借助传统媒体的权威得到进一步确认和放大,致使刑事司法报道呈现出新媒体与传统媒体相互融合、相互影响的趋势。在各路媒体交织一体报道刑事司法而不能将其截然分离的时代背景下,将其统合起来研究刑事司法报道规制就是对司法现实的一种正面肯认,研究才能观照现实而有价值。因此,本书所说的媒体刑事司法报道,就同时囊括了包括传统纸质媒体、电子媒体和今日之新媒体在内的所有媒体对刑事司法活动的报道。

还需交代的是,本书之所以把媒体对刑事司法的报道定位为刑事司法报道而非其他(如犯罪新闻报道),还是基于价值中立、祛除有罪推定的考虑。由于无罪推定原则的宪法化,犯罪嫌疑人在法院做出终局性定性判决之前,尚不能被贸然称之为罪犯,其所涉嫌的行为更不能贸然定性为犯罪,此阶段的新闻报道理所当然不应冠之以犯罪新闻报道之名。否则势必与立法确认的无罪推定精神相悖,助长刑事司法报道失范的现象。用刑事司法报道来统摄审前、审时和审后媒体对刑事案件及相关事宜的报道,既可观照现实,又不至于引发不必要的争论。

伴随着近代公众对刑事司法运作的知情意愿和监督意愿以及司法公开被确立为刑事诉讼的基本原则,媒体对刑事司法的报道数量开始急剧增长。作为最易引起公众兴趣的一种新闻种类,刑事司法报道具有有别于普通时事报道的独有特征,使得刑事司法报道成为新时代学术研究和实务操作都必须重视的问题。了解和把握刑事司法报道不同于普通时事报道的特征,对于规制刑事司法报道有着重要的意义。

（1）报道内容的广泛性

诚如顾培东教授所言,媒体对刑事司法的报道广泛涉及司法过程所处理的案件事实、司法人员的办案行为以及司法的总体样态。但受媒体版面、时间、频道、期数等因素限制,报纸、杂志、广播、电视等传统媒体对刑事司法尤其是个案的报道的信息量始终有限,公众对刑事司法的关注因为媒体传播手段和能力限制而只能聚焦于个案的某些侧面。而伴随着互联网、手机、移动网络、移动电视等新媒体的崛起,博客、微博、播客、BBS 等大众信息提供与分享平台的涌现,刑事司法的台前幕后、前因后果,乃至诉讼参与人的家庭背景、财产状况、品格修养、犯罪前科等个人隐私等一切,都可能经由"人肉搜索"成为媒体报道的内容。而相比于普通时事报道只关注一人或一事,刑事司法报道的内容极其广泛,也容易引发失范,从而使得刑事司法报道的内容必须受到来自法律的规范和限制。

（2）高度的公众关注性

尽管现实生活中的新闻报道种类繁多,但大多都是对国内外某一事件信息的单纯报道,它只告诉人们在何时、何地、由何人实施了怎样的行为或发生了怎样的事件。由于这些事件通常与普通人的生活相去甚远,因而难以引起公众的心理共鸣和关注,往往只是一闪而过。而刑事案件因案件细节的曲折离奇、结局的戏剧性和刑事司法过程的刺激性,而容易引起公众的猎奇心理。而由于"新闻报道常常鼓励公众视自己为警戒者或犯罪的受害者（或者害怕成为犯罪的被害人）,或者视自己是被社会系统所辜负的易受伤害者或孤立者"的情景化报道手法①,使得公众容易对相应犯罪产生或同情或憎恶的心理共鸣,从而使得媒体司法报道备受公众关注。涉及权贵身份、公德困境、社会民生、道德底线、迷离疑难、"官"民冲突等案件,因涉及重罪、社会问题、特殊身份主体等主题元素,而成为"公案"备受公众关注。

---

① ［英］伊冯·朱克斯:《传媒与犯罪》,赵星译,北京大学出版社 2006 年版,第 55 页。

一旦成为影响性案件和公案,刑事司法报道掀起的舆情民意就会将司法推上舆论的风口浪尖,备受考验。刑事司法报道的这一特征,决定着对刑事司法报道的规制必然要提上议程。

（3）极大的社会影响性

随着表达自由权在各国宪法的落户和认可,媒体的新闻报道自由得到了很大伸张。媒体不仅有权传递和报道相关信息,更可以加以评说。互联网、手机等新媒体和微博、博客、播客等大众信息提供平台的涌现,使得传统媒体司法报道从媒体到受众、受众无法回应的单一传播路径一去不复返。微博、博客、互联网强大的信息交互、传递功能使得公众可以随时随地登录、发布、接收、转载、评论各种信息。新的通信技术使得媒体司法报道的受众华丽转身为公众信息的发布者和制造者①。各种真伪不明的信息经由各路媒体演绎和评说,形成势不可挡的舆论气场:或引爆对弱势群体犯罪的怜悯,或妖魔化强势群体犯罪,掀起民意滔天的舆论场,将被追诉人和刑事司法机关置于其中进行围逼拷问。刑事司法报道及其民意表达的非专业化使得刑事个案的人权保障和公正司法遭遇公众舆论的道德审判而失却法律的威严。与普通时事报道平平淡淡,只专注于客观现象或事件的客观呈现,不会引起多方权益的重大侵害不同,刑事司法报道对被追诉人人权和公正司法所产生的重大影响,使得我们对其负面效应不得不正视并引以为戒。

（4）管理的难控性

通信技术的发达使得今日传统媒体与新媒体正在相互融合。传媒市场媒体种类、属性、规模的多元化,使得发出刑事司法报道声音的媒体越来越多。商业化媒体的激增打破了主流媒体一统天下的传统格局,传统管控手段正在逐渐失灵。新媒体的兴起使得"人人都是通讯社,个个都有麦克风",信息传播者和受众者身份的合二为一使得媒体时代的司法报道来源

---

① 慕明春:《法治与理性的批判——对"药家鑫案"的舆论影响考量》,《当代传播》2011年第5期。

更趋多元。网络的匿名性和网民年龄、收入、学历的"三低化"使得司法报道信息真假不清,公众舆论情绪化严重,倒逼司法演化为"情绪化"司法。媒体时代,刑事司法报道正呈现出"四个不可控":新闻源头不可控、传播速度不可控、内容真假不可控、舆论影响不可控。① 刑事司法报道管理上的难控性,正在使当代中国司法的社会生态陷入困窘:公众对司法的认知与理解、对司法的期待与要求、对司法的服从与配合、对司法的尊重与支持,都在刑事司法报道对司法个案、司法办案行为、司法总体状况及司法成员的非理性表达与评价中被扭曲。② 鉴于刑事司法报道不同于一般报道的上述特点,为维护司法尊严和诉讼参与人人权,对刑事司法报道进行法律规制就自在其中、势所必然。

2. 法律规制

新闻自由是人的一项基本的宪法权利。媒体享有的自由度直接影响着公众政治生活的参与质量和对公共权力的监督力度。因而,刑事司法报道所赖以存在的新闻自由有其独特的价值功能。但自由并非随心所欲、无所顾忌而不受任何限制。因为,不受约束的新闻自由,很可能造成群情激奋的社会氛围,迫使法官或陪审员不敢逆潮流而动,而作出顺应媒体意志的裁决,被追诉人接受公正审判的权利以及司法正义的目标就会遭致侵害。因而,对刑事司法报道进行规制就成为必要。所以,经济学家哈耶克认为:"自由的真正基础是法治;法治又意味着对自由设定界限。"陈云生教授在《权利相对论》一书中也指出:"作为社会成员的人不是生活在真空里或彼此隔绝的环境,而是实实在在地生活在这个活生生的世界上。在一个国家的范围内,一个社会成员要在法律的范围内采取他可以从事的社会行为,必然会影响他人乃至全社会的合法权益。假如允许一个人可以毫无限制地行

---

① 柴艳茹:《刑事侦查与大众传媒关系研究》,中国人民公安大学出版社 2013 年版,第 56 页。

② 顾培东:《当代中国司法生态及其改善》,《法学研究》2016 年第 2 期。

使他的权利，其结果必然是损害他人乃至全社会的合法权益。一个人如果可以无限制地使用言论自由权、舆论监督权，他就可以利用这项权利攻击、诽谤他人，造成他人人格尊严的损害，甚至可能连带造成他人事业上或物质的损失；还可以利用这项权利制造事端，煽动、蛊惑群众，危害国家。从维护每个社会成员的合法权益和社会整体利益的立场出发，个人权利必须受到一定的限制。"①因此，刑事司法报道对自由的过度追求必然导致权利之间的内在紧张，对刑事司法报道进行法律规制以促使权利之间的均衡发展也就成为当下司法公正的必然诉求。

　　但另一方面，由于种种历史原因，中国对于刑事司法报道还存在诸多不合理限制，刑事司法报道处在异常尴尬的境地：一方面，政府为了完成维护稳定的政治任务而对传媒和刑事司法报道实行严格的政治规制，使媒体采访和报道刑事司法的自由得不到切实保障，媒体刑事司法报道没有足够的生存空间，其社会公器的职能和作用经常被否定；另一方面，新闻媒体为赢取最大的商业利益，而以最小的甚至完全没有的政治风险去获取刑事司法信息，突破道德底线生产各类娱乐化刑事司法报道，背离其社会转型期的守望者角色。刑事司法报道因此呈现出审前阶段的受限性与恣意性并存、审判阶段的貌似无限实则有限，媒体报道自由、被追诉人人权和司法公正未能共赢却彼此损害的奇特景观。刑事司法报道的法律规制，顺理成章地就具有了两层含义：一是要给予刑事司法报道的价值以正面的肯认和保障，赋予其表达的制度性管道；二是要在保障的同时，防范其滥用可能带来的恶果，站在法治的立场对其给予适当的限制。换而言之，刑事司法报道的法律规制具有保障和限制的双重含义，缺一不可。有保障而无限制，自由就会被滥用；仅限制而无保障，自由就会受到钳制，自由的价值就无从实现，这是一个一体两面的问题。本书即在此意义上研究刑事司法报道规制问题，试图在

---

① 周甲禄：《舆论监督权论》，山东人民出版社 2006 年版，第 264 页。

程序上建构一种有效的制度,确保媒体的刑事司法报道在尊重司法权威和被追诉人权益的基础上展开,在保障和限制之间达致一种平衡,实现正义的价值。

四、研究方法

1. 比较研究方法

"它的主要方法在于比较,它的直接目的在于提供比较系统的法律比较的知识。"①尽管因为人们理解问题的立场、对待问题的态度和解决问题的方式各不相同,并因而会产生丰富而多变的世界,但比较方法的存在会让我们能够摒除外界的干扰因素正确地认识它们。②比较方法因而成为研究社会现象的首要方法。在法律领域,"正如通过对语言的比较,语言哲学和语言学本身才得以产生一样,只有通过对不同时代、不同地域(无论是近在咫尺还是遥距天涯)各民族的成文法和习惯法加以比较,才可以发展出最普遍的法学及纯粹的法律科学,这种法学可以将真实而蓬勃的生命注入到任何特殊国家的具体法律科学中去。"③在中国,自清末变法图新、西法东进以来,立法一直都以吸收国外先进的法治理念和制度经验为主线,刑事诉讼法立法同样以国外的立法样本为蓝本,需要借鉴、吸收和移植国外相关立法和研究的成功经验和做法。而这就需要比较研究方法之运用。

刑事司法报道规制问题,在中国还是一个刚刚起步的研究课题。而西方国家在此方面的做法和制度建设已经较为成熟。刑事诉讼基本原理的普适性和刑事诉讼制度的可移植性,赋予我们在研究刑事司法报道规制时使用比较方法的正当性。毕竟,知己知彼,方能百战不殆。正如意大利法学家

---

① 沈宗灵:《比较法总论》,北京大学出版社 1987 年版,第 12 页。
② 梁治平:《法律的文化解释》,生活·读书·新知三联书店 1998 年版,第 37 页。
③ [美]埃尔曼:《比较法律文化》,贺卫方译,清华大学出版社 2002 年版,第 17--18 页。

奈尔肯所言,"只了解一个国家的人,实际上一个国家也不了解","不考察一个国家与其他国家的区别,是不可能真正了解这个国家的。"① 在这个意义上,只了解中国刑事诉讼制度的人,实际上连中国的刑事诉讼制度也不了解。② 正所谓"有比较才有鉴别",采用比较方法对中外刑事司法报道规制体系进行研究,辨别其优劣异同,透视其共性与个性,探究其形成缘由,以正本清源,能够为我国规制刑事司法报道、确定媒体与刑事司法的理性关系、促进司法公开、规范媒体运作,保障媒体、被追诉人和司法权益的共赢提供改革参考。

2. 利益——价值分析方法

马克思指出:"人们奋斗所争取的一切,都与他们的利益有关。"③ 所谓"天下熙熙,皆为利来;天下攘攘,皆为利往"。利益是人们活动的动因,并左右着人们的活动。人的一切活动都可以从利益的角度去解释,而且,利益的解释是根本性的解释。利益是"人民生活中最敏感的神经",④ 任何利益的变化都会导致获取利益的手段和方式的变化。而作为事物能够实现主体利益并满足主体需要的状态或属性的价值,则是引导人们现实行为选择的主观依据。人的一生,都在探索、认识、追求并实现自身的利益和价值。人的每一种行为,都是其客观的利益需求和主观的价值追求合二为一的选择。可以说,任何法律都是解决特定利益冲突和价值冲突的产物,任何具体的法律安排都内隐着特定主体之间的不同的利益和价值取向。一切法律现象的冲突,其实质都是利益和价值的冲突。因而,利益——价值分析法就成为研究法律现象、解决法律问题的重要方法。

---

① ［意］戴维·奈尔肯:《比较刑事司法论》,张用衡等译,清华大学出版社 2004 年版,第 159 页。

② 张明楷:《译者前言》,见［意］戴维·奈尔肯:《比较刑事司法论》,清华大学出版社 2004 年版,第 7 页。

③ 《马克思恩格斯全集》第 1 卷,人民出版社 1995 年版,第 82 页。

④ 《列宁全集》第 13 卷,人民出版社 1987 年版,第 113 页。

相较于其他法律领域,刑事司法因人命关天而牵涉着重大而尖锐的利益冲突和价值冲突:有国家与被追诉人、被追诉人与被害人、社会与被追诉人、社会与国家等错综复杂的冲突。这些社会主体的不同利益或价值取向的博弈及结果,决定着国家刑事司法制度的模式和内容。媒体对刑事司法的报道行为,正是因为裹挟着不同主体之间的利益冲突——媒体的新闻自由与被追诉人的人权保障的冲突、媒体的舆论监督与刑事司法的独立的冲突、被追诉人人权保障与刑事司法的独立审判的冲突①——而成为应当研究和规制的对象。张金柱案、刘涌案、胡斌案、李昌奎案、药家鑫案、邓玉娇案、张芸案等公案的审判过程,虽然表面上充斥着媒体和民众的声讨和法院的无奈,但案件终局裁判结果的作出实质上是此三方面权利冲突博弈的结果。因此,采用利益——价值分析法,能够精确地厘清刑事司法报道的运作逻辑、各种冲突的产生原理和运作脉络,进而为刑事司法报道的规制提供利益价值层面的合理定位,并由此找到解决冲突的原则和规则。

3. 案例分析方法

案例分析方法是法学研究的重要方法。进行案例研究,可以使理论研究获得经典案例的印证而获得强大的说服力和影响力。本书涉及两大法系国家刑事司法报道规制经验的研究,而英美法系属于判例法国家,特别是美国,法官造法的传统使判例占到了其法律制度的很大部分,其刑事司法报道规制体系基本上都是通过逐个案例演化而来。对英美国家的判例进行研究,毫无疑问是获知其法律发展、运用的最佳途径。而在中国,改革开放以来新闻自由的大发展促成了刑事司法报道的大行其道。而与此伴随的诸多媒体审判的案例,则警示我们必须反省刑事司法报道的规制。运用案例分

---

① 复旦大学孙笑侠教授认为,在备受公众关注的公案里,除去媒体、当事人和司法官这三个剧烈冲突的主体元素外,还隐藏着民众和为政者这两个主体的参与与冲突,因而公案中裹挟的利益和价值冲突就有民众与司法官、媒体与司法官、民众与媒体、为政者与媒体、民众与为政者、为政者与司法官等六对角力冲突。(孙笑侠:《司法的政治力学——民众、媒体、为政者、当事人与司法官的关系分析》,《中国法学》2011 年第 2 期。)

析方法,通过解析典型案件,可以使媒体、公众、案件当事人和司法官员躬省自身,了解媒体影响刑事被追诉人权益和司法公正的运作逻辑、原因,进而获得国家在刑事司法报道规制方面最真实的经验和教训,为刑事司法报道规制体制建设解决规律性问题并提供切实可行的改革建议。

第 一 章

刑事司法报道及其规制依据

当今时代,既是一个不断彰显新闻自由的时代,也是一个不断追求司法独立与公正的时代。这一方面构筑了刑事司法报道的正当性,另一方面又奠定了规制刑事司法报道的必要性。而这正如美国学者卡特所言,"在任何实行民主政治和法治的社会中,新闻自由和公平审判皆为国家和社会生活中不可缺少的基本价值。独立公正的司法和自由的新闻出版,是识别真正的自由民主社会和其他社会的标准"。[①] 尽管媒体和司法归属不同的事业,但却都为现代国家所不可或缺。媒体有报道刑事司法的自由,但却可能因为经济人理性的驱使而在报道刑事司法时逾越权限,从而影响到对同为民主社会基本价值的司法独立和被追诉人基本人权的保障。鉴于此,刑事司法报道有其存在的理由,同时也需要限制,保障与限制犹如车之两轮、鸟之双翼,缺一不可。

一、刑事司法报道的权利基础

当今时代是一个媒体长袖善舞、广泛参与社会生活各个领域的时代,刑

[①] [美]T.巴顿·卡特、朱丽叶:《大众传播法概要》,黄列译,中国社会科学出版社 1997 年版,第 4 页。

事司法报道更是备受媒体青睐而无孔不入。刑事司法报道之所以能够得到如此迅猛的发展,源自于其强大的理论基础。公众的言论自由权、知情权和监督权赋予刑事司法报道以正当性,刑事司法报道因此而具有强大的生存和发展空间而应受保障。

(一) 言论自由催生刑事司法报道

1. 言论自由的宪法权利属性

尽管媒体报道刑事司法的权利直接渊源于新闻自由,但从一般的历史过程看,是先有了思想自由,然后有了言论与出版自由,在此基础之上才产生今日的新闻自由①。毫无疑问,正是由于享有普通公民的言论自由,媒体才拥有报道刑事司法的权利,言论自由是刑事司法报道合法性和正当性的根本缘由。作为民主制度得以实现和不断完善的基本条件之一,言论自由是伴随着人类近现代民主制度的产生而出现并获得法律确认的一项公民基本权利。自其诞生以来,言论自由就获得了相较于其他自由无法比拟的地位而广受赞誉。美国立国先贤、民主之父杰斐逊直言不讳地表达言论自由的重要性,他说:"民意是我们政府的基础。所以我们先于一切的目标是维护这一权利。如果由我来决定,我们是要一个没有报纸的政府还是没有政府的报纸,我将毫不犹豫地选择后者。"②马克思也敏锐洞见了言论自由的重要性,他强调:"发表意见的自由是一切自由中最神圣的,因为它是一切的基础。"③第一届联合国大会视之为联合国为之献身的所有自由的试金石。④ 因此,言论自由在西方法学著作中被视为公民"最根本权利"而被奉

---

① 吕光:《新闻自由与新闻法》,台湾学生书局 1975 年版,第 35 页。
② [美]彼得森:《杰斐逊集》(下),刘祚昌、邓红风译,生活·读书·新知三联书店 1993 年版,第 1325 页。
③ 《马克思恩格斯全集》第 11 卷,人民出版社 1995 年版,第 573 页。
④ [意]萨尔沃·马斯泰罗内:《欧洲民主史》,黄华光译,社会科学文献出版社 2001 年版,第 140—141 页。

为圭臬。

言论自由的实现程度是衡量一个国家民主、法治和文明的重要尺度。重视公民的言论自由权,即尊重公民个人发表意见的权利,乃是任何开明而睿智的统治者巩固其统治的共同策略。基于对禁锢言论表达后果的深刻体认和对言论自由的追求,言论自由作为公民的基本人权被西方大多数国家相继纳入宪法。在欧洲,欧洲大陆第一部成文宪法——法国1789年宪法——就率先把言论自由纳入其中,宣称:"人人都有言论、著述和出版的自由。""通过书刊和其他方式交流思想和意见的权利……是不可否认的。""规定这些权利是因为专制主义的存在或人们对其记忆犹新。"①言论自由在人类历史上首次被宪法性文献规定为一项基本人权,从此,言论自由作为宪法权利的属性得以确立并广为推崇,以至即便反对言论自由的国家,也不得不在宪法性文献中规定言论自由权利,虚伪地表示对言论自由的尊重。在中国的历史上,开明的统治者同样把意见表达自由与否看作是国家兴亡、政通人和的关键。认为言论自由之于国家危亡异常重要,钳制民众表达意见,"斩直言之客,灭无罪之家",只会败国亡家;而广"开直言之路,广不讳之门",才能"本固邦兴"。但在专制统治的时代,民众的言论自由权利受制于君王的主观好恶,人治的国家统治制度使言论自由永远不可能上升至法律的层面而获得制度性保障,只能处于随时可能被任意取缔和限制的状态。因而,言论自由连同整个权利概念之于中国,都是西方的舶来品。直至新中国成立,宪法第三十五条②才赋予表达自由以基本权利地位,作为公意代表的媒体的刑事司法报道行为才获得了最直接的宪法依据。

2. 言论自由与刑事司法报道

言论自由肇始于西方,西方浓烈的法律文化传统和深入的宪政实践使

①　[德]哈贝马斯:《公共领域的结构转型》,曹卫东等译,联经出版事业公司2002年版,第92页。
②　《中华人民共和国宪法》第三十五条规定:"中华人民共和国公民有言论、出版、集会、结社、游行、示威的自由。"

言论自由的价值得到深刻的体认。不言而喻,言论自由的价值乃是言论自由之于人类的宝贵作用。美国联邦法院布兰代斯大法官在 Whitney v.California 一案中对此予以高度概括和赞扬。他指出:"吾国立国先贤秉持有一信念,亦即,国家的最终目的乃是协助个人自由地发挥其天赋才能……自由自在思考以及把你思考的自由地表达出来乃是发现及散布真实政治之不二法门。……欲求长治久安,必须给予人们机会以自由地讨论表达既存的委屈以及如何加以补救之道。"①正是因为具有这些卓越的性能,言论自由才被视为如同"土壤、空气、光线和场地"这样重要的存在而被各国宪法认可为基本人权;也正是因为这些卓越性能的存在,言论自由的保护才彰显出其重要性而为各国立法和理论研究所重视;言论自由的价值才成为界定言论自由保护范围的标准。刑事司法报道正是因为其权利来源于公民的言论自由权,价值上的契合使刑事司法报道自在地具有并能现实地展现言论自由的价值,因而也就值得法律予以大力保障。

(1)刑事司法报道有助于增进公众知识,提升公众法律素养

在增进知识和获知真理这一点上,刑事司法报道和言论自由有着高度的一致。这是言论自由的首要价值,也是刑事司法报道正当性的依据之一。著名学者弥尔顿、卡尔·波普尔、密尔、霍姆斯都认为言论自由之所以重要,就在于其有助于民众发现真理。"一切看法,包括一切错误在内,无论是听到的、念到的还是校勘中发现的,对于迅速取得最真纯的知识来说,都有极大帮助"②。允许言论的自由发表,非但不会使人被谬误和虚假所蒙蔽,反而会使人更能从多元化的意见中发现真理而正确抉择。因为,"吾人所欲求的至高之善唯有经过思想的自由交换,才比较容易获得,亦即想要测试某种思想是否为真理的最佳办法,就是将之置于自由竞争的市场上,看它有无

---

① Whitney.v.California,274U.S.357(1927).译文取自林子仪:《言论自由与新闻自由》,元照出版公司 1999 年版,第 13—14 页。

② [英]弥尔顿:《论出版自由》,吴之椿译,商务印书馆 1958 年版,第 20 页。

能力获得认可。"①而要实现思想与观点的自由市场,让真理在不同思想和观点的交锋中破土而出,赋予公民言论自由权并保障其能真正得以实现就必不可少。正所谓"偏听则暗,兼听则明",鉴于不同的思想或观点之间存在的相互博弈而会影响真理性认识的获得,公众论坛应向所有人开放,让公众在言论的市场中自行去辨别良莠、甄别真假、获取真知。"言论自由是我们了解真实与正确的一条最少危险的道路。虚假掩盖真实,谬误压倒正确,往往不是因为言论自由的过度,而是因为言论自由的不足。"②因而,言论自由应当受到坚决的保护,政府对言论的任何不恰当的禁止都只会扼杀真理,消解人民的知识。

在刑事司法领域,媒体的刑事司法报道具有与言论自由同样的功效。除少数专业人士外,法律因其复杂性和广博性而通常不为民众所知晓和精通。而刑法、刑事诉讼法是调整犯罪与刑罚以及刑事责任追究过程的法律。相比较于民法、民事诉讼法,其与公民有更密切的利害关系,往往直接关涉到公民的人身权利、财产权利、政治权利的限制,甚至是生命的剥夺。面对如此威严的法律,公众需要知晓什么可为、什么不可为,应为而不为或不应为而为之会导致什么样的后果,这些后果在实践中如何通过诉讼程序得以落实,诉讼过程中享有哪些权利、应当承担哪些义务,等等。而这一切的习得,则得借助刑事司法报道的途径。正如美国学者 Elder Witt 所言:"一个不容否认的事实是,如果说法律通过司法判决的官方报道传至法律家,那么可以说法律传至民众则是通过报刊传媒的过滤,尽管报刊传媒往往带有党派偏见,而且还常常采取夸张、扭曲和充满政治色彩的方式。"③"法庭的判决以及警察和监狱部门的活动,可以使全体居民了解刑法,强调刑事法律决

---

① Abrams.v.United States,250U.S.616(1919).
② 侯健:《表达自由的法理》,生活·读书·新知三联书店 2008 年版,第 64 页。
③ Elder Witt,Guide to the U.S.Supreme Court,Congressional Quarterly Inc.,1979,p.705.

不是一句空话,同时还向人们详细宣布违反何种法律将受何种惩罚。"①"只有报纸能完成这个任务(即公开对犯罪的惩罚)。报纸在履行这个义务方面有多不彻底,它对这个国家在国际上出了名的违法犯罪行为就负有多大责任。同样,报纸在展示惩罚和犯罪方面做得有多好,它就能多有效地阻止犯罪,并促进对法律的尊重。"②媒体对刑事案件事实的来龙去脉、刑事司法办案过程和法院判决结果的报道和评论,可以为普通公民树立起关于刑法、刑事诉讼法的鲜活形象,为普通公民提供亲临其境的普法教育,增进民众对刑法内容、刑事司法办案流程等知识的了解,提高民众的法律素养。除此之外,通过揭露丑陋、罪恶的犯罪现象,刑事司法报道还可以促使民众积极反思人生和社会:这种犯罪现象为何会出现,如何保护弱小和善良,如何才能有效打击犯罪,等等。正是因为有增进公众知识、提升公众法律素养的功效,媒体介入和报道刑事司法的自由应当受到坚定的保护。

(2)刑事司法报道有助于维系与推进民主事业,加强公众与国家的互动

在维系与推进民主事业,加强公众与国家的互动方面,刑事司法报道和言论自由又一次殊途同归,也是刑事司法报道获取正当性的又一依据。言论自由需要保护,原因之一就在于它在维系和推进民主事业、加强公众与国家的互动上的巨大功用。它们在政治和社会层面,总是互为唇齿、相辅相成。民主乃是多数人的统治,要求一切公共决定的作出必须建立在公众自由讨论的基础之上并获得绝大多数公众的同意。因而,民主就意味着要容纳不同的声音,不能将任何人拒之门外。因而,多元、容忍和思想开放乃是民主社会的根本特征。而言论自由本身就是通过保障每个人以各种形式公开或不公开表达自己的思想和观点,促成公众意见的充分表达,进而以此择

---

① [挪威]安德聂斯:《刑罚与犯罪预防》,钟大能译,群众出版社1983年版,第24页。

② [美]利昂·纳尔逊·弗林特:《报纸的良知——新闻事业的原则和问题案例讲义》,萧严译,中国人民大学出版社2005年版,第183页。

定公仆、参与公共决策并监督政府运作,近代民主的政治参与功能才能得以实现。因而,言论自由是民主政治不可或缺的一部分,是将民主多元、容忍和思想开放的特征层层贯穿的红线。搞民主政治,就必须保障言论自由;而保护言论自由,就必将促进民主政治。正是如此,英国著名学者普莱斯才认为:"大国之所以能行民主,有新闻纸之故。""没有新闻自由的地方,就没有民主政治。"①言论自由乃是"民主国家的生命线""民主政治的促进剂""人类最贵重的权利之一"。没有言论自由,所谓的多元、容忍和思想开放、所谓的民主交流就无从谈起。因而,言论自由不仅是授权组成政府进行自我统治的必要条件,也是制衡公共权力,防范民主由多数人统治异化为多数人暴政的重要手段。② 正是鉴于民主政治的这种价值或重要性,言论自由才被国家立法予以保护,以确保其畅通政府与公众之间的互动交流,助推民主事业。

而在公众与国家的互动上,新闻媒体毫无疑问起着至关重要的作用。刑事司法属于"社会正义的最后一道防线",掌握着追诉、裁判等事关被追诉人生杀予夺的大权,其行为是否于法有据,直接关系着被追诉人的生死存亡。在刑事司法程序中,刑事司法怎样对待被追诉人,是否给予被追诉人应有的尊重和权利保障,刑事司法作出的裁判是否公平正义,都直接挑动着公众的神经。因为,政府如何对待被追诉人,就决定着未来在相同的境遇下政府将如何对待自己。基于对被追诉人权益由己及人的关心,公众总是以情景化的身份和热情关注刑事司法的一举一动,诉说自己对刑事司法的观点与态度。而媒体对刑事案件事实的来龙去脉、刑事司法办案过程和法院判决结果的报道,正是将国家的态度传递给公众,而媒体对刑事司法过程所发表的评论则恰是公众意见的表达。因而,媒体的刑事司法报道在刑事司法

---

① 杜承铭、吴家清:《社会转型与中国宪法自由权制度的完善》,北京大学出版社 2005 年版,第 155 页。

② Abood v.Detriot Board of Education,431 U.S.209(1977).

领域的公众与国家互动上起到了桥梁沟通的作用。事实上,无数实例验证,正是因为媒体对民意的传达,推动了刑事司法诸多制度的变革。正是因为有加强公众与国家的互动,助推刑事司法制度改革的功效,媒体的刑事司法报道取得了存在的合法性而应当受到国家的保护。

(3)刑事司法报道有助于疏导社会不良情绪,维系社会稳定

疏导不良情绪是刑事司法报道与言论自由的又一个统合点。鲁迅先生对钳制言论的后果有句经典的诠释:"不在沉默中爆发,就在沉默中灭亡"。历史证明,禁锢或压制言论是导致社会动乱、失序的一个根源,长期被压抑的言论一旦爆发,必然引发破坏性的社会地震。而疏导压抑、愤怒的良策就是赋予公民言论自由权,允许其自由讨论而宣泄心中所怨。至此,言论自由为政治、法律及社会制度的改革提供了一个和平的而非冲突的手段,言论的开放与交流使得社会进步不必以社会的动乱为代价,使得社会进步和稳定可以相得益彰。"现代世界的基本原则要求每一个人……参加讨论和审议。如果他……发表了他的意见,他的主观性就得了满足,从而他会尽量容忍。……言论自由要比默不作声危险性少得多,因为后一种情形,怕的是人们会把对事物的反对意见扼在心头,至于论争则可使他们有一个出口,而得到一方面的满足,何况它又可使事物更容易沿着本身的道路向前推进。"[1]"允许思想的自由表达,不仅能增进人与人之间的信任、友谊,还能够有助于消除个人与社会、个人与国家之间的隔膜,促进社会的和睦。"[2]正是基于对言论自由的这种疏导社会不良情绪、化干戈为玉帛、促进社会和谐进步的良好价值的体认,言论自由在今天被各国所普遍认可和保护。

在刑事司法领域,刑事司法报道同样具有疏导社会不良情绪、维护社会

---

[1] [德]黑格尔:《法哲学原理》,范扬等译,商务印书馆1961年版,第335页。

[2] Meiklejohn A., *Political Freeedom of Political and Civil Rights in the United States*. 4th ed. Boston:Little Brown,1976,p.9.

稳定的功效。刑事案件交织着国家与个人、个人与个人之间剧烈而复杂的利益冲突,国家对人权的保障程度到底如何又主要集中在刑事诉讼上,使得刑事司法备受公众的关注。英国学者 Tyler 在研究人们为何信守法律和遵守秩序时发现,是否受到尊重,是否被告知刑事司法的相关信息,决定着被牵涉进刑事司法的被害人、目击者及其他公众成员(如陪审员)对司法系统的满意度①。对于备受关注的大案要案,推己及人的道德情怀总是使公众潜移默化地将自己代位为相关诉讼参与人,而保持对刑事司法的强烈关注。如果公众不能借由合法的渠道了解刑事案件的事实和刑事司法的过程,社会就可能酝酿对司法不公的不满和仇恨,甚而危及社会稳定。允许媒体将刑事司法活动公之于众并进行讨论,则有助于增进民众对司法运作过程的了解,有助于纠正司法权所造成的不公,及时减少鲁莽、冲动和错误,从而能够纾解社会的不良情绪,对社会的安全和稳定起到保驾护航的作用。刑事司法报道正是因为具有言论自由所内含的社会疏导和维护稳定的价值而获得其存续和应受保护的正当性。

(二) 公众知情权呼唤刑事司法报道

1. 知情权的宪法性根据

知情权又称了解权、获知权,是指公众从政府了解、知悉、获取法律所赋予的与其各种权利相关的信息资料的权利。作为一个确定的权利概念,知情权源自美联社记者肯特·库伯的首先倡导。库伯针对当时美国联邦政府对待政府信息公开化的消极退让但却热衷于扩大保密权限的不良倾向,提出应该用知情权这一新型民权来对抗秘密主义,呼吁赋予公众更多的知情权,并将知情权上升为衡量一国有无政治自由的标尺。此后,知情权迅速获得了各国政府的认可,成长为公民的一项基本权利。"虽然有人以没有明

---

① Tyler,T.,*Why People Obey the Law*,New Haven,CT:Yale University Press,1990.

示法律规定提及知情权为由,用一副得意洋洋的表情论述说没有这项权利,但这是否定宪法基础的谬论"。① 因为,公民的基本权利即宪法权利是公民依照宪法规定在政治、人身、经济、社会、文化等方面享有的主要权利,是社会状态下个人最基本的自由和权利,其具有基础性、关联性并体现公民与国家基本关系的属性。而知情权显然体现的乃是公民与国家的关系,并在整个公民权利体系中处于基础地位,因此,和宪法权利属性的一致性使知情权在理论和实践上成为当之无愧的宪法权利。虽然很多国家并没有将这一权利明确载入宪法,但其存在的根据我们完全可以从宪法的相关规定中找到。如联邦德国《基本法》第 5 条第 1 款规定,"人人均有权利采访法律允许报道的消息";《瑞典宪法条例》第 2 章第 1 条规定公民有获得和接受信息的情报权;美国宪法第一条修正案即言论自由条款也被认为是隐含了保护知情权的最高法律依据。因此可以说:"尽管当今世界各国宪法文本的形式有所不同,宪政实践水平也各有差异……但知情权作为基本权利已经得到当今世界各国法律的普遍认可并载入有关国际宣言或条约。"②在我国,虽然宪法没有关于公民知情权的直接规定,但宪法中关于公民其他权利的系列规定都昭示着宪法对知情权的认可。如宪法第二条③对依法管理国家事务的规定、第四十一条④对批评建议权的规定,都暗含着知情权是公民行使上述权利的题中应有之义。因此,刑事司法的运作信息作为政府的重要活动,当然是公民有权了解的信息范围,在此意义上媒体对刑事司法的报道也有其存在的价值而应当获得保障。

---

① ［日］清水英:《信息公开与知情权》,三省堂 1980 年版,第 208 页。

② 杨海坤:《宪法基本权利新论》,北京大学出版社 2004 年版,第 155 页。

③ 《中华人民共和国宪法》第二条:"人民依照法律规定,通过各种途径和形式,管理国家事务,管理经济和文化事业,管理社会事务。"

④ 《中华人民共和国宪法》第四十一条:"中华人民共和国公民对于任何国家机关和国家工作人员,有提出批评和建议的权利;对于任何国家机关和国家工作人员的违法失职行为,有向有关国家机关提出申诉、控告或者检举的权利,但是不得捏造或者歪曲事实进行诬告陷害。"

2. 知情权与刑事司法报道

美国尼曼基金会的路易斯·莱昂斯说："只有 一个功能能够证明我们的宪法向新闻界提供的崇高保护的正确性,那就是新闻界行使新闻载体之职。"①向公民传递信息是新闻传媒最为重要和基本的功能,而这一切皆源自于媒体对政府"知的权利"。作为一种新的权利诉求,媒体的知情权对于社会的重大价值在今天已彰显无疑。2008 年 2 月 27 日至 29 日通过的《关于推进知情权的亚特兰大宣言与行动计划》这样高度概括知情权的价值:"知情权是公民参与、良好治理、行政效率、问责制和反腐斗争、新闻媒体和新闻调查、人类发展、社会包容及其他社会经济和公民政治权利实现的基础;赞同知情权可以促进市场效率、商业投资、政府事务竞争、公平行政以及人们对法规之遵守。"②正是由于知情权具有上述诸多的价值和优点,知情权才作为一项基本人权而被各国和国际组织所认可。在今天,媒体担负着向公众源源不断地输送信息的重大职责,而前提就是要获知刑事司法的过程和内容,并对其进行加工和整理以促成舆论焦点,而这正是宪法所规定的知情权的具体落实。

(1)刑事司法报道有助于维护社会正义形象,增强公众对司法的信心

知情权是现代民主的根本要求,是人民行使民主自由权利和进行自我统治的前提。民主的实现,需要公众知情权的充分落实。在理论上,民众有知悉政府信息的权利,与此相对应,政府和官员则有"告知的义务",政府的管理信息应当公开。科恩指出:"一个社会如果希望民主成功,必须负责提供并发行普遍参与管理所需要的信息。""没有公开性而来谈民主是很可笑的。"③"对公众公开是政府的一项责任,需使公开达到最大的程度。"④在民

---

① 转引自童兵:《理论新闻传播学导论》,中国人民大学出版社 2000 年版,第 108 页。

② Atlanta declartion and plan of action for the advancement of the right of access to information, http://www.cartercenter.org/news/pr/ati_declaration.html.

③ [美]科恩:《论民主》,聂崇信、朱秀贤译,商务印书馆 1988 年版,第 159 页。

④ [法]罗伯斯庇尔:《革命法制和审判》,赵涵舆译,商务印书馆 1965 年版,第 139 页。

主社会,人民当家作主、自我管理是最高的政治原则,但要让人民管理国家,就必须赋予人民对充分了解公共事务的权利。如果公民没有获得充分、正确的信息,"充分知情的民主"就谈不上。美国前司法部长克拉克在《情报自由法》通过时即说:"如果政府是属于人民、来自人民、为了人民的话,人民就应该详细了解政府的活动。没有什么能比秘密更毒害民主政治的了。只有公众拥有信息,市民自治、广泛参加国家事务才有可能。我们如果不了解信息,怎么才能进行自我统治。"①离开了知情权,公民参与国家事务就徒有虚名或不得要领。

　　刑事司法报道具有了解政府、增强对政府的信任感的相同功效。澳大利亚法官马丁曾经说过:"在一个秩序良好的社会中,司法部门应得到人民的信任和支持。从这个意义出发,公信力的丧失就意味着司法权的丧失。"②所以,通过媒体适度报道刑事司法是监督司法、维持社会公众对司法公正的信心的一个有效途径。正如英彦所说,"如果正义不能以人们能'看得见'的方式得到实现,那么正义本身事实上也就不会实现"。程序正义是法所固有的检验司法活动公正与否的标准,它与实体正义共同构筑正义的两个不可偏废的合理内核。司法的正义不仅要求实现实质的公平与正义,而且还要求实现过程的公平与正义。这不仅是程序公开的法理根源,也是刑事司法报道的重要价值。媒体对刑事案件事实、刑事司法办案流程、判决结果以及判决理由的报道,能够增强司法活动的公开性和透明度,让公众了解刑事司法及其裁判的作出过程。司法的正义完全是在公众审视监督的眼光下得到实现,刑事司法报道充当了这一见证的中介,进而有助于增强公众对司法活动及结论的认同感,提升公众对司法的信心。这正如美国联邦最高法院所言:"信息获知权在司法程序的运转过程中扮演着一个有特别意

---

① 刘迪:《现代西方新闻法制概述》,中国法制出版社1998年版,第57页。
② 上海市第一中级人民法院研究室:《二十一世纪司法制度面临的基本课题》,《法学》1998年第12期。

义的角色,因为公众信息获知权不但可以增强'真相发现过程的质量并保护其完整性,这对被告和作为一个整体的社会而言都是有益的',它还可以'形成一个公正的外观,从而增加公众对司法程序的尊重。'①

(2)刑事司法报道有助于实现公众对社会安全与秩序的知情权,维护社会秩序

知情权有助于促进国家法治秩序的生成。秩序是自然界和人类社会运动、发展和变化的规律性现象,是某种程度的一致性、连续性和稳定性,"秩序的维续在某种程度上是以存在着一个合理的健全的法律制度为条件的","法律旨在创设一种正义的社会秩序。"②这不仅要求社会建构一套规则体系来规范人们的行为,而且这些规则必须得到一贯的遵循。充分知情的法律信息有助于培养和强化社会主体对法律的内在认识,并因此更有利于规则的推行,维护社会的稳定和持续。换言之,知情权的充分行使使法律秩序内化为公民对规则自觉遵守的主体意识,并导致秩序维持的和平性。此外,知情权的充分行使,使预设的法律秩序具有可行性和人民意志性,从而为秩序构建准备了人文条件。更为重要的是知情权为责任的承担提供合理的、理性的依据,为秩序运行中偶尔阻力的化解提供平稳的运行机制,从而将秩序被破坏的负效应减至最低,为法律秩序的良性改进提供稳态环境,有利于推进制度的改革和新的法律秩序的生成。

刑事司法是一种重要的国家活动,事关刑事被追诉人的生死存亡和国家对人权、正义等的态度,一定程度上关涉着整个社会文明、进步的程度,因而需要公开。这正如美国最高法院首席法官沃伦·伯格所说:"文明社会通过受害者和治安维持会来实施刑法,但并不能抹去人们的良知和基本的、

---

① [美]伟恩·R.拉费弗、杰罗德·H.伊斯雷尔、南西·J.金:《刑事诉讼法》,卞建林等译,中国政法大学出版社 2003 年版,第 1174 页。

② [美]博登海默:《法理学:法律哲学与法律方法》,邓正来译,中国政法大学出版社 1999 年版,第 318 页。

自然的对于执行正义的渴求，或是对因果报应的追求。最有效的预防办法就是司法程序不能在黑暗中进行……"①司法公开赋予公众接近刑事司法系统了解司法的详情并对之展开监督的权利。媒体介入刑事司法过程去了解并公布有关的司法信息所展开的刑事司法报道，则正是满足公众知情权的有效渠道。现代社会，随着经济利益和价值追求的多元化发展，个人理想与现实之间的落差的扩大化，犯罪率急剧上升、愈演愈烈，犯罪问题已经成为破坏国家政治安定和社会稳定的"切肤之患"。由于犯罪严重威胁着公众的人身、财产安全和社会安宁，因而实时获悉犯罪趋势、社会治安状况、犯罪手法、犯罪的构成以及特定的地域分布，就是公众应当知情的信息范围。了解这些犯罪信息，能够使公众了解社会的安全程度而适时采取正确的预防措施，使自己免于成为犯罪的侵害对象。刑事司法报道将此类信息公之于众，将有助于公众实现此种知情权，起到开展防范宣传、预防违法犯罪之目的。同时，报道此类案件信息，尤其是成功侦破刑事案件并将犯罪者投牢入狱的信息，也能够对具有犯罪倾向和意图的潜在犯罪者起到警示、威慑的作用，使其体会到"莫伸手，伸手必被捉""多行不义必自毙"，促使其不敢轻举妄动或及时悬崖勒马，社会秩序在一定程度上得以维护。因为，"惩罚的必然性而不是严酷性是阻止犯罪的最有效的武器。发现罪行、逮捕罪犯、法庭能迅速而公正地作出判决……就能在任何社区创造低犯罪率。反映这种惩罚必然性的报道越多，报纸在保证社会秩序方面起的作用就越大。"②

（3）刑事司法报道有助于公众准确认识刑事司法形势，正确反映和引导舆论

正确反映和引导公众舆论是媒体所肩负的社会责任。对此，马克思早有认识，他指出，管理者和被管理者之间冲突的解决得借自由报刊这一手

---

①　Offutt v.America,348U.S.11,14(1954).

②　[美]利昂·纳尔逊·弗林特：《报纸的良知：新闻事业的原则和问题案例讲义》，萧严译，中国人民大学出版社2005年版，第182页。

段,自由报刊是政治因素和市民因素的统合,但既不以官僚的前提为出发点,也不直接同私人利益及其迫切需要相纠缠,它总是与大众"阅读的群体"的形成和发展相伴相随,用公共舆论的方式维护国家的普遍利益。因此认定,"自由报刊是社会舆论的产物,同样,它也制造社会舆论"①。无论是作为信息的提供者、舆论的塑造者,还是公众观点的引导者,媒体对公众舆论施加着全方位的影响。域外的实证研究表明:公众关于犯罪与司法的认识主要来自媒体,媒体的报道会显著影响公众对犯罪、刑罚的严厉性、刑事司法、警察效力的看法。② 美国、英国、澳大利亚、新西兰等不同国家的公众调查也发现,尽管这些国家的犯罪率在过去的 20 年间一直在稳步下降,但公众仍然相信犯罪率正在上升,这种犯罪恐慌正是媒体的大肆报道所致。③ 英国学者 Sherman 2002 年进行的实证研究发现,尽管对影响公众对司法信任的因素很难作出一般的判断,它们因问题和国家的不同而发生变化,但世界各国影响公众对刑事司法信任的因素均有相同的三个,除去刑事司法系统的实践活动与司法系统提供的文化价值和期待之外,媒体刻画的刑事司法的形象也在根本上影响着公众对刑事司法的信任。④ 可见,媒体对舆论的正确反映和引导具有重要的价值。在媒体信息是公众了解刑事司法的主要渠道的背景下,媒体能否正确报道刑事案件、正确反映犯罪情势、正确评论刑事司法行为,从根本上影响着人们对刑事司法的总体研判和态度。所以,美国犯罪学学者斯蒂芬·E.巴坎认为,大多数公众对于犯罪及其控制手段的许多方面非常无知(这些方面包括犯罪数量、犯罪率的变化趋

---

① 《马克思恩格斯全集》第 1 卷,人民出版社 1995 年版,第 378 页。

② Kenneth Doeler,"Media Consumption and Public Attitudes Toward Crime and Justice:the Relationship Between Fear of Crime, Punitive Attitude and Perceived Police Effectiveness", 10 *Journa of Criminal Justice and Popular Culture*(2003), pp.109—126.

③ [英]朱利安·罗伯茨、麦克·豪夫:《解读社会公众对刑事司法的态度》,李明琪等译,中国人民公安大学出版社 2009 年版,第 12 页。

④ Sheran, L.,"Trust and Confidence in Criminal Justice",*National Institute of Justice Journal*, 2002, pp.22-31.

势,还有因犯罪被捕和监禁的可能性)。对于公众的这种无知,不能要求媒体承担全部责任,但因其为公众有关犯罪和刑事司法的主要信息来源,所以媒体难辞其咎。[1] 因而,在塑造犯罪和司法的公众态度上,媒体明显扮演着重要角色,所以,任何旨在提高公众认知的举措都不得不充分考虑报刊、电视以及广播电台暗含的机会和障碍。因此,媒体对犯罪的数量和动向、犯罪种类的现实构成、刑事案件的侦破起诉、审判进程、案件事实认定等信息的正确报道,都能有助于教育大众正确认识刑事司法实践,正确反映公众舆论和引导舆论走向。这是媒体时代纾解媒体与司法紧张关系,媒体谋求报道的政治空间的立身之本。正是因为所具有的这一价值,刑事司法报道才具有保障的正当性基础。

(三) 权利制衡呼吁刑事司法报道

如前所述,越来越多的国家已经在宪法和基本法上确立了新闻自由的基本权利地位,刑事司法报道也正在以雨后春笋般的速度激增。然而,媒体对刑事司法活动进行报道所取得的合法性,不仅仅局限于言论自由和知情权这样的个人性基本权利的授予。作为现代政治安排下的一种制度设计,媒体对刑事司法的报道还有来自制度层面的合法性支撑。在人权张扬的宪政时代,新闻自由已经超越了作为个人权利定位的价值范畴,而上升至制度的层面。新闻自由作为一个独立的社会组织——新闻媒体——的制度性权利已为大多数学者所认可。"新闻自由乃是宪法为了保障新闻媒体自主性,以使其发挥监督政府的制度性功能,而给予新闻媒体的一种基本权利保障。在此意义下,新闻自由属于一种为了维护新闻媒体作为民主社会一项制度所需之制度性的基本权利"[2]。新闻媒体制衡刑事司法权力的制度性

---

[1]　[美]斯蒂芬·E.巴坎:《犯罪学:社会学的理解》,秦晨等译,上海人民出版社2011年版,第43—44页。

[2]　林子仪:《言论自由与新闻自由》,元照出版有限公司1999年版,第83页。

安排赋予刑事司法报道受宪法和法律保护的合法性。

1. 权利制衡理论

洛克的自然法理论和孟德斯鸠权力分立原则的结合,构成今天绝大多数国家政府制度的哲学基础。在学者看来,人们达成社会契约组建国家和政府,就是希望它们保护社会成员的自然权利得以实现。为了使国家履行它的职能,社会成员都把自己的某些天赋的权利让渡给国家,国家因此拥有比任何国民或公众团体更大的力量。但基于对人性的不信任,对人性中邪恶和堕落一面的恐惧,民众对政府和国家权力持天然的不信任态度。对于民众而言,政府虽然必需,但对人民却始终是一种危险或罪恶。"社会是由我们的欲望产生的,政府是由我们的邪恶产生的。前者使得我们能一体同心,从而努力地增加我们的幸福;后者的目的则是制止我们的恶性,从而消极地增进我们的幸福。……社会在各种情况下都是受人欢迎的。但说到政府,即使是在它最好的情况下,也是一件免不了的祸害。只有制度才能弥补人民德行方面的天生缺陷"。[1] 基于对人性恶的深刻认识,西方对国家权力始终保持高度警惕和戒备。主张"在涉及任何政府制度和确定宪法上的一些制约和控制措施时,应假定所有的人为无赖,而且,在他们的一切行动中,除自利以外再没有其他目的。"[2]要防止政府和统治者兽性大发和充分保障公民的权利与自由,就必须设计出各种制度,以使权力被滥用的危险减少到最低限度。而制衡控制制度就是用以约束政府权力滥用的良方。

可以说,整个权力制约制度都是怀疑的产物。由于国家机构及其工作人员的道德和理性靠不住,所以,"法治社会注重公共权力制约。因为权力无制约则无法治;权力无制约则无平等;权力无制约则自由无保障;权力无

---

① [美]托马斯·潘恩:《常识》,何实译,华夏出版社 2004 年版,第 1 页。
② [美]埃尔斯特、[挪]斯莱格斯塔德:《宪政与民主——理性与社会变迁研究》,潘勤、谢鹏程译,生活·读书·新知三联书店 1997 年版,第 360 页。

制约则无秩序;权力无制约则无公平。"①"可以说,法治的主要功能在于防止、束缚专横的政治权力,铲除无限政府,确立和维持一个在权力、作用和规模上都受到严格法律限制的'有限的政府'"②。然而,权力对权力的制约虽然从表面上看起来有很直接的成效,但由于权力之间的共同利益而易导致"官官相卫"。仅仅依赖体制内部权力与权力之间的相互制衡,并不能预防和克服权力的扩展和滥用可能给公众权益带来的危害。更何况,"理论上,政府权力机关的彼此监督应是自主性的,但事实上,政府权力机关所以会对其他权力机关行使监督的权限,通常都是因为人民舆论压力才有作为。"③故而,制约政府最有效的方式来自于权利的制约,只有人民,才是公共权力的可靠监督者。而这种来自公民权利的制约最有效者又莫过于新闻媒体。因为,无论在理论还是事实上,对政府的有效监督最终需借由人民的舆论或公意。但人民就像马克思所言的袋装马铃薯那样力量分散,而且也缺少诸如人员、机关组织、充分的资讯等可兹利用的手段和资源,所以难以对政府展开具体的监督。政府必须受到监督,而单个的个人又无法对之进行有效的监督,而新闻媒体自身的功能和组织特征使新闻媒体恰好能够替代人民承担起监督制约政府的责任。一方面,新闻媒体具有提供资讯及形成公意的功能。媒体通过提供一般大众足够的资讯,以了解政府的行为,并且提供信息并促成公众对公共议题的讨论机会以形成公意,借以监督政府的施政。这两个环节环环相扣,使得媒体的监督制约功能得以实现。另一方面,媒体具有人民监督政府所欠缺的条件和能力,能够补足人民手段上的缺陷。正如美国学者 Blasi 所言:"现代政府是一个结构繁复的庞大组织,要监督这样一个组织,必须有一个结构良好、财务健全、拥有专业评论家、具有获取充分资讯能力、并且有将其所获资讯或判例传递给一般大众的能力

---

① 高鸿钧:《现代法治的出路》,清华大学出版社 2003 年版,第 324—332 页。
② 陈国权、王勤:《论政治文明中的权力制约》,《政法论坛》2004 年第 6 期。
③ 林子仪:《言论自由与新闻自由》,元照出版有限公司 1999 年版,第 83 页。

的组织,才足以担负监督政府的功能。"①而具备这种资格及能力的组织非新闻媒体莫属。因此,新闻传媒就被设计为矫正政府官员滥用权力的一种强力机制,一种由宪法选择来促使民选的政府官员能向选民负责的手段。媒体因而取得了作为体制外力量监督和制衡政府的合法性。对于新闻媒体在监督和制衡政府上的重要作用,马克思曾赞扬有加:"自由报刊是人民精神的洞察一切的慧眼。报刊按其使命来讲,是公众的捍卫者,是针对当权者的孜孜不倦的揭露者,是无处不在的耳目……是国家的第三权力"②,公众舆论的自由表达具有巨大的甚至是不可抗拒的力量。因此,权利制衡理论赋权新闻媒体成为确保公共权力正当行使的重要监督者。

2. 权利制衡与刑事司法报道

与立法、行政部门强悍的力量相比,司法属于相对克制的部门。其"既无强制,又无意志,而只有判断;而且为实施其判断亦需借助于行政部门的力量,因此,司法权为三权中最弱小的一个,与其他两者不可比拟"③。但即便如此,司法部门仍掌握着事关被追诉人生杀予夺的终局裁判大权,作为社会正义的最后一道防线,其行为是否于法有据、其行为是否公正无偏,直接关系着被追诉人的生死存亡,维系着公众对国家、对社会公正的最后期望。作为现代国家三权之一的司法权,如果不加以监督和制约,同样有着权力滥用及异化的可能性;如果不加以监督和制约,司法的独立性和封闭运行的特征会使司法权像脱缰的野马完全无法控制。因为,"如果独立性仅仅意味着法官按照他们的意愿来决定案件而不受其他官员的压力,这样一个独立的司法机构并不显然会以公众利益为重;人民也许仅仅是换了一套暴政而已。""一旦法官获得了独立于显贵的政治干涉之后,法官将从何处寻找指

---

① C.Edwin Baker,"Advertising and a Democratic Press",140 U.PA.L.REV.2097(1992).

② 王锋:《表达自由及其界限》,社会科学文献出版社 2006 年版,第 70 页。

③ [美]汉密尔顿等:《联邦党人文集》,程逢如等译,商务印书馆 1980 年版,第 390 页。

导?"①为了确保司法在排斥外来干预的同时保证其自身权力的公正行使，就必然要求运用制度的力量来对司法权的运作加以监控。而防止司法权滥用的最好方法莫过于将其具体运作予以公开，将其司法的运作过程与结果置于阳光之下，使司法裁判所依据的事实、证据和理由始终处于公众的视野之中，让公众能够现实地监督和制约司法部门正确行使公共权力，使正义以看得见的方式实现，即将司法的运作置于人民群众的监督之下。对人民监督的重大意义，美国前总统杰斐逊这样评价："人民只有用也有权表达自由以监督政府，防止政府腐化堕落，从而使来源于人民主权的政治权力不至于异化变成人民的对立面。"②司法程序公开使媒体获得了接近刑事司法的权利和机会，也使刑事司法报道拥有了存在的依据。而监督制衡司法权就成为媒体的一个制度性功能，"新闻界不仅仅发表有关审判的信息，更重要的是，它通过将警察、检察官和审判程序置于公众的严格审查和批判之下，而成为防止司法滥用的铁闸。"③美国联邦最高法院克拉克大法官的这席话可谓对刑事司法报道监督制衡功能的最佳诠释。随着现代社会民权意识的觉醒，新闻媒体在监督制约司法权的问题上已经表现出越来越大的能量。也正是在这一点上，媒体的刑事司法报道取得了存在的合法性而应当受到国家的保护。

二、刑事司法报道规制的法理依据

基于宪法性权利的定位和民主政治下的制度安排，现代新闻传媒获得了对刑事司法活动和过程进行报道的自由和权利。也正是基于宪法和法律

---

① ［美］波斯纳：《法理学问题》，苏力译，中国政法大学出版社1994年版，第8—9页。
② 乾宏、程关松、陶志刚：《论表达自由与审判独立》，《中国法学》2002年第3期。
③ ［美］唐纳德·M.吉尔摩：《美国大众传播法：判例评析》，梁宁等译，清华大学出版社2002年版，第355页。

所给予的保护,刑事司法报道正以几何级数递增的方式铺天盖地地介入到刑事司法的全过程,言说着公众的言论自由、知情权,演绎着对司法权的监督制衡功能,刺激着公众对正义的感观。然而,"报刊是把善与恶混在一起的一种奇特的力量"①,在具有积极意义的同时,又伴生着不可避免的负面效应。新闻媒体因其特定的行业特征和经济人理性的利益驱动,往往会滥用新闻报道的自由而进行道德视角的"媒体审判",严重侵损司法权威和被追诉人基本人权的保障。正如著名法理学家博登海默所说:"尽管第一修正案所规定的种种自由(即言论自由)是至关重要的,但是这些自由的行使必须同保护那些在民主政治中必不可少的并为我国宪法所保证的其他权利和谐共存。"②正是认识到各种利益的不可或缺,才需要在新闻自由和其他权利之间维持特定的平衡。为防止新闻自由的行使造成同样受宪法保护的其他权益的受损,给予新闻自由以适当的限制成为明智之举。在此意义上,刑事司法报道规制取得了其存在的合理性。而事实上,任何自由和权利都有自己特定的疆界,必须受到来自伦理道德、民主制度和法律的三重规约而理应有其行使的限度。作为新闻自由在刑事司法领域体现的刑事司法报道,同样需要受到来自伦理道德、民主制度和法律的三重规约。

(一) 伦理场域下的责任限度

应当承认,自由之于人类是一个孜孜不倦追求的价值目标和实际行为选择。正如柏林所讲:"无论就个人或社群而论,不愿遭受侵犯、而愿自行其是的欲望,都是高度文明的表征。"③"在一个正义的法律制度所必须予以充分考虑的人的需要中,自由占有一个显要的位置。要求自由的欲望乃是

---

① [法]托克维尔:《论美国的民主》,董果良译,商务印书馆 1991 年版,第 206 页。
② [美]博登海默:《法理学:法律哲学与法律方法》,邓正来译,中国政法大学出版社 1999 年版,第 544 页。
③ [英]柏林:《两种自由概念》,陈晓林译,载刘军宁、王焱、贺卫方主编:《市场逻辑与国家观念》,生活·读书·新知三联书店 1995 年版,第 208—209 页。

人类根深蒂固的一种欲望。"①然而,自由不仅是一个历史的概念,更是一个伦理概念,它源于个人自主的愿望,既关涉到个人意志的实现状态,更涉及个人行动中与群体的相互关系状态。因而,个人在享有和行使自己的自由权利时,必然要与他人发生联系,要为自己的行为负起责任。因而,自由是责任的基础,"自由本身就意味着责任"②。在伦理道德的视角上,自由和责任有着天然的联系,密切不可分割。"责任和自由是对应的概念,责任事实上——虽然不是时间上——以自由为前提,而自由只能存在于责任之中。"③因而,自由的行使就不可能恣意妄为,需要受到来自道德责任所提供的限定。作为一种普适性价值的自由,在社会实践进程中必然有其限度。为此,自由不可能无拘无束,个人的自由必须受制于他人的同等的自由,自由者必须对他们自由行动的后果埋单。自由不仅意味着个人拥有选择的机会并承受选择的重负,而且还意味着他必须承担其行动的后果,接受对其行动的赞誉或谴责。自由和责任唇齿相依,责任成为自由这一概念的题中应有之义,引导人们在责任的范围内进行自由决策和行为选择。正如哈耶克所言:"一个自由的社会很可能比其他任何形式的社会都更要求做到下述两点:一是人的行动应当为责任感所引导,而这种责任在范围上远远大于法律所强设的义务范围;二是一般性舆论应当赞赏并弘扬责任观念,亦即个人应当被视为对其努力的成败负有责任的观念。当人们被允许按照他们自己视为合适的方式行事的时候,他们就必须被认为对其努力的结果负有责任。"④基于伦理道德所要求的责任意识,自由必须遵守相应的道德底线。

① [美]博登海默:《法理学:法律哲学与法律方法》,邓正来译,中国政法大学出版社1999年版,第298页。

② George Bernard Shaw, Maxims for Revolutionists, appendix 2 to Man and Superman, in the Collected Works of Bernard Shaw, Vol.10, p.218.

③ [德]朋霍费尔:《伦理学》,胡其鼎译,香港汉语基督教文化研究所2000年版,第214—218页。

④ [英]哈耶克:《自由秩序原理》,邓正来译,生活·读书·新知三联书店1997年版,第89页。

因而,从伦理道德的视角观之,自由乃是责任限定下的有限自由,规制自由也就合乎情理。

媒体对刑事司法的报道自由同样与责任相生相伴,现代西方的社会责任理论也持这种观点。在社会责任理论下,刑事司法报道的自由是一项附义务的道德权利,它以对个人的思想、良心负有义务为基础。因而,刑事司法报道的自由绝不是纯自由主义理论所支持的绝对的权利,而是一种负有道德责任的权利,它必须与别人的个人权利以及主要的社会利益相平衡。诚如美国新闻自由委员会所说:"这种无代价的、无条件的、为造物主所赐予的、与生俱来的权利(即纯自由主义理论下的新闻自由——笔者注)的概念,乃是一个反对专制政府的不平凡的战斗原则,并且也有它的历史使命。但是在已经实现了政治自由时,显然就有加以限制的必要。"①限制媒体的刑事司法报道行为,就在伦理道德的立场上取得了其存在的合理性。

(二) 民主旗帜下的自由限度

民主与自由是唇齿相依的,没有自由就没有民主,没有民主也无所谓自由的存在。在理论上,著名民主理论家科恩认为,政治自由和言论自由是与民主紧密相连的,这是因为民主要求公民必须有权,即宪法保障的自由。在实践上,言论自由更是民主政治的重要组成部分,施行民主政治就必然允许人民自由地表达言论。这几乎被所有的经典民主学者所倡导和认可,也被法学理论者视为一体两面的问题。然而,任何事物都不可能是绝对的、单向度的、一元化的,即便民主与自由高度关联,但人民的言论自由在现代的代议制民主(抑或间接民主)下也并非绝对无限。这种间接式的民主本身就暗含了对少数人参政话语和言论自由的限制。著名政治哲学家罗尔斯指出,公民在民主宪政下的言论自由和政治参与并不是无所限制,它至少要受

① 〔美〕弗雷德·西伯特、西奥多·彼得森、韦尔伯·施拉姆:《报刊的四种理论》,中国人民大学新闻系译,新华出版社1980年版,第115—116页。

到三个方面的约束①：即宪法可能规定了范围或广或狭的参与自由；它也可能在政治自由中允许不平等；或多或少的社会资源可能被用来保证作为代表的那些公民的自由价值。民主意味着一致与同意，是多数人的声音，少数意见和权利往往被忽视。托克维尔认为，"任何一个权威被授予决定一切的权利和能力时，不管人们把这个权威称作人民还是国王，或者称作民主政府还是贵族政府，或者这个权威是在君主国行事还是在共和国行使，我都要说：这是给暴政播下了种子"。②

在这种多数主宰的强势效应下，多数成为唯一的审判者，当这种"多数"足够强大到没有任何障碍可以阻止它前进或使它延迟前进时，自由的程度和幅度就会大大缩水，自由本身势必因此而被钳制或破坏。这种没有限制的多数权利的实现必然伴生少数人的权利损害，权利的话语结构也自然偏向于多数的同一，少数人的声音变得异常的微弱以至可以忽略不计，托克维尔式的"多数暴政"场景就势所必然。因此，民主的多数和民主的表达必须寻求制度性的设计来弥补自身的缺陷，而此种新型的制度设计必须要同时兼顾少数人的利益和权利，并使多数人的表达受约定法则的共同严格规制。政治民主遂成为引领时代的发展潮流，自由在民主的框架下就不可能再无所约束而只能是有限自由，否则现代宪政体制设计下的间接式民主必不能长久。因此，任何人的私人权利和自由包括言论的自由，不管是多数人的还是少数人的，都要接受基于"一致同意"而制定的规则的限制。自由是可以克减的自由，界限是任何可行的自由的应有之义。自由不仅有其界限，而且其界限应由公道的法律来划定，这就是民主的要求。媒体报道刑事司法的自由乃是言论自由的载体，尽管有其推进民主的积极功效，但也无法避免民主可能导致的"多数暴政"——体现在刑事司法领域就是——"媒体

---

① ［美］约翰·罗尔斯：《正义论》，何怀宏等译，中国社会科学出版社1988年版，第226页。

② ［法］托克维尔：《论美国的民主》，董果良译，商务印书馆1988年版，第289页。

审判"。因此,民主的内在规定性使得媒体报道刑事司法的自由同样需要予以限制。刑事司法报道规制在民主的视角下再次获得了其存在的法理正当性。

（三）法律钳制下的疆界限度

自由不仅在伦理道德、民主制度的层面有受限制的必要,在法律规范的层面也有规制的必要。在文明时代,自由绝不可能无所规制,这已为大众所肯认。而限制的手段,法律无疑是最强有力的工具。"法律始终是增进自由的一种重要力量,与此同时也是限制自由范围的一种重要工具。"①自法律诞生以来,法律就成为自由的基础,为其设定的所有自由提供疆界。在此意义上,自由必须受到来自法律的限制,自由成为法律界定下的自由,戴着镣铐的舞蹈。每个人在享受他所有的自由及权利时,必须遵循法律规定的路径,只有在法律规则提供的行为框架范围内,才不会受到法律的干涉。否则,自由就会严重受限。正因如此,"人是生而自由的,但却无往不在枷锁中。自以为是其他一切的主人的人,反而比其他一切更是奴隶。"②卢梭的这句经典名言正是对自由在法律下的相对性的最佳诠释。言论自由作为自由的一种,理所当然也要受法律的限制。如哈耶克就认为:"言论自由、出版自由、宗教自由、集会和结社自由、通信及住宅不受侵犯等传统的人权当中,没有一项是能够或曾经是可以不受一般性法规之限制的绝对权利。"③

正是受自由相对论的影响,对自由特别是言论自由进行限制已经成为世界各国现实的选择。各国都把限制言论自由作为一个任务落实到本国的立法或司法实践中,体现在法条之上:申明这一权利的相对性——言论自由

① ［美］博登海默:《法理学:法律哲学与法律方法》,邓正来译,中国政法大学出版社1999年版,第307页。

② ［法］卢梭:《社会契约论》,何兆武译,商务印书馆1980年版,第8页。

③ ［美］约翰·罗尔斯:《政治自由主义》,万俊人译,译林出版社2000年版,第314页。

应当受到限制。法国 1789 年《人权宣言》第 11 条宣称:"自由表达思想和意见是人类最宝贵的权利之一;因此,各个公民都有言论、著述和出版的自由,但在法律所规定的情况下,应对滥用此项自由负担责任。"法国 1848 年宪法第 81 条也宣布:"公民有……通过新闻媒体或其他途径表达其思想的权利。"但"行使这些权利的惟一限制是他人的权利或自由与公共安全"。国际公约对言论自由和新闻自由也同样秉持"一般保护、特别限制"的立场,要求为防范自由的滥用而应给予限制。如,被视为"国际人权宪章"之一的《公民权利和政治权利国际公约》第 19 条就规定:"人人有自由发表意见的权利;此项权利包括寻求、接受和传递各种消息和思想的自由,而不论国界,也不论口头的、书写的、印刷的、采取艺术形式的或通过他所选择的任何其他媒介。"但是这些"权利之行使带有特殊的义务和责任,因此得受某些限制,但这些限制只应由法律规定并为下列条件所必需:(甲)尊重他人的权利或名誉;(乙)保障国家安全或公共秩序,或公共卫生或道德"。对言论自由在法律上的相对性和受限性,美国联邦最高法院法官霍姆斯的总结可谓经典,他指出:"修正案规定政府不得通过任何法律以压制言论自由,但表示自由从来就不是绝对的,像其他权利一样,给予言论出版自由的权利是有限制的,就是说,它的自由行使意味着一个有组织的社会的存在,一种公共秩序的存在,没有这种秩序,自由就会被滥用,甚至丧失殆尽。"①

界限是所有可行的自由的应有之义。媒体对刑事司法进行报道的自由,来自于媒体所享有的新闻自由权。与其他自由一样,新闻自由同样要受法律的限制。立足于法律和自由的关系的角度,对新闻自由尤其是刑事司法报道进行限制就成为正义之举。这正如施拉姆所言:"新闻自由并不是绝对的,而是有限制的。控制报刊是法律的任务。"②

---

① 龚祥瑞:《比较宪法与行政法》,法律出版社 1985 年版,第 157—158 页。
② 〔美〕弗雷德·西伯特、西奥多·彼得森、韦尔伯·施拉姆:《报刊的四种理论》,中国人民大学新闻系译,新华出版社 1980 年版,第 57 页。

三、刑事司法报道规制的实践依据

"记者笔下人命关天,记者笔下财产万千"。作为"无冕之王"的新闻媒体在现代社会从来都是一把双刃剑:行使得当,可以推进社会进步和促进人的发展;行使不当,则会破坏社会公正和侵犯作为社会主体的个人人权。对此,欧洲人权法院在其判例法这样总结刑事司法报道的重要性与危害:"自由的表达(尤其是通过大众传媒的)是一种强有力的工具,携带着一些特殊的职责和责任。假如说保护自由言论权利是关键的,因为它在促进民主、揭露滥用以及推动政治、艺术、科学和商业发展等方面具有强大力量,那么承认如下一点也很重要:自由言论同样能够被用来诱发暴力、散布仇恨以及破坏个人隐私和安全。"[①]其负面效应赋予国家规制刑事司法报道以正当性和必要性。

(一)刑事司法权威的流失

在刑事司法领域,媒体通常是借由议题设置不当和内容失实的刑事司法报道形成舆论、影响司法独立,致使法官作出不公正判决,从而,给被追诉人的权益造成重大的损害。事实上,媒体的刑事司法报道在遭致被追诉人权益受损的结果之前,已使刑事司法系统先行蒙羞——司法独立和权威严重流失。而司法独立与司法权威是现代法治社会的精髓和核心,由此,这就构成了分析刑事司法报道负面效应的首要内容。

1. 权利与权力冲突下的媒体与司法

权利和权力是贯穿于法律的整个体系和全过程的一对基本范畴,是全部法律现象中两种最基本的现象,一切立法和法律研究都无法脱离对此二

---

① [英]克莱尔·奥维、罗宾·怀特:《欧洲人权法:原则与判例》,何志鹏等译,北京大学出版社 2006 年版,第 380 页。

者的关注。权利是法律所规定并由主体以作为或不作为的方式获得利益的一种手段,而权力则是指特定社会关系中的特定主体所拥有的强制和支配他人服从自己意志的能力。在实现权利的问题上,社会担负着保护个体成员的合法权利和全社会成员的共同权利的双重职责。由于利益需求的特殊性和个体行动的趋利避害天性,个体行使权利往往只考虑自身利益的实现,而较少考虑在追求自身权利时注意对调控全体社会成员利益的社会公共利益的维护,甚至完全置社会公共利益与秩序于不顾、恣意妄为。国家作为全体成员共同利益的代表,必然要以一种强力的形式出面,对个人权利的行使进行干预。在不同价值取向的现实场景中,权利和权力就不期而遇、短兵相接。体现在法律领域,权利与权力的矛盾就成为法律上最基本的矛盾。虽然表面上看这种冲突似乎是观念之争,但利益之间的冲突才是真正根源和实质。[①] 权利的本质是利益,是法律所认可和保障的个体利益。而权力的生成原理已然证明权力来源于权利,其设立的目的和初衷就在于对社会公共利益为进行维护和保障,因而利益仍然是其本质,只不过此处法律所认可和保障的利益从个体利益转换成了社会公共利益。作为社会利益不可剥离的两个方面,公民个体利益与社会公共利益既相互依存又彼此冲突。当个人对自身利益的忘我追求与社会公共利益的要求截然相悖时,权利和权力因利益的差异和矛盾必然狭路相逢而产生冲突。

　　这种冲突若长期无法得到理性的解决,人类社会的活动必将流于混乱和无序。鉴于社会和平是人类有序发展的保障,消弭权利与权力之间的冲突,重建社会的和平状态就成为人类必然的任务。而最佳的选择当然是诉诸法律,依靠法律把个体和国家的利益和行为限制在一个合理的框架内,使权利和权力都各得其所、和谐共存。在刑事司法领域,媒体和司法同样是性质完全不同的两种活动,一方代表权利,一方代表权力,各有其判别标准和

────────────

　　① 梁迎修:《权利冲突的司法化解》,《法学研究》2014 年第 2 期。

游戏规则。前者追求自由,追求报道的轰动性和时效性,后者崇尚公正,注重司法的规则性和结果的正确性;前者崇尚开放,追求新闻信息的广而告之和透明度,后者崇尚独立,追求司法活动的封闭性和自洽性;前者因循道德视域的感性评价和情感宣泄,后者追求事实和法律基础上的理性审理和公正裁断。媒体和刑事司法系统之所以会发生冲突,就是源于利益所导致的权利与权力的冲突。片面追求轰动效应,提高收视率、点击率,增大媒体利润回报的利益驱动,往往使媒体在报道刑事司法时倾情于案件情节渲染或评论,煽起群情激奋的社会情势,给法官断案形成强大的舆论压力和心理负担,使法官要么先入为主、形成偏见,要么不得不屈从于舆论或者上级的指示,迎合媒体作出违背事实与法律的裁判,最终危及司法的独立、公正和权威。另一方面,刑事司法则基于公正司法的立场,要维护内蕴社会正义的公共利益,而媒体的过火行为显然使司法无法实现它的利益和责任。在利益彼此冲突的场域下,媒体和司法的冲突就成为刑事司法报道中一个不可回避的重大问题,规制刑事司法报道就成为当前法律亟待解决的现实课题。

2. 司法独立的侵蚀

司法的独立性是实现司法公平正义的根本保障。作为当今世界法治的基本准则,司法独立具有双重含义:一方面,作为一项宪法性原则,司法独立要求实现司法机关包括集体独立、内部独立、身份独立和实质独立在内的完全独立,强调司法权的专属性和独立行使性;另一方面,作为一项司法审判原则,司法独立强调审判权的公正行使,防范外界对审判的侵权、介入、施压与妄评,使司法审判真正公正无偏、成为维护公民权益最重要的"保护伞"。司法独立与法治密切相关,理论界某种程度上通常将司法独立与法治原则相提并论。认为:"法治有时被称为法律的最高原则,它要求法官制定判决时,只能依据现有的原则或法律,而不得受随意性的干扰和阻碍。"[①]1983

---

①　Bryan A.Garner,Black's Law Dictionary,West Publishing Co.,2009,p.1448.

年通过的《关于司法独立最低标准的规则》也把法官的实质独立这一"技术性司法原则"作为司法独立的首要标准。司法权的本质是一种判断权，因而司法权相对于立法权和行政权非常弱小，容易受到外界的干涉，因而判断权这一本质属性决定司法必须独立。汉密尔顿在对行政部门、立法机关以及司法部门的权力和地位进行比较后认定："司法部门既无强制、又无意志，而只有判断；而且为实施判断亦需借助于行政部门的力量，因此，司法权为三权中最弱小的一个，与其他两者不可比拟，故应使它能自保"。① 而自保的方法，就是使它免于受到来自外界的干预和影响。与此同时，司法也是一个以主观认识客观、以已知探求未知的裁判活动。要确保裁决的公正，对作为裁判者的法官的首要要求就是要保持中立："（1）任何人都不能充当有关自己案件的法官；（2）结果中不应包含纠纷解决者个人的利益；（3）纠纷解决者不应有支持或反对某一方的偏见。"②因而，判断者——法官——必须是独立的，他必须始终保持中立的立场，客观地看待控辩双方当事人的观点和主张，既不有所偏袒也不有所歧视，不偏不倚地以事实为根据、以法律为准绳来断案。法官在作出判断时，必须依据理性而控制自己，杜绝外界因素的影响。但人是感情动物，不管法官多么独立，意志多么坚强，他都不可能完全不受外界的干扰。一位美国法官如是说，"即使有终身任职制，我们也是人，我们不可能完全不服从于外部的压力"。③ 就此而言，要将司法公正的理想由应然变为实然，就必须实现司法独立尤其是法官独立。因此，法官必须"根据自己对证据、法律和正义的认识，对案件进行裁判时独立于政府权力和私人的压力、诱惑和威胁"④。刑事司法报道所形成的不良舆论自

---

① ［美］汉密尔顿等:《联邦党人文集》，程逢如等译，商务印书馆 1980 年版，第 390 页。

② ［美］戈尔丁:《法律哲学》，齐海滨译，生活·读书·新知三联书店 1987 年版，第 240 页。

③ 《什么是司法独立?——来自大众、新闻、职业界及政治家的观点》，［美］《司法》1996 年 10—11 月号。

④ ［美］罗伯特·厄特:《司法独立的保障》，蒋惠岭译，人民法院出版社 1998 年版，第 387 页。

然也在法官排斥的范围之内。当媒体为了利益最大化片面地追逐卖点、吸引受众眼球时,不实的报道必然严重困扰法官的理性思维和独立判断,司法独立必定由此而受到折损。

因此,基于新闻自由的滥用造成的侵蚀司法独立这一负面效应,给予刑事司法报道以必要的限制就具有现实意义。在中国这样一个司法独立传统并不深厚、司法功能柔弱的国家,司法独立乃是重中之重的核心问题。它不仅是现代司法中最重要的程序原则,更是司法公正的核心,因而在与媒体刑事司法报道的关系上,司法独立有着优先的价值。"它被作为保护个体及其利益以防止国家和社会侵害的工具。这一原则假定个人是一切事物的中心,国家存在的目的是保护个人的利益,建立法院和法律的功用是保护个人及其应有权利,防止功能转为压迫人民和剥夺个人权利的机器。"[1]司法的独立性一旦丧失,法律面前人人平等的原则就会遭受破坏,公民的权利和法律的尊严就无法得到维护,司法作为"社会正义的最后一道防线"的功能也会消弭殆尽。尽管媒体的刑事司法报道有监督制衡司法权的客观功效,但媒体的报道仍应在保证司法独立的前提下而为。因为,"社会对司法部门的尊重是涉及司法部门的独立性的主要理由之一"[2]。在司法本身尚不够强大到足以自保时,媒体的刑事司法报道一旦陷于失范与错位,必定自觉不自觉地给本已先天不足的司法带来致命的伤害。出于对司法独立的保护,也应当对刑事领域中的司法报道予以限制。

3. 刑事司法权威的折损

司法的权威,乃是司法部门在运用司法权解决纠纷的过程中运用国家法律而在动态活动和静态昭示方面对当事人和社会公众所应当拥有的支配力、令人信服的威望和公信力,又称司法的尊严。作为一种社会最高

---

① [美]庞德:《普通法的精神》,唐前宏等译,法律出版社2001年版,第53页。
② [美]巴里·海格:《法治:决策者的概念指南》,曼斯菲尔德太平洋事务中心译,中国政法大学出版社2005年版,第47页。

的整合机制,司法权威能够通过对权利的维护而给政治统治提供合法性资源,将各种利益冲突和社会矛盾解决在法治的框架内,形成一种法律秩序,进而提升民众的法治理念和对司法的认同。司法有无权威以及权威的程度如何,是衡量一个国家法制现代化水平的重要标志,因而,树立并保护司法权威,是一个国家走向法制现代化进程中必须注意的重要任务。但司法权威同时是一个复杂的范畴,其内含着法律规则、司法主体和司法裁判等影响权威的诸多环节,在这个闭合的有机整体中,只有各部分彼此配合才能使司法机关的威望和公信力即权威达致最佳。① 司法权威的树立和维护,就是要使"司法最终解决原则"落到实处,真正使司法机构成为最权威的纠纷解决机关,保持高度的超然而不受干预;使司法裁决成为最有权威的裁决;使全社会都尊重司法权的有效行使,不得妨碍和干预司法活动的正当有序进行。如若司法没有权威,司法的"正义防线"功能也就不复存在。

　　然而,司法权威并非无根之木、无源之水。司法权威的获得和巩固,来源于各种相关因素的合力整合。美国法官万斯把保障司法权威得以实现的条件概括为五个方面:第一,法官自己对于公正判决的独立意识;第二,在判决时来自训练有素的律师界支持的意识;第三,政府其他部门对法官的支持意识;第四,来自新闻和其他媒体的支持意识;第五,一般公众以及特定的诉讼当事人对法官的支持和尊敬意识。② 司法机关自己对独立的坚守和自信以及对司法公正的追求,乃是确保司法权威的生成和实现的最重要因素。而"正当程序和公平是法院自信和信用的主要渊源"③。公正是司法的生命和目标。而正如西彦所云:"公正裁决是法院得以存在的

---

　　① 季金华:《司法权威论》,山东人民出版社 2004 年版,第 50—55 页。
　　② 宋冰:《程序、正义与现代化》,中国政法大学出版社 1998 年版,第 281 页。
　　③ [美]诺内特、塞尔兹尼克:《转变中的法律与社会》,张志铭译,中国政法大学出版社 1994 年,第 74 页。

必不可少的因素,是司法程序的心脏。""正义如果有声音的话,裁判才是正义的声音"①,只有当当事人在诉讼程序中获得必要的程序关照并获得了公正的裁决时,司法公正才会得以实现,司法的权威才会在一次次公正的裁决中得到维护。为此,要维护司法的权威,必须保证法院裁判的公正性。而法院裁判的公正,除去法官自身要始终致力于坚守独立与追求公正之外,还需要得到来自律师、新闻媒体、大众和政府部门尤其是媒体的大力支持。因为"民主的目的不是利用大众的情绪,而是阻止民众情感的游移不定的反应挫败国家的理性和深思熟虑的意见"②。在刑事司法领域,如若媒体为追求商业利益而罔顾正义,大肆渲染案件情节或妄加评论,进行情绪化表达,激发起沸腾的"民意"而迫使法官面临各种有形、无形的压力,而罔顾事实与法律作出不公的判决。这既是对媒体正确反映和引导舆论社会责任的背离,更是对司法权威的毁灭性摧残。因为,这正如培根所讲:"一次不公的(司法)判决比多次不平的举动为祸尤烈,因为这些不平的举动不过弄脏了水流,而不公的判决则把水源败坏了。"③当事人对司法的认同和期待就会在瞬间土崩瓦解,司法的权威在无形中就被悄然侵蚀。因此,只要新闻媒体对刑事案件的报道有可能误导公众对案件审理的期待,从而严重影响公众对法律和事实理解的偏差,迫使法官产生倾向性预断进而会严重弱化和侵蚀法院的威信和法官声誉时,对刑事司法报道的限制就成为势所必然。

(二) 被追诉人实体权利的消解

1. 权利冲突下的传媒与被追诉人

马克思有句名言:"权利永远不能超出社会的经济结构以及由经济结

---

① [英]罗杰·科特威尔:《法律社会学导论》,潘大松等译,华夏出版社 1989 年版,第 236 页。

② [德]卡尔·曼海姆:《重建时代的人与社会:现代社会结构的研究》,张旅平译,生活·读书·新知三联书店 2002 年版,第 327 页。

③ [英]培根:《培根论说文集》,水天同译,商务印书馆 1983 年版,第 193 页。

构所制约的社会文化发展。"①虽然权利并不等同于经济和文化因素,但却与二者有着千丝万缕的联系。任何法定权利都蕴含着经济和文化的因素,因而衍生为客观和主观相结合的统一体。经济元素呈现出利益导向的客观现实,文化因子则发展出附着于利益之上的价值需求这一主观追求。因而,古往今来,不同利益和价值的交融构成权利类型的不同界分,而利益更是决定权利界分的根本内因和实质。因而,权利的实质如前所述乃法律所承认和保护的社会个体利益,实现人的利益成为权利的出发点和最终归宿。但人性的缺陷使人对自身利益的追求往往会不顾一切。这种"扩张性的或自我主张的本能使他只顾自己的欲望与要求,并克服一切对这些欲望与要求的阻力"②。现代社会利益的多元化使任何个体自身的独特利益不可避免地与其他个体的利益发生对抗。而对利益的忘我追求的本性则使个体在追求自身利益的最大化满足时,自觉或不自觉地超越法律的限制,手段上的不顾一切致使个人利益的实现势必要因此而要对他人权益造成侵损,不同利益之间因此而产生冲突。与此同时,法律语言的模糊性、法律体系的不完善性和社会生活的变动性等多种因素的存在,也使权利间的冲突在现实中不可避免。法律只是承认和保护个体的某种利益,并禁止他人以不法的手段来加以侵扰和破坏,但对两个或者两个以上的合法性权利之间的关系如何、它们相互间的界限如何,却没有作出明确清楚的规定。权利的实现在很大程度上取决于权利主体的意愿和行动逻辑,这就为权利主体滥用权利留下了宽泛的行为选择空间。在法律遗漏的空间内,受利益和人性缺陷的驱动,权利与权利之间的冲突必然无法避免。

对于人们基于各自的利益追求而产生的权利冲突,我们同样必须妥善解决。否则,长此以往,社会仍然可能陷于混乱和无序。而最佳的选择仍然

---

① 《马克思恩格斯选集》第 3 卷,人民出版社 1995 年版,第 12 页。
② [美]庞德:《法律的任务》,沈宗灵译,商务印书馆 1984 年版,第 81 页。

是诉诸法治,依靠法律把个体之间的利益和行为限制在一个合理的框架内,为其行使制定种种行为规范,使各种权利都各得其所、和谐共存。要使人类不至于在这种权利的冲突中归于灭亡,就必须对这些彼此冲突的多元权利进行平衡,给予其适当的限制,使其能够在法律的框架内合理的行使和实现。媒体报道自由与被追诉人权利之间的矛盾就是这样一种权利、利益的冲突。在宪法上,媒体的报道自由和被追诉人的权利都是宪法所规定的基本权利,两者之间并不存在必然的冲突。但由于宪法和法律都没有对二者如何转化为现实作出具体的规定,现实中媒体基于种种利益的考量,刑事司法报道往往会偏离制度赋予的功能设置初衷,而转为依靠煽情的报道来谋求吸引受众的眼球和巨额的商业利润,违背无罪推定、罪刑法定原则,给被追诉人的实体权益和程序权益造成严重侵害。而被追诉人则基于人之为人的立场,要求自己的基本权利能够受到外界的尊重和保护。在利益如此冲突的两项权利之间,适当地限制媒体的刑事司法报道以保护被追诉人的基本权益,就成为刑事司法化解二者权利冲突的必然选择。

2. 被追诉人实体权益的消解

虽然被追诉人因为涉嫌实施犯罪而正面临着国家的指控,不得不放弃部分权利,但这并不意味着被追诉人就完全丧失了人之为人的基本权利。非但如此,由于刑事诉讼中的被追诉人不得不承担普通人之外所要承担的诸多法律义务,其相应也要得到国家对其更多的法律保护。因此,被追诉人尽管具有被追诉的法律身份,但却仍然享有法律所规定的种种实体权益和程序权益,应当受到国家、社会乃至媒体的尊重。而这正是媒体的刑事司法报道自由与被追诉人权益发生冲突的原因。美国学者德弗勒和丹尼斯承认:"对于新闻自由权利上的最大争议也许源于这样一个事实,即新闻自由的权利并非是惟一的权利和自由,新闻自由的权利有时与社会维持治安的权力有抵触,有时也会与个人权利,如同个人隐私权和要求公正判决的权利发生冲突。"①媒体的刑事司法报道自由之所以需要限制,就在于其会造成被追诉人实体和程序权益的消解。在实体法上,被追诉人可能受媒体侵害的实体权益主要是人格权②——法律赋予权利主体为维护自己的生存和尊严所必备的人身权利。根据无罪推定原则的实质精神和法的主体性原则,被追诉人的上述权利不受非法侵犯,但媒体的不当报道直接或间接地侵犯被追诉人的人格权却是刑事司法实践中屡见不鲜的现象。保障被追诉人人格权的需要赋予国家限制刑事司法报道以正当性。

(1)被追诉人肖像权的折损

在民法领域,肖像权乃是自然人所享有的使用和再现自己外部形象并排斥他人侵害的权利。由于肖像与姓名一样,是表明自然人身份的特定符号,与自然人的人格尊严和社会评价有着重要的联系。因而,法律从来都将其作为自然人的重要民事权益加以规定。刑事司法领域,因为对被追诉人肖像的图片报道有着较文字报道更大的信度或新闻效果而被媒体所喜爱。但与此伴随的是,图片报道因为提供了对被追诉人更为精准的辨识度和意在图指,对被追诉人人格权造成的损害较之于文字报道也更为深重。被追诉人肖像的公之于众,往往会让公众对被追诉人形成不良的心理感受,进而引发不利于被追诉人的社会舆论,使被追诉人及其家属因此而遭受心理的痛苦煎熬。而肖像权归属于实体权利的范畴,这种权利作为人之为人所应当享有的权利,无论权利主体是否涉嫌犯罪都应予以保护。因此,法律应当就防止被追诉人的肖像权受损而限制媒体的刑事司法报道。由于绝大多数国家都已将审判公开确认为一项基本的诉讼原则,媒体可以接近正在审理中的刑事案件并对之进行采访报道,公开被追诉人的肖像属于媒体的当然

---

① [美]梅尔文·德弗勒、艾弗雷特·丹尼斯:《大众传播通论》,颜建军等译,华夏出版社 1989 年版,第 88 页。

② 因为,媒体主要是通过形成舆论来影响被追诉人的精神性权益,而财产权显然不属于精神权益的范畴而属于物质性权益的范畴,而不可能受到媒体报道的影响。

权利,为此各国通常都不禁止审判阶段的肖像公开,被追诉人也不得以肖像权受到侵犯为由要求法律予以保护,但基于对未成年刑事被追诉人的保护而禁止公开其照片的除外。而审前阶段由于尚处于案件的侦查环节,案件事实尚未查清也未有定论,此时公布被追诉人的肖像则可能侵犯被追诉人的人格权,因而大多数国家皆禁止被追诉人肖像的审前公开。

(2)被追诉人姓名权的受损

姓名权是指自然人对决定、使用、变更自己的姓名并要求他人予以尊重所享有的权利。在刑事司法领域,被追诉人和"罪犯"不是可以简单等同的概念。"犯罪嫌疑人""被告人""罪犯"在诉讼程序中是完全不同的概念,依据诉讼阶段的不同而有不同的称谓选用,但媒体对此却通常不加区分。对于备受公众关注的大案要案,一经公开,深挖事实、第一时间了解犯罪嫌疑人的姓名、住址、年龄,并公之于众,是媒体追求新闻时效性和点击率的通常手段。这种"真名报道"或"实名报道"的手法,通过在媒体上对被追诉人指名道姓,能对犯罪嫌疑人或潜在犯罪者产生威慑和警戒作用,虽有满足公众知情意愿、预防犯罪、推进公众对司法的监督之效,但却有一定的"社会性制裁"机能,[①]容易使被追诉人落入公众的情感审判氛围,而受到不公裁判。时下"媒体审判"遭到不少学者批判,刑事司法报道中对犯罪嫌疑人进行实名报道可以说"功不可没"。在司法审判前,对"犯罪行为的实施者"进行实名还是匿名报道? 这是媒体应该慎重考虑的问题。

(3)被追诉人名誉权的受损

一般认为,名誉权是自然人或法人以名誉的维护和安全为内容的人格权。名誉是"关于一个人品格或其他特点的共同的或一般的评价"[②]。作为对特定人的人格价值的一种社会评价,名誉是生活在社会中的人们能够融

---

① 刘中城:《犯罪新闻报道》,《月旦法学杂志》1996 年第 19 期。

② Joseph R.Nolan, Michael J.Connolly, Black's law Dictionary, West Publishing Co., 1979, pp.1172-1173.

入社会、获得社会认同的重要依据,名誉的获得和保有对人至关重要,法律因而历来将名誉权的保护作为重要内容。然而,媒体在报道刑事案件事实和刑事司法过程时,却通常不顾及被追诉人的名誉保护,常以夸张、渲染、无中生有的方式歪曲案件事实和被追诉人的生活作风,使被追诉人的名誉权严重受损,媒体因此而遭致诉讼的事件近年来频频发生。① 对于犯罪新闻报道对被追诉人名誉权所带来的危险,媒体人士和法学学者都深有体会。日本资深记者钱也健一这样表达他的不安:"现在我们认为被警察逮捕的人让众人嘲笑理所应当。我是从事新闻报道的记者,自从当记者后,一直担心一个问题,即,如果警察认为某人是犯人,新闻界也就将该嫌疑者当作犯人,将其姓名、住所、照片等报道出来,这是否合适?如果那个人不是真正的犯人,我们将犯下不可挽回的侵犯人权的罪行。即使嫌疑者被逮捕,但并未被起诉,或即使被起诉,但被判无罪时,因为该人已被新闻界报道,无论如何他的名誉也无法挽回。"②若犯罪嫌疑人是商业公司,案件信息在侦查阶段的不当公开,对公司之财务甚至是生存都会带来严重危机③。因此,媒体刑事司法报道在保护被追诉人名誉的问题上应当受到限制。

（4）被追诉人隐私权的消解

隐私权又称个人生活秘密权或生活秘密权,是指公民不愿公开或让他人知悉其个人秘密的权利。隐私权"是在开放的不断扩大的社会公共空间,给个人保留的一块安宁领地。它是自然人保持人格独立、平等、自由和尊严,从事社会活动必不可少的条件,是个人生活领域的情事不为他人知悉、禁止他人干涉、保持个人精神与现实生活的隐秘与安宁的权利"④。在

---

①　事实上,随着公众权利意识的觉醒和提高,公众已经开始注重运用法律手段维护自身的人格权诸权等合法权益。在此背景下,被追诉人(包括已决犯)诉请司法维护传媒之下自己被侵损的名誉权的案件开始出现并逐步得到公众的理解甚至支持。

②　刘迪:《现代西方新闻法制概述》,中国法制出版社1998年版,第135页。

③　林山田:《论刑事程序原则》,《台大法学论丛》2006年第2期。

④　温小莉:《论政务公开的法律体系》,《中国法学》2004年第2期。

个人私人空间越来越萎缩的时代,个体的私人领域正在遭受国家和社会无孔不入的侵入,保护我们那仅存的一点隐私对人类的重要性已经无以言表。当个人的隐私在社会生活各领域都遭遇被侵蚀的危险时,个人的尊严就会因此而受到贬低或损害,生活也会因此而受到外界的控制。因此,重视并寻求对个人隐私的保护就成为现代法律的重要使命。在刑事司法报道领域,被追诉人的隐私同样应当为媒体所尊重并成为报道刑事司法时应当遵守的戒律。但现实中,媒体并未给予被追诉人必要的隐私关照。它们为了所谓的深度报道,力求报道的详细性和可观性,常常将被追诉人的个人秘密资料(如个人生活习惯、疾病史、犯罪前科、不良记录等)公之于众,肆意披露被追诉人的家庭情况和与案件无关的私生活信息,这些行为给被追诉人的个人生活的隐秘与安宁带来颠覆性的破坏。因此,虽然"媒体利用自身力量,披露政府的腐败或揭穿政府的谎言时,它就是监督国家的'看门犬'。但是当这个'动物'漫步于我们所珍视的隐私之上时,似乎便显得危险且具有掠夺性了。……在一个同样珍视个人权利与自由表达的国家,隐私保护与媒体报道的法律冲突无可避免"①。所以,"被告人的隐私权与法庭的保密需要之利益超过了新闻媒体与公众知悉报告内容的利益"②应当成为刑事司法报道规制的重要参照。

(三) 被追诉人诉讼权利的虚置

诉讼权是相对于实体权利而言的存在,是自然人在合法权益遭遇侵害或发生纠纷时所享有的,诉诸司法权请求解决和救济的权利。"相对于政府的保障责任而言,唯一可以从平等性和穷尽性来保障法律上人权的实然

---

① [美]艾伦·艾德曼、卡洛琳·肯尼迪:《隐私的权利》,吴懿婷译,当代世界出版社2006年版,第156页。

② U.S V.Loeper,132 F.2d337(2001).

性的只有诉权……诉权是现代法治社会中的第一制度性人权。"①因而,诉讼权也是人权体系中的一个重要组成部分。诉讼权包含紧密联系的两个方面:公民主动启动司法程序和排除用非司法方式解决纠纷。尽管刑事诉讼的启动权大都在于国家,但诉讼权同样存在而为被追诉人所享有。因此,刑事司法制度同样也应以保障被追诉人的诉讼权利为重要使命。尽管在刑事诉讼中最容易侵损被追诉人诉讼权的是刑事司法机关,但是被追诉人某些诉讼权的实现不仅需要刑事司法机关的支持和保护,同时也依赖于刑事司法系统之外的力量(如媒体和公众)的积极配合。缺失了外部力量的尊重和配合,被追诉人的"公正审判权""律师帮助权"等诉讼权利往往被虚置、陷入有名无实的困局。

1. 公正审判权的虚置

(1)公正审判权

公正审判权是国际人权法中所确立的一项被追诉人的重要权利。尽管从字面意义上看,公正审判权似乎是法律赋予法院为保证审判的公正性而享有的权力,但它本质上却是归属于被追诉人的程序性权利。它对被追诉人的生命、自由、财产等实体权利的最终实现至关重要。作为一项具有普适性的国际刑事司法标准,公正审判权主要源于两个文件:一个是1948年《世界人权宣言》第10条,另一个是1966年《公民权利和政治权利国际公约》第14条。此外,《美洲人权公约》《欧洲人权公约》《非洲人权与民族权宪章》以及联合国在刑事司法领域的大量文件对公正审判权也作了规定和补充,诸多国际性、区域性人权机构对公正审判权也进行了诸多解释、规范和发展。因此,公正审判权并不是一个单独的权利,而是由一系列确定的、相互关联的权利组合而成的一项权利体系,内含着丰富的权利内容:它并不局限于审判阶段,而是扩及于审前和审后的所有阶段,贯穿于刑事诉讼的全

---

① 莫纪宏:《论人权的司法救济》,《法商研究》2000年第5期。

程,是一项着眼于刑事诉讼全过程的整体权利。这正如澳大利亚学者曼弗雷德·诺瓦克所说:"就刑事指控要求法庭给予公正审判的权利,不仅在正式提出指控时发生,而且更多地是从国家的行为实质性地影响了有关人的处境之日起即应适用。这通常是就具体控告的首次正式通知,但在某些案件中,这有可能早在逮捕时即发生。第14条保障的权利一直适用到刑事诉讼程序的终结,而无论这种程序是以定罪、宣判无罪还是诉讼中止的方式终结。"①由于公正审判权存续于刑事诉讼的始终,因而媒体在审前、审时乃至审后的不当报道,都有可能对被追诉人的公正审判权造成侵害。就具体的内容而言,被追诉人的公正审判权主要分为两个方面:一是要求司法组织(法庭)独立而不偏袒,二是要求审判程序公正、公开。前者是对司法组织的规范,要求法院和法官在进行判决时,完全独立于双方当事人,不受任何外界因素的干扰,只依据法律而实现案件的公正裁决。为此,公约以及联合国的大量刑事司法文件为保障司法机构和司法人员的独立性作了详细而周延的规定,从司法权独立、司法机关独立到法官独立在内的有助于保证司法独立的所有环节都有周密的规范。后者乃是对司法程序的要求,是为保障公正审判权的实现而做的程序性保障。二者彼此依赖、相互作用,共同推动被追诉人公正处遇的实现。

(2)刑事司法报道与公正审判

公正审判权的内在结构已经表明,具有首要价值和重要性的仍然是司法的独立。司法审判的独立属性是司法裁判被认可和遵从并由此形成司法权威的内在保证,更是被追诉人获得公正审判的不二法门。但法官也是人,不可能将他的所见所闻完全置于意识之外,法官的裁判活动要受到法官个人的主观价值判断、个人好恶等内在因素和社会舆论、公共道德等外在因素的影响,因而现代国家无不都把司法独立于新闻舆论内化为司法独立的应

---

① [奥]曼弗雷德·诺瓦克:《民权公约评注——联合国〈公民权利和政治权利国际公约〉》(上册),毕小青等译,生活·读书·新知三联书店2003年版,第240页。

有之义。而媒体对刑事司法的失实不当、夸张煽情的报道,会制造和诱导一种"公众情激群愤"的舆论氛围,使这种"民愤""民怜"内化为法官适用法律规范的过程,取代法律成为法官裁断案件的决定性因素,最终使作为裁判者的法官在裁断的时候受制于这些舆论而自觉不自觉地产生偏见,作出对被追诉人不公正的裁判。在这个过程中,媒体对言论自由权、知情权和监督权的不恰当使用,既构成对司法独立的侵损,更构成对被追诉人公正审判权的严重侵犯。"对刑事诉讼或与刑事诉讼有关的事项进行报道可能影响司法,特别是可能对公正审判的权利造成损害,这是一个显而易见的危险。"[1]为此,从保障被追诉人公正审判权获得的角度也应当对刑事司法报道的内容和方式进行限制。

2.被追诉人律师帮助权的形同虚设

(1)被追诉人律师帮助权

被追诉人律师帮助权是被追诉人在刑事诉讼中为了维护自身的合法权益而享有的由律师帮助其辩护的一种诉讼权利。基于制衡国家公权和保障被追诉人人权的考虑,法律赋予被追诉人强大的律师帮助权。考虑到在被追诉人所享有的全部诉讼权利中,"最重要的是律师辩护的权利。……有专业的辩护人代理被告人案件是抗辩式诉讼程序的基础,也是保护被告人所有其他权利的工具"[2],世界各国和国际公约都将律师帮助权纳入其内,赋予其周延的权利内容,以弥补被追诉人与国家的实力落差并保障其在律师的帮助下得到公正的审判。

就具体内容而言,国际人权法上的律师帮助权具有彼此紧密相连的四层含义:其一是完整的律师帮助权,被追诉人在刑事侦查、起诉和审判的各个阶段都有权自由地选择律师,要求律师从法律和事实各方面为自己提供

---

[1]　[英]萨利·斯皮尔伯利:《媒体法》,周文译,武汉大学出版社 2004 年版,第 330 页。

[2]　[美]爱伦·豪切斯泰勒、南希·弗兰克:《美国刑事法院诉讼程序》,陈卫东等译,中国人民大学出版社 2002 年版,第 65 页。

行动选择所需的专业意见和帮助。《关于律师作用的基本原则》第 1 条关于"任何人都有权在刑事诉讼的各个阶段请求由其选择的一名律师帮助保护和确立其权利并为其辩护"的规定就旗帜鲜明地表明了这点。1985 年第七届联合国预防犯罪和罪犯待遇大会规定:公民权利若要得到充分保护,就必须保证律师提供的法律服务能够使任何人都有机会获得。其二是及时的律师帮助权,被追诉人不仅有权获得律师的帮助,而且要求这种权利的获得还必须由司法当局保障能够迅速、及时实现。"各国政府应当确保被逮捕或拘留的任何人都有权迅速与一名律师联系,自逮捕或拘留之时起至迟不得超过 48 小时,而不论其是否受到刑事指控"。《关于律师作用的基本原则》第 7 条的这一规定展现出对律师帮助权获得的时间要求。其三是有效的律师帮助权,被追诉人不仅有获得律师帮助的权利,而且要求这种帮助必须真正有效,被追诉人才能借此得到公正的审判。"保障辩护权……更为重要的是可以接受辩护人的有效辩护。"①其四是免费获得律师帮助权。在刑事司法领域,律师是必需品而非奢侈品。若被告人因贫穷而无法得到律师的帮助,律师帮助权就会囿于纸面而受到折损,法律面前人人平等和被追诉人的公正审判权也会成为一纸空文。为此,国际公约均将免费获得律师帮助作为律师帮助权的重要内容予以规定,并要求成员国必须将该权利从应然变为实然。

(2)刑事司法报道与律师帮助权

可见,律师帮助权已经成为有助于被追诉人诉讼权利和实体权利实现的重要手段。但此种权利的有效实现需要得到来自公众特别是作为公众代言人的媒体的理解和支持。而在司法实践中,媒体却总是抱持着有罪推定的思维、戴着有色眼镜看待和报道被追诉人所实施的犯罪行为。充斥于报端的"恶魔""十恶不赦的魔鬼""严惩凶手""让它去死吧"的字词,见诸文

---

① [日]田口守一:《刑事诉讼法》,刘迪等译,法律出版社 2000 年版,第 90 页。

字的咬牙切齿、颠倒是非、言过其实的报道,将会使律师处于铺天盖地的舆论声中而不敢冒天下之大不韪给被追诉人辩护或提供有效辩护。被追诉人的律师帮助权必定会受到侵损,进而影响被追诉人的公正审判。

首先,律师基于强大的舆论压力而不愿涉足刑辩业务,媒体的不当刑事司法报道从源头上掐断了被追诉人获得律师帮助权的可能。每每有大案要案发生,新闻媒体就抢先展开全方位报道,在全社会先入为主地营造被追诉人有罪、不杀不足以平民愤的舆论环境。在被追诉人罪大恶极、十恶不赦的"人民公敌"形象塑造成功后,被追诉人要想获得律师的帮助难上加难。绝大多数律师都会退避三舍,避之而唯恐不及。即便有胆大的律师愿意接案,接案之前也要三思而后行,反复斟酌考量。因为,"人们会怀疑他们的动机,人们会认为他们忠实于委托人的利益甚于忠诚于社会正义;社会舆论会把他们委托人的不良行为和他们联系在一起。他们会被人当作唯恐天下不乱的宵小之徒,是滋事的牛虻。"①在媒体天罗地网的声讨中,律师若要为"罪恶累累"的被追诉人辩护,必定把自己置于舆论的风口浪尖而面临巨大的社会压力和社会评价的降低。作壁上观是绝大多数律师的当然选择,此种情况下,被追诉人要获得律师帮助几乎不可能,更何况律师不愿办理刑事案件本就是世界各国众所周知的普遍现象。实证研究显示,律师涉足刑辩业务的情况至今仍不容乐观,近年来,北京市每年有 20000 件刑事案件,有律师辩护的不到 500 件,不足全部刑案的 2.5%②,而全国刑事案件的辩护率也不到 30%③。绝大多数刑事案件的被追诉人都没有得到律师的辩护。

其次,律师迫于强大的舆论压力而不能提供有效的帮助,被追诉人的律师帮助权因质量大打折扣而流于形式。受到新闻媒体的强大攻势,敢吃螃

---

① [美]艾伦·德肖维茨:《最好的辩护》,李贞莹、郭静美译,南海出版公司 2002 年版,第 483 页。

② 熊秋红:《刑事辩护的规范体系及其运行环境》,《政法论坛》2012 年第 5 期。

③ 顾永忠:《以审判为中心背景下的刑事辩护突出问题研究》,《中国法学》2016 年第 2 期。

蟹的律师在"无冕之王"的媒体面前也要谨言慎行。当媒体的不当报道抢占了舆论的制高点时,为被追诉人利益而战的辩护律师往往顶不住强大的舆论压力,为被追诉人展开的法律帮助也就因此马虎了事、草草收场。被追诉人尽管得到了律师帮助,但却因为舆论的压力并没有得到真正高质量的帮助。非但如此,媒体营造的舆论压力有时甚至使律师自觉不自觉地倒戈相向,从本为被追诉人利益而战的保护人变为对被追诉人的控诉者,被追诉人不但未能从中受益却反受其害。这类事例在实践中不胜枚举,比比皆是。被追诉人的律师帮助权在媒体语境下就变得徒具虚名、有名无实。

　　总之,媒体是一种如此强大的力量,它所掀起的舆论狂潮以摧枯拉朽之势使被追诉人捍卫自身权益的两大手段消弭得无影无踪。当与"公正审判权""律师帮助权"这两个对被追诉人而言极为重要的诉讼权利紧密相关的裁判者的裁判活动和律师的辩护活动都受制于媒体时,被追诉人的实体权益将无从得到保障。在此背景下,对媒体的刑事司法报道进行限制就显得尤为迫切和必要。

第 二 章

中国刑事司法报道及规制考察

随着媒体的日渐成熟,近年来媒体对刑事司法的关注热情在急剧增长。另外,尽管法律规定诉讼程序要公开,但中国当下的刑事司法过程仍具有鲜明的封闭性特征,不管是审前程序还是审判程序,都由于传统的控制犯罪思想和防范外来监督的心理的根深蒂固而习惯于向新闻媒体关闭大门。除非得到刑事司法机关的允许,新闻媒体很难介入刑事司法活动,司法公开在一定程度上仍然还是有名无实。一来一往,中国刑事司法报道呈现出错综复杂的现状,流弊丛生、滋扰不断,被追诉人的人权保障也在这些失却规范的刑事司法报道中被悄然消减、侵犯,媒体与司法间的关系也日益紧张。因而,研究刑事司法报道规制机制,不得不对当代中国刑事司法报道及其规制的现状作一本土的检视和反思。

一、中国刑事司法报道的历史回顾

(一) 新中国成立初期的初步发展

新中国的成立,开辟了新中国法制建设的新纪元。与国家政治、经济、文化等其他领域革故鼎新的全面改革一样,法制建设领域也掀起了一场天翻地覆的革命,中国共产党领导下的新中国要实现法制建设的改头换面,彻底消除国民党旧法制的影响,建立一个新型的人民民主法制。在法律制度尚未完备,人们法制意识淡漠、法律知识匮乏的情况下,新闻媒体通过报道刑事司法肩负起宣传普及法律知识,推动新中国法制建设的重任与使命。与国民党的残余势力、外国帝国主义的疯狂反扑和人民内部的违法犯罪行为数量的攀升以及国家对犯罪行为的严厉惩处的现实相映照,在这一时期,以宣传刑事司法报道为主旨的法制刊物以及作为普法宣传重点的刑事司法报道也掀起了一个小高峰,为媒体报道刑事司法建立了良好开端。

为适应刑事司法报道的需要,一批法制期刊应运而生。继 1950 年 1 月 15 日《中央政法公报》(半月刊)创刊后,《人民监察》《法院工作通讯》等法制专刊先后问世。1954 年后,中国政法学会的《政法研究》、最高人民检察院的《人民检察》,以及一些高等法学院校和法学研究机关创办的法制刊物和相关刊物,像雨后春笋般纷纷破土而出①。借助于这些期刊和各类报纸、广播电台,媒体对刑事司法的报道开始呈现初步繁荣的喜人景象,有针对性地报道了一些重大的典型案件,如被称为"新中国反腐第一案"的刘青山、张子善特大贪污案,上海奸商王海年案。这些刑事司法报道激发了群众对违法犯罪行为的义愤、提高了群众的法制意识,在社会上形成了对违法犯罪行为的监督和谴责的舆论氛围,对保障国家安全和社会稳定起到了积极的作用。这一时期的新闻媒体都是体制内媒体,在报道刑事司法时均以官方的立场说话。作为官方的传声筒,此时的刑事司法报道呈现出与官方同仇敌忾、一边倒的单方报道风格,加之当时人权保障的理念尚未被意识到、公众也没有监督司法的习惯和意识,"媒体审判"现象在这一时期尚未出现。与之相应,对刑事司法报道进行规制的法律制度也没有建立,对媒体司法报道的规制依靠的是官方的行政管理和媒体的自我约束。

———————————

① 李矗:《法制新闻报道概说》,中国广播电视出版社 2002 年版,第 105 页。

（二）“文革”十年的混乱

从 1957 年反右到“文革”之前，国家进入曲折发展时期，尤其是“文革”十年，国家不仅政治和经济建设陷入混乱和停滞状态，新闻事业也遭到前所未有的挫折。“文革”期间，林彪、“四人帮”出于篡党夺权的野心，疯狂煽动群众斗群众，大搞“打、砸、抢”，砸烂公、检、法等政法机关，疯狂践踏法律。受整个时代的影响，一大批刚刚崭露头角的法制刊物被拦腰斩断，幸存的媒体则违背应负的社会责任，进行了大量颠倒是非、混淆黑白的报道。其中，错误最大、影响最深远的刑事司法报道当属 1967 年 3 月 30 日中共中央机关刊物《红旗》杂志、4 月 1 日《人民日报》发表的戚本禹的《爱国主义还是卖国主义——评反动影片〈清宫秘史〉》。报道用“八个为什么”归纳了刘少奇所谓的“八大罪状”，无中生有地诬蔑刘少奇是“中国的赫鲁晓夫”“最大的走资本主义道路的当权派”，是“资产阶级反动路线”的代表者，最终导致国家主席刘少奇被迫害致死。1955 年的胡风反革命案是媒体审判的又一见证。当时报纸通过公布胡风与朋友的私人通信内容，判定胡风及其相关人员是反革命分子。而此时司法机关并未立案，正式判决更是十年之后的事。① 在这一起冤案中，媒介审判“鸣锣开道”，先为定性；而所谓的司法审判只是沦为媒介审判的“仆佣”，不惜制造伪证。在这一时期，媒介审判大行其道，司法审判形同虚设。媒体对刑事司法的报道，完全丧失了自己本应抱持的立场和态度——传播信息、形成公意、监督司法，未能起到满足公众知情权、全面表达公众意见、监督国家司法权、实现社会正义的应有作用，反而助纣为虐、无中生有、煽情渲染，激发起公众不理性的舆论狂潮，从而制造出无数冤假错案。在这个混乱而失去信仰的年代，刑事司法报道变得随心所欲、任性妄为。不但没有制度化的法律予以规制，连新中国成立初期来自

---

① 魏永征：《新闻传播法教程》，中国人民大学出版社 2002 年版，第 114 页。

官方的行政性管理机制和媒体自身的自律机制都已荡然无存,刑事司法报道失去了正常的生存环境,也失去了正常的声音而陷于无序。

(三) 改革开放后的恢复与发展

"忽如一夜春风来,千树万树梨花开。""四人帮"的粉碎,从此结束了"文化大革命"和与之相随的那个混乱年月,中国从此迈入一个全新的发展时代。政治、经济、文化等社会生活领域开始迅猛发展,媒体报道刑事司法的自由度获得了极大的扩展,刑事司法报道迎来了宽松而正常的环境,得以起死回生,开始飞速发展。伴随着经济发展的高歌猛进,刑事案件数量也节节攀升。据统计,2015 年我国刑事案件数比 1978 年增加了 13.4 倍,总数增长到 717 万起。① 围绕刑事案件的司法报道也由此而蓬勃发展,发生了显著的变化。新闻媒体开始密切关注刑事案件的发生及事实、刑事司法机关的办案行为及流程,越来越深地介入司法,刑事司法报道以其异军突起的势头和别具一格的独特风采而呈现出一派欣欣向荣的喜人景象,刑事司法由此而为人们所普遍关注。英国 2000 年的一项调查表明:新闻种类的公众兴趣中,犯罪以 30% 的关注度位居榜首。② 在中国,公众也表现出对刑事司法同样高度的关注热情。学者张丰繁、郭小燕的实证研究也证实,刑事司法报道占到了目前全部法制新闻报道样本的 60.6%。③

第一,传播方式更为多种多样,从事刑事司法报道的新闻媒体数量激增。不仅有传统的报纸、期刊、广播,还有电视、互联网等现代媒体,不仅有

---

① 根据郭翔《犯罪与治理论》(中华书局 2002 年版)和 2016 年《中国统计年鉴》,1978 年公安机关的刑事案件立案数为 535698 件,2015 年则增长至 7174037 件。

② 按受关注度排名,除去犯罪以 30% 位居第一之外,其余依次是健康(29%)、体育(27%)、社会(26%)、宗教(21%)、地方政府(20%)、科学与技术(18%)、华盛顿新闻(17%)、文娱故事(14%)、消费新闻(12%)、文化与艺术(10%)。数据来自于 Pew Research Centre 2000。

③ 张丰繁、郭小燕:《法制新闻报道在定位不同的媒体上的媒介表现的差异——对〈法制晚报〉、〈京华时报〉、〈南方周末〉的内容分析》,《科技传播》2011 年第 7 期。

专门的法制新闻媒体(如《法制日报》《检察日报》),还有综合性媒体的法制新闻专栏、专版、节目,电视、网络媒体也不甘示弱,《今日说法》《法治在线》《现在开庭》《庭审现场》等各类法制新闻的专栏节目和网站竞相开设。随着信息化时代的到来,从事刑事司法报道的媒体不仅种类繁多,数量也在急剧增长、蔚为壮观。据统计,截至 2016 年 12 月,中国已拥有网站 482 万个,域名 4228 万个,网民数 7.31 亿,互联网普及率达到 53.2%。其中,手机网民数 6.95 亿,微博、微信、QQ 空间等社交服务使用率分别高达 37.1%、85.8% 和 67.8%①。全国报纸达到 1928 家,广播电视 2594 座,媒体从业人员数十万。新闻媒体以多种多样的方式齐头并进,将刑事司法的相关信息散播至社会生活各层次的民众,实现了公众对刑事司法的知情权、言论自由权和监督权。第二,报道领域更为宽阔。报道范围和题材不断拓展与深化,刑事案件无论轻重、性质,都已进入刑事司法报道的领域。第三,报道的力度更大,功能的发挥更有力。媒体不仅重视对刑事案件事实及办案进程的追踪报道,还关注刑事案件背后所隐藏的事实以及对司法制度的考问反思,报道的力度越来越大。不仅有常规性新闻、特写,更有深度评论和访谈。这些年媒体对綦江虹桥垮塌案,厦门、湛江等海关特大走私案,蒋艳萍贪污受贿案,胡长清、成克杰特大受贿案,慕绥新、马向东特大腐败"窝"案,薄熙来案等大案要案的报道,大快人心,起到了法制宣传教育的良好作用。

　　与司法公开性原则的确立、社会公众权利意识的觉醒相适应,媒体长足发展的刑事司法报道,在新时期起到了其作为一个"社会公器"的积极作用。第一,刑事司法报道满足了公众的知情权需要。正如法国《人权宣言》所宣称,"全部主权的源泉根本上存在于国民之中"。作为国家的主人和权力源泉的人民,对法律的制定和实施情况以及社会治安形势、犯罪追诉进展等享有理所当然的知情权。法律也规定立法、司法和行政活动应公开进行,

---

① 中国互联网络信息中心:《第 39 次中国互联网络发展状况统计报告》,见 http://www.cnnic.net.cn/hlwfzyj/hlwxzbg/hlwtjbg/201701/P020170123364672657408.pdf。

并课以相关机关以义务以为公众了解其活动提供条件和便利。这些年媒体对刑事司法活动的大量报道、评论，最大限度实现了公民知情权，有助于公众形成对刑事司法的正确认识和研判。第二，刑事司法报道实现了对司法机关的约束和监督，提高了公众对司法的信心。媒体对刑事司法活动的报道和评论，将司法机关的侦查、起诉和审判行为置于阳光之下。报道既增加诉讼的透明度，又强化了司法人员的责任心和自律观念，使侦查起诉人员不敢违反程序、刑讯逼供；使审判机关慑于舆论，不敢草菅人命、枉法裁断。发生在 2009 年的"躲猫猫案"，媒体的刑事司法报道质疑了云南省昆明市晋宁看守所所谓李乔明之死乃狱中玩"躲猫猫"游戏所致的声明，使得公安机关怠于追诉的行为暴露，公众的口诛笔伐促使此案得以立案和严肃查办。司法专横和腐败、"暗箱操作"在媒体的监督下得以避免，司法的廉洁度、规范度和办案效率越来越高，民众对司法的信心也在不断提升。第三，刑事司法报道还实现了法治宣传和教育的功能，实现了对社会不满情绪的疏导。刑事司法报道把一个个鲜活的案件和刑事司法的全程展现于民众面前，潜移默化地向公众灌输着法律知识和守法的意识，告知公众任何人只要违了法、犯了罪，就要受到国家法律的追究和制裁，让其知道有所为有所不为，在协助警方追缉犯罪、进行犯罪预防宣传、吓阻潜在犯罪者、提升办案士气、扭转警察形象等方面发挥了重要作用，实现了法制宣传和教育的功能。刑事司法报道把刑事诉讼的程序展现于公众面前，实现了程序的公开和透明，为程序产生的结果——司法裁判获得更为广泛的接受，社会对司法的误解和不满情绪因此而得到平息和疏导。第四，刑事司法报道还推进了相关司法制度的改革。佘祥林案的报道，促成了死刑复核权收归最高人民法院；女教师黄静裸死案的报道，开启了司法鉴定制度的重大改革；赵作海案的报道，实现了排除非法证据的两个规定的出台；孙志刚案的报道，推动了收容遣送制度的废除。改革开放 30 余年来，媒体对刑事司法的大量报道，在取得了满足公众知情权、实现法治宣传教育和推进司法法治化、提升公众司法信任等良好效果的同时,更是彰显了推进司法制度改革的奇效。

二、刑事司法报道的问题与危害

(一) 刑事司法报道的问题

对媒体的刑事司法报道,丹尼斯·麦奎尔有一连串精彩的比喻:它"是使我们看到身外世界的窗口;是帮助我们领悟到经历的解说员;是传送信息的展台或货车;是包括观众反馈的相互作用传播;是给予指示和方向的路标;是去伪存真的过滤器;是使我们正视自己的明镜"①。尽管刑事司法报道具有上述卓越的性能,在改革开放以来也发挥了作为"社会的瞭望者"的作用,但刑事司法报道仍然具有自己的缺憾,呈现出不可克服的难题。在当下中国,尽管法律规定诉讼程序要公开,但刑事司法过程仍具有鲜明的封闭性特征,除非得到刑事司法机关的封锁解禁,新闻媒体很难介入刑事司法活动。此种背景下,媒体失语与媒体审判就呈现为中国刑事司法报道最突出的问题。

1. 媒体失语

媒体失语可谓中国刑事司法报道的一大痼疾,即便是在新闻自由之风日渐开化的今天,媒体失语同样无法避免。所谓媒体失语,主要是指在需要报道刑事司法时,媒体放弃自身的职责或受制于外来的压力,而对刑事司法不予报道或进行蜻蜓点水式的表层报道。尽管自改革开放以来媒体获得了报道刑事司法的极大自由,刑事司法报道的数量与质量与改革开放之前都有天壤之别,但媒体所享有的自由度和报道空间仍然有限,媒体能报道而不报道、想报道而无法报道、想报道而报道不了等媒体失语现象在刑事司法报道领域仍然大量存在。

---

① 张春云:《新闻媒体的社会责任缺失和对策探讨》,见 http://www.chinavalue.net/Article/Archive/2008/8/25/131878_2.html。

(1)媒体怠于职责而拒绝报道

现代传媒不仅承担着收集和传播信息、形成民意、影响司法的功能,还担负着监督司法的重任。约瑟夫·普利策这样高度称赞媒体的监督功能:"报纸的生命就在于'暴露'。……一个自由而负责任的报纸应当试图使政府官员、公务员、社会各机关和司法系统尽心尽职,履行责任。"①尽管媒体没有必要对所有刑事案件的办理过程进行监督,但当司法就个案的裁决结果与人们的常识背道而驰,又没有拿出足够的法律依据进行充分解释时,媒体就应当担当起监督司法的重任,主动介入对案件的报道。通过报道为社会公众提供事实与证据,为公众质疑和监督司法活动提供起点,这是作为社会守望者的传媒不可回避的社会责任。而司法实践中,在此关键时刻,媒体往往却消极怠工、放弃自身职责、不合时宜地集体"失语"的现象时有发生。如2004年的青海夏才让黑社会组织案即是一例。② 在此案一审开庭时,许多新闻媒体都进行了报道,但到一审宣判尤其是终审宣判时,相关报道却变得寥若晨星,只有新华网在2004年12月30日发出了一条简略的报道。由于版面、播出时间等信息传播能力的实际限制,对于每年数以百万计的刑事案件,媒体不可能一一报道。但对那些社会影响极大、公众关注度高的影响性案件,那些事实认定、法律适用或程序合法性等方面存在较大争议即案件处理具有反常性而具有新闻报道价值的案件以及牵涉当下重大且具有普遍性的社会问题(如拆迁、制售假药有毒有害食品等)的案件,媒体有着报道和监督的责任。而夏才让黑社会组织案明显属于后者,在法律适用上存在极大的反常。相较于此前名噪全国的沈阳刘涌案,被视为"青海省首例特

---

① Joseph Pulitzer, Jr., "The Press Lives by Disclosure", Allen Kirschner and Linda Kirschner, *Journalism Readings in the Mass Media*, New York: The Odyssey Press, 1971, p.94.

② 夏才让黑社会组织案,是青海首例特大涉嫌黑社会组织案。在此案中,首犯夏才让(民警)和杜青民敏因走私、故意伤害、贩卖毒品、绑架、抢劫等22起犯罪被判处死刑缓期二年执行,分别被处罚金415.6万元和4.7万元。其余23名成员则分别被判处缓刑、有期徒刑、无期徒刑、死刑、剥夺政治权利终身以及相应罚金的处罚。

大涉嫌黑社会组织案件"的此案,夏才让犯罪团伙的社会危害性有过之而无不及:仅就犯罪行为所造成的伤亡来看,刘涌犯罪团伙全部犯罪行为只造成一人死亡、五人重伤、八人轻伤的后果,而夏才让团伙仅伤害罪就造成三人死亡、四人重伤、十六人轻伤。但无任何影响量刑的情节,首犯夏才让、杜青民却免于死刑立即执行。犯罪团伙给社会造成的危害如此之大,何以首犯能够免于死罪？团伙内犯罪情节较轻的罪犯都已赴死,而首犯却为何能够安然无恙？夏才让身为警察知法犯法、公然组织黑社会进行犯罪,为何却能够从轻处罚？① 这些本应引起媒体兴趣的案件反常性,却被媒体视而不见,习惯于追问的媒体不自觉地集体失语。针对这些极具反常性和疑点重重的案件,媒体未能起到作为社会公器应有的作用,长此以往只会为司法腐败的滋生蔓延大开方便之门。

（2）媒体受制于外来压力而无法报道

除去新闻媒体基于消极怠工而导致的媒体失语之外,绝大多数情况下,媒体都能善尽其作为"公众的捍卫者,针对当权者孜孜不倦的揭露者,无处不在的眼睛"的监督职责。但良好的意愿和行动并不必定能取得所追求的效果,刑事司法报道还受制于司法机关的配合和支持。当司法机关动辄向媒体关闭司法报道的大门时,即使媒体有报道刑事司法的意愿也只能望洋兴叹,刑事司法报道体现出严重的受限性。受制于侦查起诉机关和审判机关的不同限制,当前的媒体失语就自然地体现出审前阶段信息获知渠道堵塞下的媒体失语和审判阶段公开审理案件旁听禁足下的媒体失语两种乱象。

60 年前,美国首席大法官伯格在谈及审判公开的价值时,认为:"公众不了解审判过程,结果又出人意料只会带来两种反应,好的一种是认为这个系统失败了,坏的则是这个系统是腐败的。为了有效的工作,社会的刑事程

---

① 庹继光:《"媒介失语"比"媒介审判"更可怕》,《新闻界》2005 年第 8 期。

序'满足表象上的公正'是非常重要的,而允许公众进行监督又是对表象公正的最好保证。……公开社会里的人们不要求他们的制度不犯错误,但却很难接受不被允许进行监督。"①因而,审判公开天然地蕴意着媒体对刑事审判信息的获知权和报道权。"我们认为,参加刑事审判的权利内含在第一修正案的保障之中;若没有人民几个世纪以来行使的这样参加审判的自由,言论自由和新闻自由的重要方面就会'被抽去精华'"。因此,审判公开原则使得媒体可以合法地参与审判,对公开审理的案件能够自由地报道和评论,法院不能人为地为媒体接近和采访报道庭审设置障碍。在中国,随着审判公开制度的贯彻落实,媒体报道刑事司法的广度和深度都在极大地扩展。但长期以来的封闭性操作习惯,加之对刑事司法报道正当性的认识缺乏,一些法院和法官对媒体报道刑事司法表现出较多的不适应和不满,对媒体的排拒或抵触依然是不少司法机构的主导心理倾向。最高人民法院办公厅主任刘会生曾对这种心理倾向进行了深刻的解析,指出法院和法官之所以对媒体有抵触心理,是因为:一是烦新闻媒体唯恐天下不乱,肆意炒作案件妨碍诉讼;二是怕新闻媒体抓住自己的"小辫子",不愿与新闻媒体合作;三是怨新闻媒体为夺人眼球只揭短不扬长,因而不愿理睬。② 而当法院将"烦、怕、怨"的抵制心理变成排拒的现实做法时,媒体对刑事司法的报道就因不得其门而入而被迫"失语"。当前,法院往往凭借管理法庭的行政权力对媒体接近庭审和采集信息的能力进行限制,迫使媒体在审判阶段不得不"失声"。实践中,法院限制媒体采访报道的手段可谓层出不穷。一是封杀记者,拒绝媒体进入法庭。尽管依据人民法院的司法解释,法院对新闻机构的采访,应给予最充分的支持,提供一切方便条件,但实践中法院往往采取各种形式排拒媒体进入法庭。要么以规范性文件全面封杀媒体对庭审的采

---

① Offutt v.America,348U.S.11,14(1954)。

② 刘会生:《司法改革与公正执法》,中国检察出版社2002年版,第126页。

访报道权①,要么以单项决定封杀记者②,要么发放旁听证,将对法院裁判评价不利的人堵截在法院的大门之外③,要么从根本上取消旁听④,致使媒体无法进入法庭采访,获得第一手信息。这种情况下,媒体因为人为的庭审限制公开、信息堵塞而自然无法报道。二是采访报道歧视。法院对媒体采访报道庭审实行歧视政策,往往只允许对法院裁判有利的少数几家媒体进入法庭采访报道,而将其余媒体排拒在外。如2006年10月9日,成都火车站派出所"警匪勾结案"在贵阳铁路运输法院公开审理。尽管法院的审前公告宣称"公开审理,允许公民旁听",但事实上旁听席位基本上被专程赶往贵阳的成都公检法人员所占据,没有一个普通百姓领到了旁听证。前去采访的媒体只有人民日报、新华社、中央电视台被许可进入,其余全国各地近20家媒体全部被挡驾在外。再如2009年6月30日,湖北"邓玉娇杀官案"在巴东县法院公开审理。尽管审理此案的一号法庭能容纳50余名旁听人员,但法院只放进新华社、人民日报、湖北卫视、恩施电视台、长江巴东网等八家媒体旁听,对其他媒体的旁听申请则以旁听证已经发放完毕为由婉拒。2012年的足球扫黑案,铁岭中院决定开放审判,但仅向新华社、人民日报、央视、央广、人民公安报、人民法院报六家中央级媒体发放旁听证,沈阳当地媒体全被拒之门外。由此可见,法院的这种抵制心理与排斥行为,对

① 2003年6月,广东省高院等单位联合下发的《关于规范采访报道法院审判案件活动的若干规定》(简称《规定》)即属此例。该《规定》对媒体的权利做了很多限制,媒体只剩下了旁听权。尽管《规定》允许记者采访报道已经宣判的案件,但却要求必须履行法院批准手续;不得作与法院判决内容相反的评论这一规定更是彻底否定了媒体的舆论监督职能。这些规定是对审判公开原则的公然违背,也是对媒体采访和报道刑事司法权的公然侵犯。

② 广东省高级人民法院在2003年11月21日下发的一份通知即为代表。通知指责《羊城晚报》《南方日报》《广州日报》的六名记者仅凭掌握的有限材料及旁听庭审的情况,就公开披露所谓的案件事实并加以评价,严重影响了法院的正常审判秩序,对审判工作造成了恶劣的影响,而禁止其一年内旁听采访广东省三级法院的庭审活动。此举一出,舆论哗然。

③ 如国人关注的2002年沈阳刘涌涉嫌黑社会组织犯罪案、2008年杨佳袭警案和2009年"白宫书记"张治安案,均没有向媒体发放旁听证。

④ 青岛聂磊涉黑案即是一例。青岛数家媒体在该案庭审前一天已做好准备统一乘车前去旁听庭审和报道,但却在临行之前接到电话通知取消旁听。

媒体采访报道案件的空间造成了人为的大幅度缩减。"法院对法庭旁听管理的基本思路是'制造障碍不让进入',而不是'创造条件扩大旁听'"①。最高人民法院蒋惠岭法官的这句话正是对旁听禁足下的媒体刑事司法报道失语的有力解释。

另外,基于宪法所赋予的知情权、表达权和监督权,媒体有权对所有国家机关的活动进行采访报道,侦查程序和侦查机关自然也就在媒体的报道范围之内。但在我国,由于长期实行侦查不公开原则,侦查程序和内容历来向社会封闭,侦查机关有足够的理由来排斥媒体对侦查程序的报道,而媒体也无法定的管道来获知侦查的信息。而当下的法律,无论是刑事诉讼法还是新闻法规,对侦查机关与媒体交往的界限都没有做出相应的规范。因而,实践中,媒体能否报道尚处于侦查阶段的案件、报道到何种程度,通常取决于侦查机关的态度。当侦查机关严格排拒媒体介入时,媒体常常会无从获取案件资讯,此时,信息渠道的堵塞就使媒体"巧妇难为无米之炊",即便想报道也因"无米"而不得不"失语"。这已成为中国刑事司法报道在审前的一大痼疾,如何保障媒体的司法信息获知权成为时下中国刑事司法报道规制要解决的首要问题。

(3)媒体受制于外来压力而不能报道

除去源自于媒体自身消极怠工能报道而不报道,或基于侦查机关和司法机关的限制而想报道而无法报道的情形之外,知晓案情、了解信息,想报道却不能按自己的意愿进行报道,是刑事司法报道领域媒体失语的一个另类表现。司法实践中,尽管司法机关可能会允许媒体介入司法程序,耳闻目睹程序的进行,亲临其境地了解案件的事实,但这并不意味着媒体接近了程序就能自由报道和评论。相反,很多大案要案的报道,司法机关都无一例外对媒体的报道能力予以限制,要求媒体采用通稿,对外进行整齐划一、口径

---

① 蒋惠岭:《扫除司法公开的十大障碍》,《中国审判》2010年第5期。

一致的报道。以孙志刚案为例,此案尽管有广州中院、白云区法院、天河区法院三个法庭在同时开庭审理,但案件的报道却受到限制:法院发出通知,对此案一律采用广东省委宣传部发的通稿,各家媒体必须用同一个声音说话,不能随意报道、各说各理①。再以刘涌案为例,尽管现在看来围绕刘涌案的刑事司法报道可谓铺天盖地、连篇累牍,但回溯至刑事侦查阶段就可以发现,当初侦查机关在案件破获之前对媒体的报道可谓严防死守,防民之口甚于防川,媒体想尽千方百计也无法获知案件进展和相关资讯,而案件一经破获,侦查机关就基于功利主义的心态,迫不及待向媒体披露了非常详尽的案情,而这也是以侦查机关提供的一篇通稿为限。2009 年的李庄案,同样如此。李庄因涉嫌辩护人伪造证据妨害作证于 12 月 13 日被重庆警方刑事拘留,12 月 14 日被逮捕。案件事实尚未查明,12 月 13 日,多家中央媒体就开始大篇幅披露与渲染李庄案情,而这一切皆是以重庆政法系统的一篇通稿为蓝本。一时间"黑老大刘涌"这个名字遍及媒体,一个"一手'捞人'、一手'捞钱'"的"黑律师"形象入木三分,由此形成了"万民皆曰可杀"的局面。"报道口径一致、着力宣传引导",这种以舆论管控和引导为特点的限制媒体多角度、多视野报道刑事司法的措施,自然导致媒体在实践中只能以"一个声音"说话,深层意义上的"媒体失语"同样也就无可避免。

2. 媒体审判

如前所述,在当代中国,无论是审前阶段还是审判阶段,媒体的刑事司法报道都取决于司法机关的需要与好恶。当媒体的报道与司法机构的需要背道而驰时,侦查机关会堵塞媒体的信息源,法院则会利用管理法庭的行政权力将媒体拒之门外,"媒体失语"就不可避免。但若司法机关出于特定目

---

①　因孙志刚案涉案人数众多,涉及 18 名被告人和 6 名渎职人员,因而该案于 2003 年 6 月 5 日同时在广州市中院、广州市白云区法院和广州市天河区法院进行一审。但此案的庭审并未采用公开审理的方式,记者无缘参加旁听,被告知只能用广东省委宣传部的通稿进行报道。蒋淑媛:《网络媒介社会功能论》,新华出版社 2011 年版,第 81—83 页。

的,欢迎媒体介入而放松管制时,媒体就能获得详尽的信息,加之媒体报道的刚性规制不足、软性规制无力,"媒体审判"就成为时下中国刑事司法报道与"媒体失语"相对应的又一怪象。从词源上考察,"媒体审判"一词发端于美国,系由"报纸审判"演变而来。"报纸审判的意义较为广泛,即任何民事、刑事案件在普通法院审判前或审判后,由一般性或法律性报纸所刊载的消息或意见,不论其是以文字、图片、漫画及其他方式,不论其目的是在讨论、分析、攻击、侮辱与案件有关的法官、当事人及其他诉讼关系人,或案件内容及其胜负得失,凡足以影响审判者,都可称之为报纸审判。"[1]当今世界,由于电子媒体和新媒体的异军突起,声音和图像的兼而有之以及信息传播的迅捷性、生动性、形象性、互动性,电子媒体和新媒体已经占据了刑事司法报道的大半壁江山,"报纸审判"已经演变为"媒体审判"。在今天,媒体审判的实质在于,对司法实践中发生的具有反常性或重大性或牵动公众神经的刑事案件,媒体超越司法程序对案件进行定罪定性的报道,营造被追诉人有罪或无罪、罪重或罪轻的公众舆论,以干预和影响司法裁决,迫使法官依据舆论而不是依据法律对被追诉人实施非法的道义裁判。自20世纪90年代以来,媒体对刑事司法的报道越来越显狂乱,一系列见诸报端的重大案件无不昭示:诉讼结果受到媒体舆论和公众参与影响的案件数量增长呈迸发态势[2],"媒体审判"已蔚然成风,成为刑事司法报道一道无法逾越的障碍。所有这些案件,媒体狂轰滥炸式的报道都引发了社会群情激奋的舆论狂潮,使得法院的判决发生了背离于事实和法律依据的变化,判决没能实现应有的公正。依据媒体报道对被追诉人的倾向态度和对法院判决影响的程度,这些媒体审判的影响性案件总体上可分为两大类型:判决结果因受媒体

---

[1] 尤英夫:《新闻传播法规》,见 http://cc.shu.edu.tw/~distance/dist/classinfo/olclass/8602cs01/c8602t01cst09.htm。

[2] 艾佳慧:《网络时代的影响性诉讼及其法治影响力——基于2005—2009年度影响性诉讼的实证分析》(下),《中国法律》2010年第5期。

报道影响而不利于被追诉人的媒体审判案例(见表 2-1)和判决结果因受媒体报道影响而有利于被追诉人的媒体审判案例(见表 2-2)。张金柱案、龚建平案、刘涌案、李昌奎案、药家鑫案、李天一案、刘汉刘维案,可归之于前者;而许霆案、梁丽案、邓玉娇案、时剑锋案、张芸案可归之于后者。这些案件的判决在受媒体报道的影响上具有惊人的相似性:在前者,媒体在案件进程中实施了倾向性极强的连续报道,在一定程度上影响了法院对案件的定罪量刑,使得依据事实和法律本不致死的张金柱、刘涌、李昌奎无一例外均被置于死地①,使得本已获得一线生机的刘涌、李昌奎被最高人民法院、云南省高院再审改判死刑,使得二者从死到免死,再从免死到死,经历冰火两重天,药家鑫、李天一、龚建平也因媒体大打身份牌而遭致"媒体审判",判决的公正性无不因媒体的报道而受到质疑。在后者,媒体的无罪判定、对被追诉人的同情与怜悯,营造了梁丽的"拾金不昧"、邓玉娇的"贞女、烈女"形象、许霆的"无辜"、时建峰和张芸的"可怜",生发出公众对弱势群体犯罪的普遍同情而对司法机关形成强大舆论压力,最终不得不选择向民意"伸出橄榄枝"而顺应舆论作出判决或顺应舆论而改判:梁丽最终被公安机关撤销案件,邓玉娇被法院定罪免刑,许霆被二审法院从一审的无期徒刑改判为五年有期徒刑,时建峰从一审无期徒刑骤降为有期徒刑两年零六个月,张芸则由十年有期徒刑改判为两年。这些受到媒体报道影响的判决过度地偏离了案件的事实和法律适用,没有实现真正的公正。所有这一切,皆是媒体对刑事案件事实和刑事司法活动所进行的过度的、单向的、歧视性的、虚假的报道所致。

(1)过度报道

与"媒体失语"的报道不足不同,"媒体审判"第一个表现就是过度报

---

① 而张金柱则因为媒体的报道而成为因交通肇事而被判死刑之第一人,成为舆论和政治的牺牲品。李昌奎因二审改判死缓而遭致媒体狂轰滥炸,舆论的群情激奋使二审法院顶不住压力而改判李昌奎死刑立即执行。李昌奎之死显然也是与媒体声势浩大的追惩之声密不可分的,若没有媒体的一片喊杀声,李昌奎不至于被判死刑立即执行。

道。就审判阶段而言,由于案件实行公开审理,媒体能够进入法庭采访和寻获案件信息,一般也会因循法庭上所获取的信息对案件进行报道,过度报道出现的概率较小,而侦查阶段的刑事司法报道却频频再现过度报道的流弊。与审判阶段实行审判公开,允许新闻记者采访报道不同,我国刑事诉讼法对侦查向来奉行侦查密行原则,为保全涉案相关证据并确保侦查程序能够顺利进行,禁止侦查机关公开侦查过程与侦查行为。同时也基于无罪推定原则,禁止侦查机关在犯罪事实未进入审判程序之前公布犯罪嫌疑人的个人信息,媒体对尚处于侦查阶段的案件无权从官方获知详情。由于立法并没有就侦查阶段的信息发布和媒体可以采访的范围和方式作出明确的规定,实践中媒体的报道空间基本上取决于侦查机关的好恶与需要。当侦查机关出于平常的犯罪预防、消息散布、形象塑造或士气激励等因素的考虑,需要借助媒体的刑事司法报道以实现目的时,往往十分欢迎媒体报道并为此而提供便利。本来在侦查阶段极为受限、自由度极低的刑事司法报道,在得到侦查机关的积极配合时,报道的空间和尺度又显得格外宽松:媒体可以拿到许多本应保密的案件资料,有些专跑侦查机关的政法记者甚至可以参加警方侦讯被追诉人的现场,拿到被追诉人的供述笔录复印件,甚或亲身讯问被追诉人;获得警方许可,甚至可以跟随警方进行秘密侦查,全程报道警方的侦破方案、破案技巧和侦破经过等等。这种详细披露警察机关侦办方向及过程、暴露侦办单位已掌握之线索、泄露被害人及证人身份、将犯罪过程故事化、巨细靡遗地介绍犯罪过程及细节、以片面的线索自行推断案情、以"重建现场"的拍摄手法来虚拟案件发生经过、故意凸显犯罪严重程度或不法利益的报道行为,远远超出侦查不公开原则所追求的目的,既有违被追诉人权利保障原则,在全社会产生"犯罪嫌疑人即真正犯罪之人"的认定,造成媒体预审的舆论效果,侵损法官公正审判的能力,因而造成媒体与审判机关绝大多数情况下的无谓的对立和冲突,也构成刑事司法报道应受限制的坚定理由。

表 2-1 1997—2016 年判决结果因受媒体报道影响而
不利于被追诉人的媒体审判案例

	案 名	案 情	舆 论	判决结果
1	张金柱案	1997 年 8 月 24 日晚,曾任公安局领导的张金柱酒后驾车逆向行驶,将一个小孩撞飞,并将孩子的父亲和自行车卷在车下拖行 1500 米,致一死一伤。	张系警察,执法犯法,行为恶劣,不杀不足以平民愤。	1998 年 1 月 12 日,张金柱被郑州市中院一审以交通肇事罪和故意伤害罪判处死刑。河南省高院维持原判。
2	龚建平案	龚建平 2000 年至 2001 年先后 9 次收受他人财物 37 万元,并在担任全国足球甲级队 A、B 组主裁判员时吹假哨。	龚建平罪大恶极,为整肃中国足球,必须严惩败类。	2003 年 1 月 29 日,宣武区法院一审以受贿罪判处被告人龚建平有期徒刑 10 年。2003 年 3 月 28 日,北京第一中院二审维持原判。
3	刘涌案	2002 年 4 月 17 日,黑社会头目刘涌因组织、领导黑社会性质组织、故意伤害、非法经营、故意毁坏财物、行贿、妨碍公务、非法持有枪支被铁岭市中院一审判处死刑,剥夺政治权利终身。2003 年 8 月 15 日,辽宁省高院改判刘涌死刑,缓期两年执行,剥夺政治权利终身,并处罚金 1500 万元。	刘涌罪当该死,"刘涌不死,则正义必亡"。	2003 年 10 月 8 日,最高人民法院依照审判监督程序再审,判处刘涌死刑立即执行。
4	李昌奎案	2009 年 5 月 14 日,云南省某村村民李昌奎因兄长与邻居发生争吵打架而赶回家,与邻居女儿发生争吵抓打,对其施暴后用锄头将其打死。之后又倒提摔死其弟,将姐弟二人用绳子勒紧脖子后逃离现场。2010 年 7 月 15 日,云南省昭通市中院经审理后一审判处李昌奎死刑。2011 年 3 月 4 日,云南省高院经审理终审判处李昌奎死刑,缓期二年执行。	比起药家鑫因杀一人而获死刑,李昌奎杀二人却判死缓,极为不公。	2011 年 8 月 22 日,云南省高院再审此案,裁定撤销原判,改判李昌奎死刑立即执行,剥夺政治权利终身。

	案 名	案 情	舆 论	判决结果
5	药家鑫案	2010 年 10 月 20 日晚,西安音乐学院大三学生药家鑫开车撞伤一名 26 岁女子。下车后看到受害人在记车牌号,因担心日后麻烦,药家鑫随即持水果刀将对方连捅 8 刀,致其死亡。	军二代、富二代的药家鑫,因家境贫寒的受害人在记车牌号就连捅八刀,罪不可赦。	2011 年 4 月,西安市中院一审以故意杀人罪判处药家鑫死刑,剥夺政治权利终身,并赔偿被害人家属经济损失。2011 年 5 月,陕西省高院二审裁定驳回上诉、维持原判。
6	李天一案	2013 年 2 月 17 日,李天一与 4 名同伙在北京海淀一酒吧,借庆生为名,将一名女子酒后带至宾馆轮奸。	仗着自己是星二代而胡作非为,可恨。	2013 年 9 月 26 日,北京市海淀区法院判处李天一有期徒刑 10 年。2013 年 11 月 27 日,北京第一中院二审裁定驳回上诉,维持原判。
7	刘汉、刘维案	刘汉、刘维等 36 人因组织、领导、参加黑社会性质组织,而分别于 2013 年 3 月 13 日和 18 日被监视居住。	以"血路"开财路,罪恶多端。	2014 年 5 月 27 日,湖北省咸宁市中院一审以犯组织、领导黑社会性质组织罪、故意杀人罪等罪,数罪并罚,决定对刘汉、刘维执行死刑,剥夺政治权利终身,并处没收个人全部财产。2014 年 8 月 7 日,湖北省高院二审裁定维持原判。

表 2-2　1997—2016 年判决结果因受媒体报道影响而
有利于被追诉人的媒体审判案例

	案　名	案　情	舆　论	判决结果
1	许霆案	2006 年 4 月 21 日晚,许霆到银行 ATM 取款,因取款 100 元,取款机吐出 1000 元而银行卡账户只扣除 1 元钱,而连续先后取款 17.5 万元。2007 年 12 月,许霆被广州中院一审以盗窃金融机构判处无期徒刑。	银行一贯作风霸道,许霆作为弱势的消费者即便有过该罚,但量刑也畸重,与贪官的处罚极不成比例。	2008 年 1 月,广东省高院审理后以事实不清、证据不足为由,将案件发回重审。2008 年 3 月 31 日,广州市中院判处许霆有期徒刑 5 年。
2	梁丽案	2008 年 12 月 9 日,机场清洁工梁丽在深圳机场因涉嫌盗窃("捡")价值超过 300 万元人民币的黄金首饰而被逮捕。	被告是家境贫寒的女工,是捡而不是偷。	2009 年 9 月 25 日,检察机关认定梁丽不构成盗窃罪,但涉嫌侵占罪。9 月 26 日,失主称不会对梁丽提起起诉。
3	邓玉娇案	2009 年 5 月 10 日晚,邓贵大、黄德智等三名公务员酒后到该县野三关镇雄风宾馆梦幻娱乐城玩乐,因要求宾馆女服务员邓玉娇陪其洗浴,百般纠缠而分别被邓玉娇用水果刀刺死、刺伤。	死者是吃喝嫖赌的官员;被告人是反抗官僚欺压的贞女、烈女。	2009 年 6 月 16 日,湖北省巴东县法院一审以邓玉娇犯故意伤害罪,但属于防卫过当,且有自首行为,属于部分刑事责任能力,而宣布免予邓玉娇刑事处罚。
4	时剑锋案	河南禹州农民时建峰于 2008 年 5 月 4 日至 2009 年 1 月 1 日用两套假军车牌照免费通行高速路 2361 次以逃避沙石运输过路费。河南省平顶山市中院一审认定其偷逃过路费 368 万余元,于 2010 年 12 月 21 日以诈骗罪判处无期徒刑,剥夺政治权利终身,并处罚金 200 万元,并追缴违法所得。	收费方是强势利益集团,被告是民工,虽然其罪当罚,但处罚与收入差距悬殊。	2011 年 12 月 15 日,河南省鲁县法院经重审后认为,按照核准装备计算,认定其诈骗数额为 49.23 万元,判处时建峰有期徒刑两年零六个月,并处罚金 1 万元。

	案 名	案 情	舆 论	判决结果
5	张芸案	2011 年 12 月 2 日,保姆张芸将雇主置于鞋柜上的银灰色翻盖手机"拿走"藏于厨房内,并随后埋入花园的地窖。2012 年 6 月 14 日,郑州市管城回族区法院一审认定张芸构成盗窃罪,判处有期徒刑 10 年,并处罚金 2 万元。	被害人是恶意欠薪的无良雇主,张芸是一时冲动的弱者。	2012 年 7 月 1 日,郑州市中院二审裁定撤销原判,发回重审。2012 年 12 月 28 日,郑州市管城区法院对该案再审,改判张芸有期徒刑 2 年。

（2）单向报道

全面报道是现代传媒进行新闻报道必须遵循的基本原则。媒体在报道刑事司法活动时,必须给予诉讼各方平等的关注,既要报道来自控方的信息,也要允许被追诉人发出声音,为被追诉人辩解留下一席之地,为控辩双方当事人提供信息发布和自我申辩的平台。即便由于版面所限或其他原因而不能给予双方同等的报道空间,也负有义务标明自己的新闻来源,并作出相关提示和说明,以防范出现"有罪推定"的现象。美国第九巡回上诉法院弗莱切法官就主张:"报道必须有一定的规则,不允许就某一个侧面进行报道,即应完整全面地反映法庭活动。"[①]新闻媒体在披露和报道刑事案件时,应始终秉持中立之立场,认真听取来自各方的意见,给对立冲突的双方以发表自己意见的机会,不能成为一方观点的代言人,呈一边倒。我国目前,尤其是侦查阶段的刑事司法报道,就突出呈现出单向报道、一边倒的问题。一方面,由于侦查机关拥有犯罪侦查与侦破的第一手资料,媒体在采访刑事司法时,引用消息来源以佐证其讯息真实性,不得不仰赖于警方或检察官。[②]而既然控制着侦查信息的公开,受职业利益的影响,侦查机关必定只会报喜

---

① 宋冰:《程序、正义与现代化》,中国政法大学出版社 1998 年版,第 464 页。

② 林秀怡:《警察机关如何落实侦察不公开》,《中华警政研究学会会讯》2005 年第 3 期。

不报忧：只对媒体公开不利于犯罪嫌疑人并且可能是未经证据证实的情况，对犯罪嫌疑人有利的材料则会隐瞒不报。另一方面，媒体则基于有罪推定的惯性思维，对侦查机关提供的信息偏听偏信，拒绝为被追诉人提供陈述案件事实和表达法律观点的机会①，媒体的刑事司法报道总体上呈有利于控方的一边倒态势，媒体某种程度上被视为控方的控诉工具，充当了"第二公诉人"，而对与警方相反的信息则往往视而不见、置之不理。如1999年蒋艳萍案即是明证。在蒋艳萍实际贪污数额仅70多万元，起诉书也未指控其涉嫌行贿的背景下，各路媒体却在蒋艳萍案庭审前竞相演绎其借助"财色双送""肉蛋轰炸"，"与40多个厅级领导有不正当男女关系"，"鲸吞公款1000万余元，欲壑难填"的香艳、巨贪形象，蒋艳萍的辩护律师要在报上发表律师声明，但对此声明却几乎没有媒体愿意刊发。除去仅向控方一边倒的现象之外，媒体刑事司法报道也不乏向被追诉人一边倒的案例。如2008年的梁丽盗窃案（俗称清洁工捡黄金案），案件一经公开，各路媒体就将梁丽塑造为"一个强权下被凌辱和牺牲的弱势群体的英雄"。在案件审判之前就断定其无罪，所有舆论都站在有利于被追诉人一边，对侦查机关和检察机关的追诉极尽声讨和质疑之能事。而事实上内装黄金的纸箱并不是梁丽所称的"在垃圾桶旁""无人要"，相反，"失主只是因为柜台拒绝办理托运手续而稍离片刻去其他柜台咨询值班主任""纸箱就放在行李车上"这些事实却被媒体隐而不报。当检察院因裁定证据不足、不构成盗窃罪而将案件退回公安机关撤销案件后，媒体的"无罪报道"更是将检控机关推上了风口浪尖，使其受到强烈的批判，而支持公检意见的报道几乎没有。2012年的天价手机案，也是媒体单向报道，形成有利于被追诉人的舆论一边倒的媒体审

---

①　被誉为"中国的科比案"的黄静裸死案是个少有的例外。因多份矛盾的死亡鉴定以及高度的网络关注，黄静案成为"中国网络第一大案"。不仅当事人双方充分利用了媒体，公安机关和法院也多次召开新闻发布会向媒体通报案情。全面报道原则在此案中得到典型的贯彻。

判案例。2012年6月14日,河南省郑州市管城区法院以盗窃罪判处张芸有期徒刑十年。判决一出,经由媒体报道,顿时引发舆论一片哗然和公众的广泛热议和持续关注。南方都市报、半岛都市报、华声在线等媒体纷纷发声,同仇敌忾地将被害人描绘成"为富不仁"的雇主,把被告人描绘成"因雇主拖欠工资而维护自己权益"的"贫苦妇女"。"来势汹汹"的民意降低了被告人行为在道德上的可谴责性,在全社会营造出同情与怜悯被告人的一边倒的舆论。而被害人却一直被媒体口诛笔伐,处于道德境地的劣势地位而不敢吭声。而且,此案审理过程中还发现,被告人张芸在进入被害人家工作第十天时就盗窃了被害人岳父价值8162元的金戒指一枚,仅此行为就已构成犯罪。但媒体却视而不见,只字不提。

许霆案也是单向报道的典范。许霆因ATM机出错而趁机取款17.5万元被广州市中级人民法院一审以盗窃金融机构罪判处无期徒刑,剥夺政治权利终身,并处没收个人全部财产。判决一经曝光,媒体就进行了大量颠倒黑白的报道,什么"是银行引诱,许霆没罪""网上调查只有7%的人不会像许霆那样多取钱""许霆拿的是自己的卡和密码取的钱,不是偷""许霆和银行是合同关系,服务行业不能随意动用公权力"等等。媒体呈一边倒地高喊"许霆无罪",而受损17万元的银行却一再受到媒体攻击,噤若寒蝉不敢出声。如此声势浩大的倾向性报道,严重影响了广州市中院对案件的重审,广州市中院在2008年4月1日被迫作出"被告人许霆犯盗窃罪,处5年有期徒刑,并处罚金2万元"的一审重审判决。对此判决,法学界诸多人士都认为,这一判决完全是舆论影响的结果,舆论对许霆案的改判"居功至伟"。"公众舆论的持续关注,让许霆案引起从最高法到全国法律工作者的高度重视,直接促成了许霆案的发回重审,也才有了许霆由无期改判为五年的结果。"①在盗窃金融机构和盗窃数额巨大这一原审定性事实没有推翻的前提

---

① 窦含章:《许霆案改判留下三个遗憾》,《中国证券报》2008年4月2日。

下,许霆案特案特办完全是舆论的影响所致。法院迫于过大的舆论压力而作出的完全迎合舆论呼声的改判虽然可以博得一时的大快人心,但其公正性却值得怀疑。"舆论看上去是干涉了司法的独立性,取得了一个能够交代得过去的结果,其实却是一种双输的格局。舆论与媒体输在——改变了结果,但没有改变导致原来那个能够判许霆无期徒刑的原因;司法输在了没有坚持使用现有的、已经生效的法律,而任意改变了法律,'特案特办'正好为司法不独立作了一个注解。"①

(3)歧视性报道

作为现代刑事诉讼基石,无罪推定原则的基本含义和要求是被告人在生效裁判作出之前,在法律上应被视为无罪的人。这一原则的意义并不仅仅是对国家刑事司法机关行为的要求,更深层的意义在于防止社会过早地和无规矩地把任何人看作是罪犯,不允许"根据推断、一般了解、未经充分检验的裁量和违反既定证明程序而取得的信息,认定一个人实施了犯罪"②。无罪推定因此也是对诉讼外的相关主体行为的要求,媒体自在其中,刑事司法报道尊重被追诉人人权的法律基础由此而奠定。在法院判决被追诉人有罪之前,媒体必须审慎地使用自己的措辞和评论,不能做歧视性报道,影响公众舆论认定其有罪。触犯这一原则而损害被追诉人的人权,媒体要因此而承担相应的法律责任(如:藐视法庭罪、诽谤罪、更正答复责任等等)。我国目前,深受有罪推定的不良影响,歧视性报道无处不在。用语严重失范,在法院尚未审判之时就对被追诉人进行有罪推定,超越司法程序进行定罪、量刑,是歧视性报道突出表现之一。无罪推定为媒体设定了刑事司法报道的底线,即对被追诉人定性定罪的权力属于国家,媒体对刑事司法的报道要尊重国家赋予法官的刑罚权,不得违背法律的规定越俎代庖,擅自

---

① 五岳散人:《许霆的轻判:媒体与司法的"双输"》,见 http://view.news.qq.com/a/20080402/000007.htm。

② 陈瑞华:《刑事审判原理论》,北京大学出版社 2004 年版,第 133 页。

对被追诉人做定性定罪的判断,取代法官而成为刑事案件事实上的裁判者。然而,媒体报道重大刑事案件时,超越法律规定的底线,擅自为案件下结论和评论的事件不绝于耳。"魔鬼""恶魔""杀人狂魔""禽兽""女巨贪""坏种""枪毙还少了""该千刀万剐""杀一儆百""不杀、天理国法不容"等带有有罪推定色彩的用语,就是媒体刑事司法报道用语严重失范的典型例证。这些惊心动魄的定性定罪话语,往往引发公众"群激义愤"的"一片喊杀声",而使被追诉人在开庭之前就面临巨大的生理和心理压力,提前落入"尘埃落定"的有罪状态,使被追诉人接受公正审判的权利不复存在。张金柱交通肇事案就是典型一例。张金柱最终被以交通肇事罪和故意伤害罪数罪并罚,判处死刑。对此,舆论的穷追猛打、百姓的一片喊杀起到了非常关键的影响。案件发生后到张金柱被判处死刑的整个过程中,从《大河报》《郑州晚报》《南方周末》等地方媒体到中央级媒体都做了大量的报道,力陈张金柱"罪该万死"的理由和"丑恶面目",张金柱案成为全国人民愤怒情绪的发泄点,张金柱也超越了交通肇事案被告人的身份而变成了公安队伍中违法乱纪的典型代表、反面人物的化身。这些超越司法程序和超越媒体自身职责的定性评论,使本不致死的张金柱最终被判处了死刑。法院判决书中"不杀不足以平民愤"之说足以证明媒体擅下结论、擅自定性定罪、做倾向性报道和评论的可怕。自此之后,遂有"媒体杀人"之说。

妄加评论,用尽贬义词汇,极力丑化被追诉人,对被追诉人进行"情感审判",陷被追诉人于万劫不复境地,是倾向性报道的又一表征。公正的报道是媒体的天职,因而无罪推定原则的要求,媒体应当严格奉行。但在我国,媒体刑事司法报道并未信守这一原则,报道时妄加评论,用尽贬义词汇,极力丑化被追诉人,致力于对被追诉人进行"情感审判"。在李某某强奸案中,媒体抓住李某某星二代的特殊身份而大做文章,不仅深挖细掘和还原了整个事件,而且还把其成长过程曝光于公众面前。说其从小就娇生惯养、爱打架斗殴,因打人而被劳动教养且恶习难改,等等。媒体对此案的穷追猛打和不当评论,激发了公众舆论声势浩大的情感审判,使得李某某就因为其星二代特殊身份而被媒体口诛笔伐,最终遭致超过同案被追诉人多得多的刑事处罚。可以说,围绕此案媒体所做的道德报道和评论所掀起的"罗马假日似的狂欢"正是媒体越俎代庖影响刑事司法程序的典型个案。而李庄案、刘汉刘维黑社会组织案,媒体所做的报道也极力丑化被追诉人,趋于从道德情感的角度对被追诉人进行道义裁判。一家报纸在《重庆打黑惊曝"律师造假门"——律师李庄、马晓军重庆"捞人"被捕记》一文中所做的"律师李庄的确能'装',一手'捞人'、一手'捞钱'","李庄打'广告':这里'够黑,人傻,钱多,速来'"的主观评价,一家新闻网站在《国法如天——原四川汉龙集团董事局主席刘汉涉黑犯罪内幕揭秘》中所做的"以'血路'开财路""作恶多端难逃国法惩处"的主观评价,显然就是试图在道德层面抹黑李庄等被追诉人,对其做有罪的道义裁判。

(4)虚假报道

客观报道是现代传媒进行新闻报道必须遵循的又一原则。这一原则要求媒体在报道时要尊重事实,要依照已掌握的资讯客观、全面地报道案件情况,即采用"客观陈述"的方式,对社会事件的本来面貌作真实的呈现,不能无中生有,胡编乱造,以虚假报道混淆视听、左右民情。而在目前,出于吸引受众的眼球,追逐商业利润,制造新闻卖点的需要,大肆夸张和虚构进行虚假报道是造成媒体审判的又一表征。肆意丑化被追诉人、无中生有、严重背离公诉机关指控范围的虚假报道充斥于报端。如:对湖北贪官张二江的报道,媒体将其冠之以"五毒书记"(吹、卖、嫖、赌、贪五毒俱全),为了突出其生活作风问题,竟然虚构其和108个女人有染的案件细节,构成对案件事实真相的严重背离。再如湖北枣阳市市长尹冬桂、沈阳中院副院长焦玫瑰和湖南省建筑工程集团总公司副总经理蒋艳萍受贿案案发到审判的过程中,各地媒体都对被追诉人进行了全景式的媒体轰炸。说尹冬桂长期跟他的下属、跟他的司机长期保持不正当两性关系;说焦玫瑰是刘涌的姘头;说蒋艳萍凭借"财色双送""肉蛋轰炸",与 40 多个厅级领导有不正当的男女关系。又如黄松有案,有媒体爆料黄松有喜好女童、与黄光裕案有牵连并涉及中诚广场执行案。再如重庆谢才萍涉黑案,媒体频繁爆料说谢才萍不仅有组织领导黑社会性质组织、开设赌场、容留他人吸毒等罪犯行为,还私生活荒淫糜烂,包养年轻男子达 16 人之多。而这些问题都是凭空捏造的无稽之谈,检察院的起诉书并无指控,法院的判决也无印证,报道将被追诉人刻画得非常不堪,严重侵犯了被追诉人的人格尊严、名誉和隐私。

除去无中生有、凭空捏造之外,现代媒体故意隐瞒事实真相、按偏好筛选材料、断章取义以误导舆论的虚假报道现象也不乏存在。媒体总是以真实或虚构的方式有选择地扭曲和支配公众想象,并创造一幅主张陈词滥调、偏见、歧视和使事实总体过于简单化的虚假的图景。[①] 2009 年 4 月 14 日,《华西都市报》刊登的《爬树窥探女邻居,他被判强奸罪》一文堪称传媒不恰当截取新闻事实,按偏好筛选案件材料做虚假报道的反面典型。报道宣称家住成都新都区的李某暗恋邻居刘某,他趁刘某丈夫不在,爬上刘某院落中的一棵树伺机而动,李某在树上艰难度过四个多小时后,意外遇到闪电雷雨而被刘某察觉并报警,李某被新都法院以强奸罪判处有期徒刑 1 年并处缓刑 1 年。报道发表后,舆论顿时哗然,纷纷质疑法院判决。但实际上,在树上一待将近四个小时,"凌晨 2 时许,李某再次进入刘某家客厅,企图与之发生性关系,被刘某发现,双方发生抓扯。李某因害怕,便用双手掐刘某脖子,因当晚有闪电,刘某看清是同村的李某。因怕事情败露,李某便翻墙逃走。"[②]这才是犯罪嫌疑人被判强奸罪的关键因素和真相。《华西都市报》这份报道对案件的前半部分事实做了客观报道,但对定罪最关键的事实情

---

① [英]伊冯·朱克斯:《传媒与犯罪》,赵星译,北京大学出版社 2006 年版,第 170 页。
② 王仁刚:《男子爬树偷窥女邻居被判强奸续:曾入室施暴》,《华西都市报》2009 年 4 月 20 日。

节却故意加以忽略,致使公众对法院定罪量刑产生误解。天价手机案中,媒体对保姆张芸在进入雇主家工作第十日时就已盗窃雇主家金戒指一枚的事实视而不见、隐而不报,也是媒体因为这一事件不符合媒体对天价手机案的报道基调和评论立场而进行报道筛选的实例。在国外,媒体剪裁取舍新闻事实、虚假报道的事件也时有发生,最著名者当属1992年罗德尼·金诉洛杉矶市警察局案①。在此案中,因罗德尼·金拒捕而执法过当的四名白人警察被提起公诉,在法庭庭审前,ABC、NBC、CBS全美三大电视新闻网和有线电视新闻网(CNN)在一年内反复循环播映经过剪辑的四名被告人殴打罗德尼·金的录像,营造了白人警察有罪的社会氛围。以白人为主的陪审团所作的"被告无罪"的判决一出,就引发了一场震惊世界的大暴乱,当地黑人群情激愤、聚众闹事、烧杀抢劫,短短几十小时就造成54人"阵亡"、2328人受伤、1000多栋建筑物被焚毁。媒体删除罗德尼·金拒捕画面而对播放的录像带进行选择性呈现的行为,迫使时任总统布什不得不在电视上宣布重新起诉四位白人警察并向法院施加政治压力,鲍威尔警官和孔恩警长被裁定有罪,司法的独立和公正经由媒体的虚假报道被严重侵犯。在中国,哈尔滨警察打死青年案也反映出媒体按偏好筛选材料进行报道的问题。在此案中,六名警察在哈尔滨糖果酒吧门前打死青年林松岭的案件曝光后,公众舆论将矛头直指警察,一致要求严惩凶手,掀起了强大的追惩之声。但后来警方公布的录影资料显示,林松岭之死并非无辜,双方的冲突并非警方所造成而恰是林松岭多次挑衅所致,而且林松岭身强力壮,练体育出身,一度打得警察无还手之力,警察忍无可忍才被迫还击。警方录影资料的公布,方使得公众舆论偃旗息鼓。这样的虚假报道对于维护司法的独立和权威显然有百害而无一利。

---

①　任东来等:《美国宪政历程:影响美国的25个司法大案》,中国法制出版社2004年版,第420—438页。

（二）刑事司法报道失范的危害

1. 媒体失语的危害

（1）媒体失语严重妨碍公民知情权和言论自由权的充分行使

当代政治学家罗伯特·达尔在其名著《论民主》一书中指出："'多种信息来源'（即知情权）与'表达意见的自由'（即言论自由权）是民主政治的两项必要条件。"①刑事司法报道恰好集公众的知情权和言论自由权于一身，充分展现了公众对刑事司法过程中的案件事实、程序违法行为以及刑事司法的总体形态等一切事项的知情权，以及充分发表对刑事案件办理和刑事司法程序的意见和看法的自由。尽管各国宪法都明确赋予法院以独立的审判权，但又基于保障民众"知的权利"的需要将审判公开宣布为现代诉讼的基本原则，我国也概莫能外。依照现有法律，法院负有"公开审判制度"的实施义务：除依法涉及"国家机密、个人隐私和未成年人犯罪的案件"一律不公开外，其余所有刑事案件法院均要公开审判，允许普罗大众参与和旁听案件审理和判决，允许新闻记者采访报道，前者称之为直接公开，后者称之为间接公开。这一原则使得媒体刑事司法报道必然要在法庭审判公开的实施过程中发挥甚或大于公民旁听的核心作用。现代的法庭，无论有多大，其容量总是有限，得以直接去现场旁听的公民人数总要受到审判场所的限制；现代生活的快节奏和社会事务的繁忙，也使人们没有时间亲临法庭现场观摩和了解刑事审判。因为各种原因未能前往法庭旁听的公民也同样拥有获悉审判信息的权利，他们这一权利的实现只有借助于媒体对审判活动的公开报道才能实现。刑事司法报道因此突破了公开审判的时空限制，将天涯化作咫尺，将时间变成永恒，让法庭之外的公众也能获悉刑事审判的真实面貌。台湾学者林山田先生对媒体刑事司法报道此种功能的论述可谓鞭辟

---

① ［美］罗伯特·达尔：《论民主》，李伯光等译，商务印书馆 1999 年版，第 93 页。

入里:"由于现代大众传播工具之发达,使公开原则更能发挥监督国家刑事司法之功能,因为经由新闻记者在法庭之现场采访,以及就审理与审判内容所作之新闻报道,更使公开原则从早期之直接公开,转化为间接公开,除法庭现场直接公开外,尚有大众传播工具所提供之间接公开,而扩大公开原则所及之范围。故与事实相符,且于适当时机发表之新闻报道,自当符合公开之本旨,而为刑诉法所允许。"①因此,媒体对刑事司法的报道,有着知情权和言论自由权两项宪法权利依据,是协助公民了解刑事司法信息(不仅包括审判信息,还延展至侦查阶段犯罪的动向、犯罪的形态、犯罪地域分布、案件侦查进展等信息)并发表言论的主要方式。这种方式在法律上要求司法机关对应地负有保障其获得适当信息的义务。当侦查机关和法院将媒体拒之门外,或者限制媒体报道的程度而造成媒体对刑事司法的"失语"时,无疑就是对公民知情权和言论自由权最严重的侵害。

(2)媒体失语严重妨碍公民监督权的有效行使

著名刑法学家贝卡里亚曾经这样盛赞审判公开的价值:"审判应当公开,犯罪的证据应当公开,以便使或许是社会唯一制约手段的舆论能够约束强力和欲望;这样,人民就会说:我们不是奴隶,我们受到保护"②。足见,审判公开固然重要,具有形成公意、造就舆论的刑事司法报道同样重要,可以与审判公开相提并论。在贝卡里亚那里,审判公开同时意蕴着司法接受刑事司法报道监督的含义,公开是媒体报道的前提和条件,媒体报道则是督促和监督司法权规范行使和运作的手段。监督权是各国公民普遍拥有的一项基本宪法权利,现代法治国家强调审判独立,但也不排斥对司法的各种合法监督。如我国《宪法》第三条、第二十七条在规定国家机构的权力来源和工作机制时,就明确公安司法机关必须接受人民的监督并对人民负责,因而人民对司法的监督有法律依据。但对司法机关的现实监督,必须建立于对司

①　林山田:《刑事诉讼法》,台湾汉荣书局有限公司 1981 年版,第 218 页。
②　[意]贝卡里亚:《论犯罪与刑罚》,黄风译,中国法制出版社 2002 年版,第 23 页。

法机关相关资讯的充分掌握的基础之上。而在机构庞大的今天,要掌握组织繁杂的司法机关的充分资讯,对于单个的公民而言实为不可能的事情。另外,将政府的行为及和公众利益有关的实务、其他具有新闻价值的资讯以及对公共议题的评论或意见提供给大众,以促进人们对政府和公共事务的关心,进而促成公众讨论,形成公众意见以监督政府,本就是媒体事业的主营业务。因而,作为公意代表的媒体有权利也有义务承担起监督的责任。借助于客观全面的报道,媒体正可以向公众传递刑事司法的诸多信息,暴露司法机关刑事案件办理过程中存在的问题,公众也正可以借助媒体刑事司法报道了解所需要的信息而对司法机关展开监督,刑事司法报道成为公众对刑事司法进行监督的桥梁和中介。当司法机关动辄向媒体关闭司法的大门,隔绝媒体的信息源时,媒体就无从获知刑事司法的信息也就不可能履行向公众传递信息的职责,媒体此时的"失语"无疑就是对公众监督权有效行使的严重侵害。

2. 媒体审判的危害

(1)媒体审判直接干扰侦查程序

由于侦查、起诉直至审判结束的所有司法过程都是媒体刑事司法报道关注的内容,因而,刑事司法报道的失范与异化,首先就构成对侦查程序的侵扰和破坏。侦查秘密作为现代侦查程序的法治原则而已被世界各国所体认,无论是大陆法系还是英美法系都要求侦查的情况既向当事人保密又向社会保密。由于侦查过程往往敌暗我明,侦查部门通常必须经过抽丝剥茧,一步步还原犯罪原貌方能缉捕歹徒归案,因而,信息优势往往是侦查部门破案的关键。过度的刑事司法报道会将警方的侦查方案和侦查策略泄露于外,易使嫌犯与共犯逃匿,或发生湮灭证据、勾串共犯作伪证等情事,最终导致侦查部门丧失资讯优势,布线缉捕无功,增加办案的难度。而司法实践中,为追求轰动效应和抢先报道公众感兴趣的话题,新闻媒体往往对警方的侦查活动采取跟踪报道甚至秘密摄像、窃听信息等手段,或者经由警方同意而全程参与案件的侦破过程。全景式的详细报道把警方的侦查策略、侦查方案等信息通过媒体透露给犯罪嫌疑人,造成其脱逃和实施新的犯罪行为,增大警方破案难度之恶果。台湾白晓燕被绑架案全方位印证了这种过度报道之于侦查的危害。在白晓燕案被绑架后,警方侦查的每一步都被媒体明目张胆地跟踪并滚动播放在电视上,警方和受害人家属的一举一动都暴露在所有电视观众面前。围绕案件的报道如此铺天盖地,以至于歹徒竟每天收看电视以获取警方侦办信息,决定下一步行动计划和逃亡路线。媒体太过细致地披露警方破案的手法、过程,最终使警方营救白晓燕、抓捕歹徒的侦查方案流产,白晓燕被残忍杀害。李某某强奸案中,媒体在案件立案后第三天就掀起了对此案详细而广泛的报道,李某某本人及父母的个人生平及生活细节、被害人情况、李某某作案细节及犯罪现场监控录像、案件办理最新进展等所有信息都被媒体暴露于公众面前。这些信息龙蛇混杂,尤其是其中关于李某某年龄造假的信息。很多网页新闻言之凿凿地宣称李某某早已年满 19 岁,甚至已经 21 岁,而非其家人所称的 17 岁,并还举出一系列证据,这迫使公安机关不得不对这一问题重新进行进一步的调查了解。媒体所报道的各种不实信息造成对公安机关侦查方向的严重误导、对侦查资源的浪费和侦查进度的拖延。

(2)媒体审判破坏司法独立

作为现代诉讼的基本原则,司法独立早已被世界各国所体认并载进各国宪法和诉讼法,司法的独立和尊严不容侵犯。正如汉密尔顿等人所指出的,司法独立尤其是法官独立,"在很大程度上并可视为人民维护公正与安全的支柱"。① 任何行政机关、社会团体和个人都不得对司法权的行使进行不法的干预,媒体当然也不例外。列宁说过:"真理和谬误之间只是一步之差。"传递信息、监督司法是媒体的天职;但若再往前一步,以刑事司法报道

---

① [美]汉密尔顿等:《联邦党人文集》,程逢如等译,商务印书馆 1980 年版,第 392—395 页。

作为利器试图影响审判,那就是对司法的独立和公正的公然侵害。无罪推定原则要求媒体在被追诉人被法院生效裁判确定有罪之前,不得对其持有有罪推定的立场;客观报道原则要求媒体报道刑事司法,应当秉持客观、中立、善意的立场,只求如实描述案件事实和办案进程,不能对被追诉人进行人为的主观评价,不管是歧视性的还是开释性的。违背事实,虚假报道,妄加评论,都可能造成承办法官与社会大众无谓的冲突和对立,都会构成对司法独立的严重损害。前者如刘涌案。在刘涌案发后,《辽沈晚报》《华商晨报》《北京青年报》等众多平面媒体和新浪、搜狐等网络媒体,连篇累牍地报道了沈阳公安机关及检察机关对刘涌案在侦查、起诉等各个阶段和环节的情况,以及公安机关披露的刘涌犯罪集团的各种犯罪事实以及刘涌罪恶的发家史。种种报道无不同仇敌忾,一时间"黑老大""黑道霸主"一词遍布全国,形成"万民皆曰可杀"的局面。当二审改判刘涌死刑缓期二年执行的终审判决结果公布后,媒体掀起轩然大波,高呼"刘涌不死,则正义必亡","刘涌居然可以不死,天理何在正义何在法律依据何在"。舆论的压力如此之大,竟然迫使最高人民法院不得不出面提审此案,直至改判刘涌死刑立即执行,舆论才偃旗息鼓。① 再如李昌奎案。李昌奎被一审判处死刑,二审改判死缓的消息一经媒体报道,就引起民意沸腾。公众普遍认为李昌奎奸杀王家飞并摔死其弟的行为,犯罪手段特别凶残、情节特别恶劣、后果特别严重、社会危害极大,应依法严惩,其罪当死。而且药家鑫杀一人而已伏法,李昌奎杀两人而判死缓情理不通。舆论要求判处李昌奎死刑立即执行的声音不绝于耳,甚至有公众质疑云南省高院有徇私舞弊的嫌疑。媒体报道和评价的甚嚣尘上,把云南省高院推上了舆论的风口浪尖,致使坚持死缓判决的

---

① 对于此案是否属于媒体审判,学界众说纷纭。有赞同者,也有否定者。但不可怀疑的是,媒体的报道确实影响了法院(尤其是最高人民法院)断案时的独立与自制,否则,最高人民法院为何在终审判决已经生效,控辩双方均无异议的情况下,提审此案。更何况,在尚未提审时,就已公开对外宣布此案判决不当。既然尚未审理就已有结论,高法的独立与自制在刘涌案中实在值得追问。

云南省高院最终没能抵抗住滔滔民意而启动再审改判李昌奎死刑立即执行。刑事司法报道所造成的民意与司法的紧张对立在此两案中得到经典演绎。后者可见邓玉娇案。在 2009 年 6 月 16 日湖北巴东县法院对"邓玉娇杀官案"一审审判之前,邓玉娇就被媒体塑造为"网络英雄""美丽又刚烈的贞女、烈女",称其行为乃"惊天地、泣鬼神的贞烈壮举",可谓"烈女斗贪官"。全部舆论一片声援、支持和赞扬之声,殊途同归地认定邓玉娇无罪。媒体早已盖棺定论,致使法院判案时如履薄冰、小心翼翼,不敢逆潮流而动,最终顺应舆论作出邓玉娇虽然构成故意伤害罪,但因有自首、正当防卫和限制刑事责任能力三个从轻或免除处罚的量刑情节,所以对其免除处罚的定罪免刑的判决。[①]

（3）媒体审判损害被追诉人合法权利

"任何'电视审判'或'报纸审判'等现象都是不可容忍的,真理并非总是掌握在多数人手里。苏格拉底的申辩未能逃脱一死,受舆论影响而从小对其抱有偏见的雅典人通过真正的民主程序杀死了他。当道德宣判代替了法律逻辑,狂热的情绪代替了理性的思考,民众不仅可以把路易十四处死,也可以将丹东、罗伯斯庇尔毫不犹豫地推上断头台"。[②] 与破坏司法独立,造成司法与民意的对立和冲突相比,媒体审判更大的危害在于对诉讼参与人尤其是被追诉人合法权利的严重损害,即便身份尊贵如丹东、罗伯斯比尔等也概莫能外。尽管被追诉人侵犯了国家法律而应该受到国法的制裁,但他同时仍受法律的保护,仍然享有其作为人所应该享有的人格权利（如肖

---

① 对邓案的判决,有学者撰文指出其疑点重重,反映出法院在舆论与法律之间的辗转徘徊。该学者指出,邓案的判决至少有两点值得疑虑:其一,判决对邓贵大等人对邓玉娇非法侵害在先的行为只字不提,法庭对此讳莫如深。而这是判断邓玉娇是否正当防卫的关键,没有正当防卫,哪来防卫过当？其二,既然邓玉娇属于限制刑事责任能力,杀人时正犯精神病,如何能够清醒地自首？看来,媒体在开庭之前的报道早已为此案作了判决。（李钟琴:《邓玉娇案的判决堪称"经典"！》,见 http://www.chinaelections.org/NewsInfo.asp？NewsID＝150342。）

② 朱学勤:《道德理想国的覆灭》,生活·读书·新知三联书店 1994 年版,第 239 页。

像权、名誉权、隐私权、姓名权)和相应的诉讼权利(如公正审判权、律师帮助权、上诉权)。但媒体却无视于法律的这些规定,经常在刑事案件判决前妄加评论,肆意贬低丑化被追诉人的人格,损害被追诉人的各种合法权利。如张开科案。《北京青年报》刊发的《张开科受审的台前幕后》一文,这样描述和评论庭审中的张开科:"张开科在庭审中百般诡辩,矢口否认有受贿和玩忽职守的行为。每当公诉人指控他涉嫌的犯罪事实时,张开科都要举手要求陈述自己的理由;每当公诉人、法官询问他的有关事实时,他总是千百遍地重复那句'刚才我已说过'的话。"再如报道张二江为自己辩护时,媒体报道说:"面对威严的法官和公诉人提供的环环相扣的证据,张二江极尽诡辩之能事,但仍遮掩不住丑态百出。"对庭审上的蒋艳萍,某报报道这样评论蒋艳萍的辩解:"蒋艳萍对公诉人的指控、指证一直采取不承认的态度。在法庭调查中,蒋艳萍及其辩护人屡屡就证据的合法性、客观性及关联性以外的东西进行长篇累牍的陈述、辩解、否认。蒋艳萍还巧舌如簧,将公诉人对她的受贿指控说成是'正常的人情往来'、'是承包应得的提成收入'。""百般诡辩""巧舌如簧"这样的描述不仅严重侵害了被追诉人的人格权益,也从舆论上剥夺了其公正审判权,是十足的有罪推定和"媒体审判"。对于未成年的李某某,媒体全无顾及李某某的未成年人身份特征,在侦查过程中就对其姓名、照片、不良记录、住址、背景和生平,以及案件最新进展等各种情况进行了三百六十度无死角的大曝光,各种恶性评论也充斥其间,称其企图用金钱和权力收买被害人以达成和解,严重侵犯了其隐私权和名誉权。言论自由或新闻自由在很大程度上是一种公共福祉,媒介审判以牺牲被追诉人的公正审判权和人格权为前提,将被追诉人放在言论自由的祭坛之上。这些不当或过度报道在侵损被追诉人公正审判权和人格权的同时,也造就被追诉人对社会强烈的愤懑心理情结,既不利于无罪被告人恢复正常的社会生活,也很有可能使有罪的被追诉人自暴自弃,难以重新社会化而成为新的社会不稳定因素。

三、刑事司法报道失范的成因分析

（一）社会现实原因

1.利益驱动的媒体

今天，媒体的利益驱动，毫无疑问是造成刑事司法报道如此现状的重要现实原因。经过 20 世纪 70 年代末以来 30 余年的改革，我国媒体基本上实现了商业化经营的目标，即便是党委或政府直接创办和管理的机关报刊、电台也大部分实现了经济的独立自主、自负盈亏，媒体的采编运作和经营分配制度已经实现了从靠政府供给的计划机制向自主经营的市场机制，从完全的事业属性到事业单位企业化管理，从以传播者为中心的定位向以受众为中心，从重视采编忽视经营到社会效益经济效益并重的转变。这种转变使得媒体作为一个市场组织的主体性地位得以确立，从此有了独立的经济利益追求。既然时不我待，现代传媒要按市场化运作，就不得不按照市场化的规则来考虑自己的报道风格和报道重点，考虑自己在社会舆论体系中的影响力和号召力，考虑受众的层次和多寡，考虑自己的收视率、收听率、点击率、订购率和广告价值。换而言之，在市场经济的背景下，追求利润、扩大生存优势，依据其商业意图而加工感性世界，就成为媒体选择刑事司法报道素材和评论基调的依据和准则。热衷于大案、要案、奇案，偏爱于渲染、煽情的语言，倾情于案件事实的任意筛选过滤，恶意丑化被追诉人人格、肆意评论、无中生有，以制造热点、卖点，吸引受众眼球，扩大影响力和发行量，就成为媒体报道刑事司法时合乎逻辑的行为选择和外部表现。实践中，众多影响性刑事案件的报道都验证了媒体总是将影响性刑事案件的报道和犯罪主体的特定身份相联系，报道的内容多集中于被追诉人的身份及身份背后的社会问题而非案件事实和法律适用本身，把复杂严肃的法律运作问题转化成社会问题和道德评价，迎合公众之"猎奇"心理、"仇富"心理和对弱小的怜悯心理而对强势群体和弱势群体犯罪给予道德立场的报道与评论,而这一切皆与商业驱动的强烈动机密不可分。

2. 素养欠缺的媒体人员

除去利益驱动的诱因之外,媒体从业人员法律素养欠缺也是媒体审判频发的一个重要现实缘由。由于社会关系的错综复杂,法律越来越成为一种专门的技术知识。刑事司法因事关人的生命、自由、财产的限制或剥夺,更是一项专业性极强的法律适用活动。专业的法律,需要专业的人员进行操作,还要有资金、时间、经历、技能上的保障。刑事司法报道是刑事司法与新闻互相交融、紧密结合的工作,从事这项工作的人员自然既要懂新闻报道知识,更要谙熟法律知识,要一颗红心两手准备。而我国刑事司法报道从业人员的法律素养显然跟不上行业的特殊要求。目前,刑事司法报道的从业人员或者抽调于政法战线,或者从新闻战线的各个行业报刊转向而来,或者从学校毕业分配而来①。这三部分人中,较为全面掌握法律知识的人并不多。目前队伍的知识构成是"三足鼎立",学新闻或文学的1/3,学法学的1/3,尚有1/3没有接受过新闻与法律专业教育②。绝大部分都是"一专",而既懂新闻又懂法律的"双通"人才可谓是少之又少。纵观近年来的影响性刑事案件的报道可以发现,媒体的报道更多地是对个案背后的社会问题和社会制度的批判和反思,借此引发公众的情感共鸣来形成舆论,而真正对案件事实和法律适用进行分析则只占极小部分。天价手机案发生后,各路媒体并不关心张芸之犯罪行为之性质,更多篇幅都是用于报道其现实境遇值得同情。"闫某某、王某某非法猎捕、收购珍贵濒危野生动物案""秦某非法采伐国家重点保护植物案""赵春华非法持有枪支案"等案发生后,媒体也不关心犯罪嫌疑人犯罪的行为,更多是用生活化的语言取代具体的罪名

① 朱淳良:《法制新闻的崛起与人才培养的滞后》,《华东政法学院学报》2000年第4期。
② 范玉吉:《法制传媒的创新与发展——2009年度全国法制新闻研讨会综述》,《新闻记者》2009年第11期。

和法言法语以谋求吸引公众的眼球。"大学生掏鸟窝被判十年""农妇顺手摘野草获刑""老太太摆摊打气球被判三年"这样的标题和报道改变了案件行为的性质、法律关系的内容,虽然赚足了点击率,但却构成对公众的极大误导和对司法审判的权威性和公正性的极大伤害。[①]　贵州农民腾彩荣进入高尔夫球场捡球案中,《南方周末》以《圈地无妨,捡球有罪?——失地农民与高尔夫球场之争》一文进行报道,报道以"圈地"和"捡球"两个关键词突出当事人双方的力量悬殊,以"捡"字表明无罪的倾向性意见,将此案引向农民与高尔夫球场的争斗。该篇报道几乎全无案件事实和法律适用本身的报道和分析,庭审进程也证实此案并无高尔夫球场与农民的权利之争。这样一种报道现状的出现,新闻从业人员缺乏更为专业的法律知识与素养,无法对刑事案件事实和法律适用作出理性的专业判断,可谓一个不可小觑的重要缘由。可以说,当下有失偏颇的诸多公众舆论的形成,正是源于对案件事实缺乏实质了解和正确的认识,而媒体在此问题上负有不可推卸的责任。职业道德素质良莠不齐也是媒体失语和媒体审判诸多问题的根源之一。良心、正义和社会责任感是媒体最基本的职业道德素质,媒体和记者要正当行使获悉司法信息、发表言论、舆论监督的权利,必须秉持客观公正的立场,以不偏袒任何一方的超然态度对案件事实进行客观描述,对程序违法行为进行揭露。而时下中国,传媒行业庞大无比,从业者素质参差不齐,加之新闻开化之风 30 余年来传媒业对从业人员的管制乏力,新闻从业人员职业道德素质至今尚不乐观。报道刑事司法时违背良心、随心所欲、追逐刺激、格调庸俗、吃拿卡要等现象不绝于耳,一定程度上可谓媒体失语和媒体审判等诸多现象的"助推器"。

3. 不能自持的司法

俗话说:一个巴掌拍不响。刑事司法报道流弊丛生,媒体及其从业人员

[①]　陈彦晶:《涉法新闻报道用语应规范》,《光明日报》2017 年 4 月 26 日。

固然有责任,司法也难辞其咎,那就是我们的法官综合素质还跟不上时代的发展。在面对媒体的刑事司法报道与评论时,法官尚不具备只服从法律的品性和对社会舆论的忍受力,还不具备从容自若地应对媒体的职业自信,而这恰是作为一名法官最基本也是最重要的素质。澳大利亚首席大法官Gerard Brennan反复告诫:"每一位称职的法官都承认他必须承受人们的批评和指责;他很清楚,作为法官生来就要受到责难,就像火花飞向天空一样自然;但是无论是在准备作出判决的时候或者就某些案件进行反思的时候,他都不会用别人的表扬或者批评、认可或者嘲笑来衡量自己的收获。他不会对此作出任何回应,也根本不会为自己进行辩护。"[1]这样一种"咬定青山不放松,立根原在破岩中。千磨万击还坚劲,任尔东西南北风"的品性,我国现阶段的法官很显然还做不到这点。目前,尽管我国《法官职业道德基本准则》用整整六个条款对法官的言论自由进行规范,希望法官在发布言论与面对媒体时能够做到冷静、自持,但司法实践中法官远未做到冷静与自持。面对备受关注的刑事案件,法官往往按捺不住寂寞,或主动出击,通过网络、博客、BBS或著书立说大谈对案件的看法,或接受媒体邀请,在报纸、电视、广播、网络上侃侃而谈,不管案件是自己审理的,还是他人负责的,甚至向媒体和旁听公众发放旁听案件反馈意见表,征求公众对案件审理程序和量刑的意见;面对媒体刑事司法报道掀起的与法律裁决不一致的舆论狂潮,法官往往不能坚定立场、坚守法律,容易随波逐流,顺应舆论而进行裁决或改判。近年来的影响性刑事案件的司法判决都明显地显示出法官的自持、勇气和信心的不足:张金杜案、邓玉娇案、梁丽案、药家鑫案、李天一案,司法判决受到舆论的影响而与舆论保持了高度的一致,而刘涌案、李昌奎案、许霆案、时建峰案、张芸案的司法判决在舆论介入前后的大相径庭,更是彰显今日之司法面对舆论的柔弱。

---

① 怀效锋编:《法院与媒体》,法律出版社2006年版,第285页。

除去法官自身的因素之外，关注民意以求稳的历史与客观现实，也使得法官在面对刑事司法报道时无法做到岿然不动。在我国，司法从来不曾独立于民意，民意左右司法是中国传统法官思维的特点①。在古代，"水可载舟，亦可覆舟"的思想深刻影响着封建君王，用民意取代职业思考的传统思维根深蒂固。鉴于百姓对审判结果的不满而可能酝酿对朝廷的愤怒而引发暴乱，司法官员往往采用平民式、大众化的思维方式来制作判决，注重裁判对民意的吸纳，以保障社会的稳定。一方面，他们希望裁判结果体现民意，能为社会大众所接受，因而注重吸纳现实世界的常识、常情、常理，而不太关注裁判是否合法；另一方面，他们也看重裁判的社会教化效果，注重在裁判中对当事人进行道德的说教②。今天，稳定仍是"压倒一切的大事"，公众基于朴素的情感而可能得出与专业人士不同的公平正义观念。受这种观念所引发的对判决结果的不满，将会驱使公众把衍生于社会问题的不公平感和愤懑情绪宣泄在司法机构身上，甚至以此为导火线引发重大的群体性事件。民意在司法裁判中的潜在力量，法官不能不考虑。2002 年，最高人民法院将社会效果标准引入司法，要求"审判工作要坚持法律效果和社会效果的统一"，并为此出台了一系列司法改革举措。这使得社会效果标准立足于司法的稳定性地位得以确立，舆论从此拥有了新时代下挟持司法审判的正当理由③。因而，中国的法官没有抵制舆论的自觉，判案时往往自觉不自觉地将自己的注意力投向舆论动向，考虑左右舆论的案件情节以及情理以相机而动，在两个效果标准之间穿梭往返作出取舍。刘涌案、李昌奎案因舆论压力而导致再审以及死刑立即执行的判决如此，许霆案的判决如此，梁丽案、邓玉娇案、张芸案的判决同样如此。对舆论之于法官的影响以及法官在

---

① 孙笑侠、熊静波：《判决与民意——兼比较中美法官如何对待民意》，《政法论坛》2005年第 5 期。

② 郭卫华：《网络舆论与法院审判》，法律出版社 2010 年版，第 11 页。

③ 周安平：《舆论挟持司法的效应与原因——基于典型案例的分析》，《学术界》2012年第 10 期。

舆论下的抉择,顾培东教授这句话可谓作了最好的注解:"面对传媒所表达的某种认识与见解,司法机构及其成员所重视的不单是自身行为的法律基础和依据,同时也必须注重传媒的这种认识与见解所可能产生的社会影响。在此境况下,司法机构及其成员较为妥当、也是较为常见的做法是,在法律提供的自由斟酌幅度中选择符合或大致符合传媒认识与见解的处置方式。"①当代中国,稳定是压倒一切的政治任务,司法机关对于维系社会的稳定负有特殊的职责。司法所追求的社会效果,其核心就是维稳,而这本身就是政治效果。因此,媒体的报道所激发的公众舆论总是与司法维护社会稳定的政治效果捆绑在一起,这正是司法对公众舆论总是低眉顺眼、不能自持的根本缘由。同样为了求稳,司法可能主动出击,对媒体的刑事司法报道施加不恰当的限制,造成"媒体失语"。

(二) 制度安排原因

1. 宽严失度的司法报道行政控制体制

除去商业诱因和法律素养的因素之外,媒体报道刑事案件时所掌握的信息量也是影响报道质量的重要因素。媒体的刑事司法报道是否客观、公正、理性,能否正确形成公意并引导舆论,能够获知的信息量是关键。在我国,对媒体报道刑事司法的信息获知,无论是案件的审前阶段还是案件的审判阶段,我国均实行行政控制的模式,由行政机构负责信息的发布与管理。刑事司法报道范围的受限性与恣意性并存、媒体失语与媒体审判现象的共存,宽严失度的司法报道行政控制机制正是造成此种异状的制度缘由之一。

(1)侦查信息公开的行政控制的随意化

在侦查阶段,侦查不公开原则的长期奉行,使得媒体和公众向来被合法地排拒在侦查信息获悉的大门之外。对侦查部门与媒体的交往界限,无论

---

① 顾培东:《论对司法的传媒监督》,《法学研究》1999 年第 6 期。

是新闻法规还是刑事诉讼法,均没有作出相应的规范。实践中,媒体能否报道侦查信息、能够报道哪些内容,媒体报道的内容和幅度完全取决于侦查部门的自由裁量。而侦查在性质上向来属于行政的范畴,因而,侦查部门对刑事司法报道的控制就归之于行政控制。尽管自《政府信息公开条例》于2008年实施以来,政府三令五申强化行政机关的信息公开义务,侦查机关也一再表态要推进"执法公开",但实践中媒体对司法个案信息的获知渠道并未因此而实现畅通。目前,我国的最高侦查机关——公安部——尚没有就公安机关如何控制媒体报道侦查活动作出统一而细致的规定,媒体的介入度完全由各个侦查部门自行掌握。由于缺乏与侦查部门讨价还价的能力和机制,媒体刑事司法报道的范围和信息量完全受制于侦查部门的实际需要与选择。当侦查部门基于维护社会政治稳定的大局而对新闻采访报道进行严格管理时,媒体的刑事司法报道范围就受到限制,严重者甚或会导致"媒体失语";当侦查部门出于鼓舞士气、宣传典型、警醒公众预防犯罪等特定目的而欢迎媒体介入,甚至提供一些法外的便利和条件甚至是通稿时,媒体的刑事司法报道又格外自由,从而造就刑事司法报道的受限性与恣意性看似怪诞实则一致、警媒之间互不信任与互相利用并存①的奇特景观。

（2）审判信息公开的行政控制的人为化

在审判阶段,法院对刑事司法报道的控制仍然属于行政控制。尽管宪法和刑事诉讼法明文确立的审判公开原则堵死了法院运用司法权力控制媒体信息采集能力的途径,但法院管理法庭的行政权力却是法律所无法剥夺的。实践中,各级法院纷纷运用对法庭的行政管理权来控制媒体采集信息的能力。由于最高人民法院并未就法庭报道规范、庭审采访手段的使用条件等具体问题制定详细而可行的统一规定,究竟是否允许媒体进入法庭、是

---

① 石扉客:《转型社会中的舆论监督报道》,见 http://www.nfmedia.com/cmzj/cmyj/cxb/201305/t20130524_360363.htm。

否允许媒体自由报道、是否许可媒体采用音像手段采访,也取决于法院的需要与好恶。当法院出于厌、怕、烦等对媒体的抵制和戒备心理时,媒体就要被隔绝于法庭的大门之外,获得的也只是法院审查和过滤过的所谓通稿,法院的司法信息就呈现出"开小不开大""开表不开里""选择性公开"等实质性公开不足的特征①,媒体对司法信息的采集和传播的自由和范围受到很大的限制;当法院认定媒体的报道对优化法院形象、提升社会公信力有利时,法庭的大门就会向媒体敞开,媒体可以自由地采访报道。这种宽严失度的司法报道行政控制机制,与刑事司法报道的范围和深度刚好形成反比:当行政控制较严,法院严格掌握宣传的控制权和主导权时,刑事司法报道范围就受限,媒体失语可能就难以避免;当行政控制宽松时,刑事司法报道就趁势大行其道、恣意妄为、添油加醋,赚足大众的眼球,媒体审判就应运而生。法院这种对媒体的限制公开,在限制媒体权利的同时,也从根本上构成对司法权威的损害。因为媒体只能以片面的、未经证实的甚至是失真的报道来呈现案件事实和司法审判情况,而极易误导公众。当法庭的审理结果和判决与媒体报道所形成的倾向性舆论相去甚远时,就可能酝酿公众对司法不公的不满。

2. 严重扭曲的司法管理体制

严重扭曲的司法管理体制也是造成今天"媒体审判"的主要内因。世界各国的经验已经证明,要保证法官免受刑事司法报道的影响,真正做到只服从法律而断案,规范而健全的司法管理体制是重要的保障因素。正如美国大法官沃兰克弗特所言:"表达自由在价值上并不具有压倒公平审判的重要性。法院是维护公民权利的最后堡垒,为了在审判中不至于陷入原始的情感冲动和压力的泥沼,它应该获得各种保障以便使审判过程不偏离合

---

① 龙宗智:《"内忧外患"中的审判公开——主要从刑事诉讼的视角分析》,《当代法学》2013年第6期。

理的轨道。法院严格履行职责的需要与对法院工作评头论足的需要同样重要。"①为了保障法官能够正确地履行职责,世界各国通常从确保法院集体独立、保障法官身份独立、确保法院内部司法独立、保障法官实质独立等方面建立起完善的司法管理体制。所以无论是英美法系还是大陆法系,法官都不易受到外界尤其是舆论的影响,媒体审判的发生就实属罕见。而在我国,基于司法是权力的认识,把司法当作普通的国家权力而进行行政管理的做法,使得我国的司法管理体制呈现出浓烈的行政色彩,法官难以摆脱来自包括媒体在内的外界影响。

(1)法院集体不能独立

集体独立要求法院对核心的司法行政事务,如法院整个系统的人事编制、法院的经费预算、法院基础设施的配备等方面拥有相对独立自主的管理权。但现有的司法管理体制仍然呈现出行政化的特点:法院的核心司法行政事务(如人事、财政、编制)目前仍然受制于各级行政机关,法院几无独立性可言。从宏观看,尽管地方法院和地方行政机关一样,都由地方权力机关产生并对其负责,按理级别至少应当相当,但实际上法院的级别要比同级行政机关低一级,法院院长职务要比同级行政机关负责人低半级。从微观看,尽管党的十八届三中全会要求,要"确保依法独立公正行使审判权检察权。改革司法管理体制,推动省以下地方法院、检察院人财物统一管理,探索建立与行政区划适当分离的司法管辖制度,保证国家法律统一正确实施",并分别在东、中、西部选择了上海、广东、吉林、湖北、海南、青海、贵州七个省市进行试点。虽然试点省份根据本省省情都有大刀阔斧的改革,但改革仍然面临着重重困难,改革能否突破传统的惯性取得成功还很难说。分灶吃饭、分级负担、分级管理的经费管理体制仍然使绝大多数法院的经费和编制仍受行政机关的强力控制,法院的经费仍操之于同级地方财政之手,法院的人

---

① Elder Witt,"Guide to the U.S.Supreme Court",Congressional Quarterly Inc.,1979,p.441.

事任免权仍集中于同级党委和人大。正如汉密尔顿所言:"就人类天性之一般情况而言,对某人的生活有控制权,等于对其意志有控制权。"①当法院的人、财、物等核心的司法行政事务都操之于人时,我们怎能奢望法院在面对来自地方党委政府的指示时能够岿然不动。

(2)法官无法做到实质独立

尽管我国宪法和刑事诉讼法都已将独立审判规定为诉讼的基本原则,但我国所承认的独立审判只是将国家的司法审判权赋予法院,要求法院在进行审判活动和裁判方面能够保持独立性和自主性,要求法院在行使审判权时只能服从宪法和法律的要求,而排除来自外界的非法干涉。很显然,法律注重的是对法院整体独立性的保障,法官个体的独立性并不在法律保障的范畴之内。今天,中国司法管理体制下的法官并不享有实质独立,当然更不拥有身份的独立。尽管《法官法》建立了一些旨在扩大法官身份独立的制度,如任职、升迁、调转、薪俸、退休、免职、惩戒等制度,但这些制度通常都是针对法院外部的干预而言。实务操作中,法官的任职、升迁、调转等影响个人职业发展的大事,通常是由法官所在业务庭领导和院领导推荐,再由人事部门考察,最终由院党组拍板敲定。法官法所规定的种种程序只是外在的形式,并不具有实质性的决定作用。法官职业生涯的大事受制于法院内部的其他"法官",因而个人的身份独立在法院内部仍然不存在。既然法官在法律上就不能只服从法律,实践中又受制于人,我们同样不能奢望法官在面对民意或来自上级领导的指示时能够"咬定青山不放松,任尔东西南北风"。有学者进而认为,媒体审判、民意干预司法仅仅是问题的表象,法官的理性选择才是这一问题的本质。"可以把最终的判决结果理解为是法官的一种选择,而作为'经济人'的法官在选择之时总是会被由闲暇、晋升、收入和荣誉这四个变量所构成的效用函数所操纵。由于选择与民意相一致的

① [美]汉密尔顿等:《联邦党人文集》,程逢如等译,商务印书馆1980年版,第396页。

判决,即顺从于民意,能够增加法官效用函数中的变量值进而增加法官的效用,因此,从经济学的视角来看,民意干预司法现象的实质是法官在法律不确定的前提下追求效用最大化的理性选择。"[1]

(3)法院内部尚未独立

内部独立要求法官在执行审判职务时应独立于其同事和上级法院的法官,而现有的行政化的司法管理体制根本无法实现这一要求。就外部而言,尽管法律规定上下级法院之间应当是指导与被指导、监督与被监督的关系,但现实中盛行的则是行政管理中常用的请示、汇报、指示、批复那一套,上级法院常对下级法院审理的案件进行各种形式的干预、影响或控制,上下级法院之间的关系行政色彩浓厚。就内部而言,法院内部也是官僚体制化,助理审判员、审判员、副庭长、庭长、副院长、院长,等级分明,层层把关,尤其是当(副)院长、(副)庭长用审判管理权来非正式行使部分实质的审判权时,普通法官在裁判时很难能够独立于法院内部的行政领导;拥有讨论决定"重大、复杂案件"权力的审判委员会也在剥夺法官的裁决权,影响法官独立审判。法院内部审判管理行政化、审判权责不统一,审判职能混同于行政管理职能,而这些具有行政性特点的内部程序,显然都难以向社会公开。在整个审判制度成为法院行政制度的附庸、不给予法官真正独立的审判职务履行保障的前提下,要求法院、法官保持高度的超然和理性,做到独立、自持而不受干预,无异于缘木求鱼。所以,正是"一个不独立的司法体制给了民众以提出翻案、质疑法律裁判的空间"[2],只有真正实现司法制度的职能分化尤其是法官的独立,刑事司法报道和公众舆论干预司法的现象才能最终消除。

---

[1]　夏立安、陈杰:《法律不确定下的选择:民意干预司法现象的经济学解读》,《社会科学战线》2013 年第 4 期。

[2]　周平安:《舆论挟持司法的效应与原因——基于典型案例的分析》,《学术界》2012 年第 10 期。

3. 机关报式的媒体管理体制

按照新闻学的一般理论,我国的传媒体制由宏观管理、采编运作和经营分配三个制度组成。经过20世纪70年代末以来30余年的改革,媒体已经实现了采编运作和经营分配从计划经济体制向市场经济体制的转变,大多数媒体都已实现经济上的独立自主、自负盈亏,习惯于按市场规律抓新闻、做报道,但处于媒体体制最上层的宏观管理制度至今没有发生改变。除去社会机构创办和经营的少数商业性报刊、电台和网络之外,我国占主流地位的媒体在性质上仍然是党委、政府以及部分行业和部门直接创办和管理的机关报刊、电台和网络,并没有摆脱"机关报""党报"的理论定位。这种机关报式的媒体管理体制,使媒体自始至终都与强大的行政权力纠缠不清。刑事司法报道因媒体管理体制的行政化而呈现出诸多中国"特色"的问题。

(1)因受制于各级党政部门,媒体可能沦为官方昭显政绩、隐恶忌医的工具

受长期大一统的管理方式和意识形态统一化的影响,我国的媒体一直被定位为党的"喉舌",负有与其主管部门共同的确保稳定之类的政治任务和压力,因而特别强调刑事司法报道对社会公众的宣传教育作用和对潜在犯罪分子的震慑作用等社会效果,刑事司法报道因而更多地体现出犯罪控制、犯罪声讨的倾向。很难想象,公安机关主办的媒体会为犯罪嫌疑人说话,检察院主办的媒体会站在被告人的角度讲话。因此,受制于主管部门的意志,体制内媒体不能够单纯地以新闻事业的规则去运作,而必须以所隶属机关的意志为转移,而易沦为一种权力干预的工具。当主管、主办部门需要利用媒体昭显政绩、自我宣传时,刑事司法报道就成为司法部门的传声筒和宣教机器;当主管、主办部门需要隐藏办案中暴露的问题时,媒体就成为司法部门自我保护的避风港。如:在一些大案要案中,案件刚刚破案,侦查部门就迫不及待地对破案者记功授奖,新闻媒体

也跟着大肆渲染,杜培武案如此,佘祥林案如此,聂树斌案也如此。这种做法显然是有罪推定思维的产物,助长了侦查人员为破案肆意侵犯被追诉人人权的现象,为冤假错案的产生埋下了隐患和伏笔,事实证明这些案件确实都是冤假错案。因而,看待当下中国的刑事司法报道,不仅要看到"媒体独立自主,向权势们挑战"的一面,更要"看到它还是追逐自身目的者手中庞大的武器。政府和政治经济权贵们操纵报纸的事实贯穿于整个历史也不容忽视"。①

(2)拥有"超媒体权威"的媒体对法院的裁判有不可忽视的影响

新闻媒体的"机关报""党报"定位,赋予当下的主流媒体强烈的官方色彩,其所发表的观点折射着其所属权力机构的意见和看法,因而依托强大的政治权威而具有解决纠纷的超常能力。在考察了中国媒体和司法的关系后,美国学者本杰明得出结论,中国媒体影响司法的基本模式是媒体影响领导、领导影响法院。② 而这正是因为中国传媒的官办性质决定其拥有异乎寻常的能量和声音。因此,传媒监督与其说是公民权利的延伸,不如说是政府权力的扩张③。这就使得本应是"权利"的监督实质上异化了"权力"的监督,权利与权力的合二为一使得中国的媒体拥有着极具分量的话语权。而且媒体官方性质的强烈程度和所代表的级别,直接和媒体的权威程度以及"解决问题"的能力大小呈现出正相关关系:媒体的官方性越强,级别越高,权威就越大,"解决问题"的能力也就越大,法院对于这类媒体的意见往往只能逆来顺受、忍气吞声。与此相对应,媒体的官方性质又使得媒体在报道可能引起麻烦的案件时往往会斟酌再三,反复考虑案件的性质、意识形态敏感度以及案件涉及的"级别"等问题,对照自己的实际情况而选择发声还

---

① ［美］J.赫伯特·阿特休尔:《权力的媒介》,黄煜译,华夏出版社1989年版,第165页。

② 刘斌、李蕾:《法制新闻的理论与实践》,中国政法大学出版社2005年版,第337页。

③ 王好立、何海波:《"司法与传媒"学术研讨会讨论摘要》,《中国社会科学》1999年第5期。

是沉默。这样一来,媒体对刑事司法的报道就因受行政权力的潜在作用,或明确干预,或"失语"或"沙哑"。因此,与行政权力的密切关系,使得媒体的"话语权"呈现强势与软弱的双重特性:一旦得到行政力量的支持,就威力无比,而一旦受到行政力量的干预就不敢说话。① 强势与软弱、恣意与受限貌似怪诞、实则内在一致的奇特景观,就在机关报式的媒体管理体制下得以形成。因此,要发挥刑事司法报道应有的监督作用,重塑媒体报道与司法公正的良好关系,未来必须加快媒体管理体制的改革,取消媒体对行政权力的挂靠,进一步理清行政权力与司法权力的界限,实现行政权力对司法独立不合理侵入的收缩与回归。唯有如此,司法独立和媒体报道才能获得各自健康发展所需要的正常环境。

(三) 文化心理原因

1. 追求实质正义的传统法律文化

"正义不仅应当得到实现,而且还应当以人们看得见的方式实现"。这句英国法谚经典地表现了正义的内涵:正义应当是实体正义和程序正义的统一体。只有既在实体上实现了结果的正义,又在程序上给予控辩双方平等的对待和参与机会,司法判决才称得上是合乎正义的裁决。如果只有实体的公正,没有遵循法律的程序规定,这份判决是有瑕疵的裁决而应予修正。更何况,在现代诉讼中,法律的正义惟有通过诉讼程序的公正才能真正得到实现。相对于实体正义而言,程序正义因为能够赋予司法判决以正当性——有助于被告人、被害人从心理上接受和承认判决结果的公正性和合理性,使社会公众对程序及裁判结果产生信服和满意②——而具有更大的价值。但我国历来有重实体轻程序的法律文化传统:一方面,媒体往往基于道德立场对案件事实做情感性判断,对司法过程中技术化、理性化、程序化

---

① 李咏:《媒体与法院的紧张与冲突:制度与理念的再分析》,《中外法学》2001 年第 2 期。

② 陈瑞华:《刑事审判原理论》,北京大学出版社 2004 年版,第 69 页。

的运作方式置若罔闻,夸大控方对犯罪嫌疑人证实犯罪的意见,使控方意见成为媒体意见,尽情地利用道德优势主导舆论评价,形成"媒体公诉"①,甚至于以道德标准对司法机关依据法律和理性所作出的专业判断进行质疑和责难;另一方面,法律素养的匮乏和个案信息获知渠道的有限,又使公众在个案的审理过程中,缺乏清醒的理智和对媒体建构的所谓"案件事实"的独立判断与论证推理能力,追求实质正义的传统法律文化又往往驱使公众忽略程序的作用,超越程序对案件作出一个是非曲直、对错善恶的实体性道德评判。媒体和公众这种依照朴素的正义情感而非严密的法律逻辑思维所作出的感性判断,可能形成强大的舆论压力,迫使法官作出曲意迎合、违背法律理性的判断的举动。

2. 盲从媒体的惯习

2005 年英国 Hotton 对苏格兰的民意调查显示:有关犯罪的新闻比起其他报道对象更能够引起公众的兴趣,公众对刑事司法的兴趣很高,但认识水平却很低,半数以上的受访者表示对法庭和监狱了解很少。来自美国的实证研究进一步证实,对犯罪和刑事司法系统,以及包括犯罪率、累犯率和法院在内的刑事司法机构,公众都知之甚少。② 因此,公众总是将具有良好组织能力的大众传媒视之为了解司法、获取司法信息的主渠道,而紧紧跟踪被新闻机构报道的犯罪案件,并对其所作的有罪无罪判断充分信任。媒体因而对于公众法律知识的获得、正确民意的塑造扮演着重要的引导、改造角色,媒体报道内容的正确与谬误、真实与虚假影响着公众的判断与民意表达。在我国,媒体报道在公众心目中有很高的公信力,绝大多数公众都对媒体报道的客观性与真实性深信不疑,习惯于把电视和报纸表达的意见当成文件来读。受此影响,尽管媒体报道的信息可能并非法院认定的案件事实,

①　封安波:《论转型社会的媒体与刑事审判》,《中国法学》2014 年第 1 期。

②　Julian V.Roberts,Loretta J.Stalans,*Public Opinion, Crime, and Criminal Justice*,Westriew Press,1999,pp.99−180.

尽管媒体的报道可能有误,但民众还是视之为真实的事实和正确的内容来对待。另外,中国受众的相关文化素质和认知能力仍然较为低下,在正确地看待并分辨传媒所提供的信息、并且理智地克制由这些信息所激发的情绪方面,受众的能力不容高估。① 尽管媒体在事实认定和结果判定上拥有超乎常人的能力和较大的准确率,但人无完人、金无足赤,媒体仍然可能会犯错误,案件信息获取的有限性、法律适用的非专业性与特定利益、身份的限制性都会使媒体的"案件重建"和法律判定可能与司法失之毫厘谬以千里。当媒体热衷于对刑事司法的负面报道,当媒体倾情于将法律问题社会化时,民众对媒体报道的过于盲从与无法区分,只会引发群情激奋的强大压力,对法院的公正审判构成声势浩大的一片检讨之声,既侵损司法的独立性和公信力,又危害被追诉人的人权保障。

四、中国刑事司法报道规制考察

(一) 刑事司法报道规制的现状

正是基于对刑事司法报道所存在的上述诸多问题对司法独立、司法权威和刑事被追诉人的人权保障以及公众之于司法的信心的危害的认识,我国也在逐渐地开始重视对媒体刑事司法报道的规制并行动起来。整体来看,目前,我国对刑事司法报道的规制并没有一部统一的新闻法加以统率,而是散见于"一部宪法、三部法律、一部法规、八项规则、四条纪律"之中(见表2-3),由宪法、法律、法规、司法文件和新闻职业道德规范所组合而成。借助这些规定,我国刑事司法报道规制的主体内容得以基本确立。

---

① 顾培东:《论对司法的传媒监督》,《法学研究》1999 年第 6 期。

表 2-3　中国刑事司法报道规制体系

体系构成	名　称	制定机关
一部宪法	《中华人民共和国宪法》	全国人大
三部法律	《中华人民共和国刑法》	全国人大
	《中华人民共和国刑事诉讼法》	全国人大常委会
	《中华人民共和国未成年人保护法》	
一部法规	《中华人民共和国政府信息公开条例》	国务院
八项规则	《人民法院法庭规则》1994 年	最高人民法院
	《关于严格执行公开审判制度的若干规定》1999 年	
	《关于加强人民法院审判公开工作的若干意见》2007 年	
	《关于人民法院接受新闻媒体舆论监督的若干规定》2009 年	
	《司法公开示范法院标准》2010 年	最高人民检察院
	《最高人民法院关于人民法院直播录播庭审活动的规定》2010 年	
	《人民检察院“检务公开”具体实施办法》1999 年	
	《关于进一步深化人民检察院“检务公开”的意见》2006 年	
四条纪律	《关于当前报刊在法制宣传方面应注意的几个问题的通知》1985 年	中宣部、中央政法委
	《中国新闻工作者职业道德准则》1997 年	全国新闻工作者协会
	《中共中央宣传部、全国人大常委会办公厅、司法部、新闻出版署关于进一步搞好法制新闻宣传的意见》1996 年	中宣部、中央政法委
	《中央宣传部、中央政法委关于进一步加强和改进刑事案件报道工作意见的通知》2010 年	中宣部、中央政法委

1. 媒体接近司法权的准则和意义得以确立和彰显

（1）媒体接近和报道刑事司法的权利有宪法保障

对于媒体能否对刑事案件进行报道，我国宪法、法律、相关行政法规和

117

司法解释均从不同的角度作了原则性的肯认。《宪法》第三十五条规定:"中华人民共和国公民有言论、出版、集会、结社、游行、示威的自由。"第四十一条规定:"中华人民共和国公民对于任何国家机关和国家工作人员,有提出批评和建议的权利。"尽管法条并没有明确使用媒体、新闻媒体这样的字眼,但在信息爆炸的时代,公民的言论自由和批评建议权通常被视为同样为媒体所拥有。"因为媒体是民众的眼睛和耳朵。他们是代表民众行事。他们采访和发表的权利不比民众的多,亦不比民众的少。他们正是民众的代言人。"①因此,媒体接近和报道刑事司法的权利在宪法上得以肯认。

(2)媒体接近和报道审前程序的权利被当局所认可

"行政机关对于符合规定的政府信息都应该公开",被 2008 年《政府信息公开条例》上升为法规层面的硬性任务和义务,为公众知情权的实现提供了法律依据。而在我国,侦查机关在性质上属于行政机关,因此,侦查阶段的信息理所当然应当向社会公开。而在此之前,作为主要侦查机关的公安系统就早有信息公开的自觉和意识。1999 年 10 月 1 日,公安部就发出通知,要求在全国公安机关普遍实行警务公开。2004 年 1 月 2 日,公安部又宣布实行定期新闻发布制度,要求全国公安机关主动及时地向媒体和公众发布重要信息。2005 年 7 月,公安部刑侦局又率先宣布推行"办案公开制度"。最高人民检察院也分别于 1999 年和 2006 年印发"检务公开"的实施办法和深化意见,要求审前程序中的检务只要不涉及国家秘密和个人隐私等依法不能公开的事项,也必须按规定以各种形式向媒体公开。2010 年 3 月,最高人民检察院又发文宣布推行定期和日常性相结合的新闻发布制度,以方便和促进公众和媒体监督。依据这些法规和文件,侦查和公诉机关对本部门掌握的信息的公开义务已然确立,媒体当然获得接近和报道审前程序的权利。

---

① 张志铭:《传媒与司法的关系——从制度原理分析》,《中外法学》2000 年第 1 期。

（3）媒体接近审判的权利借助公开审判制度而确立

法院司法活动的公开、新闻媒体能够对法院的司法活动自由报道是一个法治国家司法公正的基本保障。《刑事诉讼法》第 11 条、第 182 条、第 183 条、第 274 条将公开审判作为基本诉讼制度加以确认和落实：认定涉及个人隐私、国家秘密、未成年人犯罪以及当事人申请并获准同意的商业秘密等四种刑事案件实行不公开审理，其余所有案件均公开审理和判决。公开审判制度的确立，也就同时在法律上确立了新闻媒体和公众的庭审接近权和信息获知权。最高人民法院《关于司法公开的六项规定》又将司法公开的内容进一步扩展到立案、庭审、执行、听证、文书和审务在内的全面公开，实现过程与结果、静态与动态、传统与现代相结合的多视角、全方位公开。2010 年颁布实施的《司法公开示范法院标准》又对此进一步细化。通过这些规定，媒体对法院的接近和报道权获得极大的提升，这无疑有利于增加司法活动的透明度，减少司法活动暗箱操作，确保法律公平与正义，是中国刑事司法报道规制的一个重大进步。

但高法对媒体敞开刑事审判的大门，并不是一蹴而就的，而是经历了从较强的限制向逐步松绑、接纳的过程。2007 年以前，高法的文件无一例外都允许法官以旁听证限制公众进入法庭。2007 年《关于加强人民法院审判公开工作的若干意见》更是将对公众的限制升级化，要求旁听者不仅要有旁听证，还要持有有效证件，双管齐下对媒体进入法庭进行限制。2009 年《关于人民法院接受新闻媒体舆论监督的若干规定》（以下简称《若干规定》）则完全接纳了媒体对审判的采访权，并赋予媒体旁听审判以优先性。《若干规定》第三条明确："对于公开审判的案件，新闻媒体记者和公众可以旁听。审判场所座席不足的，应当优先保证媒体和当事人近亲属的需要。有条件的审判法庭根据需要可以在旁听席中设立媒体席。"2010 年《司法公开示范法院标准》进一步从反面保障媒体对审判的采访报道权，强调："不得对旁听庭审设置障碍。对影响重大、社会关注度较高的案件，应根据旁听人数尽量安排合适的审判场所。"可见,媒体接近审判的权利在理论上已经得到法律和法院的完全认可。

2. 庭审采访手段的有效规范

对刑事案件审判的采访手段问题,规定于高法的六部规则之中。这些规则反映出高法对待媒体庭审采访手段的不同态度。但总的来讲,规则对媒体庭审采访手段的限制越来越趋于合理化。

（1）录音、录像、摄影等庭审采访手段得以确认

媒体的庭审采访手段自 1979 年以来发生了较大的变化:1979 年《法庭试行规则》赋予记者普通公民所没有的特权,记者不仅凭采访证就可以进入法庭,而且记录、录音、录像、摄影和转播的所有手段都可以自由行使,而其他旁听公民连进入法庭都必须经过法院的许可,更遑论采访。1994 年《人民法院法庭规则》取消了记者的采访特权,要求记者使用录音、录像和摄影手段必须获得许可,非经审判长或者独任审判员许可,不得录音、录像和摄影。1999 年《关于严格执行公开审判制度的若干规定》加大对记者的限制,记者不仅录音、录像、摄影和转播要经法院许可,甚至连记录也必须经过法院同意,媒体采集庭审信息的手段受到极大限制,不利于媒体报道刑事司法。2009 年《若干规定》取消了 1999 年关于记录也须经过法院许可的规定,记者采访法庭的手段回复至 1994 年的状态,记者在录音、录像和摄影上享有优越于普通公民的庭审采访手段。2012 年最高人民法院《关于适用〈中华人民共和国刑事诉讼法〉的解释》第 249 条顺应新媒体发展迅猛的现实,在继续允许新闻记者对庭审活动录音、录像、摄影的同时,还授权记者经过允许以邮件、博客、微博等方式报道庭审。可见,高法对媒体庭审采访手段的规制呈现出媒体享有特权——取消特权——特别限制——取消特别限制——给予优惠的发展轨迹。现在,媒体对法庭进行录音、录像、摄影以及微博直播的庭审采访手段得到司法的认可,符合世界各国共同的惯例。

（2）对公开审判案件庭审直播、转播限制的科学确立

通过电视、互联网、广播直播或转播公开审判的案件的庭审过程,是公开审判的又一创举。高法的六部规则对直播或转播手段使用的限制也经历了从不科学到科学的演变过程。1979 年《法庭试行规则》对庭审直播、转播没有施加任何限制,媒体无须法院批准即可直播、转播。1994 年《人民法院法庭规则》将媒体直播或转播庭审无须批准的特权予以取消,转而规定媒体直播、转播庭审必须经过法官许可。1999 年《关于严格执行公开审判制度的若干规定》则将对庭审直播、转播的批准权由法官移交所在法院。2007 年《关于加强人民法院审判公开工作的若干意见》又把批准权从所在法院上移至高级人民法院,反映了高法在衡量庭审直播、转播的利弊后对此的基本策略:庭审可以直播、转播,但应严格控制,为了防止管辖法院规避庭审直播所带来的负担,庭审直播转播的程序启动权和控制权应交由具有较高政治敏感性和法律理论水平的高级人民法院来掌握,才能够形成对管辖法院的有效监督。但实践中,高级人民法院批准进行庭审直播转播,也可能出现基于各种因素的考虑而对庭审直播录播进行限制。所以,2010 年 11月 21 日,最高人民法院修改了关于直播录播庭审活动的规定,将庭审直播录播区分为网络直播和电视直播两种情形,并赋予其不同的启动权:网络直播录播庭审以由主管副院长批准为原则,上级人民法院审核批准为例外;中央电视台和省级电视台直播、录播庭审,则分别由最高人民法院和高级人民法院审核。可见,我国对庭审直播、转播手段的控制,经历了毫无限制——有所限制——加大限制——分类限制的发展态势。在中国刑事司法报道和司法控制尚不规范的情况下,将网络直播的批准权移交给管辖法院主管副院长,将电视直播的启动权和控制权区分电视台级别而分别赋予高级人民法院和最高人民法院,既顺应了网络庭审直播越来越普遍的社会现实,保障了媒体以电子手段报道庭审的权利,又可以防范庭审直播尤其是电视直播滥用可能带来的弊病,可谓一举两得。

3.刑事案件报道规则的初步厘定

既然媒体无论在宪法层面,还是从公检法各家层面都已获得了接近刑事司法的权利,就应当允许媒体对所获悉的刑事案件办案流程和相关司法行为进行报道。近年来,无论是就报道的广度还是深度,我国新闻媒体对于刑事案件的报道都取得了迅猛的发展。报纸、杂志等平面媒体对案件报道的透明度和时效性有很大提高,电视、广播等电子媒体和互联网等新媒体凭借自身的独特优势,把法庭审判的现场延伸至千家万户。为了防止媒体在法院判决之前就抢先对被追诉人作定性定罪的报道而干预和影响司法,党委政府出台了一系列规范性文件对媒体刑事司法报道规则进行厘定。

(1)无罪推定原则已经确立。1996 年 2 月 17 日,中宣部等联合发文对媒体的司法报道行为进行规范,《中共中央宣传部、全国人大常委会办公厅、司法部、新闻出版署关于进一步搞好法制新闻宣传的意见》允许媒体报道侦查、起诉、审理过程中的刑事案件,但要求注意报道手法和方式。"不刊播格调低下、容易产生负面影响的内容,不披露作案细节和有关部门的侦破手段。不对正在审理的案件作有倾向性的报道。要努力避免违法、失实和泄密的情况发生。对全国有重大影响的案件报道要按中央的统一部署进行。"这些字词已经隐隐约约涉及对媒体报道刑事司法要求遵守无罪推定原则的精神,但其字面含义还不很明朗。1997 年 1 月修订后的《中国新闻工作者职业道德准则》,特别对新闻从业人员报道刑事司法所要遵守的职业道德进行规定。要求新闻记者"维护宪法规定的公民权利,不揭人隐私,不诽谤他人,要通过合法和正当的手段获取新闻,尊重被采访者的声明和正当要求。……对于司法部门审理的案件不得在法庭判决之前作定性、定罪和案情的报道"。借由这一规定,无罪推定的原则得以在刑事司法报道领域确立。

(2)维护司法的尊严确立为媒体报道刑事司法的准则。这已被一系列规范性文件所确认。1985 年《关于当前报刊在法制宣传方面应注意的几个问题的通知》,尽管禁止报道的立场广受责难,但其维护司法尊严的要求却值得称道。1997 年《中国新闻工作者职业道德准则》将"维护司法尊严"作为对新闻出版工作者的硬性要求而加以明确规定。1996 年《中共中央宣传部、全国人大常委会办公厅、司法部、新闻出版署关于进一步搞好法制新闻宣传的意见》则通过对违反宣传纪律和新闻出版管理规定的行为给予警告、罚款、停刊整顿、撤销登记等处理的方式对维护司法尊严予以反面确认。1994 年《人民法院法庭规则》也规定对于媒体采访报道庭审时违反法庭规则的行为,媒体要承担警告,训诫,没收录音、录像和摄影器材,责令退出法庭或者罚款,拘留的责任。2009 年《若干规定》第九条也明文宣示:要对新闻媒体采访报道法院工作的五种行为进行通报,并向其主管部门、行业组织或者所在单位提出处理建议,对触犯法律规定的行为要依法追究责任。通过这些条款,维护司法尊严的报道原则在规则的层面得以初步确立。

(3)司法应给予刑事司法报道适当便利。既然司法公开已被宪法、法律乃至公检法自身认可为一项基本原则,司法就有义务公开相应信息并为媒体提供适当的便利。三高的相关解释和文件都纷纷对此表态,愿意向媒体敞开大门并为媒体报道刑事司法提供相应的便利。2009 年《若干规定》第一条即规定:"对新闻媒体旁听案件庭审、采访报道法院工作、要求提供相关材料的,人民法院应当根据具体情况提供便利。"第二条规定:"对于社会关注的案件和法院工作的重大举措以及按照有关规定应当向社会公开的其他信息,人民法院应当通过新闻发布会、记者招待会、新闻通稿、法院公报、互联网站等形式向新闻媒体及时发布相关信息。"第五条规定:"新闻媒体因报道案件审理情况或者法院其他工作需要申请人民法院提供相关资料的,人民法院可以提供裁判文书复印件、庭审笔录、庭审录音录像、规范性文件、指导意见等。如有必要,也可以为媒体提供其他可以公开的背景资料和情况说明。"2010 年《最高人民法院关于人民法院直播录播庭审活动的规定》也要求法院尤其是技术部门和网络管理部门,应当为庭审直播、录播做好技术保障等各类协助工作。可见,司法应为媒体报道提供便利的义务在规则中得以确立。

4. 刑事司法报道内容限制的初露端倪

我国现行法律对刑事司法报道内容的限制,主要集中在三个方面:一是禁止报道涉及国家秘密或个人隐私的案件。刑事诉讼法第 183 条明确规定:有关国家秘密或者个人隐私的案件,不公开审理。2010 年《保守国家秘密法》第二条将国家秘密认定为,"是关系国家安全和利益,依照法定程序确定,在一定时间内只限一定范围的人员知悉的事项",并随即将国家秘密具体列举为七种①。对此七类涉及国家秘密的刑事案件,新闻媒体必须遵守保密规定,不仅审判阶段无权采访报道,报道禁止还扩及于侦查、起诉阶段。对于涉及个人隐私的刑事案件,媒体也必须遵从绝对的报道禁止,而不论处于何种诉讼阶段。二是当事人申请并获人民法院许可不公开审理的涉及商业秘密的案件,也禁止媒体报道。三是对未成年人犯罪案件的报道限制。2012 年《刑事诉讼法》第 274 条将审判时不满 18 周岁的未成年人刑事案件也纳入不公开审理的范围。最高人民法院 2012 年 11 月发布的《关于适用〈中华人民共和国刑事诉讼法〉的解释》第 469 条要求:"审理未成年人刑事案件,不得向外界披露该未成年人的姓名、住所、照片以及可能推断出该未成年人身份的其他资料。查阅、摘抄、复制的未成年人刑事案件的案卷材料,不得公开和传播。被害人是未成年人的刑事案件,适用前两款的规定。"2013 年 12 月 27 日新修订的《人民检察院办理未成年人刑事案件的规定》第五条也要求检察院在办理未成年人刑事案件时,必须依法"保护涉案

---

① 《保守国家秘密法》第九条规定:"下列涉及国家安全和利益的事项,泄露后可能损害国家在政治、经济、国防、外交等领域的安全和利益的,应当确定为国家秘密:(一)国家事务重大决策中的秘密事项;(二)国防建设和武装力量活动中的秘密事项;(三)外交和外事活动中的秘密事项以及对外承担保密义务的秘密事项;(四)国民经济和社会发展中的秘密事项;(五)科学技术中的秘密事项;(六)维护国家安全活动和追查刑事犯罪中的秘密事项;(七)经国家保密行政管理部门确定的其他秘密事项。政党的秘密事项中符合前款规定的,属于国家秘密。"

未成年人的名誉,尊重其人格尊严",不得公开或者传播涉案未成年人的任何身份信息。2012 年《未成年人保护法》第 58 条则直接针对未成年人刑事案件的报道对媒体进行限制,禁止包括新闻报道、影视节目、公开出版物、网络等在内的任何媒体披露可能推断出涉嫌犯罪的未成年人身份的资料。可见,对未成年被追诉人身份信息的披露禁止已经在刑事司法领域得以确立,不仅公检法,而且包括媒体在内的社会大众都要受未成年被追诉人身份信息披露的禁止;未成年被追诉人的信息披露禁止,不仅及于未成年被追诉人身份信息,还扩及于整个法庭记录和相关文件,甚至还及于牵连进刑事案件的其余未成年诉讼参与人身份信息。这些对媒体刑事司法报道的内容限制适用于未成年被追诉人终身,媒体任何时候都不得违背此限制而进行报道。任何违背上述报道禁止的行为,都将面临《刑法修正案九》"泄露审判信息罪""披露、报道不应公开的案件信息罪"的刑责处罚。除此以外,中宣部和中央政法委发布的《关于进一步加强和改进刑事案件报道工作意见的通知》还对侦查阶段的媒体报道内容进行了限制,要求不得报道公安司法机关的情报来源、侦查手段等内部信息,不得披露案件细节,不得公开举报人、被害人、证人的身份信息。

5. 法院与媒体的合作机制的初步探索

为了实现司法机关与媒体关系的良性运转,2009 年《若干规定》和 2010 年《司法公开示范法院标准》在借鉴西方国家司法与媒体合作机制经验的基础上,首次在规则的层面确立起法院与媒体的合作机制。一是建立法院与新闻媒体及其主管部门的沟通联络机制,要求法院定期或不定期举办座谈会或研讨会,要求示范法院还要定期或不定期举行新闻发布会、通气会、公众开放日活动,实现双方意见、信息的相互交流,沟通,消除二者在报道刑事司法方面的误解。二是倡导法院与媒体合作、研究制定共同遵守的行为自律准则,以实现媒体报道与法院司法信息披露之间的合作共赢。这些显示最高人民法院在谋求司法公开、接受媒体监督上的新思路。

（二）刑事司法报道规制的反思

由上可见，我国的刑事司法报道规制总体上起步较晚。由于历史上"防民之口甚于防川"的思想，更由于"文革"十年对言论自由的钳制，新闻界的报道自由长期受到禁锢。随着改革开放以来学术自由之风的开化，新闻自由才好不容易开始复兴，刚刚得到相对解放的新闻界还没有规制刑事司法报道的足够动力，惟恐新闻立法变成对新闻自由的限制法，致使新闻法草案三易其稿而至今仍不可得。而对于司法界而言，"文革"十年砸烂公检法，媒体肆意报道侵犯司法尊严的惨状至今还历历在目，司法谋求"自保"的愿望又往往使司法的行为过犹不及，颇受责难。而社会则基于有罪推定的思维，对刑事被追诉人面对媒体审判时的人权保障也缺乏足够的热情。尽管近年来保障人权的呼声不断，但那是针对保障被追诉人免受国家公权的不当侵犯而言，对于保护被追诉人人权免受不当刑事司法报道侵犯的观念，社会尚未完全接纳。新闻界、司法和社会的动力不足，至今没有建立起完善的刑事司法报道规制体系就是合乎逻辑的结果。我国现有的刑事司法报道规制，无论在规制机制的权威性、内在结构的完整性还是规制措施的可操作性以及规制措施内部的和谐性上，都存在着严重的缺陷，与西方国家存在着一定的差距。

1. 规制模式的权威性不足

在规制刑事司法报道问题上，西方主要法治国家都普遍采取了立法、司法和媒体三管齐下的规制方法，但根据各国的国情，这三种方式中又各有侧重，形成了以立法规制为主的欧陆模式和以司法规制为主的美国模式。这两种模式都能实现对媒体报道刑事司法的有效规制，无论是立法规制还是司法规制在其本国都具有极高的权威性。而媒体的行业自律虽然必不可少，但在整个刑事司法报道规制机制中却只是国家规制体制的辅助工具，不占主要地位，也不具有强制力。反观我国现有的刑事司法报道规制，既未像欧陆国家那样建立了一整套严密而系统的法律对刑事司法报道进行规制，也未像标榜新闻自由的美国通过法官运用司法判例和司法程序的方法进行规制，我们对刑事司法报道和评论的规制主要靠的是党的政策性文件和媒体的职业道德规范，法律基本处于缺位状态。尽管我们也有部分法律对刑事司法报道进行规制，但无论是刑事诉讼法、刑法还是未成年人保护法，现有法律对刑事司法报道的规制仅限于不公开审理的案件范围这一个问题。其余有关调整刑事司法报道、评论的规范均属于缺乏普遍法律约束力的政策、伦理准则，而政策、伦理自律准则先天的不具强制性使得其难以成为规制刑事司法报道的法定依据，刑事司法报道规制机制因而呈现出法定性不足、权威性不够的缺陷。

　　最高人民法院也出台了一些规定，用于规范法院的司法公开行为。但这些规定尽管被称为司法解释，但因在制定主体资格和法律效力上面临着较大的争议，其权威性因此受到影响和质疑。以 2009 年《若干规定》为例。最高人民法院的本意是借助此规定来尽力梳理、调整和规范法院与媒体的关系，力图促进媒体与司法的良性互动，但《若干规定》似乎却未能达成此愿，刚一颁布就受到责难。其一，《若干规定》被指违背争端第三方解决原则。"任何人都不能做自己案件的法官"这一古老的自然正义原则要求争端的裁判者必须与争端的当事人实现身份的分离。而依据《若干规定》的制定主体和内容来看，最高人民法院显然集规则的制定者和规制对象的双重身份于一体，既掌舵又划桨的双重角色构成对自然正义原则的违背。在媒体与司法的互动关系中，媒体与司法都是地位平等的双方，作为一方当事人的法院无权以规范性文件的形式对地位平等的另一方——媒体的司法报道行为施以直接的限制和惩罚。司法的被动性也决定了法院作为中立裁判的司法机构无权主动追究媒体责任。① 综观世界各国法律体系，从来没有

---

① 　吴啟铮：《网络时代的舆论与司法》，《环球法律评论》2011 年第 2 期。

哪个国家赋予法院对应受媒体报道监督的司法行为范围以制定规范性文件的形式予以限制，即便是司法权异常强大的美国也未授予法院此项权力。就新闻媒体报道司法权的范围和程度以及司法对侵损司法尊严的媒体报道行为应当如何追惩，只能由立法机关来创设，作为当事人的媒体和法院都无权单方决定。其二，《若干规定》名不正言不顺而难以有权威。众所周知，我国的最高人民法院没有立法权，只有审判权和对具体应用法律的问题进行司法解释的权力，而处理司法独立和媒体监督之间关系这样一个问题显然不是法院在审案过程中具体应用法律的问题。加之《新闻法》在我国的付诸阙如，最高人民法院没有进行司法解释的前提和基础。因此，在理论上，《若干规定》只是法院规范自身活动的内部规范性文件，没有资格和立场对法院外部的主体——媒体——的刑事司法报道行为进行监督和限制。名不正则言不顺，《若干规定》在约束媒体上就显得权威性不足，在实践中难以使新闻媒体心悦诚服。如果司法实践的发展确实需要对媒体的刑事司法报道行为予以规范，刑事司法系统也只有像《英国刑事法院案件报道指南2009》的颁布一样，出于善意而与媒体自由协商，在相互充分尊重的基础上，通力合作、共寻良策，制作一份在司法和媒体行业中都具有权威性，并能够及时解决媒体在司法报道过程中所遇到的相关问题的共同指南，而非单方制定规则来约束媒体。

2. 规制措施的简单化

在西方，各国刑事司法报道规制机制，不管是欧陆模式还是美国模式，既注重从事前预防的角度对媒体采集和报道刑事司法的权利进行限制以防止倾向性舆论的产生，又重视媒体违反立法的事前限制规定或法官的事前限制举措而造成倾向性舆论现实地产生时的补救和惩戒。国家对刑事司法报道的规制机制是事前限制、事后补救和惩戒两个不可分离的部分的有机统一。为预防媒体进行倾向性报道，欧陆国家在法律中明文规定了媒体报道的内容，哪些可以报道、哪些不可报道，采访报道的手段如何，等等，美国的法官创设了司法限制言论令(限令媒体不得报道相关事项,责令控辩双方当事人不得发表相关程序外言论)、必要时封闭法庭、封锁相关公共记录等举措;在倾向性舆论产生后,欧陆国家通过课以诽谤罪、要求侵权媒体承担更正责任并赔偿损失等方式进行事后的救济,英美国家则通过诉诸司法程序自救、推翻定罪、课以藐视法庭罪等方式进行事后应对和惩戒,以限制或消除不当刑事司法报道的不良影响,保护刑事被追诉人能得到公正的审判。域外刑事司法报道规制机制在进行事前限制时,既注重对媒体的直接限制,又重视对诉讼参与人的限制,从限制媒体和限制诉讼参与人的双重角度来实现对倾向性舆论的事前预防,刑事司法报道规制自成体系而结构完善、性能优良。

而在我国,除了有对不公开审理的案件的种类所作的规定外,目前刑事司法报道规制既无对媒体的事前限制措施,又无对媒体刑事司法报道造成倾向性舆论的事后补救措施,既无对媒体的明文强制性规定,又无对诉讼参与人特别是侦查起诉机关对外发表言论的法定限制,规制机制的内在结构残缺不堪、非常不合理。对媒体如何报道刑事司法、报道时应遵守何种规范、如何防范倾向性舆论的产生、倾向性舆论产生后又如何补救消除舆论的影响、如何追究媒体不当报道的法律责任、是否允许媒体以公共利益等原则为自己进行辩护、司法机关应如何与媒体打交道、怎样就案件情况发布信息、对违法泄密的司法人员如何惩戒等等内容,我国刑事司法报道规制机制几乎是一片空白、付诸阙如。仍以 2009 年《若干规定》为例。《若干规定》原本离如何追究法院及法官责任和如何救济媒体只有一步之遥,但最高人民法院却戛然止步,使本应顺理成章、水到渠成的两项制度至今仍不可得。如《若干规定》第八条规定:"对于新闻媒体报道中反映的人民法院审判工作和其他各项工作中存在的问题,以及反映审判人员和其他工作人员的违法违纪行为,人民法院应当及时调查、核实。查证属实的,应当依法采取有效措施进行处理,并及时反馈处理结果"。条文已经涉及对法官拒不接受监督的责任追究问题,但究竟应当如何追究、追究何种法律责任,条文没有细化。又如《若干规定》第四条规定:法院对不适宜接受采访的案件,应当向媒体说明理由。条文的下一步按常理应当涉及对被拒绝的媒体如何进行救济的问题,但如何救济,赋予媒体何种申辩和救济渠道,遗憾的是条文没有回答。再如《若干规定》第九条规定:"对于新闻媒体报道违反法律规定的行为,应依法追究相应责任。"但应追究何种责任、怎样追究责任,《若干规定》也没有涉及。拒不接受媒体监督的责任追究机制、媒体新闻采访报道和监督受阻时的救济机制以及新闻媒体刑事司法报道失范的制裁机制的缺失,使得实践中司法信息的发布失去规范,新闻媒体的采访报道权和监督权无法落到实处,因而难以规范媒体刑事司法报道行为有序进行。

3. 相关规则的抽象化

第一,关于不公开审理的案件范围的规定仍然模糊不清。我国诉讼制度已经确立公开审判为原则,不公开审理为例外。由于公开与不公开的案件范围乃相对而言,确定了不公开审判的案件范围就相应明确了公开审判的案件范围,也就明确了媒体可以接近法庭审判的权利不致因法院的随意决定而受限制。尽管刑事诉讼法和最高人法院的相关解释中均对不公开审判的案件范围作了明文规定,但却对国家秘密、个人隐私等相关术语未做准确的界定。由于法学理论和司法实践对这些用语都有不同的内涵和外延争论,导致司法实践中不公开审理的案件的界定非常混乱。如:2010 年《保守国家秘密法》把国家秘密具体列举为七种,"追查刑事犯罪中的秘密事项"也赫然在列。刑事司法工作中的侦查工作秘密、检察工作秘密、审判工作秘密、内部信息等的大量存在,使得国家秘密的范围极大扩展。国家秘密的这种划定过宽、过滥,导致司法实践中许多非国家秘密的信息经常被以国家秘密的名义而对媒体关闭。而对于什么是国家秘密,哪些案件是涉密案件,究竟涉密案件是指案件本身涉密还是要包括诉讼过程中形成的办案秘密,实务界和学术界也从未达成一致①。再如个人隐私问题。虽然刑事诉讼法将涉及个人隐私的案件作为绝对不公开审理的范围而为媒体所禁足,但我国民法并没有将隐私权确认为独立的民事权利,只是民法原理中有隐私的概念。因而实践中对是否属于隐私,是保护当事人的隐私还是所有诉讼参与人的隐私,仍有争论,判断标准各异。因而这些字词仍需规则予以明确界定。但《关于加强人民法院审判公开工作的若干意见》只是规定,"当事人提出案件涉及个人隐私或者商业秘密的,人民法院应当综合当事人意见、社会一般理性认识等因素,必要时征询专家意见,在合理判断基础上做出决定",而并未予以正面的具体确认。这种授权的抽象性,必然导致实践中出现由于对用语理解不同而导致的截然相反的信息公开状况。

第二,庭审采访规则不具有可操作性。新闻记者参加法庭审理,可以录音、录像、摄像,但必须以法院的许可为前提;对庭审进行直播、转播,需要主管副院长或特定级别的人民法院批准。尽管法院允许庭审直播的存在,也出台了关于庭审直播的更详细的规范性文件对庭审直播的具体事项进行规定,明确了庭审直播在网络直播和电视直播两种情形下的不同启动决定权,赋予给被害人、未成年人、证人对直播录播的技术处理权,但庭审直播录播规范仍然存在重大的疏漏或缺陷:一是庭审直播录播的启动方式只有法院依职权启动一种,否定了被告人等相关主体申请庭审直播录播而启动庭审直播的权利。庭审直播启动方式的"依职权"的单一性,容易使法院陷入"选择性播报"的困境而受人诟病。② 二是司法解释给予检察机关对庭审直

---

① 对此,理论界和实务界有四种观点:(1)案件本身涉密说。认为只有本身的性质涉及国家秘密,案件才是涉密案件;(2)案件本身涉密和诉讼中形成的秘密双重秘密说。认为国家秘密是犯罪对象的案件以及涉及办案过程中形成的国家秘密的案件这两种案件,都是涉密案件;(3)危害国家安全说。认为只有危害国家安全案才是涉密案件;(4)司法实务说。认为涉密案件只包括三种:国家安全机关办理的案件、有碍侦查的案件、同案犯尚未到案的案件。

② 杨涛:《微博直播庭审须防"选择性播报"》,《广州日报》2011 年 1 月 19 日;张悦:《"互联网+司法"之网络直播庭审问题实证研究》,《辽宁大学学报》2016 年第 6 期。

播录播的异议权和否决权,但却否定了被告人、被害人、证人等与诉讼有重大利害关系的诉讼参与人的庭审直播异议权。整体来看,最高人民法院就庭审直播所作的规定,均是站在自身和检察院这种国家公权力机关的单方立场来制定庭审直播规则,根本未考虑诉讼参与人,尤其是被告人、被害人和证人在诉讼中的隐私和人身安全以及公正审判等权利诉求,因而其规定带有很大的片面性和局限性。最后,对媒体的法庭直播在器材、行为等方面如何规制、由谁规制(是批准法院来规制,还是管辖法院规制,抑或是主审法官规制)、媒体违反这些规范有何后果,规定只是笼统地要求"庭审直播、录播工作人员的活动以及有关设备的运行不得影响庭审的正常进行",并无具体的操作性细则。这种高度抽象性的规则导致法官对采访手段的控制拥有过大的自由裁量权,在实践中往往演变成司法对新闻媒体报道权的干涉:当法院认为新闻机构和记者与法庭比较合作,其报道不会对审判造成负面影响、对自身利益有利无害时,法庭对记者的管理就会宽松,反之则会异常严格。更何况,是否允许庭审直播在实践中还受到来自法院以外的机关的干涉,媒体直播采访庭审的权利常常流于形式而被随意侵犯①,致使刑事司法报道在审判阶段呈现出与法律规定不符的受限性。另一方面,又使法官缺乏法定的手段对正在实施庭审直播活动的媒体进行掌控,刺耳的录音机、晃眼的灯光、密集林立的摄像机扰乱法庭秩序、侵扰法官独立、影响公正审判的违法现象就难以遏制。

第三,对于媒体报道和评价案件的限度,相关规定仍然晦涩。如"对于正在侦查、起诉或审理的案件,以及尚未作出终审判决的案件,不要登报刊

---

① 如陕西特大杀人案犯罪嫌疑人邱兴华的审理。邱兴华于 2006 年 10 月 19 日在安康中院受审。在邱兴华案件审判的前一天,安康中级人民法院决定公开、公正审判这起 1949 年以来安康市最严重的特大杀人案,允许安康电视台进行直播。但电视台 10 月 18 日上午 11 时许却突然接到有关部门通知,暂停直播准备,改为录像播出。(《邱兴华案今日正式宣判庭审直播改为录像播出》,《新京报》2006 年 10 月 19 日。)这即是媒体庭审直播权未受保障的有力证据。

或上电视",禁止对未决案件进行报道的这一规定显然没有道理,与国际通行的趋势相悖,侵犯了公民的知情权。如"为了维护法律的尊严,对已经发生法律效力的终审判决,如有不同意见,可在内部提出或登内参反映",一定程度上侵犯了公民享有得批评、建议的宪法性权利,无法保障大众传媒履行监督之责。对司法实践进行简单的考察就可以发现,此规定其实已经被虚置。修订后的《中国新闻工作者职业道德准则》第3条第4款规定:"维护司法尊严。对于司法部门审理的案件不得在法庭判决之前作定性、定罪和案情的报道;公开审理案件的报道,应符合司法程序。"中宣部和中央政法委发布的《关于进一步加强和改进刑事案件报道工作意见的通知》规定:"在案件侦查和审理过程中,原则上不采访、不报道,如确需报道由有关部门组织。""原则上不采访、不报道"的规定构成对司法公开原则和媒体信息获知权的严重背离和侵犯。对于"不得在法庭判决之前作定性、定罪的报道"可以理解,但何谓不得对案情进行报道?又何谓公开审理案件的报道,应符合司法程序?是必须经过主管部门的批准,还是经过法院的批准,抑或是作与诉讼程序同步报道理解?又何谓原则上不采访、不报道?媒体的这些行业自律规范的抽象性,使这些规范在实践中基本无法操作,致使新闻记者报道刑事司法活动时无具体规则可供遵循,报道行为陷于失范就在情理之中。

4.现有规定的模糊化

现有的刑事司法报道规制,不仅内在结构不合理、规制措施简略,规制模式权威性不足,相关规则抽象化、可操作性不强,有限的规定还存在模糊化的问题。如司法新闻发言人制度。自2002年、2003年、2004年最高人民法院、最高人民检察院和公安部分别发出通知,要求全国各级法院、检察院和公安机关建立新闻发言人制度,向媒体和公众及时发布重要信息以来,至今我国公、检、法已经建立起了中央、省级司法机关两级新闻发布体制,条件具备的某些地市级刑事司法机关也已经建立了属于本部门的新闻发言人制度。但是,这些新闻发言人制度仍不具有普遍性和系统性,成效并不明显,存在诸多问题:一是新闻发言人制度没有法律依据,其创立的根据都是三机关的内部规定,只具有道德自律的价值而无法律上的强制力。刑事司法机关实行的新闻发言人制度,目前运行较好的当属法院系统的新闻发言人,而规范法院新闻发布工作的规范性文件也并非法律,甚至称不上司法解释。我国传统法学认为,司法解释是作为司法机关的法院和检察院在审判和检察工作中就具体如何应用法律而作的解释,这种解释只针对实践中如何应用法律的问题而作出,不涉及此外的任何问题。而且,这种解释对全国法院系统和检察院系统具有普遍的司法效力和约束力,地方各级法院和检察院必须一体遵行而不能讨价还价。而最高人民法院颁布的《人民法院新闻发布制度》《关于进一步加强民意沟通工作的意见》等制度、意见、规定,虽然符合司法解释的制定主体要求,但内容显然并不涉及法律的具体应用问题而不符合司法解释的要求。而且从最高人民法院官方网站的"权威发布"栏目来看,这些文件也确实未被放入司法解释的类别,而是被置于司法文件之下。而且,《人民法院新闻发布制度》还允许地方各级法院根据本地实际情况制定自己的新闻发布实施细则,而这显然不属于审判工作的范畴,因而也表明最高人民法院颁布的这一系列关于新闻发布的规定在性质上都不属于司法解释。因此,最高人民法院关于新闻发布、司法公开的制度规定,都只是为推进法院系统的司法公开而制定的规范性文件,既不是法律,也不是司法解释,因而在法院系统内部只具有道德自律的价值和指导意义而无法律上的强制力。这直接导致刑事司法实践中刑事司法信息的公开在各地很不相同,媒体可以获知的信息量因地而异就决定了刑事司法报道的质量必然难以保证。

二是新闻发布的信息内容含金量很小。公安部《关于在全国公安机关实行定期新闻发布制度的有关规定》在宣布公安部和各省级、省会市、副省级市公安局普遍实行新闻发言人制度的同时,明确新闻发布的内容"主要是刑事、治安案件的发案、破案情况，道路交通事故、灾害事故情况，以及与群众生产生活关系密切的重要措施、办事程序和重要治安警示性信息等"。最高人民检察院《关于进一步深化人民检察院"检务公开"的意见》第五条规定："完善定期通报和新闻发言人制度。各级人民检察院都要健全检察工作情况定期通报制度，省级以上人民检察院应当建立新闻发言人制度，并对新闻发言人进行培训，充分发挥新闻发言人的作用。"并将重大工作部署、有关司法解释、检察工作的阶段性成果、有重大社会影响案件的办理情况、群众反映强烈的问题等纳入新闻发布的范围。《人民法院新闻发布制度》第三条也以列举的方式规定了新闻发布的七种情形。可见，尽管公安系统、检察系统、法院系统已经认识到规范案件信息公开的重要性而在全国范围内大力试点、推行和深化"行政执法公开""检务公开""审判公开"，建立和施行了有利于信息公开的新闻发言人等系列制度，但十余年来的司法信息公开实践依然囿于公检法日常工作部署、有关司法解释和办案结果的公开，备受公众关注的刑事案件信息在各诉讼阶段向社会、媒体的公开仍然没有实质性的发展和进步，哪些信息可以公开，哪些不能公开仍不明确，三机关至今也没有丝毫提及。案件信息发布的原则、适用情形、内容范围等一系列关键问题，几为空白。因而，当前的新闻发言人制度对于实践中的刑事案件新闻发布基本上起不到指导作用。

第 三 章

刑事司法报道规制的比较法考察

　　"几乎所有的有关新闻界和法律系统之间的冲突的案例都发生在刑事诉讼和其相关程序中。"①确实如此,对于媒体来说,司法过程与内容所散发着的永恒吸引力,催生着媒体对司法实践的广泛关注。现代传媒的日益成熟使传媒已经拿起新闻自由这一利器,以"社会公器"自我勉励,展开对社会、国家的深刻关注和监督。刑事司法更因其特殊性成为媒体报道的最爱。刑事案件事实、其前因后果、台前幕后的整个刑事司法过程都成为媒体不遗余力的报道范围。刑事司法报道起到了满足公众知情权、制衡刑事司法权的应有功能,但却可能超越必要的限度,借由公众舆论给司法公正和被追诉人人权造成双重侵害。鉴于刑事司法报道自由滥用给被追诉人权益所带来的重大影响,绝大多数国家和地区均确立了完善的刑事司法报道规制机制,确保媒体在尊重被追诉人人权和司法公正的限度内进行报道。因而,从比较法的角度研究和考察其他国家和地区的刑事司法报道规制机制,了解其在刑事司法报道上的态度和由此采取的法律规制办法,对于中国建构和完善刑事司法报道机制具有重要借鉴意义。

---

　　① ［美］唐纳德·M.吉尔摩:《美国大众传播法:判例评析》,梁宁等译,清华大学出版社2002 年版,第 353 页。

一、英美法系刑事司法报道规制

卡尔·波普尔曾说:"对待真正科学或哲学的态度,和对一般意义上的社会生活更深刻的理解,必须建立在对历史的沉思和阐释之上。"①要理解现代西方的刑事司法报道规制机制以为未来的改革提供借鉴,同样离不开对历史的把握。回顾历史,英美国家是新闻自由的发源地和摇篮,相应的刑事司法报道规制机制也最为完善和成熟。但即便是在英美法系内部,英美两国刑事司法报道机制仍然有重大的差别,美国可称之为司法规制模式,而英国则可称之为立法规制模式。② 探究两者之间的异同并追溯造成差异的根源,对于中国建构刑事司法报道规制机制不无裨益。

(一) 英美刑事司法报道规制的共有特征

1. 规制方法的多管齐下

有学者说过:大陆法系与英美法系的原始概念于今已不存在。大陆法系国家在坚守成文法阵地的同时,已允许判例占有一定的地盘;而英美法系国家虽然恪守"遵循先例"的传统,但同时也越来越表露出对成文法的接纳

---

① ［英］卡尔·波普尔:《开放社会及其敌人》,陆衡译,中国社会科学出版社 1999 年版,第 25 页。

② 有学者立足于不同的视角,将英美刑事司法报道规制区分为司法限制媒体模式和司法自我约束模式。(高一飞:《媒体与司法关系研究》,中国人民公安大学出版社 2010 年版,第32—40 页。)这种区分有其合理之处,也有其不合理的地方。说其合理,是因为在美国,刑事司法报道规制主要靠的是司法对法庭人员和诉讼程序的自我控制,对国会立法的依赖较少,将其界定为司法自我约束模式能够体现美国的特点。说其不合理,是因为在英国,对刑事司法报道起主要规制作用的是国会的立法,司法对媒体的限制仅起着辅助的作用,司法限制媒体模式不能完全概括英国刑事司法报道规制的总体特点。考虑到英美两国刑事司法报道规制的这些特征,笔者认为将两国刑事司法报道规制区分为立法规制模式和司法规制模式更为适宜。

和重视。成文法和判例的同时采用,已经成为世界法制发展的大趋势①。在刑事司法报道规制问题上,英美法系内部都兼有成文法和判例法。在立法机关和司法机关对媒体的刑事司法报道行为进行规制的同时,新闻媒体也在进行伦理的自我规范。英美两国在规制刑事司法报道时都采取多管齐下、多元化控制的方式,立法、司法与媒体自律的方式同时存在,所采取的规制措施也大致相同。

(1)立法规制——藐视法庭罪

将藐视法庭罪纳入法律,是英美两国在立法上规制刑事司法报道的相同之处。藐视法庭罪是国家尊重司法的权威与公民的言论自由权两种价值博弈的结果。在理论上,凡是藐视法庭、干扰法庭正常运作的行为,都可以构成藐视法庭罪。而媒体的违法报道行为,历来都是诱发藐视法庭罪的重要原因。鉴于媒体对刑事司法的不当报道、偏颇报道可能给刑事司法和被追诉人人权所造成的严重侵害,英美两国都不约而同将对未决案件的报道或评论在给公平审判和司法的公正产生不利影响时在立法上认定为藐视法庭罪并从严适用,以此作为威慑性措施以警告媒体准确报道。但受保护新闻自由的世界潮流影响,英美两国藐视法庭罪对于媒体的适用,在司法实践中又不约而同地表现出宽容的共性。

英国对藐视法庭罪的规定最为严格。依据现有法律,英国将藐视法庭罪分为普通法上的故意藐视法庭罪和1981年《藐视法庭法》上的严格责任的藐视法庭罪两种。1981年《藐视法庭法》规定了严格责任的藐视法庭罪的构成条件,认为对正在进行的诉讼程序具有带来严重损害或影响的实质性危险的公开行为构成藐视法庭的刑事犯罪。法律规定构成此罪并不要求出版者主观上有干扰司法的故意,虽无故意也构成此罪;而且,构成此罪必须在客观上对正在进行的诉讼程序造成实质性危险。法律将实质性危险解

---

① 周振想:《刑罚适用论》,法律出版社1990年版,第250页。

读为非遥远的或非最低限度的危险,只有当刑事司法报道对相关司法过程的损害或影响达到严重的程度时,法律所认定的实质性危险才具备。由于实践中,实质性危险往往很难达到,法律因而为针对媒体课加严格责任的藐视法庭罪规定了很高的门槛。同时,法律还界定了"正在进行的诉讼程序"的起点和终点,认定"未经批准的先予逮捕、签发逮捕令或出庭传票、提交检控文件或口头指控"等五种情形均可启动刑事诉讼,"宣布判决决定、命令、事实认定等结束程序的形式,以及终止或适用法律"均可视为诉讼程序之结束。这就将媒体在警察逮捕之前的侦查阶段和判决后上诉前这一阶段的报道排除在严格责任的藐视法庭罪之外。

对严格责任的藐视法庭罪的上述不足之处,普通法上的藐视法庭罪给予了弥补。法律规定,只要媒体基于故意而进行的报道行为有可能给公平审判带来现实的损害风险,即便诉讼程序尚未启动,也构成藐视法庭的刑事犯罪。可以看出,通过上述两部分法律的规定,英国的藐视法庭罪基本上将媒体刑事司法报道侵害公平审判或司法尊严的行为在刑法上一网打尽,不仅诉讼程序进行中的刑事司法报道活动会构成藐视法庭罪,且不区分主观意图有无故意,而且诉讼程序开始之前侦查阶段的刑事司法报道如果会造成损害公平审判的现实危险,也会构成此罪[1]。因而,在英国,藐视法庭罪的媒体行为如此之广泛,以致媒体报道刑事司法稍不留神就可能构成此罪。有学者经过整理发现,媒体的如下报道行为很可能构成藐视法庭罪:批评起

---

[1]　普通法之下并不要求构成藐视法庭罪需要相关刑事诉讼程序已经开始。这就意味着在刑事诉讼程序尚未启动的情况下,报道行为同样也可以构成藐视法庭罪。"总检察长诉《体育新闻报》"一案验证了这一观点。《体育新闻报》发表了一篇与一个男子有关的文章,由于其涉嫌诱拐一名年轻女孩,警方正在设法对他进行讯问。该文章指出了该男子的姓名,并将其描述为一个具有可怕的性攻击历史的邪恶的强奸犯。在文章发表之时,与该男子有关的信息只有一条,即他失踪了。没有任何迹象表明,该男子将在文章发表后不久被逮捕。事实上,在该文章发表后不久,就签发了一份针对该嫌疑人的逮捕令,之后不久他就被逮捕了。法院认为,在发表该文章之时,如果站在相关公开行为者的角度进行判断的话,针对该嫌疑人的诉讼并非明显地迫近——尽管在本案中相关诉讼确实是在该文章发表之后紧接着进行的。([英]萨利·斯皮尔伯利:《媒体法》,周文译,武汉大学出版社 2004 年版,第 346 页。)

诉决定；预测审判结果；报道被告的先前判决、不良品质或对指控的承认或供述；违背法庭命令而发表被告的照片；故意对将由陪审团审判的刑事案件进行偏颇报道；妨碍执行法庭的命令；诽谤法庭；公开陪审团审理案件的详情；违反法庭的命令。① 当媒体刑事司法报道行为构成藐视法庭罪时，法律规定可对媒体判处长达两年的监禁刑和最高额不受限制的罚金。面对藐视法庭罪如此广泛的刑罚范围和如此严重的惩罚力度，媒体报道刑事司法时必然会多加节制和约束。但另一方面，基于对新闻自由的尊重，法官也通常不愿意用监禁刑惩罚媒体，因而通常会提示媒体不要对案件的某些环节和证人进行渲染，万不得已有倾向性报道危及公平审判的情形发生，法院也大多只是罚金了事。因而藐视法庭罪在英国司法实践中的使用并不多。

为了防止媒体对案件、对法官和法院进行不正当的评论，以减少对法院权威的影响，美国和英国一样在立法上规定了藐视法庭罪制度，但这一制度在实践中已呈现出适用消减之势，适用范围愈益狭窄。古老的藐视法庭罪和美国 1789 年《司法法》把一切侮辱或妨碍司法的言行都视为藐视法庭罪惩治的范围。1831 年美国国会通过《宣示有关藐视法庭罪之法律的法令》对藐视法庭罪的实施予以限制，认定构成藐视法庭罪的不当言行只能发生在法庭或法庭附近。对藐视法庭罪在规制媒体报道行为上的重要意义，司法界引用英国法学家布莱克斯通的观点来加以褒扬："出版自由诚然为一个自由国家所不可少的特征，但其意义是指政府对于言论出版，不做事前限制，而不是说违法的言论出版，于事后可以有不负责任的自由。一个人对于其所喜欢的意见，固然有权利将其透过言论与出版公之于众，而不受非法的禁止或破坏。但是假使其言论与出版失当、有害或非法，则其出版之后，经公平无私的审判而予以惩罚，不仅为维护和平与善良秩序，以及政府与宗教所必需，亦且为人民自由金汤永固的惟一基础。"②但事实上，这一法令并没

① 怀效锋编：《法院与媒体》，法律出版社 2006 年版，第 366—388 页。
② 荆知仁：《美国宪法与宪政》，三民书局 1984 年版，第 158 页。

有改变媒体屡陷藐视法庭罪的命运,不仅其法庭上的不当言论可获罪,法庭外的报道也会被法院基于各种理由名正言顺地追究。原因在于,美国所特有的法律制度使法官可以依据1831年法以外的其他法律来追究媒体的藐视法庭罪:第一,尽管1831年法规定联邦法官只对庭上及周遭不当言行有即决性的惩罚权,对庭外不当言行无权当庭惩治,但这并未否定联邦法官可以对庭外妨碍司法的言论经由正式的刑事诉讼程序进行惩罚的权利。因而,实践中,联邦法官借由检察官的起诉并根据正式刑事诉讼程序对媒体的庭外不当报道大量行使惩罚权。第二,由于美国实行联邦制,州与联邦各有其法律和司法系统,1831年法仅仅适用于联邦法院,州法院系统并不受其统辖。因而,实践中各州法院依旧可以当庭行使即决性或一般性惩罚权对媒体的法庭外不当言论进行惩处。媒体的庭外报道被追究藐视法庭罪就屡见不鲜,合乎情理。

在美国,尽管各州都制定有藐视法庭罪,其规范内容也大同小异,但藐视法庭罪能否用于、怎样用于惩治媒体的刑事司法报道行为,由于涉及对媒体言论自由权的限制问题,各州分歧很大。美国联邦最高法院于是通过20世纪40—60年代的四个案件,先后对此问题进行审核,明确藐视法庭罪的适用范围和适用条件①,最终使得藐视法庭罪的适用范围不断缩减,适用条件愈益严格。1941年的"奈伊案"(Nye v.United States),联邦最高法院为联邦和各州确立了一个不可动摇的原则:藐视法庭罪只适用于对媒体的庭内言论进行惩罚,禁止扩张藐视法庭罪的概念来惩处新闻媒体的庭外报道。同年的"伯瑞兹诉加利福尼亚州案"(Bridges v.California),联邦最高法院又用"明显且即刻的危险"原则取代"合理倾向"原则的适用,规定只有刑事司法报道对司法程序的损害和侵蚀达到"相当严重的"和"极其危险的"程度时,藐视法庭罪对新闻媒体的适用才被视为合法。随后的"鹏尼坎普诉

---

① 　Nye v.United States,313U.S.33(1941);Bridges v.California,314 U.S.252(1941);Craig v.Harney ,331U.S.367(1947);Pennekamp v.Florida,328U.S.331(1946).

佛罗里达州案"（Pennekamp v.Florida）和"克雷格诉哈尼案"（Craig v.Harney），联邦最高法院更是坚定了"明显且即刻的危险"原则的立场，并对藐视法庭罪进行了重新解释，把媒体的报道自由视为是与司法尊严同等重要甚至更为重要的基本权利。主笔大法官道格拉斯在判决书中反复倡明，"公众之评论自由的重要性远远超过了有关影响未决案件之可能倾向的考虑。讨论自由应当被赋予与公正、秩序良好的司法活动相并存的最宽广的空间"①。而实际上，媒体刑事司法报道对正常的司法运作程序产生明显且即刻的危险的可能性极小，因此，为对抗媒体的不法不当报道而设置的藐视法庭罪，今天无论在联邦还是各州都实际上已经失去作用，仅仅保留一个象征性的威慑作用。

（2）司法规制——限制媒体获取和发表未决信息

除去从立法角度规制媒体，确立藐视法庭罪以威慑媒体以外，英美两国也注重从司法的角度规制媒体，强调法院对媒体获取未决信息的能力进行限制。在此方面，英美两国发展出了封闭法庭和限制媒体报道两种共同的举措。

第一，从严控制下的封闭法庭措施

尽管英美两国在历史上一贯坚持司法公开，允许媒体凭借司法公开原则接近和报道刑事司法程序，但面对媒体刑事司法报道的滥用，封闭程序——拒绝公众和新闻媒体进入法庭——是能够达致限制媒体报道司法、防止媒体倾向性报道妨碍司法利益、侵损被追诉人权利目的的有效措施。它在源头上排除媒体获取有偏见的信息的机会，是刑事司法报道限制中最严厉、但也是对抗媒体报道最有效的措施。英美两国在规制刑事司法报道的实践中，不约而同都将封闭法庭作为司法规制的重要举措以限制媒体获取未决信息的能力。由于封闭法庭与媒体的信息获知权背道而驰，构成对

---

①   Pennekamp v.Florida,328 U.S.331(1946).

司法公开原则的一种违反,因此,英美两国在使用封闭法庭措施时都将其作为一种例外而从严掌握。

在英国,刑事诉讼法没有关于封闭法庭,实行秘密听审的案件范围的规定,所有与刑事审理有关的秘密听审的一般规则都来源于判例法。在备受关注的刑事案件中,是否把封闭法庭作为防范媒体报道妨害司法公正和被追诉人人权的办法来运用,完全取决于司法的自由裁量。英国一贯强调,秘密听审的决定只能作出于司法要求进行秘密听审时。在将封闭法庭作为控制媒体获取未决信息的措施方面,判例显示,英国的规定愈来愈严格。在1917 年的 R V.Lewes Prison(Governor) ex p Doyle 案中,地区法院指出,虽然无法一一列举公开审理的例外情形,但以下三种情况下法院有权拒绝公众参与听审却清楚无疑:公开审理可能导致司法不可行、公开审理可能浪费效率、公开审理导致当事人一方无法获得公正审判在法院实现正义。① 在1979 年的 AG V.Leveller 案中,法官强调,必须具有非常有说服力的理由才可以避开司法公开原则,只有在为了服务于司法这一目的的范围内,才能实行秘密听审,将公众排除在法庭之外。② 鉴于是否封闭法庭的自由裁量不易把握,英国在 1983 年的 R V.Reigate Justices ex p Argus Newspapers 案中,首次将封闭法庭的适用条件予以明确,规定只有同时符合下列条件方能封闭法庭:一是闭庭可以避免被告获得公正审判的权利受到报道的不利影响;二是推迟报道和对某种信息公开的禁止等闭庭的替代措施不足以保护被告获得公正审判的权利。③ 在此案中,法院再次强调封闭法庭进行审理是在没有其他能够满足司法利益方法的情况下才做出的一种特殊选择,如果有其他方法(如推迟媒体报道、禁止公开相关人员的姓名)能够实现司法利益,就必须避免进行秘密听审。现在,英国对封闭法庭措施控制非常严格,

① R V.Lewes Prison(Governor) ex p Doyle,(1917)2 KB 254.
② AG V.Leveller Magazine,(1979) AC440.
③ R V.Reigate Justice ex p Argus Newspaper,(1983)5 Cr App R(S)181.

只有司法利益无法通过其他替代性措施实现时,法庭才能诉诸封闭法庭的举措。

在美国,封闭法庭以杜绝媒体获取有偏见的信息这一方法的适用同样经过了由宽松趋于严格的过程。因为没有先例禁止法官封闭法庭,封闭法庭在20世纪70年代一度成为美国法官解决新闻媒体干扰公正审判的重要方法。有数据显示,至20世纪70年代末,通过司法命令将公众和媒体排除在法院的大门之外的案件高达数十个,"在1980年一年里126起审前程序就有34起审判未公开","拒绝媒介接近司法信息和新闻机会的发展趋势达到登峰造极的地步。"①但对新闻界封闭法庭的规则,根据所涉及的司法程序(如证据压制听证、作证能力听证、保释听证、宣读誓词的程序、预审听证、未成年人的听证、审后动议听证)的类型不同,各州之间差别很大,因此封闭法庭的随意性使得闭庭审理方法颇受媒体诟病。联邦最高法院由此通过20世纪80年代的一系列判决将封闭法庭的条件严格化,联邦最高法院把保护被追诉人的公正审判权视为是一种强制性的需要,表明封闭法庭只有在有足够的迹象表明有此强制性的需要时才可以采取,才可以对媒体内含于宪法第一修正案的信息获知权进行限制。1980年的"雷蒙德报纸公司诉弗吉尼亚州案"(Richmond Newspapers v.Virginia)②,联邦最高法院支持了雷蒙德报纸公司要求公开审判和获准接近法庭的诉求,认定封闭法庭只有在被告的权利不能通过其他方法得到保护的情况下才能采用。1984年的传媒企业Ⅰ案(Press Enterprise Co.v.Superior Court)③和1986年的传媒企业Ⅱ案(Press Enterprise Co.v.Superior Court)④,联邦最高法院再次肯定了雷蒙德报案的决定。最高法院在传媒企业Ⅰ案中指出,封闭法庭的决定只

---

① [美]T.巴顿·卡特、朱丽叶:《大众传播法概要》,黄列译,中国社会科学出版社1997年版,第165页。

② Richmond Newspapers v.Virginia ,448U.S.555(1980).

③ Press Enterprise Co.v.Superior Court,464 U.S.501(1984).

④ Press Enterprise Co.v.Superior Court,478 U.S.1(1986).

有在具有压倒一切利益的前提下方可作出,并且还要经得住宪法第一修正案的检验。在传媒企业 II 案中,最高法院将公开审判扩之于包括预审听证在内的所有审前程序,并为关闭预审听证程序设置了严格的条件。"如果所主张的利益是被告获得公正审判的权利,那么只有得出以下特别的调查结果时才能关闭预审听证:首先,要存在一种实际可能性,即被告获得公正审判的权利会由于报道而受到不利影响,而闭庭则可以避免该影响;第二,闭庭的替代措施不足以保护被告获得公正审判的权利。"虽然该标准产生于预审听证程序是否应当关闭的问题上,但此后就被扩及适用于刑事诉讼的所有阶段,被美国确立为为"公正审判"而闭庭的恰当的标准。[①] 此后,封闭法庭的做法受到和英国一样的严格限制,只有在符合苛刻条件的情况下才能作为对抗媒体介入诉讼并报道的措施。

第二,严格管制下的媒体禁口令

在限制媒体获得未决信息的权利的同时,英美两国司法规制又对媒体经由合法渠道获得的信息的发布进行约束:两国法院都有针对媒体的禁口令,对媒体报道特定信息的时间进行限制,要求媒体在法院限定的时间内不得报道某些特定信息。与此同时,由于担心直接限制媒体会侵犯媒体的新闻自由,两国针对媒体的禁口令在实践中呈现出适用条件严格化、适用频率稀少化的共同态势。

在英国,对媒体的禁口令,又被称为"延时报道令"或"推迟报道令"。基于对媒体报道可能给刑事司法造成严重损害的防范,1981 年《藐视法庭法》规定了两种"报道推迟令"来对媒体报道时间进行酌定限制。第一种称之为诉讼程序报道推迟令。"在正在进行的或任何其他未决或迫近的诉讼程序中,当似乎有必要采取措施以避免对司法管理造成偏见的实质性危险时,法院可以命令,将对整个诉讼程序或某一部分所作的报道推迟至其认为

---

① [美]伟恩·R.拉费弗、杰罗德·H.伊斯雷尔、南西·J.金:《刑事诉讼法》(下册),卞建林等译,中国政法大学出版社 2003 年版,第 1179—1180 页。

必要的一段时间之后再予公开。"为规范法令的正确行使,以实现刑事司法的公正行使、被追诉人的人权保障和媒体的报道自由在刑事诉讼过程中的共赢,《藐视法庭法》第四节第二款为此种报道推迟令的发布规定了三个条件:(1)推迟报道令针对的必须是正在进行的诉讼或其他迫近或未决的程序。法律对"正在进行的诉讼"做了与前述严格责任的藐视法庭罪所适用的诉讼程序的含义完全相同的界定,但对何为"迫近"却没有做出解释。(2)报道所造成的偏见具有实质性危险,要求与诉讼程序有关的司法管理将因刑事司法报道而受到严重的损害危险。也即这类报道的发布将产生损害司法公正的重大危险。(3)推迟报道令能够消除司法公正受损的重大危险,同时没有其他更少限制的措施可供适用来达到消除这类危险的既定目标。因此,在满足以上条件时,还要求法院必须充分衡量避免这种危险的重要性和刑事案件的充分实时报道所包含的公共利益的重要性,据此行使自由裁量权并以法院令的形式颁布推迟报道的命令。由于法院令意在延迟媒体对整个或某一部分诉讼程序所做的公允、准确的实时报道的发布时间,此种推迟被认为是法院为了避免报道所引发的实质性风险所必需的。就此而言,这种推迟是有期限的而不是无限期的。因此,英国法院在发布推迟报道令的同时往往会明确宣示推迟令适用截止的时间。

第二种称之为相关事项的报道推迟令。"法院进行诉讼期间,在法院要求对相关人员的姓名或其他事项予以保密的任何场合下,只要法院认为它这样做是必要的,就可以发出指令,要求禁止对与相关诉讼有关的姓名或事项予以公开。"《藐视法庭法》第11节这一规定承认法院有权在刑事诉讼进行中对媒体报道某种特定类型信息的权利进行限制,但认为公开审判期间公众能够接触到的资料不在法院的禁止之列。除此之外,为保证推迟报道的法院令能为媒体所充分理解和遵照执行,法律还要求法院用准确的术语加以公式化,精确地规定其适用范围,并在适当的情况下,标出该命令失效的时间和作出该命令的具体目的。法律还要求法院保留相关命令的永久记录,并适时通知新闻界报道推迟令的作出和相关内容,并告知媒体如有疑问可以向法院询问但在法院回复之前有责任执行相关命令而不得违反,法院工作人员应随时做好媒体对特定情况的询问进行回答的准备。不仅如此,法律还要求法院在作出禁口令时,必须极尽注意义务,必须平衡禁口令与司法公开和言论自由中的公共利益二者间的关系,只有在极其有必要时方能对司法报道予以限制。

在美国,针对媒体的禁口令被称为钳口令(media prior restraint)或司法限制言论令。这一举措直接来源于美国律师协会的《里尔东报告》。面对司法系统和新闻界之间广泛存在的冲突,美国律师协会出台的《里尔东报告》,建议法官运用现有权力控制刑事案件的新闻报道,命令新闻媒体不要报道相关信息,如果新闻媒体拒不服从法官的命令,法官有权因为编辑者所发表的东西而惩罚他们。报告以此赋予直接针对媒体的禁口令以合法性基础。此后十年,法官把直接针对媒体的禁口令作为控制案件曝光的常用工具。统计显示:1966—1976年的十年间,初审法院签署的175个司法限制言论令就有39个直接限制媒体就相关方面进行报道和评论。① 然而,针对媒体的禁口令尚未有一个统一的标准,致使在司法实践中视法官的适用为原则,因此,禁口令的随意使用就无法避免,由此经常侵犯媒体的宪法第一修正案权利。联邦最高法院遂在1976年内布拉斯加新闻协会案(Nebraska Press Assn v.Stuart)中对针对媒体的禁口令的适用条件进行规范。首席大法官伯格代表法院指出:"对于第一修正案权利,事前限制是最为严重和最不能被容忍的侵犯。如果说在发表之后实行刑事或民事处罚是对言论泼冷水,那么事前限制则至少是一时冻结言论。""法官手中拥有各种机制,来保证为被告提供基本公正,而避免对同样基本和有益的宪法权利带来如此严

---

① 侯健:《传媒与司法的冲突及其调整——美国有关法律实践评述》,《比较法研究》2001年第1期。

厉的侵犯。"①然而,事前限制绝非完全不可以采纳,只不过,它应是极罕见之例外而非通常情况。因此,最高法院认为,只有在被告的公平审判权受到"明显且即刻的危险"的时候,一种可能的例外情况才构成合宪的根据,并为禁口令规定三个适用条件:(1)必须存在有关案情的强烈、煽动性的公开报道;(2)禁口令将会有效并真实地使陪审员避免接触有偏见的信息;(3)没有其他替代性办法能够消除审前报道的影响。这三个条件常被称之为禁口令的三要素测试,以此衡量是否应该签发禁口令。直接针对媒体的禁口令适用条件的严格化使联邦和各州法院此后再也不能随意使用直接针对媒体的禁口令。据统计,自内布拉斯加新闻协会案以后,法院就很少对媒体施加禁口令,到现在为止,针对媒体发布禁口令且被联邦最高法院支持的案例只有一例②。刑事司法报道规制机制在直接针对媒体的禁口令上放松了对媒体的限制,媒体的刑事司法报道自由得到了更大程度的保障。

(3)媒体自律

在对刑事司法报道进行立法和司法管制的同时,英美两国都开始引入媒体自律机制来规范媒体的报道行为。媒体报道刑事司法必须尊重被追诉人的人权,这一精神广泛体现在两国传媒职业规范或道德规范中。

在英国,媒体道德规范集中体现于《英国新闻工作者业务准则》。2000年的准则要求媒体报道刑事司法必须尊重当事人的隐私,传播信息必须力求公正、准确,对于报道失实应及时更正并道歉;媒体报道司法程序应当谨慎。"在他人在遭受不幸或打击时,记者在做调查时应富有同情心并谨慎行事。这个时候应慎重发布信息,但应将此要求理解为限制报道司法程序。"为保证刑事司法报道的准确性,不侵犯刑事被追诉人的人权,英国禁

---

① Nebraska Press Association v. Stuart, 427 U.S. 539 (1976).

② Matthew D. Bunker, *Justice and the Media: Reconciling Tair Frails and a Free Press*, Lawrence Erlbaum Associates, Publishers, 1997, p.75.

止有偿报道。《业务准则》第 16 条第 1 款规定："不得直接或通过中间人，采用付费或允诺支付费用的方式，从正处于诉讼程序中犯罪案件的证人或潜在见证人那里获取详情或信息，除非发表这些材料符合公众利益和有绝对理由需要支付费用来获取信息。新闻工作者应尽一切可能确保证人提供的证据不受金钱交易的影响。"第 16 条第 2 款同时规定："不得直接或通过中间人，用付费或承诺付费的方式从被判有罪，或已认罪的罪犯及其有关人员（家庭成员、朋友或同事）那里获取详情、图片或信息，除非获取这些材料符合公众利益和必须支付费用才能获得这些材料。"①

在美国，媒体职业伦理规范也对媒体自律作了详细规定。美国很多媒体行业协会制定的相关新闻报道准则，都对被报道主体的尊重作了明确规定，强调只有出于公共利益的维护，否则绝不能侵扰他人的隐私。对此，美国广播电视新闻主任协会 2000 年通过的《道德和职业行为准则》规定：尊重报道对象，庄严地对待他们，给罪行受害者或悲剧受害者以特殊的同情；在报道涉及儿童的情况下特别审慎并给予儿童以（比给予成年人的）更大程度的隐私权保护；（在进行犯罪报道时）尊重公平审判的权利。美国亚利桑那州共和报所制定的内部职业道德手册则明确指出："在报道那些不知道自己被新闻报道的人们时，应当保护他们的安全和隐私。在报道政府官员和那些使自己处于公共关注之下的人时，报道时应尊重人的尊严和人格。与成年人相比，应当对未成年人的隐私给予更多的保护。"②

2. 规制措施的前后兼顾

规制措施的前后兼顾，是英美两国刑事司法报道规制的又一共同特征。考察英美刑事司法报道规制体系可以发现，两国规制刑事司法报道都是围

---

① ［法］克劳德-让·贝特朗：《媒体职业道德规范与责任体系》，宋建新译，商务印书馆 2006 年版，第 92—96 页。

② ［美］理查德·C.托克音顿、阿丽塔·L.艾伦：《美国隐私法：学说、判例与立法》，冯建妹等译，中国民主法制出版社 2004 年版，第 281—282 页。

绕倾向性报道的预防、补救和惩戒三个中心议题而展开,既重视从预防倾向性报道产生的角度对媒体采集和发布司法信息的能力进行规制以防患于未然,又不忽略倾向性报道产生后的事后应对,在司法程序上尽最大可能消除、挽回或减少倾向性报道的影响,对严重侵犯司法尊严和被追诉人人权的报道不放弃刑事责任的追究。预防、补救和惩戒三位一体、前后兼顾是两国刑事司法报道规制的共同特征。两国都将针对媒体的禁口令和闭庭审理作为预防倾向性报道的共同措施;在倾向性报道产生后,两国又共同采取了藐视法庭的刑事制裁措施,而此两者,本书已在前文做了分析,此处不再赘述。而倾向性报道产生后,两国都很重视使用延期审理、陪审团甄选、警示陪审团、重新审理等措施进行程序上的补救。

(1)延期审理

延期审理又称中止审理,是英美两国克服倾向性报道不利影响的一个共同举措。在影响性刑事案件中,当媒体的报道营造出"假日狂欢"的气氛而严重干扰司法管理,有碍被追诉人公正审判权实现时,中断案件的审理并将案件推迟至另一特定日期,待倾向性报道的影响已经消减时进行审理,是英美两国程序自救的第一个共同措施。在英国,尽管传统上主要依靠藐视法庭法作为加强媒体纪律和自律的手段,但是从 20 世纪 90 年代开始,英国开始逐渐利用中止诉讼来解决审前公开导致公平审判不可能的案件[1]。法院有权基于"程序滥用"和保护被告人免受不公平的审判的考虑而对审前公开的案件中止诉讼。1993 年的雷德案中,一名警官被指控涉嫌共谋和伪证罪。在案件审理之前,由于围绕该案的不利于被告人的舆论过于强大,以致容易使人形成被告人有罪的印象。主审法官葛兰德认为,本案舆论所产生的偏见已经使进行一场公正审判的不可能性变成了全国性并且还在继续,因而已经不利于该待审警官的诉讼应当被中止。1995 年的 Knights 案

---

① David Corker,Michael Levi,"Pretrail Publicity and its Treatment in the English Court",(1996)Crim.L.Rev.622,p.624.

中,法院同样采用了中止诉讼的措施来应对广泛的媒体报道。在此案中,被指控者 Knights 是一个电视肥皂剧明星的男朋友,因故意伤害罪受到指控。在他被捕后的一段时间,媒体大量报道了 Knights 的暴力行为和犯罪前科,并夸大了此案被害人受伤的事实。在确定的审理日期到来之前,法院认定审前公开行为使其不可能得到公正的审判而指示延期审判①。就延期审理对于消减审前报道的倾向性影响的作用,英国法官深信不疑,"在大多数案件中,头一天的标题新闻会成为第二天的导火线。除非相隔很短时间,公众中大多数人会不记得他们曾在电视上看到过的、广播中听到过的或报纸上读到过的报道细节。"②由于公众对新闻广播、报纸报道的记忆一般持续的时间都很短暂,因此,英国法院常常对审前报道与审判之间的时间间隔予以充分考虑:对备受媒体关注的案件,法院通常不允许在正常的时限内进行审判,延迟是法院的一贯做法。在美国,与英国通过藐视法庭罪对刑事司法报道进行限制不同,美国法院很大程度上依赖陪审团挑选程序来保护刑事审判不受刑事司法报道的污染。当陪审员已经受到媒体报道影响而形成预断时,诉讼延期就是美国法院的一个程序补救的重要举措。在刑事诉讼领域,延期审理作为消除倾向性报道效果的一种方式,其确立源自于 1966 年的谢泼德案。主审法官克拉克列出了为了确保公正而应考虑的九种举动,"直到大家的好奇心减弱时才审理案件"即是其中之一。

(2)陪审团甄选

陪审员甄选是英美两国克服倾向性报道不利影响的又一个共同举措。由于备受公众关注的大案要案均实行陪审团审判,因此借助陪审团甄选程序将受倾向性报道影响而有偏见的预备陪审员排除出正式陪审团,是英美两国开展程序自救的又一个共有措施。

---

① R V.Knights,(1995)4 OCT.

② [英]麦高伟、杰弗里·威尔逊:《英国刑事司法程序》,姚永吉等译,法律出版社 2003年版,第 210 页。

在英国,陪审团甄选方法的使用还是最近的事情。因为不利舆论造成的偏见,不论其影响多么持久而热烈,而使法官在初审中就中止诉讼甚至采取特殊审判,是上诉法院很不情愿看到的事情。在审判开始前询问有关陪审团的预备人选的情况,了解他们受到对被告人有偏见的舆论影响的程度,即陪审团甄选就是一种替代性措施。1999年凯文·麦斯韦尔(Kevin Maxwell)严重欺诈罪的审判率先使用了这种方法。在此案中,由于围绕此案的报道铺天盖地,要选择适格的陪审团显得异常困难。审判法官菲利普(Philips)创造性借鉴了美国同行的陪审团甄选方法,但又有所不同。菲利普法官的陪审团甄选程序包括如下步骤:(1)用几天时间遴选陪审团;(2)候选陪审员填写一份有四十道题的问卷;(3)接着根据控辩双方的一致意见剔除某些陪审员;(4)法官询问那些仍留在公开法庭上的陪审员;(5)法官从"幸存者"中决定陪审团的最后人选。① 自此以后,陪审团甄选成为英国在备受关注的案件中筛选适格陪审员的重要方法,菲利普法官的步骤则成为陪审团甄选的范例而为其他法院所沿袭。这也是英国式陪审员甄选程序中与美国仅有的相似之处。②

相比于英国,美国同样甚至更为依赖陪审团甄选程序来克服倾向性报道的不利影响。因为,美国的刑事司法报道规制体制基本上是围绕着控制陪审团而展开的。而控制陪审团,首先当然是控制陪审团的组成,将对案件持有偏见的预备陪审员排除在正式陪审团之外。这种方法的严格实施,即被证明能有效地减轻公众舆论的影响,即使是最臭名昭著的案件。如1994年的查尔斯·曼斯多重谋杀案,尽管媒体对此案极为关注,但审理此案的法官实施了对陪审团的广泛的预先审核,此案被视为保护了被告人的公平审

---

① (1999)Crim.LR 156.
② [英]麦高伟、杰弗里·威尔逊:《英国刑事司法程序》,姚永吉等译,法律出版社2003年版,第210页。

判权①；俄克拉何马爆炸案也因采取了有效的陪审团预先甄选，而"被称作是对备受关注的案件采取司法控制，使之'远离混乱'的典型"②。违背陪审团甄选程序的要求而将具有偏见的预备陪审员保留在正式陪审团内，可能导致判决被撤销。1961 年的欧文诉达德案，富含倾向性、煽动性信息的审前报道无处不在，包括被告对六项杀人罪的供述、过去的犯罪记录以及他声称愿意进行有罪答辩以换取终身监禁的这些报道在社会上形成了一种"深切且剧烈的偏见"。370 名预备陪审员有 90% 几乎都存在被告有罪的观点，12 位正式陪审员中有 8 位认为被告有罪。尽管这些陪审员自称不受传媒影响，能够作出公正判决，但是，"如果再三的承认怀有偏见……这种关于公正性的声明不可能有什么说服力"。"由于性命攸关，上诉人应由未被群情激奋的浪潮所淹没的陪审团进行审判——这种要求并不过分。"③法庭随即以陪审团受到媒体审前报道的污染为由撤销了有罪判决。

（3）警示陪审团

即使通过认真的陪审团预先甄选程序有可能抵消掉审前报道的倾向性影响，将对案件具有实质性偏见的预备陪审员排除在陪审席之外，但审判过程中仍存在倾向性报道铺天盖地而给陪审员造成偏见的危险。鉴于现代通信的发达，陪审员会了解案件信息这一点不可避免，法庭不可能因为陪审员知晓案情就将其排除出陪审团。英美两国处理这种情况的共同办法之一，就是警示陪审团，告诫其应根据庭上出示的证据而非庭外信息公正中立地审判案件。

在英国，司法实践通常非常信任陪审团保持中立和公正断案的能力，认

---

① Public Interest v.Private Justice,21 Am.J.Crim.L.335(1994).

② Andrew P.Napolitano,"Whatever Happened to Freedom of Speech? A Defense of 'State Interest of the Highest Order' as a Unifying Standard for Erratic First Amendment Jurisprudence",29 Seton Hall L.Rev.1197(1999),p.1266.

③ Yale Kamisar, *Modern Criminal Procedure—Cases*, *Comments and Questions*, St. Paul, Minn.,1999,pp.1394–1395.

为陪审团能够只根据法庭上的证据独立作出判断,因而,警示陪审团是英国常用的程序补救方法。1996 年的韦斯特案①,上诉人韦斯特被指控和其在审前羁押中已经自杀的丈夫一道实施了谋杀罪行,陪审团宣示之前的围绕此案的新闻报道铺天盖地,法庭在陪审团断案之前特别指示陪审团应该严格依证据断案,上诉人随后被判十项谋杀罪。上诉人以司法报道影响了其公正审判为由提起上诉。首席法官泰勒爵士认为:"再没有比让有权知道事实真相的公众震惊更居心叵测的事了。代表辩方利益提出的问题是,在对被告人不利的报道无处不在时,是否还能进行公正的审判? 从我们的角度来看,答案是肯定的。如果持另一种说法,那就意味着,如果宣称谋杀罪的主张非常有影响力,以致不可避免地引起社会的震惊,就不能对被告人进行审判。那样做是荒谬的。而且,只要法官有效地警告陪审团只能就法庭上认定的证据作出判断,就没有理由认为陪审团会另行其道。"②上诉法院由此驳回了上诉人的上诉。因此,警示陪审团成为英国法庭的常用方法。在随后的马利克案、萨乌恩桌案、凯利案、每日邮报公司案、鲍街城市领薪治安法官案、斯通案等等案件,尽管有广泛的媒体报道,但诉讼在法院警示陪审团之后仍然继续进行。因为,英国法官一致相信,"法院应当相信陪审团的意愿和能力,相信他们能听从法官指示、只根据他们目前的证据定案"。

对陪审团依据法庭上的证据独立断案的能力的信任,美国与英国相比有过之而无不及。尽管美国已经就如何规制新闻自由与公正审判之间的冲突发展出了一套完整的体系,但美国司法部门仍对舆论的潜在倾向性心存疑虑,怀疑密集的、有偏见的报道等于不公正的陪审团和不公正的审判这一传统假设,坚信陪审员能够公正而独立地断案。威斯康星大学的罗伯特·E.德雷切尔经过大量研究认为:"公正审判——新闻自由问题的严重性可

---

① （1996）2 Cr App.R 374.

② ［英］麦高伟、杰弗里·威尔逊:《英国刑事司法程序》,姚永吉等译,法律出版社 2003 年版,第 210 页。

能被夸大了。大多数法官和其他司法界人士似乎没有把经常出现的主要问题与带有偏见的报道联系起来，并以有偏见的立场来理解这些问题。"①在 1807 年艾伦·伯尔（Aaron Burr）叛国案中，法庭在面临大量的媒体报道且陪审员对倾向性报道有权威印象之时，通过指示陪审团而进行了审理。并认为，"轻微印象，理所当然地应该服从于法庭上出示的证据"，"轻微印象不会影响陪审员以开放的心智公正地考察证据，因此，它不构成申请一名陪审员回避的充足理由。"②美国第四巡回区上诉法院的法官说："把陪审员描述为易受预审报道影响、没有思考能力的人近乎是一种侮辱。"③后来的威廉姆·肯尼迪·斯密斯案、O.J.辛普森案、约翰·米切尔案等等案件，都是法庭将警示陪审团根据法庭上的证据进行断案用之于消除倾向性报道影响的案例。

（4）重新审理

如果围绕案件的舆论如枪林弹雨般过于强烈，被追诉人的公正审判权已经遭到实质的损害，撤销判决、重新审理是唯一能够给予被追诉人补救的程序自救措施。在这一点上，英美两国再次不谋而合。在英国，重新审理也是 20 世纪 90 年代以来被法院所采用的一种消除倾向性报道不利影响的方法，以代替对媒体的直接限制和处罚。1996 年的伍德案中，上诉人伍德因持有塞姆汀塑胶炸药企图引发爆炸并危害他人生命而被指控。在案件审判前和审判中，大量报道对刑事司法制度表示不满，认定法律设立的限制束缚了警察的手脚，某些陪审员不管证据分量如何都不决定判罪。更有报道高呼："如果不对这个人进行审理、定罪和量刑，不让他在监狱中度过余生，正义就不会实现，已经动摇的警察士气也将进一步弱化，而整个国家也将被欺

---

① ［美］唐·R.彭勃:《大众传播法》，张金玺等译，中国人民大学出版社 2005 年版，第 392 页。

② U.S.v Durr .24Fed.Cas.49(1807).

③ The Washington Post Co.V.Hunghter,923 F.2d 324(1991).

骗。"在媒体的倾向性报道影响下,伍德被判有罪而以报道左右判决为由提起上诉。上诉法院认定:"如果我们想要拥有一个自由而独立的新闻界,我们必须允许和欢迎那些对我们的刑事司法制度存在的缺点、又使产生的这样或那样的错误提出总体评论的意见。但公正原则要求,在特定案件中不能通过新闻界或其他途径对陪审员施加压力。报纸编辑及其读者要正确表达对那些犯有严重罪行者判罪和惩罚的要求。如果它们造成了不公正的审判,那么本来想通过采取正当措施实现的目标也可能岌岌可危了。"①上诉法院因此将司法报道影响陪审团作为上诉的理由,撤销原判,发回重审。除此之外,当审前倾向性报道对司法公正和被追诉人公正审判权所造成的损害已根深蒂固而无法挽回时,撤销有罪判决就是矫枉过正的最后手段。在英国法上,推翻定罪最著名的案例是1993年的泰勒姐妹案。上诉人泰勒姐妹因涉嫌谋杀而被指控,案件审判前与该案有关的报道如此"从不间断、内容详尽、危言耸听、不准确和容易令人误解",充斥着"假定这两个女子有罪的评论",以至于审判法官要求陪审员对相关报道不予理会的指示根本不起作用。上诉法院指出,"我们发现,几乎很难说陪审团在作出决定时不受他们曾在新闻上看到过的内容所影响","法官们确信有关该案的新闻报道造成了不利于被告人的现实危险"②,即便发回重审,上诉人也无法得到公正的审判,为此上诉法院撤销了该案中的杀人罪判决,并拒绝将该案发回重审。法院认为:"如同警官无权令自己确信被告人有罪和隐瞒证据一样,报社也无权在审判期间通过书面报道来推定被告人有罪。"③由于警示陪审团并没有达到消除媒体报道影响陪审团的目的,英国法院在1991年的谋杀案中推翻了对三被告人的定罪。在美国,当其他措施不足以保证被告人获得

---

① 〔英〕麦高伟、杰弗里·威尔逊:《英国刑事司法程序》,姚永吉等译,法律出版社2003年版,第208—209页。

② Taylor and Taylor, (1993) 98 Cr App R 983.

③ Naylor, B., "Fair Trail or Free Press", CLJ 492 (1994).

公正审判时,法院也和英国法院一样以推翻定罪、重新审理的方法来应对倾向性报道。首席大法官克拉克认为:"司法审判与选举不同,它不能靠集会、电台和报纸来赢得胜利。言论自由固然应当被给予最大的空间,但这种自由不能逾越一条法律红线:陪审团的裁决必须建立在公开法庭上被采信的证据之上,而不是依靠审判之外的信息。"[1]一旦有证据证明陪审团受到审判之外因素的影响而使被告人的公正审判权受到侵犯,就应当推翻裁决。在美国历史上,1959 年的"马歇尔诉合众国"、1962 年的"欧文诉多德"、1963 年的"利多诉路易斯安那州"、1965 年的"埃斯戴斯诉得克萨斯州"、1966 年的"谢泼德诉麦克韦尔"诸案,都是新闻媒介的不当审前报道损害了审判的公正性而导致有罪判决被联邦最高法院推翻的典型案例。

3. 报道方式的不谋而合

对于媒体的刑事司法报道规制,英美两国除去规制方法、规制措施上有共同之处外,媒体报道刑事司法的方式也大致相同。两国的刑事司法报道都体现出真名报道以及报道与评论和谐共存的规范风格。

(1)真名报道

就刑事司法报道究竟采用真名还是匿名,尽管各国理论与实务均有不同的态度和做法,但在此问题上,英美两国的立场却基本一致:允许媒体对刑事司法进行真名报道。在美国,基于诉讼公开是美国司法制度的悠久传统,作为"无冕之王"的新闻媒体享有接近司法的宪法权利,法律赋予新闻媒体对刑事案件及司法过程进行自由报道的权利,对媒体进行刑事司法报道是否需要匿名并无限制性规定,因而真名报道是美国媒体一贯采用的方法。媒体报道被告人真实姓名的行为受到联邦最高法院的强力保护。美国联邦最高法院在 1977 年俄克拉何马出版公司诉地区法院案(Oklahoma publishing Co.v.district court)[2]中肯定了这个原则。在此案中,地区法院容

---

① Bridge v.California,314 U.S.251,

② Oklahoma publishing Co.v.district court,430 U.S.308(1977).

许对被控谋杀铁路工作人员的一名 11 岁少年进行公开审讯,但却指令新闻界不得刊登该未成年被告人的姓名和照片。最高法院裁定,审判是公共事件,审判庭上发生的事情是公共财产,报道从公开法庭所获取的信息受到特别的保护。既然原审法院已经决定容许新闻界旁听此聆讯,就不能禁止新闻界将它在公开进行的聆讯上所得悉的未成年被告人的姓名和在法庭外得到的照片予以公布。1979 年的史密斯诉每日邮报出版公司案再次强调了联邦最高法院对真名报道的保护立场①。在此案中,每日邮报出版公司在 15 岁女孩被杀的犯罪现场通过询问目击证人和执法官员获知了青少年被告人的姓名并予以公布,而公司所在地西弗吉尼亚州的法典禁止公开卷入少年法庭程序的任何儿童的姓名,除非经过少年法庭书面授权,否则公布未成年被告人的姓名被视为是一项轻罪,每日邮报出版公司因此被判藐视法庭罪。主笔大法官伯格认为,"对公布依法获得的真实信息的行为进行刑事制裁需要最高级别的州利益来确认其有效性",而保护势单力薄的未成年被告人的匿名权并鼓励其改过自新的州利益在宪法上并不足以支持西弗吉尼亚法典,当借以惩罚媒体时,州利益并不足以压倒体现于宪法第一修正案中的信息获知权这一宪法权利。由于已经发布的信息是每日邮报出版公司通过调查性努力合法获取的,就"合法的新闻媒体接近秘密的司法程序"本身没有争议,最高法院因而认为,在保护未成年被告人方面的州利益必须让位于媒体的宪法第一修正案权利,进而废除了此案的州法令,一致宣布对披露真实信息的报纸所作的刑事指控违宪。② 自此以后,真名报道得到联邦法院的肯定。

在英国,媒体可以公开参与所有刑事司法程序,法律都允许媒体进行真名报道。但与美国不同的是,英国的真名报道不是绝对的,仍然有报道限

---

① Smith v.daily mail pub.Co.,443 U.S.97(1979).

② Matthew D.Bunker, *Justice and the Media:Reconciling Tair Frails and a Free Press*, Lawrence Erlbaum Associates,Publishers,1997,pp.87-88.

制。一是青少年犯罪需要匿名报道。从 1933 年到 1999 年的多部法律都规定青少年犯罪禁止真名报道。如 1933 年《青少年法》第 49 条就规定，"治安法院在审理青少年犯罪时，自动禁止发表或者广播作为被告或者证人的青少年的姓名、住址、学校、照片或者能够使人识别出的其他特征"。《青少年法》第 39 条规定，青少年作为被告或证人出现在成人法院时，法院也可以依职权发出禁令，要求媒体不得披露审判程序所涉及的青少年的前述身份信息。1999 年《青少年司法和刑事证据法》第 44 节第 2 款也作出了相似的规定。二是被追诉人的照片禁止公布。英国虽然允许进行真名报道，允许媒体在刑事司法报道中使用被追诉人的真实姓名，但却不允许公布被追诉人的照片。1981 年《藐视法庭法》将出版物（包括书面的、口头的、广播的以及任何其他面向公众的交流形式）在司法过程中发布被告人照片的行为视为藐视法庭罪即可证明此点。但即便如此，这并不妨碍英国整体上真名报道的特征。

（2）报道与评论共存的报道风格

就刑事司法报道的具体方式，世界各国也有采取纯客观报道还是报道与评论并存的风格分野。总的来讲，绝大多数国家都明文规定允许报道与评论共存，允许媒体报道刑事司法时采取评论的新闻手法。在这一点上，英美两国再次不谋而合。在英国，1981 年《藐视法庭法》修正了以往对于媒体"只能报道但不得评论积极审理的诉讼"这一过于严厉的规定，授予媒体对诉讼程序中的刑事案件以自由报道和评论的权利。法律借用了美国"明显且现实的危险"原则来规定藐视法庭罪的构成，只要媒体对正在进行的司法程序的报道不突破造成"明显且现实的危险"的底限，媒体就不会遭致藐视法庭之诉而始终能自由地报道和评论刑事司法。在美国，基于新闻自由的绝对优越地位，媒体更是享有充分的报道和评论的自由。由于联邦最高法院自 1962 年伍德诉乔治亚州案以来一直反对用藐视法庭罪惩治媒体破坏被追诉人公正审判权和司法尊严的报道和评论行为，对媒体的实质性制裁措施——藐视法庭罪——使用的有名无实,使媒体在报道和评论刑事司法时完全没有后顾之忧,对刑事司法的报道和评论的触角深入到案件事实、侦查、起诉及审理的方方面面。报道与评论共存的报道风格成为英美两国刑事司法报道规制的又一共同之处。

(二) 英美刑事司法报道规制的主要差异

尽管英美两国在刑事司法报道规制机制上有上述共同的特征,但两国仍然有明显的差异。总的来讲,尽管两国在规制司法新闻报道时都是采取多管齐下、多元化规制的方式,但在主要规制方式上仍然有侧重点的差异,美国偏重于司法控制,而英国则强调立法限制;在规制措施上,尽管两国都将预防、救济和惩戒作为刑事司法报道规制的三条主线,采取预防性措施、补救性措施和威慑性措施三位一体、前后兼顾的规制体系,但仍然有侧重点的差异,美国注重事后应对,以补救性措施为主,威慑性和预防性措施作用有限,而英国则以威慑性制裁为主,补救性和预防性措施为辅①。具体来讲,两国的差异体现在以下四个方面:规制对象的侧重点不同;特定程序救济措施的差异;媒体信息采集手段和范围的不同;报道内容限制的不同。

1. 规制对象的重点不同

如前所述,英美两国刑事司法报道规制都内含有对媒体进行事先限制的成分,除了都注重针对媒体的禁口令之外,英美两国在刑事司法报道规制上的重大差异,就在于规制对象的重点不同。在英国,法律把规制的眼光投向对媒体的限制,刑事司法报道规制的主要力量都集中在对媒体获取未决信息的能力如何进行限制上,即便是法庭规范媒体报道的规则,规制的重点也只针对媒体。如:在备受关注的案件中,苏格兰皇室法院和英格兰以及威尔士总检察长向所有的媒体分别签发的"运行注意"(Operational Note)和

① Michel Chesterman, "OJ and the Dingo:How Media Publicity Relating to Criminal Cases Tried by Jury is Dealt With in Australia and America", 45 Am.J.Comp.L.109(1997), pp.117-126.

"对编辑的指南"（Guidance to Editors）就具有这样的功效：针对正在进行的刑事侦查、公诉案件和上诉案件，就争论中的案件情形向编辑们提供指南，强调皇室法院或总检察长担心的报道类型，并就其对这种报道将采取的态度提醒编辑，编辑们被要求负责任地报道案件。① 而检察官、律师、陪审员等法庭人员能否发表、怎样发表诉讼外言论，法律则采取一概否决的方式，规定控辩双方及法官、陪审员在庭前、庭外不得向媒体表示任何意见②。检察官、律师、陪审员等法庭人员的诉讼外言论不加区分皆被禁止。

　　而美国则与英国注重控制媒体、限制媒体获取未决信息的能力形成鲜明的反差：虽然美国也重视限制媒体的未决信息获取和发表能力，但却更看重对控辩双方当事人发表程序外言论的限制，强调通过控制双方当事人的媒体言论而消除新闻自由对司法的困扰，而这恰是英国刑事司法报道规制所欠缺的内容。在美国社会，"防止'由报纸做出审判'的责任在于法官、检察官和警察，而不在于新闻界自身"③，这一观点已经根深蒂固。法官的责任已如前所述，在于通过封闭法庭、对媒体发布禁口令、诉诸司法程序等手段来预防或消减倾向性报道的影响以保障被追诉人得到公正的审判。而检察官、警察和辩护律师的责任在于，不在诉讼程序之外向媒体发表可能导致审判程序严重受损的信息和言论。而检察官、警察和辩护律师在面对媒体时，究竟可以说什么、不可以说什么，实践中主要由美国律师协会制定的《职业行为示范规则》来加以规范和控制。现行的 2004 年版《职业行为示范规则》（简称《规则》）④3.6 及其注释对双方当事人的诉讼发表即程序外

---

① 徐美君：《侦查权的运行与控制》，法律出版社 2009 年版，第 274 页。

② William T.Pizzi, "Discovering Who We are: an English Perspective on the Simpson Trial", 67 U.Colo.L.Rev 1027(1996), pp.1030–1031.

③ ［美］唐纳德·M.吉尔摩：《美国大众传播法：判例评析》，梁宁等译，清华大学出版社 2002 年版，第 355 页。

④ 王进喜：《美国律师协会职业行为示范规则（2004）》，中国人民公安大学出版社 2005 年版，第 73—74 页。

言论作了从含义、内容到抗辩在内的详细规定。

（1）诉讼发表的含义

《规则》3.6a款开宗明义规定："正在参与或者曾经参加关于某事物的调查或者诉讼的律师，如果知道或合理地应当知道其所作的程序外言论会被大众传播媒体传播，并对裁判程序有产生严重损害的重大可能，则不得发表这种程序外言论。"d款规定："在律师事务所或者政府机构中，与受a款约束的律师合作的任何律师，都不得进行为a款所禁止的陈述。"从而对诉讼参与人发表程序外言论从主体、内容到时间作了全方位的规定。第一，诉讼发表的主体扩及于参与过案件侦查和审判的所有律师，不仅辩方律师而且控方律师（即检察官）都必须受此限制，不仅直接负责侦查和起诉的律师而且在刑事案件中对控辩双方律师起协助作用的其他律师及工作人员也要受此约束；第二，诉讼发表禁止的内容只限于会对裁判程序产生严重损害的重大可能的庭外言论，不对裁判程序产生如此严重损害可能的言论则通常不受此限制；第三，诉讼发表规则的适用期间着眼于刑事诉讼全过程，不仅审判阶段双方律师的庭外言论要受此约束，审前言论同样要受此限制；第四，诉讼发表禁止的时间具有暂时性，对律师言论的限制仅仅是将律师的程序外言论推迟到审判结束后发表而不是要求律师就这些内容永远禁口。

（2）诉讼发表的内容许可和禁止

尽管参与或曾经参与案件调查或者诉讼的双方律师及其合作者在程序外发表言论的权利受到限制，但并不意味着其所有的程序外言论都不加区分地受到禁止。只要其言论所涉及的事项不会对诉讼程序产生严重损害的重大可能，法律仍然允许律师对外发表这些信息和言论。《规则》3.6b款随即对律师可以发表的言论进行了列举（见表3-1）。鉴于关于特定事项的言论比没有这些言论更可能对裁判程序产生重大损害，特别是当它们涉及由陪审团审判的刑事案件或者任何其他可能导致监禁的程序时，《规则》3.6注释第5款规定下列信息属于参与案件办理的律师的程序外言论禁区:(1)诉讼参与人的品性、可信性、声望或者犯罪记录,证人的身份以及当事人或者证人将要提供的证言;(2)在刑事案件或者可能导致监禁的程序中,被追诉人就罪行进行有罪答辩的可能性,被追诉人是否进行了自白、供认或陈述及其内容;该人是否拒绝或者没有进行陈述;(3)检查或者实验的执行情况及其结果,是否拒绝或者没有接受检查或者实验以及将要出示什么物证及物证的性质如何;(4)被追诉人是否有罪的意见;(5)律师知道或者应当知道在审判中不能作为证据采纳,但一旦公开将产生损害公正审判的严重风险的信息;(6)被告人被控犯有某项罪行的事实。

表 3-1 《规则》3.6 许可的诉讼发表信息

序号	可发表信息
1	相关诉讼请求、违法行为或者辩护;法律许可发布的相关人员身份信息
2	公开档案里的信息
3	某个案件正在调查中
4	诉讼日程安排或每阶段的诉讼进展
5	请求就必要的证据和信息获得帮助
6	当有理由认为对个人或者公共利益产生严重损害的危险时,就有关人员的行为发出警告
7	前述以外的其余信息:被告人之身份、住址、职业和家庭状况;有助于拘捕该人的信息;被告人被逮捕的事实、时间和地点;执行调查或者逮捕的人员或者机构的身份和调查持续的时间

(3)诉讼发表的抗辩

针对 1991 年金泰尔案所暴露出的 1983 年版《职业行为示范规则》"安全港条款"的缺陷,2004 年新修订的《职业行为示范规则》代之以"回答条款"。金泰尔案是标志律师言论自由权的著名案例。在此案中,内华达州执业律师金泰尔因怀疑被控偷窃警方寄放的 4 千克毒品及若干现金的当事人遭警方办案人员陷害,而召开记者招待会,反驳警方的所有指控,并提供证据指控承办刑警才是毒品和现金被盗的真凶。金泰尔被指控违反了关于审判公开性规则的内华达《律师诉讼发表规则》而遭到州律师协会的纪律处罚。联邦最高法院认定,美国律师协会 1983 年"安全港条款"过于笼统,并没有清楚表达受"安全港条款"保护的言论与不受"安全港条款"保护并可处罚的言论的界限,有误导律师之嫌。因为其既然允许律师可以忠实地就案件性质、当事人及证人的信用、证据向媒体陈述,即使这些陈述会给将来的审判带来产生重大偏见的实际可能性,律师也可以以此为理由进行抗辩而免于被罚。故而,联邦最高法院判决州《律师诉讼发表规则》违宪,这一案例直接促使 ABA 对示范规则进行修改。新规则即体现于 1994 年的《职业行为示范规则》内并延续于 2004 年《职业行为示范规则》中的"回答条款":"尽管存在 a 款规定,如果一个普通律师认为需要保护其委托人免遭非因该律师或者该律师的委托人对案情的近期宣传而带来的严重不当损害,则律师可以进行有关陈述。根据本款进行的陈述,应当限制在为减轻上述近期不利宣传带来的后果所必需的范围内。""回答条款"解决了律师召开记者招待会反驳媒体不当报道的行为的合法性问题,深受律师欢迎。

除去《规则》3.6 规范了律师的程序外言论之外,《规则》4.1 和 8.4c 款分别从"对他人陈述的有效性"和"不当行为"的角度对律师发表程序外言论进行了补充规定。《规则》4.1a 款要求"律师不得故意就主要的事实或者法律向第三人做虚假陈述"。很显然,正如这一规定所表达的那样,法律并不仅仅只禁止律师向法官或在法庭上就事实或法律问题作错误陈述,它当然还包括禁止律师出于利用媒体的动机而在事实或法律方面故意向媒体作错误陈述。如通过召开记者招待会、在网站发表声明、接受媒体采访而向媒体提供虚假陈述而误导媒体。依照《规则》8.4c 款的规定,即便有关法律或事实的错误陈述是由当事人或当事人的其他发言人所作出,但只要律师为其发表陈述出过谋划过策,律师也构成对程序外言论禁止的违反。

作为公诉人的检察官,除了要遵循上述规则对律师程序外言论的规定外,还需受《规则》3.8f 款"公诉人的特殊职责"的约束。检察官"除向公众告知公诉人的行为性质和范围以及服务于合法的执法目的所必需的言论外,不进行具有使公众强化对被告人的谴责之重大可能的程序外评论"。检察官在程序外可以发表的言论,除去《规则》3.6 允许发表的内容以外,仅限于将公诉人的行为性质和合法的执法目的所必需的信息告知公众。除此之外,任何可能强化公众对被告人的谴责的言论都为法律所禁止。检察官不仅自身负担着不发表可能强化对被告人的谴责之重大可能的程序外言论的义务,而且还承担着"防止在刑事案件中帮助公诉人或者与公诉人合作的调查人员、执法人员、雇员或者其他人发表规则3.6 或本规则禁止公诉人发表的程序外言论"的合理注意义务。与此相对应,司法部《媒体关系指南》随即对警察发表程序外言论作了与《规则》3.6 相似的规定,使负责侦查的警察实际上也必须接受诉讼发表规则的约束。①

2.救济性措施的差异

尽管在消除倾向性报道的不良影响方面,英美两国有着诸多的共有措施。但在根本上,由于英国整个刑事司法报道规制机制是着眼于"后果挽救"的角度,更由于藐视法庭罪在行使上的有效性,用以消除倾向性报道不良效果的救济性措施就不多;而美国由于更关注司法的自我救济,加之藐视法庭罪适用的严格受限,因而救济性措施的适用频率更高,相应的法律就更为发达。因此,两国的救济性措施仍然差异悬殊。

(1)陪审团甄选程序的差异

第一,控辩双方在陪审员选任上权利悬殊。整体上,英国的控辩双方在陪审员选任权上没有美国同行那么大的控制力。就陪审员是否因媒体报道污染而应当回避的决定权而言,英美法经常使用有因回避和无因回避两种

————————

① 司法部《媒体关系指南》主要用于规范警察的程序外言论。其内容分为两部分:一是对处于侦查程序的警察的言论进行规制,强调"基本禁止对外言论,允许发表为例外";二是对处于审判程序中的警察的程序外言论进行规制,此时警察可以发布的言论和不得发表的言论和《规则》3.6 所作的规定基本一致。

方法来裁决。对于陪审员是否应当回避,目前,英国法上允许控辩双方通过提供合理理由将受到偏见影响的预备陪审员排除出法庭。而控辩双方可享有的无因回避——又称强制否决权或"振击出局权"——则非常有限。在英国,持续数个世纪的辩方无因回避权于1988年被废除。由于政府担心赋予辩方这一绝对权利会导致其在实践中的滥用,遂于1925年开始逐步减少辩方无须理由就可主张预备陪审员回避的无因回避权的数量。经过四次修改,最终于1988年将辩方的无因回避权彻底废除。"在对一个人起诉书审判的程序中不给出理由反对陪审员的权利被废除了"。[1] 而相对于辩方,控方从来就没有主张无因回避、强制否决预备陪审员的权利,但却拥有与无因回避实际效果相同的权利——让陪审员旁观的权利。但考虑到辩方的无因回避权已被废除,英国控方的"旁观权"并不强大,只有不受限制地请求一名陪审员"旁观"的权利,而且此项权利的行使只能适用于两种情形:(1)得到检察总长授权批准的国家安全或涉及恐怖主义的案件;(2)陪审员显然不适合且辩方同意行使旁观权。[2] 而在美国,控辩双方不仅享有有因回避权,还都享有远多于英国控方的无因回避权。在联邦法院,轻罪案件,控辩双方各自可要求三次无因回避;死刑案件,控辩双方各有二十次机会主张无因回避;其他重罪案件,则分别赋予控方六次、被告方十次机会提出无因回避。[3] 各个州根据罪行的严重性而赋予给控辩双方无因回避的次数就更不相同。无因回避的行使让美国比英国更容易识别已有偏见的预备陪审员并将之排除出正式陪审团。

第二,控辩双方在甄选陪审团之前能否获知陪审员详细信息不同。在英国,控辩双方在甄选陪审团之前无法获知陪审员的详细信息,尽管开庭前

---

① J.Gobert,"the Peremptory Challenge-an Obituary",(1988)Crim.LR 528.

② [英]约翰·斯普莱克:《英国刑事诉讼程序》,徐美君、杨立涛译,中国人民大学出版社2006年版,第376页。

③ Gobert,James J.,Walter E.Jordan, *Jury Selection:the Law,Art,and Science of Selecting a Jury*,2d ed.Collorado springs,Colo.:Shepard's-McGraw-Hill.1990,p.273.

法庭会向控辩双方提供陪审员名单,但名单内只有陪审员姓名和住址这两项信息,除此之外无任何其他信息。法庭程序也不允许各方当事人进行"摸底",了解每位候选陪审员的背景、态度、生活经历等信息。加之英国的被告人获得律师辩护基本是依赖法律援助,法律援助基金不可能支付庞大的私人侦探费用,律师没有动力和资金去调查陪审员的详细信息。对陪审员个人信息的缺乏使辩护律师无法识别有偏见的预备陪审员,也就很少提出回避的请求。所以在英国,"相当比例的可反对陪审员没有受到反对,仅仅因为在相关时间内没人有必要的信息"①。而在美国,法律援助只适用于那些因经济贫困而请不起律师的被告人,绝大多数被告人都是以个人雇请并付费的形式获得辩护律师,因而律师有动力也有资金去调查陪审员的底细,在必要时还会与专业的陪审团甄选咨询顾问协商具体的甄选策略,根据咨询顾问的建议审查陪审员的背景、身体语言、宗教倾向、种族态度及其潜意识活动,以最大限度地争取到最有利于己方的陪审员,把那些对被告人已经形成不利偏见的预备陪审员剔除出正式陪审团。两相比较,美国的陪审团甄选程序比英国更能发现有偏见的预备陪审员,更能保证陪审团的公正无偏。

第三,能否向陪审员发问及发问的内容多少不同。在英国,对于陪审团的甄选,当事人能够发挥影响作用的机会极少。体现在甄选过程中,控辩双方均无权向陪审员本人发问。整个甄选程序中只有法官才有权向陪审员发问,但发问的问题往往只有几个,且通常只集中于陪审员是否知晓被告人这样简单的问题。而美国的陪审团甄选程序,当事人对陪审团构成有较大的影响:除去法官之外,控辩双方也有权向陪审员发问,所问的问题冗长而详细,他们要询问陪审员是否已经形成了对案件的观点和抛弃这个观点是否不易,询问还要找出陪审员形成偏见的原因或者其不适于选入陪审员名单

---

① [英]约翰·斯普莱克:《英国刑事诉讼程序》,徐美君、杨立涛译,中国人民大学出版社 2006 年版,第 377 页。

的理由。① 与这样繁杂的询问相一致的是,美国境遇下的陪审团甄选往往旷日持久、费时数周,有时,陪审团甄选程序的时间甚至会超过正式庭审。② 史上最受关注的 O.J.辛普森一案就是陪审团遴选的典型。在此案中,辛普森被控谋杀前妻妮可尔及其朋友戈德曼。在遴选陪审团时,控辩双方向候选陪审员提出了一份详细涉及候选陪审员心理、种族、教育、声誉、宗教背景、有无武器等内容,长达七十五页的调查问卷。控辩双方施以计策,对候选陪审员进行了全方位的发问和甄别,致使陪审团甄选整整耗费了两个半月时间,到各位陪审员和候补陪审员宣誓就任时,案件本应终结,裁决本应作出。而英国的陪审团甄选程序基本上只是例行公事,寥寥几分钟即告终结。③

(2)相关救济性措施的有无

尽管英国近年来也发展出了从司法程序上消除倾向性报道不利影响的措施,措施的种类和适用也在向美国靠近,但其救济性措施仍然没有美国完善。典型表现即是,英国没有美国所采取的陪审团隔离和陪审团召集令的变更两种卓有成效的救济性措施。

第一,英国缺乏陪审团隔离措施。在陪审团选出后,为防止陪审团受到倾向性报道的污染而在审判期间将陪审团予以隔离直至作出判决,是美国司法实践中消除倾向性报道影响的又一有力举措。在警示不足以使陪审员远离新闻报道时,在审判过程中就可能隔离陪审员:住在旅店中;与外界的电话、接触的新闻报道都要受审查。在美国,隔离陪审团的适用在各州并不一致。在一些州,审判时间在一天以上的就必须隔离陪审团,除非公诉人与

---

① Winter,"OJ and Dingo:How Media Publicity Relating to Criminal Cases Tried by Jury is Dealt with in Austrialia and America",45 Am.J.Comp.L.109(1997),p.132.

② Gordon Van Kessel,"Adversary Excesses in the America Criminal Trail",67 Notre Dame L.Rev.403(1992),p.460.

③ Micheal H.Graham,*Tightening the Reins of Justice in America*,Greenwood press,1983,p.72.

被告方都同意放弃它。在其他一些州,所有死刑案件都要求隔离陪审团。但是在大多数案件里,只有审判法官特别发出命令时,陪审员才能被隔离。隔离陪审团的最经典案例当属轰动一时的辛普森案。为了防止铺天盖地的新闻报道对陪审员产生污染,法庭发布隔离命令,将全体陪审员"与世隔绝"长达九个月,直至案件审结。但隔离陪审员是一项耗资巨大的保护措施,在适用中颇受质疑。一是隔离陪审员致使各州财政压力巨大,因为陪审员的食宿花费及收入补偿庞大。据报道,纽约州在强制性隔离于 2001 年废除以前,每年用于陪审员住宿的资金高达 250 万美元①,因而使陪审员隔离这项措施备受诟病。二是长期隔离也会消耗陪审员的耐力和信心。隔离常常长达数周甚至数月,长期隔离所带来的收入损失往往使陪审员难以承受②,而且,它也可能使陪审员对造成他们与亲友长期隔离的一方的不利偏见。鉴于隔离所带来的这些问题,最高法院承认它并不必然比其他措施更优越以至于法官必须要选择它,因而实践中隔离乃是一种适用较少的措施。但在公众的情感尚未受到法庭气氛影响的情况下,隔离陪审员确实能够起到防止陪审员受到倾向性报道影响的作用。而在英国,由于法律对媒体审前和审判期间能够报道的内容有严格的限制,并对违者有藐视法庭罪之惩戒和威胁,因而在类似辛普森这类备受公众关注的案件里,也没多大的必要封闭陪审团③。因而,英国根本没有隔离陪审团这样一种举措。

第二,英国缺乏变更陪审团召集令的措施。当审前报道致使本地区深受倾向性宣传的影响而对被告人形成难以消除的偏见,致使从本地区选出 12 名未受污染的陪审员成为不可能时,变更陪审团召集令就被看作是变更

---

① [美]唐·R.彭勃:《大众传媒法》,张金玺等译,中国人民大学出版社 2005 年版,第 399 页。

② 在类似辛普森案这种旷日持久的审判中,饱受煎熬的陪审员往往在审判结束之前就会提出退出的要求。

③ William T.Pizzi,"Discovering Who We are:an English Perspective on the Simpson Trial", 67 U.Colo.L.Rev.1027(1996),p.1031.

审判地的替代措施。在这一程序中,审判将仍在最初的司法行政区进行,但陪审团则从另一个司法行政区选任。在美国,变更陪审团召集令这一措施拥有与变更审判地相同的适用标准——即一个公正无偏的陪审团无法在起诉所在的辖区挑选组成。在某些司法区,选择适用变更召集令要求在成本上要比变更审判地更经济,至少公正无偏的陪审团在审判地所花费的旅费和住宿费要低于变更审判地所带来的巨大花费。作为这样一种经济而行之有效的措施,英国至今也没有。

3. 媒体信息采集手段和范围的不同

(1)媒体信息采集手段差异巨大

英国媒体显然没有美国同行那么大的信息采集权利,两国媒体信息采集手段差异巨大。第一,能否使用拍照和速描手段的不同。在英国,法律只允许媒体采用笔记和录音两种手段采集法庭信息,此外的任何记录形式(如拍照、速描)都为1925年刑法明确禁止。依照1925年刑法第41章,拍照或以发表为目的对法庭内的陪审员、证人、当事人或法官、法庭建筑及其周边界域进行速描,都会构成犯罪。而且"禁止拍照"扩及于手机、摄像机及其他任何带有拍摄功能的电子设备进行拍照或摄像。当拍照或速描对象出入法庭时,摄影师或画家即使站在法庭外并远离法庭,也能构成犯罪。不仅如此,发表照片或速描也是犯罪。因此,在英国,拍照和速描两种普通的信息采集手段在用之于法庭信息采集时,不为媒体所拥有。而且,对于录音的使用,英国1981年《藐视法庭法》还有严格的限制,要求录音机的使用必须获得法庭的同意,而且录音不得公开播放和使用。凡是违背此限制的录音或录音带播放、使用行为,都构成刑事上的藐视法庭罪。而在美国,媒体拥有一切信息采集的手段,记者可以拍照、画速描,但也受庭审报道规则的限制。美国绝大多数州的庭审报道规则都对以下情况的拍照和画速描予以禁止:不准对辩护律师桌上的材料和单个陪审员拍摄特写镜头;在宣判之前,不得拍摄刑事案件的被告人被带入或带出法庭的照片。

　　第二,对法庭审判能否直播的不同。在英国,对庭审过程进行电视报道是不被允许的信息采集手段,这已在1925年刑法第41章中得到明确规定。即便20世纪初电视这一新型传播媒体的兴起引发了电子设备进法庭的争论,即便英国媒体巨头英国广播公司一贯尝试将摄像机带入法庭①,但电视仍不被允许报道庭审。但为展示法院工作,增进民众对司法的信任,法律允许有例外。如允许庭审中的陪审员通过闭路电视阅读有关文件、观察证人来审理欺诈案件等等,但要在英格兰和威尔士的法庭上对刑事案件进行电视实况转播②,仍然希望渺茫。美国加利福尼亚电视直播"辛普森杀妻案"的缺陷使得呼吁法院允许电视直播法庭的声音完全偃旗息鼓。③ 2010年12月21日,英国利兹刑事法庭允许记者使用推特对一宗谋杀案的庭审进行实时报道,消息一出,引发广泛争议④。而在美国,法庭对电子采访设备的开放度越来越高,媒体以电视方式直播庭审的权利已经基本确立。据统计,在州地方法院系统,现在已有44个州试点或永久准许电视报道刑事审判,只有印第安纳、密歇根、密西西比、密苏里、南达科他等八个州禁止电视报道法庭。⑤ 电视采访法庭被视为是媒体的当然权利。但联邦法院系统依然拒绝电子设备的采访,尽管美国司法会议1996年同意开放13个联邦巡回法院的审判,但只有第三和第五两个巡回法院接受了此授权,电子设备采

---

　　① 英国广播公司(简称BBC)一直在尝试将摄像机带入法庭,但始终未获成功。BBC在1977年拍摄一部反映农村生活的纪录片时,希望加上村教堂内宗教法庭的庭审情况,但却被法官拒绝。1992年3月,BBC与凯思勋爵协商,希望录制一些法院的听证或其他镜头而放在纪录片,这一要求也被上院法官附加一系列极其苛刻的条件而落空。1996年12月底,BBC又对上院法官发起了第二轮攻势,但同样被客气地回绝。

　　② 禁止电视报道法庭的法律规定在苏格兰并不适用。因为,苏格兰正在试点:在原被告同意的情况下,允许电视台报道案件的审判。

　　③ Peter Carey,*Media Law*,Sweet & Maxwell,1996,p.93.

　　④ 《英国法官首次允许微博直播庭审引争议》,见 http://gb.cri.cn/27824/2010/12/23/110s3100191.htm。

　　⑤ Warren Freedman,"Press and Media Access to the Criminal Courtroom",Quorum Books,1988,p.46.

访联邦巡回法院系统的权利并没有全面确立①。除此之外，联邦地区法院和最高法院的审判程序一直拒绝进行任何形式的电子设备的采访。相比较而言，美国对电视直播庭审的容忍度较英国更高。

（2）媒体信息采集范围不同

尽管司法公开原则允许庭审上的证据、文件、法庭记录等材料可以被公众查阅，媒体拥有采集庭审信息的很大权利。但即便如此，英美两国媒体可以从法庭采集的信息的范围仍然很不相同。英国媒体可以从法庭获知的信息相当有限，通常情况下，媒体能从法庭获得的信息仅限于刑事起诉书、庭审记录副本、被告人辩论概要、庭审中的证人陈述四类文件。而法庭档案中的其余文件和未在法庭出示的其他诉讼陈述，则不对公众开放。要想获得这类材料，公众和媒体必须向法庭提出申请。而依据英国法律，媒体很少能够通过合法权力得到这些材料。②

而美国媒体有权获得的文件远远多于他们的英国同行。宪法第一修正案的信息获知权在赋予媒体接近法院的权利的同时，也赋予媒体接近司法记录的权利。依照普通法，媒体也有权获知法庭记录、文件和在审判中提交的其他材料。而依据《信息自由法》，所有的诉讼文件（即使是间谍案）最终都要公开。因此，借助法庭档案查阅权，美国媒体有权从法庭采集的信息极其广泛，几乎所有的证据和司法记录都可以采集。③ 而"司法记录包括任何在司法程序进行过程中收集、制作、保存的信息和文件，如司法程序的日程安排、司法文件索引、登记、笔录、命令、裁决等"。④ 英国媒体费尽九牛二虎

---

① 由于上诉中的口头辩论并不适合新闻采访，尽管司法会议同意开放联邦巡回法院的审判程序，允许媒体对其进行电子采访，但这对新闻媒体来说几乎没有什么意义。正因如此，大多数联邦巡回法院事实上也没有向媒体开放审判程序。

② 怀效锋编：《法院与媒体》，法律出版社 2006 年版，第 346—348 页。

③ 但记者查阅有关文件的权利在下述两种情况时会受到限制：一是当法官认为反对查阅案件文件的利益高于要求接近者利益时；二是涉及商业秘密和个人隐私时。

④ Martha W.Steketee, Alan Carlson, "Developing Ccj/Cosca Guidelines for Public Access to Court Records:a National Project to Assist State Courts", National Center for State Courts, 2002.

之力尚难以取得的文件材料,美国媒体不费吹灰之力即可获得。不仅如此,一系列判例也为记者查阅法庭档案提供正面保护。如美国第九巡回法院判决的一起案件中,原审法院发出禁止公开政府提交的起诉汽车制造商的文件,媒体上诉至第九巡回法院。法院认为,既然审前程序公开,就没有理由把审前程序与关于它的文件区别对待,而这种文件对公众全面认识审判进程十分重要,从而否决了原审法院的禁令,肯认了媒体的司法文件接近权。

4. 报道内容限制的有无

对于媒体的刑事司法报道,究竟内容有无限制,英美两国也有天渊之别。美国推崇新闻自由,对媒体依合法渠道所获得的真实信息所做的报道异常宽容,在内容上不加丝毫限制。英国虽然传统上属于英美法系,但地处欧洲的地理位置和新闻自由在法律权利体系内的相对次要性,使英国的刑事司法报道呈现出立法规制为主的状态。为防止刑事司法报道对被追诉人人权和司法公正产生不利影响,立法以散见于各种法律的法条对媒体禁止报道和允许报道的事项作了详尽的规定,为媒体的刑事司法报道内容设置起诸多法定限制和边界。

(1)对青少年相关事项的报道限制的有无

基于未成年被追诉人特殊的生理和心理特点,为保障未成年被追诉人的权益并帮助其顺利地实现再社会化,法律对青少年的报道事项作了明确规定。第一,对犯罪所涉及的未成年人相关事项在刑事侦查阶段的报道限制。1999 年《青少年司法和刑事证据法》第 44 节第 2 款规定:"只要所定义的犯罪所涉及的任何人未满 18 周岁,如果相关公开行为可能导致公众认为其涉嫌相关犯罪,与该人有关的任何事项就都不应被包括在任何公开出版物中。"该法条把对青少年的报道限制适用于诉讼早期阶段——在迫近的或未决的刑事诉讼程序开始之前,即刑事侦查程序。究竟哪些事项媒体必须接受报道的限制,第 6 款规定了列举了一份囊括青少年姓名、地址、学校或者工作地点、各种照片等在内的涉及青少年身份事项的清单。对于处于诉讼早期阶段的未成年人的这些报道禁止,第44节的规定具有法律上的强制力,无须法院令即可对媒体构成约束力,涉及此类事项时新闻媒体必须谨慎守法。第44节第4款对"犯罪行为所涉及的任何人"这类对媒体报道限制的适用对象进行了明确的界定,规定这一术语既包括所宣称的、已经发生的犯罪的实施人员,也包括:(a)所宣称的、已经发生的犯罪所指向的人员,或者与之相关的人员;以及(b)与所宣称的犯罪有关的证人。通过这些法条,英国对犯罪所涉及的所有青少年,无论是青少年犯罪嫌疑人,还是青少年被害人、证人,均要求媒体遵守法定的报道限制。

第二,对犯罪所涉及的未成年人相关事项在刑事诉讼阶段的报道限制。刑事侦查阶段一经结束,法律对相关犯罪涉及的青少年报道的法定限制就停止适用。但这并不意味着媒体就可以不受限制地随意报道涉及青少年的此类案件。1999年《青少年司法和刑事证据法》第45节第3款随即对刑事诉讼程序开始后对未满18周岁的人所做的报道进行了限制。法条规定:"在此类诉讼程序期间,如果相关报道有可能导致公众认为未满18周岁的人与诉讼有关,法院可以发出指令,命令报道不得披露与该人所涉诉讼程序有关的任何事项。"[①]凡是侦查阶段的报道限制所针对的人员和事项同样适用于刑事诉讼阶段的报道限制。与侦查阶段的报道限制所不同的是,刑事诉讼阶段的报道限制不具有强制性,实践中以法院发出的法院令限制的范围为准,媒体在报道此类案件时必须遵守法院的指令。因而,法律的这一报道限制依法院的自由裁量而发生,当然也就可以依法院的裁量而取消。《青少年司法和刑事证据法》第45节第4节、第5节为此作出规定:在下列情况下,法院可以发布法院令,对该节所规定的限制性条款不予适用:(a)法院确信为了司法利益而有必要这样做;(b)法院确信,相关限制性措施对与诉讼程序有关的报道造成了实质性的和不合理的限制,而且为了各个利益需

---

① [英]萨利·斯皮尔伯利:《媒体法》,周文译,武汉大学出版社2004年版,第358—360页。

要解除或撤销此种限制。通过第 44 节和 45 节的规定,英国法律就未成年被告人的司法报道为媒体建立起了一脉相承的报道限制:无论是诉讼开始前的侦查阶段还是诉讼开始后的审判阶段,凡是可能导致青少年身份被识别的报道都应当受限制。而这正照应了《青少年司法管理最低标准规则》第 8 节的一贯精神,"为避免不当舆论或贴标签过程给青少年造成的伤害,在所有阶段都应当尊重青少年的隐私权。原则上,所有可能表明某青少年犯罪者身份的信息材料都不能出版发行。"这与美国对媒体报道类似案件的青少年身份事项毫无限制的现状形成鲜明对比。

(2)特定类型刑事案件的报道限制的有无

除去对犯罪涉及的青少年的报道所作限制之外,英国法还对特定刑事案件可以报道的事项作了全面的规定,而这些也是高度注重新闻自由的美国所没有的。这些报道事项的限制集中在以下两个方面:

第一,对可诉罪案件报道内容的限制。1980 年《英国治安法院法》第 8 节第 4 款规定,除非解除限制,对于可诉罪预审程序的媒体报道只限于预审法院名称和法官姓名;当事人和证人姓名、年龄、职业和住址;被控罪名或内容摘要;辩护律师姓名;移交审判的决定及其他处理方式;被告所受的指控;休庭日期和地点;保释安排;是否授予被告人法律援助等九项内容。2003 年《刑事司法法》再次对预审听证的报道限制做了修正,将对分配或者移送案件可以报道的事项缩减为以下八项:法院性质与法官姓名;被告人姓名、年龄、职业和家庭住址;与被控犯罪相关的商业信息;被控罪名;辩护律师和事务律师姓名;诉讼中止后开庭的日期和地点;保释安排;是否给予被告人法律援助。[①] 两部法律的前后对比可见,英国对预审程序的报道限制呈严格化的趋势,媒体可以报道的事项越来越少。违反上述报道事项限制的规定,媒体将受到藐视法庭罪的惩罚。

---

① 孙长永等:《英国 2003 年〈刑事审判法〉及其释义》,法律出版社 2005 年版,第 268 页。

除去对预审程序的报道限制外,英国法还针对审前听证、驳回起诉、检方上诉、治安法院的认罪程序的司法报道做了法定的报道限制。[①] 如 1996年《刑事审判程序与调查法令》第 39—41 条就规定:王室法院法官就证据的采信或案件的相关法律问题有权进行审前听证并作出裁决;凡是涉及此类审前听证程序的任何事项,均禁止媒体进行报道。而且,被告人申请驳回检方起诉或刑事自诉人起诉但均未获得王室法院支持的案件、对治安法院的认罪程序和其他类似程序、对检方针对各种判决提起的上诉,2003 年《刑事司法法》和 1980 年《治安法院组织法》也都明确禁止对此类案件内容进行报道,并且此四类案件的报道限制令的法律效力持续于该案审理阶段,直至案件审结才会自动失效。但在后三种情形下,法律也为媒体设置了网开一面的通道,允许媒体在任何情形下均可以报道 2003 年《刑事司法法》第41 条所规定的八项特定信息;同时允许法官对被告人的申请进行审查,在确认解除案件报道限制更符合司法利益时赋权给法官提前解除报道限制。可见,英国法对媒体刑事司法报道的限制详细而严密,远甚于美国。

第二,对性犯罪案件报道事项的限制。1991 年《犯罪量刑法》第 53 节规定:被指控犯有性犯罪的人若请求刑事法院驳回治安法官的移送时,媒体的报道范围就只能限于 8 项内容。[②] 这八项内容和 2003 年《刑事司法法》对预审听证的报道限制基本相同,唯一的差异在于,"与被控犯罪相关的商业信息"被替换成了"报道限制是否取消"。1976 年《性犯罪法》第 4 条第 1款第 2 项规定,禁止媒体在审判过程中发表或播放可能识别出受害妇女身份的任何材料。1992 年《性犯罪法》将对性侵案件受害人身份信息的保护从审判阶段扩及为一生,规定性侵案件的受害人身份信息终生不得披露,对此法定限制,只有在法官依法取消的情况下,媒体才可以报道这类信息。但

---

① 英国司法研究委员会、英国报业协会等:《英国刑事法院案件报道指南 2009》,林娜译,《人民法院报》2013 年 11 月 29 日。

② 卞建林、焦洪昌等:《传媒与司法》,中国人民公安大学出版社 2006 年版,第 157 页。

基于各种因素考虑,《性犯罪法》第4条第5款第1项对性犯罪受害人信息的报道为媒体规定三种例外,认定"法官在以下三种情况可以取消限制:(a)为促使己方证人出庭作证或者为防止自己受到限制报道引发的实质性偏见的影响,被告在审前提出解除报道限制请求的;(b)审判进行中为公共利益而取消对报道的限制;(c)15周岁以上的受害妇女书面放弃隐名利益"。

(三)英美刑事司法报道规制差异的成因

尽管英美两国因同属于普通法系,而在刑事司法报道规制机制上呈现出较多的共同特征,但深入规制体系内部就可以发现,两国在规制对象的侧重点、救济性措施的实施、媒体信息采集手段和范围、报道内容限制以及藐视法庭罪的适用比率上都存在明显的差异。从整体上看,美国对媒体的刑事司法报道呈现出更大的宽容,重在对媒体的报道做事后的司法自救以消除倾向性报道的影响,忽视对媒体的责任追究,而英国则对媒体刑事司法报道宽容度较小,刑事司法报道的规制重在对媒体进行事后的刑事制裁,相对忽视如何消除倾向性报道的影响。有英国学者如此讽刺性地概括二者的差异:"美国方法就像对司机说:'在驾车之前,你可以尽情地喝酒,驾车时可以想开多快就开多快,想开得怎么糟糕就开得怎么糟糕,因为,我们有大量优秀的医生和护士正等在路边随时恭候医治你所撞翻的所有人。'而英国方法就像是:在我们挥舞着酒精测试仪和机动车交通犯罪手册追究肇事司机责任时,将事故受害人留在路上流血至死。"[1]那么,究竟是什么因素导致"同出一源"的两国产生如此巨大的差异呢?

1. 宪法精神的不同

宪法是国家的根本大法,蕴含于宪法内部的宪法精神从来都是具体法

---

① Winter,"OJ and Dingo:How Media Publicity Relating to Criminal Cases Tried by Jury is Dealt with in Austrialia and America",45 Am.J.Comp.L.109(1997),p.133.

律制度得以建构的潜在依据。在美国,蕴藏于宪法第一修正案内部的言论自由不能被预先限制和事后惩罚的精神,致使美国刑事司法报道规制体现出主要由法院诉诸司法程序的方法来对刑事司法报道进行程序自救的特点。言论自由不能被预先限制,但却可以事后惩罚的英国精神,则使英国刑事司法报道规制体现出偏重"后果挽救"的特点。宪法精神的不同是导致两国刑事司法报道规制重大差异的重要因素。

在美国,1791 年宪法第一修正案规定:"国会不得制定法律……剥夺言论自由或出版自由。"虽然第一修正案只为防止国会剥夺公众言论自由而设,但三权分立的政府、执法和司法机构均有责任实施法律,且其权力也都限于宪法和立法委托的授权范围,因而第一修正案也被普遍认为针对整个联邦政府。而经过联邦最高法院 1925 年判决,第一修正案借助第十四修正案而适用于各州。因此,宪法第一修正案"禁止剥夺新闻自由"的规定及于联邦、各州政府及所有分支,这一条款成为保护新闻界免受联邦、各州政府及所有分支机构干扰的强大盾牌。既然宪法第一修正案明文禁止政府剥夺言论自由,新闻自由免受国会、行政机构和司法部门的事前限制的精神就是第一修正案的内在之义。对国会和行政机构而言,当然就是要求不得以法律、法规、规章、命令的形式对言论的发表进行事前的限制;对司法部门即法院而言,当然就是不得以禁口令的形式限制媒体报道。新闻自由免受事前限制这一宪法内在精神,在 20 世纪 30 年代以来联邦最高法院的一系列判决中得以体现。1931 年"尼尔诉明尼苏达州案"是新闻自由条款得以确立的一个里程碑式的案件。在此案中,《星期六新闻报》被法院根据明尼苏达州一部将"恶意、造谣中伤或污蔑性的"刊物作为公害予以禁止的法律关闭。首席大法官查理斯·埃文斯·休斯申明:除非在战时紧急情况下,任何政府都不得对报纸的宪法权利加以限制。1971 年"纽约时报诉合众国案"(即五角大楼文件案),是新闻自由免受事前限制精神的最富有戏剧性的经典案例。在刑事司法报道领域,向媒体发布禁令,限制媒体对案件进行报道和评论,显然与"言论自由不得被事前限制"的宪法精神背道而驰。

与此同时,"言论自由不得被事前限制"的宪法第一修正案精神也蕴含着另一层不言而喻的含义:既然新闻界可以不受事前限制而自由地报道刑事司法,那么由此而来的就是新闻界也不得因其新闻报道而受到刑事责任的追究。在美国,追究新闻报道侵犯司法独立和被追诉人公正审判权的刑事责任依靠的是藐视法庭罪。但通过前文对藐视法庭罪演化的探索,很显然,藐视法庭罪用之于对新闻界的报道制裁,正呈现出衰减的态势。尽管法律并没有取消藐视法庭罪这一刑事制裁手段,但藐视法庭罪的适用却一直受到联邦最高法院的严密监控:联邦最高法院自1941年以来就坚决不允许以藐视法庭罪惩治媒体的报道行为。正是由于"言论自由免受事前限制和事后制裁"的宪法第一修正案精神的存在,美国刑事司法报道规制才采用了主要依靠法院通过完善自身程序的方法来消除倾向性报道的影响,而对事前限制和事后惩戒的方法不太注重。

在英国,新闻事业的成长经历了很长时间才获得新闻自由。1689年英国《权利法案》通过时新闻事业尚未独立,因而《权利法案》并没有提到新闻事业。但英国随后的一系列宪法性法律、法令或判例中却蕴含着英国禁止事前限制和强调事后制裁的宪法精神。在历史上,英国曾采用三项法律手段来限制公共讨论:"假想叛国"、出版审查和煽动诽谤罪。由于,"假想叛国"处罚严重,因而很少实施,基本上属于名存实亡;而出版审查——即对言论的事前限制——由于光荣革命的成功而被逐渐放宽,到19世纪前半叶就被彻底废除;只有煽动诽谤罪——在言论发表后进行事后追究的一种手段——还延续至今。因而,新闻自由乃是不受事前限制的自由,但新闻界却要为自己的报道行为承担事后的责任甚至是刑事责任,根深蒂固地存在于英国人的宪政理念里。著名学者布莱克斯通在1765年其巨著《英国法释义》中这样总结英国对言论自由免受事前限制但受事后制裁的宪法精神:"出版自由诚然为一个自由国家所不可少的特征,但其意义是指政府对于言论出版,不做事前限制,而不是说违法的言论出版,于事后可以有不负责任的自由。一个自由人对于其所喜欢的意见,固然有权利将其透过言论与出版公之于众,而不受非法的禁止或破坏。但是假使其言论与出版失当、有害或非法,则其出版之后,经公平无私的审判而予以惩罚,不仅为维护和平与善良秩序,以及政府与宗教所必需,亦且为人民自由金汤永固的惟一基础。"①相隔一个世纪后,宪法学家戴雪再次重申了这一宪法精神:"我们的现行法律允许任何人随心所欲地谈论、写作或出版;但如果他滥用了这项自由,他就必须接受惩罚。如果他不正当地攻击个人,诽谤的受害者就可以诉说赔偿……对其行为而言,诽谤者自己的诚实信念或良好意愿并非有效的法律辩护。每个人都有权发表公正和坦率的批评。但'批评者必须把自己限于批评,而非使之成为非难个人的面纱;他也不得仅出于对行使谴责权力的热爱,使自己陷于鲁莽和不公正的攻击'……尽管确实的言论可以为指控辩护,如果发表的言论损害了个人而并未带来公众利益,那么即使言论完全属实,发表言论的个人仍然可受到刑事处罚。"②可见,反对事前限制和重视事后制裁的宪法精神一脉相承地存续于英国人的内心深处,正是这一宪法精神的存在,才使英国刑事司法报道规制采用了侧重对媒体报道的事后刑事制裁的立法方法。

2. 法律价值观的差异

法律价值观的差异是造成两国刑事司法报道规制机制不同的又一重要因素。在美国,正如著名法官布莱克所言:"新闻自由和公正审判是我们文明中最值得珍视的两个原则,实在是难以抉择。"③但即便如此,当面临新闻自由与公正审判的直接冲突时,司法实践还是做出了选择:新闻自由优于公正审判,公正审判在绝大多数情况下都让位于新闻自由。而在英国,由于新

---

① 荆知仁:《美国宪法与宪政》,三民书局 1984 年版,第 158 页。
② 张千帆:《西方宪政体系》(上册),中国政法大学出版社 2004 年版,第 450 页。
③ Bridges v.California,314 U.S.252(1941).

闻自由从未在宪法上确立,公正审判优于新闻自由乃是英国一贯的价值取向。价值观的差异导致英美两国的刑事司法报道规制机制各有不同。

在美国,"新闻自由与公正审判的冲突并不是一个新问题,它持续地呈现于美国法律史的整个过程。"①尽管新闻自由和公正审判同是宪法所明确规定的权利,但是究竟孰优孰劣,宪法并未明确规定。"权利法案的起草者从未试图在第一修正案和第六修正案之间作出谁更为优先的规定。"②但自1807年叛国案以来公众和媒体的信息获知权以牺牲被告人公正审判权为代价不断扩展的司法实践,促使这样一种看法在司法界逐步形成:"第一修正案的表达方式是绝对的,——言论自由不可限制。相比其他公民权利,言论自由享有一种优先的地位"③。在面临新闻自由与公正审判冲突的个案中,新闻自由优先于公正审判成为一种占绝对优势的法律价值观。尽管在美国历史上不乏重视保护被告人公正审判权的案件,如在1965年的埃斯蒂斯案,最高法院首席大法官克拉克就认为,"尽管宪法给予新闻界最大的自由以满足其履行在一个民主社会中传播信息的功能,但是这一自由的行使必须服从于司法程序中绝对公平的需要"④。但这样的审判理念和案件处理结果仅仅是美国处理新闻自由与公正审判的冲突中很小的一部分。自1976年开始,判例就朝有利于新闻自由的方向发展。1976年的内布拉斯加新闻协会案,联邦最高法院赞同媒体出版或广播与被告人有罪供述有关的信息;1981年钱德勒案允许媒体进入各州法庭进行电子采访;1982年全球新闻报案,联邦最高法院认定,规定允许在性暴力案件的少数民族被害人作证期间封闭刑事法庭的马萨诸塞州法典因侵犯媒体依据第一修正案的信息获知权而违宪,确立媒体享有参加刑事审判的第一修正案宪法权利;1984

---

① JM.R.Truth,"Justice and the Media:an Anaysis of the Public Criminal Trail",6 Seton Hall Const.L.J.1083(1996),p.1085.

② Nebraska Press Association v.Stuart,427U.S.539(1976).

③ Beauharnais v.Illinois ,343U.S.250(1952).

④ Estes v.Texas,38lU.5.532(1965).

年的传媒企业 I 案,法院允许媒体接近陪审员预先甄选程序;1986 年传媒企业 II 案将媒体的信息获知权扩展到包括预审听证在内的所有审前程序。这一系列判决反映出新闻自由优先于公正审判的法律价值观已深深根植于美国的司法实践,指导着司法界在面临新闻自由与公正审判冲突时的行为选择。而强调保护被告人公正审判权的案例自 1976 年到现在,只有 1990 年的美国诉 Noeiega 案一例。法官在此案中强调:"当新闻自由权事实上侵犯第六修正案权利时,前者必须服从于后者。"①但这样的案例在当下处理新闻自由与公正审判冲突的实践中可谓微不足道、少之又少。正是这样一种重视新闻自由甚于公正审判的价值观,才使得美国刑事司法报道规制机制倾向于不对媒体获取未决信息和发表已有信息进行事先限制,而主要是通过约束诉讼参与人和完善司法程序等措施来应对媒体倾向性报道对公正审判的侵害。

在英国,公正审判的权利在宪法上具有无可比拟的优越性。面对新闻自由与公正审判的冲突,优先保障公正审判是英国法律价值观的精义所在。一位英国法官这样评价公正审判权的优越性,"公正审判权……是我所能想象到的最接近绝对权的一种权利"。新闻界尽管享有报道自由,但"一旦进入诉讼程序,新闻自由就要让位于公正审判权"②。"一般说来,与媒体的诉求相比较,法律赋予公正审判以首要的重要性。"③正是这样一种给予公正审判以第一位的重视,而相对忽视新闻自由的法律价值观,刑事司法报道规制机制上英国才呈现出不同于美国的特点:刑事司法报道规制更多的是从规制媒体的角度入手,侧重从预防和制裁的角度规范媒体的刑事司法报道行为,而不像美国更多的是对法官、检察官、辩护律师等法庭人员进行约束。

3. 刑事审判的区别

尽管美国是英国宗教革命时期从英国这个母体甩出的"碎块",与英国

---

① U.S.v Norigea,917 F.2d 1543(1990).

② (1998)Q.B.575.

③ Michel Chesterman,"OJ and the Dingo:How Media Publicity Relating to Criminal Cases Tried by Jury is Dealt With in Australia and America",45 Am.J.Comp.L.109(1997),p.117.

具有相同的文化渊源和制度基础,但随着时间的流逝和环境的衍变,美国的刑事审判制度形成了有别于英国的独有特征。这些迥然有异的刑事审判制度,正是英美两国刑事司法报道规制机制呈现上述差异的重要制度根源。"它们之间细节上的差异是如此之大,以至于如果辛普森案件在英国审判,美国人可能会认为这是一个完全不同法律制度下的审判"①,案件的审判结果也可能因此而截然不同。

(1)法官总结和评论证据权的不同

由于英美法系的法官在退庭后不得与陪审团共同评议案件,为了帮助作为门外汉的陪审员准确地认定案件事实和适用法律,英美刑事诉讼在庭审结束之后都有一个陪审团指示程序,由法官对陪审团作出裁决进行指示,但两国法官指示陪审团的权力存在重大的差异。在美国,法官对陪审团的总结指示通常只限于案件中的法律问题(如被告人被控犯罪的构成要件、检察官的举证责任及证明标准、案件的争论点及可能适用的法律、陪审团的职责和义务以及评议规则、确切的法律术语解释等等),法官不得在陪审团面前评价证据的分量或证人的可靠性,但允许进行证据总结和评论的联邦系统和部分州除外。法官总结和评论证据权的反对者认为,即便没有这一权力法官依然可以公正而有效地主持审判;而法官若拥有这一权力,就会损害陪审团独立裁判的权利;更何况,法官的身份容易使他总结和评论证据时下意识地偏向于控方,而使被告人无法获得公正的审判。② 另外,法官总结和评论证据权的支持者也认识到法官总结和评价证据的潜在危害,而要求法官在就证据问题指示陪审团时必须保持客观中立,不得向陪审团传达有关可信性和实体问题等纯属个人的观点,以防止陪审团受到法官意见的干

---

① 　J.R.Spencer,"Justice English Style",in John J Sullivan and Joseph L.Victor.*Criminal Justice* 96/97,Brown & Benchmark Publisher,1996,p.126.

② 　Michael Pinard,"Limitations on Justice Activism in Criminal Trials",33 Cone.L.Rev.243 (2000),pp.254-255.

扰。正因如此,无论是拥有该权利的联邦法官还是州法官在实践中都很少使用这一权利,因而,在美国,"法官评论证据只是一种反常现象"①。由于法官不对事实和证据问题向陪审团做具体的指示,只需就相关的法律做出准确的指示即可,美国的法官对陪审团的指示所花费的时间往往非常短暂,半小时就已足够。② 因而,陪审团在完成证据评价这个艰难任务时就鲜少从法官处得到帮助。实践中,美国的陪审团比起其英国同行就更容易受到媒体刑事司法报道的影响,所以,刑事司法报道规制就主要围绕控制陪审团免受媒体倾向性报道影响而建构,着眼于依赖司法程序防范和消除倾向性报道的影响,而对于限制媒体的信息采集和发表能力和事后惩戒就不太关注。

而与之不同的是,英国法官对陪审团的指示权非常强大,法官不仅有权就适用法律指示陪审团,还有义务总结和评论庭审中的证据,帮助陪审团作出事实认定。就法律和事实两个方面为陪审团提供帮助,既是法官的权利又是法官的义务。"尽管事实问题属于陪审团而不是法官,但法官处理证据的证明力和相关性问题上的丰富经验,使法官有能力就事实认定为陪审团提供帮助"③。在理论上,当有必要澄清被忽视、控辩双方有争议的观点或要排除无关的事由及驳回请求时,法官可以介入,并在保证以全面、有效的方式将证据出示给陪审团,指示陪审团从特定的原始事实中得出推论上有重要作用。但法官所做的指示对陪审团的作用只在于仅供参考,对案件事实的最终裁判仍然要由陪审团独立作出,法官不得借行使证据的总结和评论权而对陪审团进行干预。因而,英国法素来要求法官必须保证其总结和评论公正无偏,既不倾向控诉方,又不折损辩护方:法官不得将法官总结

---

① Marvin E. Frankel, "The Search for Truth: an Umpireal View", 123 U. Pa. L. Re V. 1031 (1975), p. 1042.

② 宋冰:《在美国旁听陪审团审判》,见 http://www.360doc.com/content/10/0409/22/480556_22318042.shtml.

③ Paul Roberts, Adrian Zuckerman, *Criminal Evidence*, Oxford University Press, 2004, p. 78.

变成"在法官席上的第二次指控"①，否则上诉法院有权撤销有罪判决；法官也不得反复地批评辩方的主张。因为，"无论犯罪有多么令人厌恶，无论被指控者的面目多么可憎，无论辩护有多滑稽可笑，他（被告人）都有让律师和法官公平地展示他的案件的权利。"②正是因为法官在对陪审团的指示上拥有较大的权利，既能对法律的适用进行总结，又能对案件的证据和事实问题向陪审员做评论，陪审团能够从法官的总结和评论中获得案件裁判的有力指导，因而，司法实践中陪审团受媒体报道影响的可能性就相对较小。相应地，英国刑事司法报道规制就主要围绕对媒体采集和发表信息的能力限制和事后的惩戒而建构，而对如何防范陪审团受到倾向性报道的影响以及影响产生后如何从司法程序上尽可能消除就不太关注。

（2）陪审团的职责和采用率的不同

第一，陪审团审判的采用率不同。

陪审团审判制度是英美最重要的制度之一，被盛赞为"自由的守护神"。可以说，整个英美刑事诉讼和证据制度都是为陪审团审判而建，陪审团审判因而被誉为英美刑事诉讼和证据制度的三大支柱之一。但是由于陪审团审判在 20 世纪以来在英美适用比率的变化，导致了因此而围绕其建构的两国刑事司法报道规制机制呈现出很不相同的面貌。在英国，1999 年的统计数据显示陪审团审判近些年来正在逐渐减少，目前在刑事法院审理的案件中只有很小一部分采用陪审团审判。在全部刑事案件中，超过 95% 的案件在没有陪审团的治安法院审理③，而在刑事法院审理的案件中又有 60% 因被告人做有罪答辩而没有组成陪审团④。陪审团在刑事案件中的适

---

① D.Wolchover，"Should Judges Sum up on the Fact?"(1989)Crim.LR781，p.791.

② ［英］约翰·斯普莱克：《英国刑事诉讼程序》，徐美君等译，中国人民大学出版社 2006 年版，第 349 页。

③ Darbyshire，"Raising Concerns about Magistrates' Clerks'"，in S. Doran and J. Jackson (eds.)，*the Judicial Role in Criminal Proceedings*，Oxford：hart，2000，p.52.

④ Judical Statistics for 1999，Cm4786(2000).

用呈现出急剧衰减的态势,与此相对应,既然适用陪审团审判的案件越来越少,法律就不可能花费更多的精力来调控如何从司法程序自救的角度来让陪审团免受倾向性报道的污染。而在美国,尽管陪审团审判的刑事案件数也在下降,但这并没有撼动陪审团审判在整个法律体系中的地位。统计数据表明,在美国,由陪审团审理的刑事案件在进入审判的刑事案件中的比例仍然高达60%①。与陪审团审判使用的高频率相对应,为了确保如此众多的案件中的陪审团公正断案,国家有必要立足于司法的角度对媒体报道进行规制,相应地,美国刑事司法报道规制机制就比英国更注重司法报道的程序自救,从司法程序的角度尽可能消减倾向性报道对陪审团的影响,程序性救济措施也就更为完善和发达。

第二,陪审团职责的差异。

二分式的法庭构造是英美刑事诉讼的重要支柱之一。在英美,职业法官和陪审团共同分享着裁判权,但两者之间有着明确的职责分工:法官主要解决法律适用问题,陪审团则负责事实认定问题。但这种对法官与陪审团各自角色的表述常被归之于简单化并容易使人误入歧途。事实上,英美两国法官与陪审团的职责并不完全如此泾渭分明。在英国,法律适用问题确实只归属于法官,但事实认定却不完全归属于陪审团。依据英国刑事诉讼法律的规定,刑事法官除了拥有监督起诉程序、处理答辩、审核诉辩交易、保护证人和陪审员、裁量证据可采性、监督主询问和反询问程序、量刑等职权之外,对案件中所有证据进行总结归纳也是刑事法官最重要的工作。因而,法官和陪审团在一定程度上共享着对事实问题的认定权。而美国则恰好相反,法官非但不能像其英国同行那样分享陪审团的事实认定权,甚至连自己的法律适用权也不能专享。陪审团不仅拥有其英国同行所没有的完整的案件事实认定权,而且还拥有其英国同行所没有的部分法律适用权——谋杀

---

① Brian J .Ostom, Neal B .Kauder, *Examing the Work of State Courts : a National Perspective from the Court Statisics Project*, New York : National Center for State Courts , 1996, p.30.

案中的陪审团负有裁决是否应科处死刑的任务①。死刑是最严厉的刑罚，判处死刑属于法律适用的范畴，原则上应当归属于法官，但由于死刑是对被告人最严厉的处罚，基于对被告人生命权的尊重和死刑慎用的考虑，更是基于对政府影响公民重大权利的行为的不信任，美国将死刑问题的裁量权赋予陪审团。数据表明，陪审团负责谋杀案的死刑量刑直接导致美国近年来死刑适用的直线下降，全美拥有死刑条款的 16 个管辖区，在 1977 年至 1991 年的 14 年内执行死刑的囚犯总人数仅仅 157 人，1991 年执行死刑人数仅14 人。② 鉴于陪审团掌握着如此重大的权力而又不谙熟法律，着重控制陪审团以防范其受制于外界舆论、保障其公正审判就成为美国刑事司法报道规制的特色。而与此相对应，英国的陪审团由于与法官共享着事实的认定权，也不握有有关被告人生死的死刑量刑大权，因而受媒体报道影响的可能性较小，所以英国对陪审团进行控制的措施也就相应地不如美国发达。

（3）陪审员匿名制度的不同

陪审员是否匿名也是造成两国刑事司法报道规制不同的重要因素。在英国，媒体对刑事案件的报道通常限于陪审团在法庭上看到和听到的内容。正如宪法学家戴雪所言："在英国的讨论自由，只不过是书写或谈论任何由12 位平民所组成的陪审团认为可以说写的权利。……两个世纪以来，英国政府和媒介之间的关系，可用'法治'或'法律至上'的特征来描绘，并且仅因为法治——而非任何有利于自由讨论的英国法律，媒介——尤其是报社——才实际上享有大陆国家在近年来才有所闻的自由。"③因此，英国法律规定陪审团的组成应当保密。事实上，陪审团一旦组成，媒体在审判期间

---

① Michel Chesterman, "OJ and the Dingo: How Media Publicity Relating to Criminal Cases Tried by Jury is Dealt With in Australia and America", 45 Am.J.Comp.L.109(1997) ,p.114.

② Kathleen Maguire, Ann L.Pastore, and Tiothy J.Flanagan, *Sourcebook of Criminal Justice Statistics*, Washington D.C.: U.S.Government Printing Office, 1992, p.678.

③ ［英］戴雪:《英宪精义》,雷兵南译,中国法制出版社 2001 年版,第 285 页。

以及审判结束之后就不再关注单个的陪审员。由于媒体报道仅限于陪审团在场情况下所看到和听到的内容,也就不存在陪审员受媒体庭外报道或评论影响的担心。裁决作出后,被告人也很少感觉媒体对陪审团造成了偏见而影响或损害了审判的公正。因此,英国没有美国式的陪审团隔离和陪审团召集令的变更之类的措施。而在美国,由于实行彻底的审判公开,媒体不仅有权接近审判程序,对于包括陪审员预先甄选程序在内的所有审前程序同样有权接近,因此,美国并不实行英国式的陪审员匿名制度,陪审员信息向媒体开放。1984年传媒企业 I 案确立了陪审员预先甄选程序向公众和媒体开放的先例。在此案中,法院裁定,如果法官发现陪审员有重要的隐私利益,法官应当:(a)免除陪审员的陪审义务;(b)关闭甄选程序,但应在合理的时间内使得媒体能够获得法庭的抄本;(c)通过密封为保护陪审员免受尴尬而必需的抄本的相应部分而保留陪审员的姓名。而第三种办法显然是极其例外的情况。因此,即便是闭庭,媒体仍有权通过法庭抄本而获知陪审员身份。1986年传媒企业 II 案将封闭审前程序的条件严格化,陪审员身份应当公开这一制度也随之而强化。在1986年的杂志出版公司诉 Mechem 案中,联邦第十巡回法院裁定,在判决作出之后媒体仍然有权搜索陪审员以找出其判决背后的推理,在媒体致力于"追寻故事"而使先前的陪审员陷入尴尬境遇时,法庭应当在允许媒体联系已解散陪审员的同时,告知陪审员他们不必与媒体讨论与案件有关的任何事情或他们的陪审工作,以此方式来平衡处于危险中的利益(第一修正案的新闻自由权和陪审员的隐私权)。①密歇根州上诉法院在1999年判决的一起案件中认为:新闻媒体对陪审员的姓名与地址享有有条件的知情权,但法院有权对披露的方式与时间加以适当的限制,且在有必要关注陪审员的人身安全时可以拒绝披露,而单单是陪

---

① M arc O. Litt, "' Citizen—Soldiers' or Anonymous Justice: Reconciling the Sixth Amendment Right of the Accused, the First Amendment Right of the Media and the Privacy Right of Jurors", 25 Colum.J.L.& Soc.Probs.371(1992), p.391.

审员的隐私关注不足以禁止披露。这一系列判决牢固地树立起审前、审时和审后陪审员身份应当公开的坚定制度。既然陪审员身份理应公开，陪审员就被置于刑事司法报道的风口浪尖而很容易受媒体报道的影响，被告人公正审判权受侵犯的可能性就大大增加。一份研究结果表明，在美国，媒体报道的辩护律师声称其委托人因负面报道而未能得到公正审判的案例平均每年有 300 多例，而考虑到人口差异后，这样的宣称在澳大利亚和英国则明显少得多。[①] 为了保证司法公正，美国要围绕陪审团而控制刑事司法报道就是顺理成章的事，隔离陪审团、变更陪审团召集令、改变审判地点等程序性救济措施也就相应非常发达。

二、大陆法系刑事司法报道规制

大陆法系国家（地区）是成文法国家（地区）。悠久的制定法传统使得国家对刑事司法报道的规制也体现出偏重立法规制的特点，司法缺乏对刑事司法报道进行规制的权力和动力。因而，德国、法国、日本以及中国台湾地区等传统的大陆法系国家或地区，都选择在立法上对刑事司法报道进行规制。

（一）德国刑事司法报道规制

像美国一样，德国也存在新闻自由与公正审判的冲突平衡问题。但不同于美国宪法的"单向约束"，"双向约束"是德国处理新闻自由与公正审判的基本准则。德国虽然重视对言论与新闻自由的保障，但又认为言论与新闻自由并非绝对，还可能和同样受基本法保护的其他价值发生冲突。因而新闻机构必须尊重他人和普通公众的法律权益，必要时必须接受相应的限

---

① Winter,"OJ and Dingo:How Media Publicity Relating to Criminal Cases Ttried by Jury is Dealt with in Austrialia and America",45 Am.J.Comp.L.109(1997),p.131.

制。德国基本法第 5 条规定:"[1]每个人都有权在言论、文字和图像中自由表达和传播其见解,并可从通常可获得的来源中获取信息。通过广播和摄像的出版自由和报道自由必须受到保障,并禁止审查。[2]根据普遍法律条款、为保护青年的法律条款及尊重个人荣誉之权利,上述权利可受到限制。"这种"双向约束型"或称"权利与义务法案"的宪法,将保障自由的权利与限制自由的义务并列,认定新闻自由不是绝对的权利,国家可以制定相应的法律来对媒体的报道行为进行限制。因而,只有法律才能对刑事司法报道进行限制,德国的刑事司法报道规制相应地呈现出立法规制为主的特点。

1. 立法规制

在大陆法系的德国,新闻自由被列入人民意见自由中的一环,新闻界所享有的自由远不止仅仅是报道已发生或将发生事件的自由,对于要报道的事件也有"评价之自由"。因此,对诉讼的案件,媒体享有就案件事实、法律适用、诉讼程序、法理争议发表意见的广泛自由,但这并不意味着媒体可以不受任何规制。相反,媒体的刑事司法报道需要受到来自新闻法、法院组织法、少年法庭法、刑事诉讼法共同的规制。

(1)报道内容限制

德国在法律上对媒体可以报道的事项作了明确的规定:第一,不公开审理的案件和诉讼环节禁止媒体介入。公开审判自 19 世纪以来就被视为是德国刑事诉讼的核心。尽管并未明确规定于德国刑事诉讼法中,但却为德国法院组织法所确认。德国法院组织法第 169 条第 1 段即明文宣示:审判应当公开,允许以言辞或书面形式对审判程序加以报道和散布。但公开审理并不意味着所有案件一律公开审判,媒体的报道毫无限制。法律规定,涉及国家机密的案件、不满 16 岁的未成年人犯罪案件和涉及个人名誉或隐私的刑事案件,属于不公开审理的案件范围。对此四类案件,媒体不得报道。除此之外,法院组织法第 171、172 条还基于某些特殊考虑,规定可以封闭公开审理的案件的某些庭审环节,禁止公众和记者参与。对不公开审理的案件类型和环节作明文规定的这种做法,与英美两国不具体规定,是否闭庭完全由司法实践自由裁量形成鲜明对照。第二,对指控文书报道的限制。为防止媒体报道影响司法,德国禁止侦诉机关在公审前"将调查文件、或警察人员或检察机关所完成的侦查报告或起诉书状的影印本交予媒体传播界,而予其得以影响审判的机会"。① 德国刑法第 353 条 d 款为此将违反此禁令的行为规定为犯罪,并处之以刑罚:"有下列行为之一者,处一年以下有期徒刑或罚金:一、违反法令,将禁止对外公开之审判过程或将涉及案件内容之公文公布于众。二、违反法院依法公布之保密义务,未经许可将其从不公开之审判过程或涉及案件内容之公文中获知之事实公布于众。三、将刑事诉讼、罚缓诉讼或惩戒诉讼之起诉书或其他公文,在其未公开审判或在诉讼程序终结前公布于众。"1985 年的"罪行指控报道案"在宪法上肯定了刑法法典的这一合宪性。② 第三,对被追诉人身份信息报道的限制。德国对被追诉人姓名实行严格的匿名报道:在刑事判决作出之前,"对指出姓名之报道、描绘、或其他对于人别身份有辨识性之提示,均不应被允许。即使媒体报道之目的在于犯行追缉,此亦不在允许之列。……只有在当今社会上极具重要影响之案件中,才能对有关形象艺术、摄影学方面之著作权法第二十三条第一项第一段之规定加以类推适用,而允许有匿名原则之例外存在。"③对于被追诉人的姓名,只有在法院刑事判决宣告其有罪后媒体才能报道。而未成年罪犯和轻微犯罪的罪犯的姓名,则基于保护其重返社会的利益考虑,仍是媒体的报道禁区。

(2)"拒绝资讯制度"限制媒体信息采集能力

在德国,新闻媒体根据基本法对社会生活中的各类事件拥有报道和评

---

① ［德］克劳思·罗科信:《刑事诉讼法》,吴立琪译,法律出版社 2003 年版,第 59 页。

② 71 BverfGE 206.

③ 傅美惠:《论侦查不公开与无罪推定》,《刑事法杂志》2006 年第 2 期。

论的权利和自由,各政府机关因此负有义务向媒体提供相关资讯、帮助其履行公共任务之责。但为防范媒体报道影响行政、司法机关作出判断,德国各邦新闻法都不约而同赋予包括司法机关在内的各政府机关"拒绝资讯权",准予其在"未定程序"中拒绝向新闻媒体提供资讯。如各邦新闻法第 4 条均规定:"邦任何机构均有义务向新闻机构提供相关资讯以满足其履行公共任务所需资讯。但若提供资讯会给现行的未定程序造成加快、困难、迟误或危害,或有违保密规定,将造成重大公益或值得保护的私人利益被侵犯,或提供资讯已超过必要的限度时,不在此限。"[1]而"未定的程序"则广泛地扩及于法院的审判程序、检察院和警察局的侦查程序。因而,媒体可以自寻管道以获取关于刑事司法的种种信息,但"拒绝资讯制度"却限制了媒体从官方采集信息的能力。

(3)"新闻发言人制度"规范司法官员言论

在德国,为配合各邦司法部新闻处的新闻发布工作,各邦均在检察院和法院设立相应的新闻发言人,分别统一负责起诉之前、程序终结之后和审判期间的新闻发布。法律由此禁止案件的承办法官或检察官自行向外发布信息,要求如若情况紧急需要直接向外发布信息时必须获得司法机关领导人批准。不仅如此,法律还对新闻发言人发布信息的时间和内容予以限制性规定,要求"有关法院或检察院的裁决的信息发布,于裁决业已宣告或者可认定其业已送达当事人或业已以其他方式公开时始得为之"。对于向新闻界发布的信息范围,法律要求新闻发言人以尊重案件当事人正当权益为原则来确定信息的发布,禁止公布可能有违有关保守秘密及人格保护的规定、可能有损更为重要的公共利益或值得保护的私人利益、可能超出合理限度、可能导致司法程序无法或难以进行、延迟或受到危害的四种信息[2]。对于

---

① R.Groβ,Presserecht,Deutscher Fachschriften—Verlag,1982,S.149.

② 《德国萨克森州司法部传媒管理规定》,载怀效锋编:《法院与媒体》,法律出版社2006 年版,第 531—532 页。

可能引起公众特别关注的刑事案件,法律还特别规定:若预期无法排除公众旁听庭审,新闻发言人可在审前向媒体提供不含主要侦查结论的起诉书供其查阅。通过新闻发言人制度,德国为新闻界获得官方资讯提供了一个规范的渠道,保障了新闻界信息采集权。

(4)庭审录音录像的禁止

鉴于"在当今时代,公众无限接触刑事审判的弊端和危险变得明显起来,对审判公开的热情也随之减退:被告人和证人的隐私权受到影响,证人的陈述被希望符合公众的期望,甚至连法庭的审判行为也会受到媒介的可能反应的影响"[1],"更常使得法院成为广为散布的偏见及期待的受害人",因此,德国法禁止直播审判过程或制作庭审的录音录像。德国法院组织法第 169 条第 2 款规定:法院为维持其正常运作不受干扰,有权禁止媒体录音、录像或基于公开之目的而制作影像。但此禁止性规定只适用于审判程序以及判决宣示,并不适用于审判程序的中间休息时间之录制。[2] 联邦宪法法院在 1994 年的一份判决中肯定了这一规定,认为在未开庭期间,电视和电台有权在法庭内进行录音录像,法院不能禁止。[3] 宪法法院在 2001 年的"庭审报道案"中也再次重申了这一规定,驳回了一私人电视台宣称刑事法庭禁止媒体在庭审过程中现场录音或录像的决定侵犯了其《基本法》第 5 条所保障的报道自由的诉求,认定庭审信息的获得仍然要受到立法规制。[4]

2. 媒体自律

在德国,由于基本法保障新闻媒体采集和传播信息的自由,加之新闻法课加给政府机构向新闻媒体供给资讯的义务,新闻界拥有类似于美国同行

---

[1] [德]托马斯·魏根特:《德国刑事诉讼程序》,岳礼玲等译,中国政法大学出版社 2003 年版,第 135 页。

[2] [德]克劳思·罗科信:《刑事诉讼法》,吴丽琪译,法律出版社 2002 年版,第 443 页。

[3] BverfGE 91,125(1994).

[4] 张千帆:《西方宪政体系》(下册),中国政法大学出版社 2005 年版,第 436 页。

那种广泛的自由。但新闻界并没有妄自尊大,而是制定一系列职业伦理规范以自我约束。

(1)刑事司法报道应当尊重人权

德国报业评议会与报业协会《德国新闻业准则》对此作了全面规定。一是要求尊重隐私。要求如果确实需要报道涉及公众利益的私人行为,必须确保不会伤及无辜,不会对未卷入人员的个人权利造成侵害。二是要求媒体客观报道。伦理规范要求媒体,"对官方调查和法庭诉讼的报道,只在向公众彻底客观地描述犯罪的实施、检举和审判。""对于仍处于刑事调查或进一步审理的案件的报道,不得有先入之见。……在案件受理之前或过程中,新闻媒体应避免在标题中或正文中作出任何可能被解释为有党派偏袒或其他偏见的评论。"三是要求遵守无罪推定原则。要求:"在未做法律宣判之前,不得将被告人描述成有罪的一方。""在未宣判之前,被告人被设想为无罪。"三是要求连续报道,报道任何后来发生的导致最终的宣判无罪或撤销起诉的上诉。四是要求慎重使用真名报道。伦理规范对不同诉讼阶段的被追诉人如何使用真名报道有细致的规定,要求在报道被追诉人、受害人、证人等诉讼参与人的姓名和照片时,必须对公众兴趣和个人权利进行极其谨慎的权衡。对于嫌疑犯,"只有在有利于刑事侦查和符合签发逮捕令的情况下,方可发表被指控犯有死罪的嫌疑犯的全名或照片";对于罪犯,"从再度社会化的利益出发,不应在犯罪诉讼已经有所定论后的报道中发表有关人员的姓名和照片";对于青少年被告人,"在对青少年犯罪和青少年法律诉讼进行报道时,新闻界应出于对有关年轻人的将来考虑而对报道有所限制。"

(2)应当注意区分刑事司法报道与评论

基本法赋予媒体对已发生或将发生事件不仅有"报道的自由",更有"评价的自由"。媒体从资料的收集到新闻和观点的发布享有广泛的自由,可以对刑事案件事实及司法过程进行评论,借评论、批评来形成自己的意见以实现对国家司法权行使的监督。因而,媒体对司法报道采取报道和评论共存的报道方式在德国的理论和实践中都有深厚的基础和合法性。加之对于媒体确实影响公正审判的行为,法律并无藐视法庭罪之类的刑事制裁措施,报道与评论共存的报道手法在德国是合法、合理的报道方式。伦理规范允许媒体报道和评论刑事司法,但要求媒体在报道时区分二者,以防止受众产生评论就是事实的错觉,以避免"媒体审判""媒体定罪"现象的发生。如《德国新闻业准则》第 13.1 条就规定:"对官方调查和法庭诉讼的报道,旨在向公众彻底客观地描述犯罪的事实、检举和审判","对法律诉讼的评论性报道应明显区别于审判报道"。

(二) 法国刑事司法报道规制

法国与德国同属大陆法系国家,在刑事司法报道规制上呈现出与德国相似的特征:对司法报道仍以立法规制为主,媒体自律为辅。法国 1789 年《人权宣言》明文将对新闻自由的保障和限制纳入其内。《人权宣言》第 4 条规定:"自由……以保证社会上其他成员能享有同样权利为限制。此等限制仅得以法律规定之。"第 11 条规定:"自由传达思想和意见是人类最宝贵的权利之一,因此,每个公民都有言论、著述和出版自由,但在法律所规定的情况下,应对滥用此项自由承担责任。""除非扰乱法律所规定的公共秩序,否则任何人都不得因此而遭受干涉。"因而,对刑事司法报道的限制在法国同样是以立法规制的形式体现。

1. 立法规制

(1)报道内容限制

法国也像德国一样,在立法上对报道内容进行明文限制。第一,不公开审理案件禁止报道。法国刑事诉讼法①第 306 条对重罪法庭不公开审理的

①　罗结珍:《法国刑事诉讼法典》,中国法制出版社 2006 年版,第 235—282 页。

案件这样规定:"法庭审理公开进行,但如果公开审理对秩序或道德风化有严重损害,不在此限。""如对犯强奸罪或者带有性侵犯之摧残或野蛮行为的犯罪提起追诉,在作为民事当事人的受害人或者作为民事当事人的受害人之一有此要求时,庭审依法当然不公开进行;其他情况下,只有作为民事当事人的受害人或者受害人之一不予反对时,才能命令审理不公开进行。""如受到追诉的人在实施犯罪行为时尚未成年,而在庭审开始之日已成为成年人,并且提出请求,未成年人重罪法庭亦适用本条之规定,但如另有一名被告人仍然是未成年人或者另有被告人在实施犯罪行为时尚未成年,但在案件审理之日成为成年人并反对此项请求,不在此限。"第400条对轻罪法庭不公开审理的案件作了和重罪法庭完全相同的规定。因此,法律禁止新闻媒体对严重损害公共秩序、庭审秩序和道德风尚的案件、未成年人犯罪案件和特定案件受害人申请的三种案件进行采访报道。第二,公开审理案件允许报道,但禁止媒体在法院最后裁决公布前发表任何可能影响法庭判决的评论。[1] 若违背《法国刑法典》第434-16条的这一规定,将面临六个月监禁并科五万法郎罚金的刑罚。第三,侦查和预审活动以及相关诉讼文书禁止报道。法国刑事诉讼法第11条规定:"除法律另有规定外,且不得损害防御权利,调查和预审过程中,程序保密。"为防止媒体审前报道诉讼文书可能给后续的审判带来危险,1981年7月29日有关新闻的法律第38条规定:禁止在重罪或轻罪诉讼文书尚未在法庭上宣读之前就公开这类文书。第四,允许真名报道但报道被追诉人照片须经刑事司法机构特许。法国1881年出版自由法从正面明文禁止媒体用照片、图画、肖像等形象部分或全部地复制各种罪行[2],2000年6月15日的法律则从反面加以规定,利害关系人的肖像受法律保护,未经其同意而传播其照片的行为将被科处《新闻自由法》第35条所规定的十万法郎的罚款。1891年7月29日的法律和

---

① Law on the Freedom of the Press of 29 July 1881.

② 陈斯喜、刘松山:《冲突与平衡:媒体监督与司法独立》,《公法》2001年第3卷,第54页。

1959 年 11 月 27 日以及 1985 年 4 月 22 日的行政通令则进一步细化被追诉人照片可以被报道的特别情形:警察、宪兵队、检察官或司法官只能基于为制止流言或谎言的传播或为加快破案之目的,方可与新闻媒体主动沟通,披露包括犯罪嫌疑人体貌特征、画像、车牌号等在内的不会损害侦查利益或第三者权益的材料和信息。①

（2）惩戒报道侵权行为

2000 年 6 月 15 日的法律首次确认无罪推定原则,要求"每个犯罪嫌疑人或被追诉人在其被确认有罪之前均推定无罪。侵害其无罪推定的行为,根据法律规定的条件防止、补救和惩处"。这一规定同样是媒体报道刑事司法必须遵循的原则。媒体违背无罪推定原则进行刑事司法报道,将遭致详尽的侵权惩戒规则的制裁。第一,被追诉人可申请法官禁止审前报道。《法国民法典》第 9 条第 2 款规定:"任何人均享有无罪推定的权利。受到拘留、审查、接到出庭传票、受到共和国检察官提起公诉或者受到民事当事人控告的人,如在对其做出任何有罪判决之前,被公开作为受到调查或司法预审之犯罪事实的罪犯介绍,可以向法官提出请求,要求在公开发布的有关材料中刊载一项公告,甚至以紧急审理方式发布一项公告,以制止对无罪推定的妨碍。"②第二,被追诉人可要求损害赔偿。《法国民法典》第 9 条第 1 款规定,当事人可就其受到的损害向法庭提出诉讼,请求妨害无罪推定的自然人或法人承担损害赔偿责任。第三,强制媒体更正错误报道。1993 年 1 月 4 日的法律规定,在不予起诉裁定或宣告无罪裁定取得既决事由之权威效力后 3 个月内,此项裁定的受益人可以提出诉讼请求,要求对在其受到刑事追诉过程中对其指名道姓的报纸或期刊上强制性刊载上述公告,媒体负

---

① 施鹏鹏:《论侦查程序中的媒体自由———一种政治社会的解读》,《东南学术》2013 年第 1 期。

② ［法］卡斯东·斯特法尼、乔治·勒瓦索、贝尔纳·布洛克:《法国刑事诉讼法精义》（上册）,罗结珍译,中国政法大学出版社 1998 年版,第 35—36 页。

有更正的责任。第四,经济惩罚威慑媒体洁身自好。《新闻自由法》严禁媒体对刑事诉讼中的涉案人是否有罪进行民意测验或者公布、评论测验结果,若有违反将科处高达十万法郎的罚款。

(3)控制检察官发表言论

虽然法国立法对刑事司法报道的规制,重在对媒体获取和报道未决信息的能力进行限制,但也强调对检察官发表程序外言论的控制。法国刑事诉讼法第11条规定调查和预审程序为秘密程序,参与这一程序的任何人都有义务按照《法国刑法典》第226-13条与226-14条规定的条件及处罚保守职业秘密。作为程序主要参与者的检察官当然负有保守秘密的义务,如果检察官泄露案件中的犯罪事实给外界(当然包括新闻媒体),就构成犯罪,而将被处以4500欧元罚金和两年监禁。① 尽管2000年6月15日的法律向"预审阶段一定程度的公开性"迈出了一大步,允许检察官基于避免不完整或不准确信息的传播或者制止对公共秩序的扰乱的目的,依照职权,或者应预审法庭或诸当事人的申请,向公众公布从程序中提取的一些客观材料。但检察官向媒体发表信息的权利在预审阶段仍受到严格限制:检察官所公布的客观材料只能限于事实描述,不能包含对涉案人犯罪证据是否确实和法律适用的评价。②

(4)庭审录音录像的基本禁止

对媒体采访刑事审判能否使用照相机、录音机、摄像机、摄影机等现代化电子设备,法国刑事诉讼法采取了与英国相同的做法:禁止电子设备进法庭。法国刑事诉讼法第308条规定:"庭审一经开始,即禁止使用任何录制器材或音响传播器材、电视摄像机或电影摄像机、照相机,违者,依

---

① 法国《刑事诉讼法》第98条即借刑罚手段制裁司法人员对侦查文件的泄密行为。该条规定:"除司法侦查有必要外,未经受审查人或其权利人、签字人或收件人同意,向未经法律允许、无资格了解文件内容的人通报或扩散经搜查获得的文件,处4500欧元罚金并处两年监禁。"

② 罗结珍:《法国刑事诉讼法典》,中国法制出版社2006年版,第15页。

第四卷第三编规定的条件科处 18000 欧元罚金。"尽管法官不允许媒体对庭审使用音像手段进行采访,但 1985 年 7 月 11 日旨在规定设立"法院视听档案"的法律设置了例外,授予上诉法院第一院长对庭审使用电视的批准权,条件是要听取"视听档案委员会"的意见。① 2004 年 3 月 9 日第 2004-204 号法律第 152 条则将对媒体使用音像手段采访庭审的批准权授予审判长,规定:"经重罪法庭审判长许可,可在其监督下对审理进行全程录音或部分录音;审判长,应受害人或民事当事人的请求,亦可命令按照相同条件对他们的询问或作证进行录像。"可见,是否可以在庭审中录音录像,取决于审判长的批准。因此,法国虽然原则上不允许对庭审使用录音录像的采访手段,但经过严格的批准程序后可以有例外,录音录像制度的运用呈严格管控的特征,以此防止媒体的庭审摄录行为构成对公正审判的侵蚀。

2. 媒体自律

在法国,新闻界也制定了诸多新闻道德和职业伦理规范以约束媒体规范报道。《〈法国追求报〉报道犯罪和突发事件的道德规范》(以下简称《道德规范》)②就典范地诠释了媒体报道刑事司法时的自我约束。《道德规范》第一款开宗明义即强调,"报道社会新闻的记者在报道事件、做调查和进行后续报道时,应该始终不懈地表达正义和自由的价值,尊重他人和他人的权利"。《道德规范》将尊重人权作为报纸的立报之本,要求记者在报道刑事案件时必须坚持做到以下五点:一要准确报道,所有社会新闻都必须经过核实,准确和容易理解,报道时要始终关注对当事人、对受害者和罪犯的家庭可能产生的影响;二要全面报道,要求不论事实真相重不重要,都应全

---

① [法]卡斯东·斯特法尼、乔治·勒瓦索、贝尔纳·布洛克:《法国刑事诉讼法精义》(下册),罗结珍译,中国政法大学出版社 1998 年版,第 741 页。
② [法]克劳德-让·贝特朗:《媒体职业道德规范与责任体系》,宋建新译,商务印书馆 2006 年版,第 100—102 页。

面而详尽地报道,反对只因事件结局与自己以前报道的不同就草草结束报道;三要客观报道,强调从当时的客观环境和人性的角度报道事实真相,禁止使用会导致陪审团作出有罪判定的用语;四要匿名报道,要求大多数案件都应该当作社会事件处理,不能透露当事人的姓名;五要慎重评论,由于这类报道有可能影响法庭的判决,从而要求记者在归纳事件的各种起因、联系原因与后果以及判定涉案人责任时应格外谨慎,即使警察报告中已有提及,在报道事故原因时也应该小心谨慎。

(三)日本刑事司法报道规制

日本虽然在地理位置上不属于欧洲大陆国家,但深受大陆法系制度和文化影响的传统使得日本对刑事司法报道的规制也重在立法的事前限制。一是仍像法、德两国那样禁止媒体对不公开审理案件进行报道评论。日本宪法和法院组织法一致规定,"法院于法官全员一致认定有害于公共秩序或善良风俗之虞者",得以进行非公开的对审程序。但与法、德所不同的是,日本对不公开审理的这些案件还设有限制:"于政治犯罪、出版有关之犯罪,或与宪法第三章所保障之国民权利相关问题之事件的对审程序,仍必须予以公开"①。此外,出于保护未成年人再社会化的目的,在家庭法院审判的少年案件也被视为不公开审理的案件范围,禁止媒体采访报道。二是像法国那样允许真名报道但仍然禁止媒体未经许可擅自发布被追诉人照片。1991年的《法庭内相机采访之标准运用基准》就禁止媒体对被告人拍照、摄影。2002年的林真须美案,法院也认定拍摄被告林真须美在法庭上的照片的《FOCUS》杂志侵犯被告的肖像权而应予赔偿。而基于对新闻自由的尊重,法律允许媒体以真实姓名报道刑事案件,但对未成年被告人设置例外,禁止媒体刊载与其姓名、年龄、职业、住居所、容貌等足以推出其本人

---

① [日]松井茂记:《媒体法》,萧淑芬译,元照出版公司2004年版,第208页。

身份的所有事项。三是允许电子设备进法庭。依据日本刑事诉讼法第215条,日本法院允许新闻机构自由报道,但是为了报道而在公审庭上取材时,必须遵守法庭秩序。对于公审庭的活动进行拍照、录音、摄像或者电视转播,必须经审判长许可。与法国电子设备进法庭需要上级法院院长批准相比较,日本将允许电子设备采访法庭的批准权赋予给负责个案审理的审判长,能够体现审判独立和法官独立的原则而更加合理;与法国对庭审录音录像手段适用的"禁止为原则,允许为例外"的立法模式相比,日本对庭审录音录像的适用态度则比较宽缓,体现出"允许为原则、禁止为例外"的特点。但遗憾的是,法律的宽缓规定并未得到现实的遵照执行,司法实践虽然允许拍照、摄影,但却往往将拍照、摄影限制在开庭以前的一定时间①。这不得不说是个遗憾。

除此之外,日本媒体也很重视自律,强调在最大限度保障新闻自由和知情权的同时,在犯罪报道中尊重被追诉人的人权。一是要求尽可能实现案件的匿名报道。通过对被逮捕者和被告人改称"嫌疑人",不详细记载实际职业、职务和法人业务内容,或者仅报道居住地所在的郡、市或区而省略具体街道门牌号等方式使读者无法推测所报道的个人或组织②,实现对被追诉人公正审判权的保护。二是要求实现刑事司法报道与评论的严格区分。媒体认为,客观真实的报道是公民参与国家事务的重要信息资源而应当予以保障,而新闻评论则不可避免地会加入记者个人的思想、意见,因而刑事司法报道应当与评论严格区分,不允许采取夹叙夹议的报道手法。

---

① 依据1991年《法庭内相机采访之标准运用基准》的规定,媒体在法庭内拍照、摄影、电视采访的时间被局限在法官入庭后开庭前的这段时间,除此之外,媒体未经特别批准不能照相、摄影、电视采访。[日]松井茂记:《媒体法》,萧淑芬译,元照出版公司2004年版,第210—212页。

② 刘迪:《现代西方新闻法制概述》,中国法制出版社1998年版,第143页。

（四）台湾地区刑事司法报道规制

近百年来大陆法系法律传统和文化的侵染,使我国台湾地区的法律深深打上了大陆法系的烙印,刑事司法报道规制也沿袭了大陆法国家的一贯风格而体现出立法规制的特点。法律对从媒体报道的内容、庭审采访手段的使用、诉讼参与人程序外言论发表、新闻发言人制度到媒体评论在内的诸多事项都作了全面的规定。

1. 报道内容的限制

第一,公开审理的案件允许媒体报道。台湾地区"法院组织法"第86条规定,法庭审理过程及判决的宣告,均应公开进行。因此,审判公开也为台湾地区立法所承认。因而,媒体当然有权进行采访报道。法院违反此条,则构成判决当然违背法令,当事人可以此为由提起上诉。第二,不公开审理的案件禁止媒体报道。台湾地区以散见于"法院组织法""少年法庭法""刑法"的法条规定:公开审理有妨碍"国家"安全、公共秩序或善良风俗的案件;少年刑事案件;性侵害犯罪之案件这三类案件的审理,法院应当不公开进行,媒体不得采访报道。①

2. 庭审录音录像的禁止

在台湾地区,许可不特定的人现场旁听案件的审理,即被视为是公开审判。而在法庭上的摄影则被认为并不属于公开审判的内在之义,因而不被允许。并且,"法院组织法"第90条也规定,"法庭开庭时,应保持肃静,不得有大声交谈、鼓掌、摄影、吸烟、饮食物品及其他类似行为。非经审判长核准,并不得录音"。因而,对于庭审录音录像,台湾地区采取了与英国相似的态度:对录音和录像分而治之,绝对禁止录像、摄影,但对录音只是限制,若经过核准,法庭也允许媒体以录音手段采访庭审。

---

① 林钰雄:《刑事诉讼法》,中国人民大学出版社2005年版,第149—150页。

3.控制诉讼参与人发表言论

和德国一样,台湾地区也建立了类似德国"拒绝资讯制度"来限制媒体从官方采集信息的能力。只不过这种制度不像德国那样设立于新闻法中,而是创设于刑事诉讼法内。台湾地区"刑事诉讼法"第 245 条第 3 款从侦查不公开的角度确立起诉讼参与人的禁口制度。法条规定:"检察官、检察事务官、司法警察官、司法警察、辩护人、告诉代理人或其他于侦查程序依法执行职务之人员,除依法令或为维护公共利益或保护合法权益有必要者外,侦查中因执行职务知悉之事项,不得公开或揭露予执行法定职务必要范围以外之人员。"通过将控辩双方当事人纳入禁口制度的范围,缩减媒体采集信息的能力,能够有效预防源自于控辩双方披露案情而导致的种种弊端。

4.新闻发言人制度的规范化

在禁止诉讼参与人尤其是控方当事人披露案情,防范信息不规范流动以对媒体信息采集能力进行间接限制的同时,台湾地区也如德国一样建立起规范的新闻发言人制度以保障媒体信息采集有合法的管道。台湾"法务部"1995 年公布并于 2002 年修订的"法务部检察、警察暨调查机关侦查刑事案件新闻处理注意要点"(以下简称"注意要点")规定,检察、警察暨调查机关均应设立新闻发布室并指定专人充当新闻发言人,负责发布与侦查案件有关的新闻;其他人员不得就侦查中的案件透露信息或发布新闻,但被机关首长指定为发言人或在机关外有临时状况发生时除外。"注意要点"和 2012 年"侦查不公开作业办法"还分别对侦查终结前检警调人员禁止公开的事项(表 3-2)和允许公开的情形(表 3-3)予以明确规定。

同时,"注意要点"和"侦查不公开作业办法"还赋予检警调人员保护被告、犯罪嫌疑人或少年犯肖像的义务,禁止其带同媒体办案,任由其拍摄、直接采访或借由监视器画面拍摄而泄露被追诉人的照片。即便是对于允许发布的信息,也必须基于为维护公共利益或保护合法权益所必要且遵守侦查不公开原则的前提下才能为之并且必须慎重,不得对犯罪行为作详尽深刻的描述,也不得加入个人的评论。这一规定为检警调人员明知什么可为、什么不可为提供了具体的办案指南,自此以后,检警调人员引发的新闻处理违规事件得到遏制。①

表 3-2　侦查终结前检警调人员禁止公开的信息范围

序号	禁止公开的信息
1	被告、少年或犯罪嫌疑人之供述及是否自首或自白
2	有关传唤、通知、讯问、询问、通信监察、拘提、逮捕、羁押、搜索、扣押、勘验、现场模拟、勘定、限制出境、资金清查等,尚未实施或应继续实施等侦查方法或计划
3	实施侦查之方向、进度、技巧、具体内容及所得心证
4	足使被告或犯罪嫌疑人逃亡,或有湮灭、伪造、变造证据或勾串共犯或证人之虞
5	被害人被挟持中尚未脱险,安全堪虞者
6	侦查中之卷宗、笔录、录音带、录影带、照片、电磁记录或其他重要文件或物品
7	犯罪情节攸关被告、犯罪嫌疑人或其亲属、配偶之隐私与名誉
8	有关被害人之隐私、名誉或性侵害案件被害人之照片、姓名或其他足以识别其身份之资讯
9	有关少年之照片、姓名、居住处所、就读学校、家长、家属姓名及其案件之内容,或其他足以识别其身份之资讯
10	检举人或证人之姓名、身份资料、居住处所、电话及其陈述之内容或所提出之证据
11	搜证之录影、录音
12	其他足以影响侦查不公开之事项

---

① 统计资料表明:自 2002 年 6 月 28 日"注意要点"颁布以来,检察机关发布刑事司法新闻的违规事件正逐年减少。遭台湾地区"高等法院检察署"处理的检察机关新闻发布违规行为 2002 年有 10 件,2003 年 6 件,2004 年 2 件,2005 年以来只有 2 件。对此 20 件违规行为,台湾"高等法院检察署"发函或口头纠正 18 件,报部严惩 2 件(分别为当事人记申诫一次及首长记警告一次)。数据表明,违规事件正逐年减少,"注意要点"的颁布实施已使承办人员逐渐建立起新闻处理的正确观念。《"法务部"对侦查不公开之分际与执行状况》,www.lukang.com.tw/lugang/doc 2006—2—20。

表 3-3　侦查终结前检警调人员允许适度公开的情形

序号	允许适度公开的情形
1	现行犯或准现行犯,已经逮捕,其犯罪事实查证明确
2	越狱脱逃之人犯或通缉犯,经缉获归案
3	对于社会治安有重大影响或重大经济、民生犯罪之案件,被告或犯罪嫌疑人于侦查中之自白或自首,经调查与事实相符,且无勾串共犯或证人之虞
4	侦办之案件,依据共犯或有关告诉人、告发人、被害人、证人之陈述及物证,足认行为人涉嫌犯罪,对于侦查已无妨碍
5	影响社会大众生命、身体、自由、财产之安全,有告知民众注意防范之必要
6	对于社会治安有重大影响之案件,依据查证,足认为犯罪嫌疑人,而有告知民众注意防范或有赖请民众协助指认之必要时,得发布犯罪嫌疑人声音、面貌之图画、相片、影像或其他类似之讯息资料
7	对于社会治安有重大影响之案件,因被告或犯罪嫌疑人逃亡、藏匿或不详,为期早日查获或防止再犯,赖请社会大众协助提供侦查之线索及证物,或悬赏缉捕
8	对于媒体报道与侦查案件事实不符之澄清
9	对于现实难以取得或调查之证据,为被告、犯罪嫌疑人行使防御权之必要,而请求社会大众协助提供证据或资讯

5. 差别对待平面媒体与电子媒体报道

与英、美、德、法对平面媒体与电子媒体一视同仁,均可报道评论刑事司法形成鲜明对比,台湾地区将报道与评论做彻底区分,给予平面媒体和电子媒体完全不同的待遇:规定电子媒体对正在进行中的刑事司法只能报道,不得评论,而平面媒体(如报纸、期刊)则无此限制。① 台湾地区 1976 年"广播电视法"第 22 条,1997 年"公共电视法"第 36 条第 3 款均规定:对于尚在诉讼中的案件,媒体不得对案件的承办人员、诉讼关系人进行评论。"违反本规定情节轻微者得予警告;情节严重者得禁止散布。"可见,台湾地区立法规定电子媒体报道刑事案件只能"平铺直叙",将时、地、人、事及法中性地

---

① 原因是 1999 年 1 月台湾废止了 1930 年制定并修正于 1958 年的"出版法",该法第 33 条关于禁止平面媒体对刑事诉讼中的案件及相关事宜、人员进行评论的规定也随"出版法"的废止而废止。自 1999 年以来,平面媒体对刑事案件事实、司法人员和司法过程就既可报道又可评论。

介绍即可,不能就双方律师、当事人的意见以自己的立场及见解来评论与分析;同时也不能邀请法律、医疗或相关科技专家讨论案件所牵涉的问题,甚至法庭现场的气氛、读者投书等一切可能涉及"批评"案件、司法人员及关系人的资讯,都在禁止之列。① 台湾地区的这种把司法报道变成一种"制式报道"的立法因侵犯公众知情权、有违平等原则、损害公众对司法的监督权而备受舆论谴责。

三、两大法系刑事司法报道规制差异的反思

显然,大陆法系国家和地区似乎并未感觉媒体影响司法的严重性,因而刑事司法报道规制体系从外观上形成一种对刑事司法报道高度信任和开放的特征,强调对报道内容以及诉讼参与人程序外言论等事项的立法规制②。因而,刑事司法报道规制体系在整体上就不如英美发达:既没有司法程序上的救济性措施以消减报道影响、保护被追诉人人权,也没有针对媒体的刑事制裁措施以威慑媒体谨言慎行;既没有类似于媒体禁口令的预防性措施,又没有行之有效的信息封锁制度。认真探究隐藏于后的原因对于中国构建刑事司法报道规制机制非常重要。

(一) 审判组织受媒体报道的影响的不同

两大法系刑事司法报道规制呈现出如此巨大的差异,很大程度上源于

---

① 陈新民:《新闻自由与司法独立——一个比较法制上的观察与分析》,载北京大学法学院人权研究中心:《司法公正与权利保障》,中国法制出版社2001年版,第180页。
② 尽管由于同处于欧洲,加之近年来受成文法文化的持续影响,英国和大陆法系国家在刑事司法报道规制上呈现出一些共同的特征,比如二者都重视从立法的角度对刑事司法报道进行规制,但二者的刑事司法报道规制的区别仍然显著。无论是就法律文化传统、审判组织,还是具体规制体系而言,英国与大陆法系国家都存在重大甚至是根本的分歧,而不可能归于一类。而在这一点上,英国与美国却恰恰是殊途同归,能够达到规制刑事司法报道的相同功效。因而,本书仍然将两大法系进行比对,而不是将英国纳入欧陆国家。

二者对审判组织受媒体报道的影响的不同认识。实行陪审团审判的英美法系担忧无限度的媒体报道会给陪审员造成巨大的偏见，进而影响陪审团对案件事实的认定，侵犯公正审判。而大陆法系在刑事案件的审理上基本上不实行陪审团审判制度，而实行职业法官审案制，因而没有对职业法官受媒体报道影响的担忧。

　　在英美法系，刑事案件的审判，尤其是重罪案件的审判，基本上实行二分式的庭审组织：法官负责适用法律，陪审团负责事实的认定。陪审团审判制度因具有推进司法的民主化、反对司法专权、加强权力制约、维护司法独立和权威等优点而被视为是英美刑事诉讼和证据制度的支柱而备受赞誉。"由陪审团审判不仅是实现公正的手段，不仅是宪法的一个车轮，它还是象征自由永存的明灯"①，"自由的堡垒"。但陪审员毕竟来自外行，由于不具有专业的法律知识和娴熟的司法从业经验，他们断案更多地依靠个人的常识和理性，而断案不需说明理由的制度又往往使陪审团的裁决难以使人信服。因而，陪审团对事实的认定能力、对法律的理解力、对自由裁量权的行使能力、作出公正裁决的能力在 20 世纪 90 年代以来受到广泛的质疑。在这些质疑声中，暗含着对陪审员能否免除外界舆论干扰、公正裁判的疑虑："以为陪审员或者被隔离的陪审员可以在真空中、不受任何影响的情况下做决定，这实在是太天真了。"②大量的社会科学研究证明此种疑虑并非空穴来风，铺天盖地的刑事司法报道对陪审员的心证和裁判确实有影响。实证研究表明，审前报道会"影响对被告是否喜欢的评估，对被告的同情，认为被告是典型罪犯的直觉，在审判前就断定被告是否有罪，以及最后裁决"③。"媒体对先前的定罪、翻供以及在审判时将不被接受的证据的披露，

① ［英］丹宁勋爵：《法律的未来》，刘庸安等译，法律出版社 1999 年版，第 39—42 页。
② ［美］亚伦·德肖维茨：《合理的怀疑：从辛普森案批判美国司法体系》，高忠义、侯荷婷译，法律出版社 2010 年版，第 193 页。
③ Christina A. Studebaker, Steven D. Penrod, "Pretrial Publicity: the Media, the Law and Common Sense", 3 Psychol.Pub.Pol'y & L.428（1997）, p.433.

会潜移默化地在预备陪审员心中留下更顽固的偏见。"①研究表明，"媒体对物证和证人证言带有偏见的审前报道，对未受过训练的预备陪审员会产生定罪倾向的影响"②，"接触过不能作为法庭证据信息的陪审员中有超过72%的人选择判处被告人有罪，而未接触过这些信息的陪审员选择判处被告人有罪的比例不足44%。"③而且，受错误信息影响越深就越倾向于最严厉的处罚。④

现代媒体的发达和报道的无孔不入，往往使媒体对案件的影响普遍而深远。在备受公众关注的案件中，媒体对案件的报道能够影响的潜在陪审员的数量远远高于不出名的案件⑤。案件一经公开，潜在的陪审员很可能就被有关犯罪、被告人或者被害人的详尽报道层层包围⑥。倾向性报道如此之多，往往导致深刻的社会偏见而使一个公正无偏的 12 人陪审团无法成立。公开报道本身是一个危险的现象，因为它传播得非常快而且经常在人们之间引起偏见，即使人们并没有意识到这一点。那些声称自己没有受到审前公开报道影响的陪审员很可能早已受到影响但却不自知。偏见一旦形成，就很难消除，司法训诫也难以保证陪审团能不受偏见影响⑦。正

---

① Joseph R.Mariniello, "Note, The Death Penalty and Pre-Trial Publicity: Are Today's Attempts at Guaranteeing a Fair Trial Adequate?", 8 Notre Dame J.L.Ethics & Pub.Pol'y 371(1994), p.374.

② Jerry I.Shaw, Paul Skolnick, "Effects of Prejudical Pretrail Publicity from Physical and Witness Evidence on Mock Jurors'Decision Making", 34 *Journal of Applied Social Psychology* 2132 (2004), pp.2132-2138.

③ Christina A. Studebaker, Steven D. Penrod, "Pretrial Publicity: the Media, the Law and Common Sense", 3 Psychol.Pub.Pol'y & L.428(1997), p.433.

④ J.Tufts, J.V.Roberts, "Sentencing Juvenile Offenders: Comparing Public Preferences and Judicial Practice", 13*Criminal Justice Policy Review*46(2002), pp.46-64.

⑤ Roscoe C.Howard, Jr., "The Media, Attorneys and Fair Criminal Trials", 4Kan.J.L.&Pub. Pol'y61(1995), p.61.

⑥ Scott C.Pugh, "Note, Checkbook Journalism, Freee Speech and Fair Trials", 143U.Pa.L. Rev.1739(1995), pp.1739-1740.

⑦ Robert Hardaway, Douglas B.Tumminello, "Pretrail Publicity in Criminal Cases of National Notoriety: Construting a Remedy for the Remediless Wrong".46 Am.U.L.Rev.39(1996), p.65.

是基于对陪审团会受媒体报道影响的担忧、对偏见的不易消除性和陪审团审判的不可或缺性以及保障公正审判的必要性的考虑,英美国家才围绕着控制陪审团免受报道影响而建立起系统而严密的刑事司法报道规制机制。

在大陆法系,刑事案件的审判实行的是职业法官审案制,或者是由职业法官和陪审员组成的混合合议庭。尽管刑事案件审判也有外行的陪审员参加,尽管陪审员也拥有与职业法官平等的评议和表决权,但由于职权主义诉讼模式强调庭前活动由法官包揽,陪审员难于参与庭前活动;庭审进程由法官控制,不具有专业知识和司法经验又不熟悉案情的陪审员,往往力不从心,难以真正确知案件问题而独立判断,决策时往往遵从职业法官的意志,对案件的裁决并未起到实质的作用。陪审员"陪而不审、陪而不判",因而大陆法系普遍没有对陪审员受舆论裁判影响的担忧。对于职业法官,大陆法系同样不担心其受舆论裁判的影响。以德国为例,《德国基本法》保障法官独立裁判。但法官独立仅包含"事务独立"和"人身独立"两个方面,前者是要求法官不受其他法官或其他行政机关的干涉而独立断案,后者是指法官断案应有保障其独立的配套制度,如法官终身制、法官高薪等等。很显然,媒体并不在法官"事务独立"的范围之内,司法独立也就不包括防止舆论裁判的干扰在内。因而,在德国,"对法院判决的批评还从未导致对法官独立性的批评。相反,一旦新闻机构发现法官的独立性可能受到削弱,它便会不遗余力地来捍卫它。"①舆论干扰司法的危险性也就不被法学界所重视。与此同时,对法官"自主性"精神的信任也驱使公众对法官免受舆论裁判影响的能力深信不疑。正如著名法官 Parker 所说:"对于一个陪审员来讲,法官处于一个非常不同的位置。尽管这决不意味着法官是一个超人,但是,因为受到过专业训练,法官做到将那些与案件证据无关的问题抛在九霄

---

① 宋冰:《程序、正义与现代化》,中国政法大学出版社 1998 年版,第 17 页。

云外应该没有困难。"法官 Salon 更是认为:"没有法官在判决中会受到媒体言论的影响,对这一点我现在是满意,过去也一直满意。如果法官受到了影响,那么他就不配做一名法官。"①因此,在大陆法系,媒体可以写它想写的东西,可以批评它想批评的事情,但法官却不会受到舆论裁判的影响,他不会因为公共舆论的要求而过于严厉地惩处某一被告。既然陪审员和法官都不会受到舆论裁判的影响,因而,大陆法系的刑事司法报道规制就显得相对简单,没有英美那样既防止倾向性报道产生,又注重司法程序上的自我救济和对媒体的刑事制裁的复杂的规制体系。

(二) 法官及法官权力的法律传统的差异

造成两大法系刑事司法报道规制如此的差异,还源于二者有关法官和法官文化的法律传统不同。在英美法系,法官良好的综合素质和长久的判例法传统,使得刑事司法报道规制主要以法官的司法规制方式呈现,而大陆法系,法官素质的相对不尽如人意和长久的制定法传统,使得法官不能以司法的方式规制媒体报道,刑事司法报道规制更多地呈现出立法规制的形态。

1. 法官素质的差异使得法官能否规制媒体报道有所不同

在英美法系,法官的选拔方式决定了法官拥有极高的综合素质。在英国,所有高级法官都从资深出庭律师中选任。法律规定,所有高级法官都必须选自有 10 年以上执业经历的出庭律师。事实上,执业出庭律师若没有20—25 年或以上的执业经历,很难被任命为法官,而在 55 岁之前开始其司法生涯是极其罕见的事情,要想获得高级法官的任命非常困难。在美国,法官除了从资深律师中选任之外,还从在官方机构中有成功任职经历的人中产生。尽管在美国,"大多数司法任命被视为是政治性的,以某种形式在公

---

① 怀效锋编:《法院与媒体》,法律出版社 2006 年版,第 276—277 页。

共或政治部门从事过服务对于获得法官资格,通常要比一定程度的职业经验或长期在法律行业执业更重要"①,但英美两国法官职位的候选人无不是靠非凡的工作业绩(要么是执业中的成功、要么是在律师行业中的威望、要么是其政治影响)而获得法官职位,在获得任命之前无不具有辉煌的职业生涯。因此,英美法系的法官往往都具有扎实的法律知识、丰富的法律实践经验、广博的政治和人生阅历、渊博的社会科学知识。一位优秀的美国法官汉德的肺腑之言足以证明此点,他说:"对一名被要求审核一个有关宪法的问题的法官来说,他除了要熟悉关于这个问题的专著,还需懂得一点阿克顿和梅特兰、修昔底德、吉本和卡莱尔、荷马、但丁、莎士比亚和弥尔顿、马基雅弗利、蒙田、拉伯雷、柏拉图、培根、休谟和康德。因为在这些知识中,每一种都全有助于解决摆在他面前的问题。"②可见,对法官尤其是最高级别的法官,社会和法官自身有着多么严格的要求。正是因为英美法系的法官有如此高的综合素质,在面临新闻自由和公正审判的现实冲突时,法官才有能力进行平衡并采取措施。正是如此,英美两国才在刑事司法报道规制中强调司法规制的重要性。

而在大陆法系,法官资格取得的相对容易性使得大陆法系法官并不具有英美法官那样高的素质和威望。大陆法系的法官传统上属于文官,尽管国别之间有所差异,但法官资格的取得模式莫不过如此:司法职位是一个大陆法系法律大学毕业生所可能选择的职业之一。③ 如果希望从事司法工作,在毕业后参加国家司法考试,通过后就被任命为初级法官。无须多少时日,便可正式成为基层法院的法官。与英美法系法官职位常被视为职业生涯的巅峰,被任命或选举为法官被看成是一生中姗姗来迟的辉煌成就,法官

---

　　①　[美]P.S.阿蒂亚、R.S.萨默斯:《英美法中的形式与实质——法律推理、法律理论和法律制度的比较研究》,金敏等译,中国政法大学出版社 2005 年版,第286—287页。

　　②　[美]亨利·J.亚伯拉罕:《法官与总统——一部任命最高法院法官的政治史》,刘泰星译,商务印书馆 1990 年版,第42—43页。

　　③　[美]梅里曼:《大陆法系》,顾培东等译,法律出版社 2004 年版,第35页。

职位的获得者都有异乎寻常的成功执业经验或政治影响,本身就是法律从业领域或政治领域的成功者相比较,大陆法系的法官选任制度使得法官职位的谋求者在进入之时并不具备法律执业经验,更谈不上有丰富的政治和人生阅历、广博的社会知识,获得法官职位仅仅是他们职业生涯的开端。因而,大陆法系的法官既没有他们的英美同行那么高的素质,也没有其英美同行那么高的威望和自信,他们的素质不足以担当起规制刑事司法报道的重任。因此,大陆法系无一例外都将规制刑事司法报道的重任交由立法机关,立法规制就成为比英美法系司法规制更为重要的规制方法。

2. 法官权力的不同使得法官能否规制媒体报道有所差异

在英美法系,权力分权与制衡原则的特殊性使得英美法官拥有法官造法的权力。权力分权与制衡原则又称分权原则,是指将国家权力分成彼此分离的立法、司法和行政三部分,让其相互监督、彼此牵制,以保障公民权利不被侵犯和滥用的原则。依据联邦党人的建国设计和联邦宪法,美国属于典型的三权分立的国家:国会行使立法权、总统掌管行政权、法院则享有司法权,负责裁断各类诉讼案件。但美国体制下的三权并非绝对地分立,彼此之间存在相互监督制衡。比如,立法权虽然由国会行使,但法院却拥有对宪法和法律的解释权以牵制国会立法。因此,法院在一定程度上担负着立法的职责,享有相当程度的法律解释权①。对于法官造法的权利,霍姆斯强调:"法律的生命不是逻辑,而是经验。法律发展关键的因素就是对社会政策的考虑。在填补法律的'空隙'或漏洞这一点上,审判与立法没有区别,不同的只是形式。"②就法官造法之于英美法律体系的影响,有学者认为,如果将英国的法律制度比作一座大厦,抽去了成文法,大厦将依然故我,但抽

---

① [比]R.C.范·卡内冈:《法官、立法者与法学教授——欧洲法律史篇》,北京大学出版社 2006 年版,第 85 页。

② O.W.Holmes,*The Common Law*,Boston:Little Brown,1948,p.1.

去了判例法,大厦便将毁于一旦。① 对于法官造法的巨大意义,美国前总统罗斯福高度强调:"在我们的国家,主要的立法者也许是并且经常是法官,因为他们是最后的权威。在他们每一次解释合同、财产、既得权利、法律的正当程序以及自由之际,他们都必然要将某种社会哲学体系的某些部分带入法律;并且,由于这些解释是根本性的,他们也就是在给所有的法律制定提供指导。……为了我们民族在 20 世纪的平稳进步,我们应将其中大多数归功于那些坚持 20 世纪经济哲学和社会哲学的法官们。"②因此,具有造法职能的法官素来拥有审判上的自由裁量权。他们能够根据个案的事实决定法律适用,能够根据不断变化的社会现实而对法律作出与时俱进的解释,以实现实质的公平正义。因此,在如何规制刑事司法报道的问题上,法官同样拥有创制法律的权力。综观美国刑事司法报道规制的发展历史,可以发现,法官特别是联邦最高法院法官在规制媒体刑事司法报道上起到了极其重大的作用。可以说,整个美国刑事司法报道规制机制基本上都是法官造法的结果,不论是作为事后惩戒的藐视法庭罪适用的限缩,事前限制措施适用的基本禁止,还是程序性救济措施的广泛采用,都以司法规制的形式展现出来。

而作为分权原则思想发源地的大陆法系,尽管也实行权力分权与制衡,但其分权原则与英美呈现出很大的不同。英美强调法官既职司审判又兼负造法之责,有较大的自由裁量权。而大陆法系严格的分权原则下,法律只能由代议制的立法机关制定和解释,法官只有审判的职责,没有造法的权利,也不能对立法机关制定的法律中有缺陷、互相冲突或者不明确的地方进行解释。"司法权的次要地位和立法权的纯代表性,这是法国公法中两项永不变更的原则。"③因而,大陆法系的法官出席法庭仅仅是为解决各种争讼

---

① 钱弘道:《英美法讲座》,清华大学出版社 2004 年版,第 147 页。

② [美]卡多佐:《司法过程的性质》,苏力译,商务印书馆 2005 年版,第 107—108 页。

③ [法]勒费弗尔:《法国革命史》,商务印书馆 1989 年版,第 136 页。

事实,从现存的法律规定中寻觅显而易见的法律条款,然后将法律条款与案件事实联系起来,从二者的结合中找到案件的解决办法。在整个过程中,法官没有自由裁量的权利。法官职业就被视为一种因循守旧、循规蹈矩的工作,他不创制和解释任何法律,而只是适用立法机关制定和解释的法律来裁断纠纷和办理案件。法官由此被视为"只不过是宣布法律之语词的喉舌,是无生命的人,他们既不能变动法律的效力也不能修正其严格性"①,"一个由法学家和立法者所设计、建造的法律机器的操作者,扮演着次要或无足轻重的角色。"②与此相应,既然法官没有普遍的立法权,当然就无权也不可能对刑事司法报道进行创造性的规制。大陆法系刑事司法报道规制就更多地体现出对恰为美国所忽视的立法规制的重视。

四、刑事司法报道规制的国际准则

随着现代新闻媒体与公正审判之间冲突的显性化,国际社会开始关注对刑事司法报道的规制。从最早的《世界人权宣言》(1948 年)、《欧洲人权公约》(1953 年)到稍后的《公民权利和政治权利国际公约》(1966 年)、《联合国关于司法机关独立的基本原则》(1985 年)、《联合国关于律师作用的基本原则》(1990 年)、《联合国关于检察官作用的准则》(1990 年)、《关于媒体与司法独立关系的马德里准则》(以下简称《马德里准则》)(1994 年),再到现在的《班加罗尔司法行为原则》(2003 年)、《加强司法行为基本原则》(2006)、《亚特兰大宣言》(2009 年),国际社会建立起相对完善的刑事司法报道规制国际准则。其中,形成于 1994 年的《马德里准则》是规范刑事司法报道规制的直接国际文件,规定了刑事司法报道规制的具体措施。这些国际准则从司法权接近及救济、刑事司法报道内容、规范诉讼参与人程

---

① [美]卡多佐:《司法过程的性质》,苏力译,商务印书馆 2005 年版,第 106 页。
② [美]梅里曼:《大陆法系》,顾培东等译,法律出版社 2004 年版,第 53 页。

序外言论等角度为世界各国确立起刑事司法报道规制的指南。研究这些国际准则,对于构建中国式刑事司法报道规制机制不无裨益。

(一) 司法权接近及救济的国际准则

公开审判不仅是诉讼当事人获得公正审判权的基本要求,同时也是媒体接近与报道刑事司法的权利基础。正是由于公开审判对于媒体接近司法系统的重要性,国际准则纷纷将公开审判确认为现代司法的一项基本原则,肯认媒体对司法的接近权。《世界人权宣言》率先确认公开审判原则:"人人完全平等地有权由一个独立而无偏倚的法庭进行公正的和公开的审讯,以确定他的权利和义务并判定对他提出的任何刑事指控。"《欧洲人权公约》和《公民权利和政治权利国际公约》也对公开审判先后予以确认。《欧洲人权公约》第 6 条第 1 款规定:"在其民事权利和义务或者对其本人的任何刑事起诉的决定过程中,每个人都被赋予权利得到一次由法律确定的独立而公允的裁判机构在合理期间内所进行的公正而公开的听证。"①《公民权利和政治权利国际公约》第 14 条第 1 款确认:"所有的人在法庭和裁判所前一律平等。在判定对任何人提出的任何刑事指控或确定他在一件诉讼案中的权利和义务时,人人有资格由一个依法设立的合格的、独立的和无偏倚的法庭进行公正的和公开的审讯。"至此,公开审判被视之为刑事审讯所固有的特性而被国际社会确立为各国必须一体遵循的基本原则。既然审判必须公开,允许普通公民旁听审理,允许新闻媒体采访报道,法庭就有义务和责任将公开审判的时间和地点广而告之,并保证有足够的审判场所和空间来容纳感兴趣的人们对案件的旁听。换而言之,公开审判的言下之意就是媒体有权接近司法审判,法庭并为此负有保障媒体接近司法的义务。作为细化媒体刑事司法报道规则的 1994 年《马德里准则》也开宗明义地表达

---

① 〔英〕克莱尔·奥维、罗宾·怀特:《欧洲人权法:原则与判例》,何志鹏等译,北京大学出版社 2006 年版,第 617 页。

了国际社会对媒体接近刑事司法的权利的高度肯定。原则第 1 条旗帜鲜明地宣示:"就像《公民权利和政治权利国际公约》第 19 条所定义的那样,包括媒体自由在内的表达自由是每一个自我宣称民主的社会必不可少的基础之一。向公众收集和传递信息,评论司法管理,并在不违反无罪推定原则的前提下对案件进行审前、审时和审后的评论,是媒体的责任和权利。"可见,媒体接近司法的权利已被国际准则所确立。

与此同时,尽管公开审判被视作"司法的灵魂",对于媒体接近和采访报道法庭具有极其重要的意义,"如果没有人民几个世纪以来行使的参加这样的审判的自由,言论自由和新闻自由的重要方面'就会被抽取精华'"①,但这并不意味着所有案件的审判都必须公开。《欧洲人权公约》《公民权利和政治权利国际公约》对此作出回应,规定在满足法定条件的情况下对公开审判应当施以必要的限制。如《欧洲人权公约》第 6 条第 1 款就要求:"为了民主社会中的道德、公共秩序或者国家安全,而该社会中为了少年的利益或保护当事人的私生活有此要求,或法院认为在某种特殊的情况下公开将有损于公平的利益而坚持有此需要时,媒体和公众可以从全部或部分审判中被排除。"《马德里准则》第 9—12 条也表达了对媒体司法报道进行限制的理由,认为在民主社会必要的限度内,法律可以出于"保护未成年人或者其他特殊群体""司法机关的利益""国家安全""保护私人合法利益"的目的而对媒体的报道权利加以限制。可见,依法拥有新闻自由的媒体有着接近和报道司法的固有权利,但基于案件的性质和司法管理的需要,刑事司法报道又必须受到必要的限制。保障是原则,限制为例外,保障与限制贯穿于国际准则的始终,是刑事司法报道规制的国际准则的基本立场。

在个案中,当媒体接近司法的权利受到上述限制,媒体报道与刑事司法

---

① Richmond Newspapers v.Virginia,448 U.S.555(1980).

发生直接的准入冲突时,究竟应当优先保护何者、如何救济媒体的新闻自由权成为刑事司法报道规制不可回避的问题。对媒体报道与刑事司法的冲突,国际准则采纳了与美国和大陆法系国家相同的做法:优先保护言论自由。《马德里准则·导言》开门见山地提出:"作为表达自由不可或缺的一部分,媒体自由对实行法治的民主社会至关重要。法官的责任是本着有利于媒体自由的基本前提承认和落实言论自由,只有在《公民权利和政治权利国际公约》授权并且有具体法律明确规定时才可予以限制。"《马德里准则》第2、13条从限制言论自由的最高依据和原则入手确立言论自由的相对优越性。法条规定:"只有根据1984年《关于限制与克减〈公民权利与政治权利国际公约〉的锡拉克扎原则》(以下简称《锡拉克扎原则》)所设想的情况,才可以对本准则有所背离。""不能以专断和歧视的方法对基本准则加以限制。"当媒体在个案中现实地面临限制时,国际准则确立起司法接近权的救济制度以帮助媒体实现救济。如《锡拉克扎原则》第8条就规定:"对限制性条款的任何滥用,都应当有申诉和寻求救济的机会。"[1]《马德里准则》第8、11条为此赋予媒体申请救济的权利,"如果法官有权对基本准则进行限制并考虑行使这项权力,那么媒体(以及任何受影响的其他人)应当有权为阻止该权力的行使而要求听证并提出上诉。""辩方和媒体有权在最大可能的范围内知晓实施限制的理由,并对这些限制提出抗辩。"抗辩、听证、上诉构成媒体质疑法庭准入限制的法定手段。这些手段,已经在一些国家的司法实践中得以运用。[2]

---

[1]　李昌林:《从制度上保证审判独立:以刑事裁判权的归属为视角》,法律出版社2006年版,第283页。

[2]　英国即已运用这三种手段来救济媒体对报道限制和法庭进入限制的异议,只是这三种手段的称谓与《马德里准则》稍有不同,它们是请求撤销法令、司法复审和上诉。除此之外,英国媒体还有一种质疑报道限制和法庭进入限制的手段,即不顾限制强行接近和报道司法。但这一手段在本质上并不属于媒体依照程序的合法救济措施,而是媒体的违法行为。

（二）刑事司法报道内容的国际准则

英国著名法学家本塞姆这样评价司法公开："公开性是司法的灵魂所在。它是行使司法权力最强有力的动因，是防止徇私枉法最有力的保障。它使法官在判案的同时也被别人评判。"①媒体的参与和报道将司法的全景展现在所有公众面前，为满足公众的知情权和监督司法的需要提供了桥梁和可能而应当受到保护。但司法是一个复杂的过程，其中需要考虑多种甚至可能是彼此冲突的利益而不可能全程公开供媒体接近，媒体的报道也不可能无所限制，随心所欲。这就使得刑事诉讼进程中，究竟哪些事项媒体可以报道，哪些事项不能报道这一内容问题，成为刑事司法报道规制必须考虑的对象。《马德里准则》为不同的诉讼阶段媒体的报道内容和禁止提供了详细的指南。

1. 审前程序的媒体报道内容

被国际准则和国际社会所广泛认可的司法公开，作为一项基本原则，今天其含义已远不止于审判公开，早已扩展于审前的侦查和起诉阶段。不仅审判程序应当公开，审前的侦查起诉程序也应当向公众和媒体开放。由于审前程序特别是侦查程序对于媒体和司法都具有极其重要的意义，不同的价值追求和利益取向使得审前阶段的媒体报道与刑事司法之间的冲突成为现实中突出的难题，规范审前程序媒体的报道内容就成为国际准则规制刑事司法报道的重点。基于对无罪推定原则和被追诉人人权的尊重，国际准则允许对公众的知情权进行一定的限制，规定媒体的审前报道活动只能局限于下列范围。

（1）可以对保护犯罪嫌疑人权利的程序性事项进行报道和评论。《马德里准则》第 4 条规定："基本准则并不排斥在犯罪侦查阶段依法保守侦查

①　Andrew Nicol,The Proper Role of the Media in Court Reporting, CIJL Yearbook vol.Ⅳ, 1995, p.58.

秘密。在此情况下,保守秘密主要是为了被追诉人的利益以及无罪推定的实现。不能限制任何人了解官方侦查或侦查情况信息的权利。"这一规定表明了国际准则对审前程序媒体报道的一般态度:允许为保守法律秘密而禁止报道。但禁止媒体报道审前程序的初衷并非出于司法调查之便,而是为了保护犯罪嫌疑人人权,确保其能在后续程序中得到公正的审判,防止媒体的审前报道形成对犯罪嫌疑人的舆论审判和有罪推定。言外之意在于,在案件保密的情况下,只要媒体的报道不涉及案件实体问题(即定罪量刑)和官方侦查的详情这类可能对犯罪嫌疑人构成有罪推定的内容,媒体就可以自由报道。换而言之,凡是归属于保护犯罪嫌疑人特定权利的程序性事项(比如,羁押听证程序),都在媒体的报道范围内。媒体有权对侦查起诉机关侵犯犯罪嫌疑人人权的各种程序违法行为和办案作风问题进行报道和评论。

(2)可以对侦查的程序进展及侦查结论进行报道和评论。依照基本准则的规定,尽管官方侦查的具体内容需要保密,但这并不意味着媒体只能对上述影响犯罪嫌疑人权利的程序进行报道,而对侦查结论这类实体信息和侦查的程序进展情况就完全无权从官方渠道获取并报道。恰恰相反,"不能限制任何人了解官方侦查或侦查情况信息的权利",实际上,一方面是赋予媒体对官方侦查或被侦查情况信息的知情权,另一方面是课予官方对侦查程序进展和侦查结论的发布义务:侦查进行过程中,侦查机关应当就犯罪嫌疑人是否已经被抓获,侦查是否正在进行等程序进展信息定时或不定时地向媒体发布;侦查结束后,应当将犯罪嫌疑人是否有嫌疑、涉嫌何种罪名等侦查结论也公之于众[1]。只要官方依法向媒体发布了相应信息,媒体就有权在遵循无罪推定原则的前提下对这些内容进行报道。因此,对前述所有可以报道的事项,媒体也同时有权进行评论。

---

① 高一飞:《国际准则视野下的媒体与司法关系基本范畴》,《东方法学》2010年第2期。

2. 审判程序的媒体报道内容

由于实行审判公开,审判程序的媒体报道与审前程序差别很大。由于公众和媒体都有权参加庭审,此时媒体与司法双方同处于平等的法律地位,不存在审前程序中那种司法要对媒体报道内容进行限制的情况。只要审判一开始,进入法庭旁听席的媒体就可以自由报道和评论审判活动。此时司法对媒体并不限制其报道的内容,只是要求其做到不妨碍司法的庄重、连续和公正即可。对庭审过程中的媒体报道,国际公约的规制主要集中在对媒体报道的内容许可、禁止以及报道手段这三个问题上。

(1)允许媒体自由报道公开审判的案件。对于公开审判的案件的报道,国际准则没有施加任何的限制。对于各国刑事诉讼法中关于公开审理案件的庭审的某些环节可以封闭法庭、禁止媒体接近的规定,如强奸案被害人作证时可封闭法庭,国际准则并未予以采纳和吸收。对于庭审,只要是公开审理的案件,国际准则都对媒体持开放的态度,任由其接近和报道而不施加任何限制。

(2)禁止报道不公开审理的案件。对于不公开审理的案件,由于媒体根本就无法接近和获知庭审信息,自然就无法同步报道庭审情况。因而,对不公开审理的案件,除允许报道案件的最终裁决外,国际准则对报道基本持禁止的态度。但究竟哪些案件不公开审理,国际准则以具体列举的方式予以明确规定。由于媒体完全可能歪曲事实,带有情感偏好地有选择地报道庭审,一方面,在备受关注的大案要案中激起群情激奋的不良社会氛围,使公众形成与法庭结论相悖的意见,另一方面,迫使法官或陪审员不得不听命于"民意",造成司法与公众的无谓对立。无论是对民众的知情权,还是对双方当事人或者是对法官审判的独立性,其影响有时可谓是痛入骨髓、刻骨铭心。正因为如此,《公民权利和政治权利国际公约》第14条、《欧洲人权公约》第6条以及《马德里准则》第9—12条,才要求以法律的形式对媒体的庭审报道进行限制,凡是涉及国家安全、公序良俗、个人隐私、特殊群体保护、司法管理的案件皆不得公开审理。所有这些法定不公开审理的案件,媒体一律不得报道和评论。

（3）允许使用庭审录音录像手段。对于庭审中媒体是否可以使用录音录像的手段,《马德里准则》第 6 条规定:"基本准则并不要求对庭审过程有现场直播或者录播的权利。如果这种权利被允许,基本准则仍然适用。"根据该法条,准则并未赋予媒体对庭审录音录像的绝对权利。是否享有对庭审录音录像的权利,准则将之交由各国根据本国情况自行裁量,无论各国采取怎样的态度,准则都予以认可。而同年 9 月召开的世界刑法协会第十五届代表大会则明确肯定了录音录像手段的可用性,大会通过的《关于刑事诉讼中的人权问题的决议》第 15 条指出:"公众传媒对法庭审判的报道,必须避免产生预先定罪或者形成感性审判的效果。如果预期可能产生这种影响,可以限制或者禁止无线电台和电视台播送审判情形。"综合这两个国际准则,可以看出,国际社会对庭审录音录像手段基本持允许适用的态度,只有在有害公正审判的情况下才允许对音像手段进行限制或者禁止。

3. 审后程序的媒体报道内容

审判结束后,由于案件的审判已经落下帷幕,案件争议也已经尘埃落定,媒体对庭审过程及结果的报道一般不会受到司法的抵制,也不会给被告人的公正审判权带来威胁。唯一可能引发争议的就是媒体对司法裁决的评论,可能引发司法的反弹。媒体能否评论、评论有无底线、违反底线应当承担怎样的责任,就成为媒体和司法共同关心的问题。对此,《马德里准则》第 3 条强调:"对司法管理进行评论的权利不应受到任何特别的限制。"国际准则允许媒体对司法管理进行自由的评论,在评论时仅受到与评论其他公共事务同样的限制,不因为涉及"司法权威"而受到额外的限制。与此相对应,既然媒体对司法的评论不受任何特别的限制,媒体也就不会因为评论冒犯司法权威而遭致负面的法律后果,国际准则也就没有对评论司法裁决的后果作出规定。司法实践中,绝大多数国家也都没有为媒体评论司法裁决设定法律责任,即便是对媒体限制最为严格的英国,也没有将藐视法庭罪用之于媒体的事后评论。据此,在此阶段,只要媒体不故意对司法人员进行人身侮辱,不煽动对抗法律的执行,就可以拥有广泛的报道和评论的自由而无须受任何特殊的限制。

(三) 程序外言论限制的国际准则

除去直接针对媒体刑事司法报道的保障和限制之外,规范和限制诉讼参与人的程序外言论以防范媒体报道失范,也是国际准则的重要内容。而可能影响公正审判的刑事诉讼参与人,主要有法官、诉讼当事人(主要是指检察官和辩护律师),诉讼参与人程序外言论限制的国际准则就围绕二者而展开。

1. 法官程序外言论的限制

尽管《马德里准则》"鼓励法官通过提供有关公共利益事务的案件的判决书的简写本或其他适当手段向新闻界提供帮助",并宣称"不应当禁止法官回答新闻界提出的与司法有关的问题",但法官掌握着案件裁决的重要权力,如若对法官的程序外言论不加限制,允许法官随意发表言论,这些程序外言论仍然可能被媒体所利用而造成对公正审判的干扰,因此,国际准则要求对法官的程序外言论进行限制。《关于司法机关独立的基本原则》就规定:"根据《世界人权宣言》,司法人员与其他公民一样,享有言论、信仰、结社和集会的自由;但在行使这些权利时,法官应自始至终本着维护其职务尊严与司法公正和独立的原则行事。"为了防止媒体借由法官程序外言论影响公正审判,2003年《班加罗尔司法行为原则》对《联合国关于司法机关独立的基本原则》做了进一步的补充和发展,为法官发表程序外言论设定了三条限制(见表3-4)。这些限制经由2006年联合国在《加强司法行为基本原则》中的强调,已经得到世界多数国家的赞同而对世界各国具有普遍的约束力。①

表3-4 《班加罗尔司法行为原则》对法官程序外言论的限制②

法条序号	法官程序外言论限制
2.4	在法官负责审理或将会负责审理之法律程序中,如他明知评语在他合理预期中将会影响判决结果或损害法律程序的公正性,法官不得作出有关评语。在公开或其他场合,法官亦不得作出对任何人的公平审讯或论据造成影响之评语。
4.6	法官与普通公民无异,均可享有言论、信仰、结社及集会自由,惟于行使权利时,法官的行为应始终与司法官职的尊严相符,亦须维持司法机关公正无私及独立性。
4.10	法官以法官身份取得的机密资料,不得用作与法官的司法职责无关的用途,亦不得为与法官的司法职责无关之目的披露机密资料。

2. 诉讼当事人言论自由的限制

刑事诉讼中的当事人主要是就公诉人(即检察官)和辩护人(律师)而言。作为诉讼当事人,检察官和辩护律师掌握着案件的第一手信息,如果对其程序外言论不加控制,媒体同样会借助二者的程序外言论对审判施加影响,被当事人所利用充当控诉或辩护的工具,因此,国际准则同样将检察官与辩护律师的程序外言论纳入规制的范围。如《关于检察官作用的准则》第8条规定:"检察官同其他公民一样,享有言论、信仰、结社和集会的自由。特别是他们应有权参加公众对有关法律、司法管理以及促进和保护人权等问题的讨论,有权加入或成立地方的、全国的或国际性的组织并出席其会议,而不应因其合法行动或为一合法组织成员而蒙受职业上的不利。在行使这些权利时,检察官应始终根据法律以及公认的职业标准和道德行事。"《关于律师作用的基本原则》第23条也就律师的程序外言论作出了与检察官相似的规定。可见,国际准则对检察官和辩护律师的言论自由权仍

---

① 如美国和我国的法官职业道德基本准则都明确采纳了《班加罗尔司法行为原则》对法官程序外言论的限制。

② www.un.org/chinese/documents/ecosoc/2006/r2006—23.pdf.

然持肯认的态度,但却基于防止影响公正审判的目的对二者言论自由权的行使设置了"遵照法律和公认的准则和道德"的前提条件。但对检察官和辩护律师的程序外言论究竟应当如何限制,国际准则并没有作出详尽的规范。尽管国际准则关于检察官和辩护律师程序外言论规范的规定非常原则,只是一个宏观的指南,但它们对联合国成员国规范检察官和辩护律师程序外言论同样有约束作用。

第 四 章

刑事司法报道规制的目标与原则

目标是一切工作进行的出发点和归宿,是实现一定预期的成就和结果。恩格斯就曾强调目标的重要性,他指出:"在社会历史领域内进行活动的,是具有意识的、经过思虑或凭激情行动的、追求某种目的的人;任何事情的发生都不是没有自觉的意图,没有预期的目的的。"①因此,任何规制工作都以特定目标为出发点和归宿,刑事司法报道规制也必然有其特定的实现目标。而目标的实现,必然要遵循事物运作的基本规律或生长发展的基本逻辑,即必须坚持一定的原则。鉴于此,详细探讨刑事司法报道的规制目标与原则对于刑事司法报道规制机制的建构就具有十分重要的现实意义。

一、刑事司法报道规制的目标

"司法无疑就象一块钱币,一面印刻的是公民个体的追求价值,另一面印刻的却是国家、集体和社会的追求价值"②。同样如此,由于同时牵连到

---

① 《马克思恩格斯选集》第4卷,人民出版社1995年版,第247页。
② 谭世贵、饶晓红:《论司法改革的价值取向与基本架构》,载陈光中、江伟编:《诉讼法论丛》,法律出版社2001年版,第19页。

公民、国家和社会不同的价值追求,媒体的刑事司法报道及其规制自然应当以实现三者的价值追求的和谐统一为目标。具体而言,刑事司法报道规制应当以增进司法效益、保障公民人权和维护公序良俗为目标追求,实现三者的博弈共赢。

(一)增进司法效益

1. 司法效益的基本要义

"人类从事的任何社会活动都必须遵循经济性的原则,即力求以最小的耗费取得最大的成果"[①],从而使有限的社会资源得到最合理、最有效的利用,这就是所谓的"效益"。效益原本是经济学上的概念,但经由美国学者科斯和理查德·波斯纳把交易成本和经济分析理论导入法学研究领域,效益这一概念逐渐被认可为与公平、正义等并列的法律价值范畴。因为"法律制度的基本取向在于效益"[②],时至今日,效益已成为人们理解法律制度和法律现象的一把钥匙。同样地,刑事司法报道规制也应当以司法效益作为自己的目标,致力于增进司法的效益。

依照经济学的观点,效益反映的乃是成本和产出之间的比例关系,"意谓以价值最大化的方式利用资源和获得满足",司法效益同样可以理解为司法成本资源价值最大化配置方式及其结果。因此,司法效益可被视为司法收益除去司法成本所得的净收益,即司法收益与司法成本之差。将效益价值导入司法领域,就是从司法成本与收益的关系出发,谋求以最小的司法成本投入获得最大的司法收益。它内含两个基本的构成要素:其一,要求司法成本的投入最小化。为了追究刑事犯罪,国家每年都必须拨付相当的经费用于司法队伍建设、设备购置和司法行为的实施,这些构成现代司法运转必不可少的成本支出。必须确保司法主观上所追求的目标得以实现所需的

---

① 胡卫星:《论法律效率》,《中国法学》1992 年第 3 期。
② 陈宗波、阳芳、蒋团标:《法律的经济解释》,广西师范大学出版社 2004 年版,第 240 页。

司法成本支出尽可能地"短小精干"。其二,要求司法的收益应当尽可能最大化,在客观上能够最大限度地实现司法主观上所追求的目标。由于刑事司法行为同时兼具经济性和社会性,司法收益就表现为经济收益和社会收益的统合。前者直接表现为司法活动为国家、社会和个人所挽回的损失和带来的收益,如追回的赃款赃物、挽救的生命、保护的财产、取得的罚金等等,而后者则表现为司法在追求程序正义和实体正义等价值方面所获得的社会效果。但两相比较,在注重犯罪追究和人权保障的刑事司法领域,经济收益并不是司法的主要目的,司法更看重从对社会秩序的维护和治安环境的安全保障意义上对司法社会收益的追求,司法的社会收益比经济收益更为重要。刑事司法活动的特殊性使司法的社会收益具有复合性,具体而言,刑事司法既要追求揭露犯罪、惩罚犯罪、提高公众公共安全感的收益,又要追求预防犯罪的效益,还要追求对被害人做精神补偿、对被追诉人人权予以保障、提高刑事司法机关办案形象等等伦理收益。鉴于刑事司法活动对于追究犯罪、保护社会安宁、保障人权、提高司法文明度所担负的重要职责,媒体报道刑事司法活动应当以尊重而不侵损司法效益为基本原则,刑事司法报道规制自然就应当以增进司法效益为目标。

2. 刑事司法报道规制与增进司法效益之遵循

刑事司法报道规制承担着保障和限制媒体刑事司法报道自由的使命。无论是就保障还是就限制而言,规制都不应当突破保护和增进司法效益的底线。因为一旦侵损司法的效益,刑事司法报道规制的意义就会消弭殆尽。因此,刑事司法报道规制必须从增进司法效益的角度出发而进行制度构建。由于司法效益讲求以最小的司法成本投入获得最大的司法收益的产出,降低司法成本、扩大司法收益都能殊途同归地提高司法的效益,因此,刑事司法报道规制在具体建构时也应当从这两个方面来努力。

（1）刑事司法报道规制应以节约司法成本、提高司法效率，防止干扰司法为导向

作为一种国家惩治犯罪、保障无辜的社会活动，刑事诉讼需要国家投入大量的人力、物力和财力，付出高昂的成本。国家既要为侦查、起诉、审判提供办案经费，又要为机构设置和建设、队伍教育和培训埋单，还要为刑事司法机关的错误追诉、裁判和侵权行为承担赔偿责任。在既有的成本和成本配置方式不发生变化的情况下，规范的刑事司法报道能够产生节约司法成本、提高司法效率的功效。就侦查阶段而言，司法效益主要表现在案件破获的速度、数量和质量以及社会的安宁感。而过早地报道刑事案件、过度披露侦查机关的破案手段、详细报道侦查机关的侦查过程等等，都会使侦查机关丧失资讯优势，进而丧失破案的先机而导致后续的侦查行为因此而受干扰，要么无法展开要么展开困难，需要耗费国家更多的办案经费投入、侦查人员更多的精神和体力支出。此时，侦查成本就在急速地增大，司法效率也因抓获犯罪嫌疑人或搜集、保全证据的困难而人为地降低。同时，案件破获困难或长期无法破获，则无法结束犯罪嫌疑人未抓获而导致的社会恐慌情结，侦查机关在保护社会安宁问题上的司法效益也被耗费殆尽。因而，尽管侦查的适度公开化已经成为现代各国刑事诉讼的发展趋势，尽管两大法系国家都允许新闻媒体通过报道让公众接触侦查活动，但各国刑事司法报道规制却也不约而同给媒体报道刑事侦查活动设置边界，即不得干扰案件事实的发现和侦查程序的顺利进行而消减侦查效益。国家对侦查报道的规制就体现出节约侦查成本、提高侦查效率的导向。无论是对媒体的报道行为还是对侦查机关的信息发布的规制都应当以增进侦查效益、防范侦查效益的减损为目标。凡是减损侦查效率、不利于侦查程序的继续进行的信息（如只有作案人才知道的对于案件侦查至关重要的作案细节；侦查计划和侦查部署；侦查中已收集到的证据资料；犯罪人和证人的重要信息；秘密侦查手段的使用情况），侦查机关不得发布，新闻媒体也不得对外报道。侦查

的适度公开和报道应当以遵循侦查规律和不妨碍侦查工作合理有效开展为前提。

就审判阶段而言,司法效益主要表现在法庭秩序的和平性以及审理程序和判决的安定性上。作为现代法治追求的价值,秩序对于法庭具有特别重大的意义。"在所有必须维护法律和秩序的地方,法院是最需要法律和秩序的。司法过程必须不受干扰或干涉。冲击司法正常进行就是冲击我们社会的基础。"①而媒体采访、报道法庭的行为如果不当(比如,电视直播庭审时胡乱铺设管线、在庭上来回走动、摄像机发出刺耳的声音等等),必定对法庭秩序造成干扰。而对刑事案件事实和被追诉人不遗余力地倾情渲染和评论,也会使社会依据道德、伦理作出与法院依据法律的理性判断相背离的情感性判断,迫使刑事判决的法律效力悬而未决,引发二审、再审等审判程序而使法院判决的安定性受到减损。当群情激奋的公众舆论使已生效判决的法律效力再次抵消时,国家必须投入更多的经费、更多的司法人员用于对同一案件的审理和判决,不仅个案的司法效率无法实现,原本有限的司法资源也没有得到效用的最大发挥。因而,媒体的刑事审判报道也应当以提高审判效率、节约审判成本为导向,凡是可能侵犯公正审判、侵损审判独立的信息(包括对刑事案件事实和被告人的倾向性报道和评论),媒体不得对外发布。

(2)刑事司法报道规制应以提高司法文明度和规范度,监督司法规范运作为导向

在社会契约论者看来,国家权力的产生来源于人民权利的让渡,人民是一切权力的主人。国家权力存在的目的仅仅是为了向权力的主人——人民——提供服务,保障人民能够得到自由、幸福与安全,而绝不是要对人民进行管制和压迫。作为国家权力重要组成部分的司法权,虽然表面上来自

---

① ［英］丹宁勋爵:《法律的正当程序》,李克强等译,法律出版社 1999 年版,第 7 页。

于国家的权力分配与授予,但实质上仍然是来自人民的权利授予,因而人民是司法权运作最理所当然的监督者,人民有权获知司法权是否在按照他们授权的目的运作,司法权是否真正在保障人民的自由、幸福、公共的安全和福祉。而现代社会纷繁复杂,人们没有时间、没有精力、也没有条件来亲自参与对司法权运作的监督。作为公意代表的媒体作为一个结构繁复的组织,则有时间、有精力、也有条件监督司法权的运作。正如顾培东教授所指出,在现实世界,媒体对司法的报道内容涉及三个方面:一是司法过程所审理或处理的事实;二是司法机构及其成员的个别行为;三是司法的总体形态。后两者显然是就司法权的运作而言。对司法权力运作恰当与否、正当与否进行监督,成为媒体刑事司法报道的重要内容。相应地,刑事司法报道规制也应当以提高司法文明度和规范度,监督司法权规范运作为价值目标和导向。凡是有利于监督司法权的运作、提高司法文明度和规范度的信息,媒体都有权进行报道,刑事司法报道规制体系也应该予以鼓励和保障。具体而言,司法机关的程序违法行为和办案作风问题,应当成为媒体刑事司法报道规制的重点。规制体系应当允许媒体公开报道侦查人员、检察人员或审判人员贪污受贿、徇私枉法等有证据证明的犯罪行为并发表评论,借助舆论的力量,敦促相关组织机构依法追究其刑事责任,保障司法权的公正行使应当允许媒体一旦发现侦查人员、检察人员和审判人员在案件办理过程中的程序违法行为(如刑讯逼供、侵犯被追诉人人权等行为),就可以第一时间公之于众,促使相关机关立即纠正;应当允许媒体对于一些党政领导利用特权干涉司法机关独立行使侦查权、检察权和审判权的行为进行公开报道并发表评论。通过允许对此类负面事项的报道,将刑事司法行为置于"阳光"之下,社会舆论会迫使刑事司法机关严于律己、依法办案,刑事司法报道规制就能够达到监督司法权规范运作、提高司法文明度的功效。

（二）保障公民权利

1. 权利保障的实质内涵

"社会的发展，人类的进步，归根到底是人的发展，是人的主体性的发展。"①随着人类生活的无限延续，社会发展的不断进步，作为主体的人的问题注定要成为永恒的话题。主体性原则充分尊重每个人的自由和尊严。在现代社会，人格尊严已经成为宪法内在价值的核心和第一层次的宪法权利，构成宪法精神的主体。在宪法的精神意蕴中，对人格尊严的保障和维护体现在每一个人都需要被善待，其内在价值都应该受尊重。这正如康德所言："不论是谁在任何时候，都不应把自己和他人仅仅当作工具，而应该永远看作自身就是目的。"②黑格尔也指出："法的命令是：成为一个人，并尊重他人为人"。③ "以人为本"、尊重人的权利成为了社会行动的一把标尺和所有人都必须遵守的规则。权利之于人至关重要，保障权利成为人类共同的需求。由于刑事诉讼关乎人的财产、自由甚至生命，涉及人最基本的权利，人权保障之于刑事诉讼具有特别重要的价值。正是如此，从 1948 年《世界人权宣言》，到 1953 年《欧洲人权公约》、1969 年《美洲人权公约》和 1976 年《公民权利与政治权利国际公约》，所有这些普适性的国际公约无不把刑事诉讼作为优先关注的领域，把人权保障作为现代刑事诉讼的基本价值目标。时至今日，"尊重基本人权的问题，特别是第二次世界大战以后，各国都通过宪法和国内法加以强调，成为国际社会的关心事项和国际法的主要课题。"④作为刑事诉讼重要组成部分的刑事司法报道规制，与人权保障同样有如此密切的依赖关系，在具体设计刑事司法报道规制体系时，人权保障或

---

① 王义军：《从主体性原则到实践哲学》，中国社会科学出版社 2002 年版，第 175 页。
② ［德］康德：《道德形而上学原理》，苗力田译，上海人民出版社 1986 年版，第 86 页。
③ ［德］黑格尔：《法哲学原理》，范扬等译，商务印书馆 1961 年版，第 46 页。
④ ［日］寺泽一、山本草二：《国际法基础》，朱奇武等译，中国人民大学出版社 1983 年版，第 323 页。

曰权利保障也理应成为一个基本的考虑因素。换而言之,刑事司法报道规制同样应当以保障权利为价值目标。

2. 刑事司法报道规制与保障公民权利之遵循

刑事诉讼中的保障公民权利,具有广泛的含义,其涉及的主体既包括刑事被追诉人,也包括被害人和其他诉讼参与人。由于刑事司法报道规制的着眼点在于通过对媒体报道和刑事司法之间的关系的调谐,实现媒体报道和司法独立的共赢,以达致保护诉讼参与人合法权益、维护司法公正的最终目的。因此,以保障公民权利为价值目标的刑事司法报道规制,保障的公民权利就具有复合性,既要对诉讼参与人的权利进行保障,还要对参与其中的司法人员和新闻媒体的权利进行保障。

(1)刑事司法报道规制应当保障刑事被追诉人的权利

被追诉人尽管因其犯罪行为而应承担刑责,但却仍然拥有人之为人的基本权利而应当受到保障,这早已成为世界各国和现代国际刑事司法的基本准则。但刑事诉讼中人权保障的目的主要在于,防范刑事司法权沦为一种彻底的国家暴力而随意剥夺或限制被追诉人的权利,因而,传统刑事诉讼被追诉人的人权更多的是一种法律框架内以国家权力为背景的人权。在这个权利体系中,被追诉人要因其被追诉人的法律身份而被国家限制或剥夺与其所涉嫌犯罪的性质和严重程度相一致的部分权利,但也因为其是“人”这一先验性前提——不管其做过什么,是否最终被定罪,只要其仍然是作为“人”而存在——被追诉人就享有某些永远都不能被剥夺或限制的权利,如人格诸权和诉讼诸权的保有。诚如法国思想家鲁瓦耶·科拉尔所言:“人将自己许给社会后,他还留有他最高贵的部分……我们,这些个别而相同的人,是真正拥有不朽性的生命。我们有不同于国家命运的命运。”①这些权利不仅国家无权限制或剥夺,任何社会组织、个人同样无权限制或剥夺,把

---

① 〔法〕基佐:《欧洲文明史》,程洪逵等译,商务印书馆1998年版,第16页。

自己装扮成公民言论自由实现的载体、公意表达化身的传媒也不例外。正是如此,人的尊严神圣不受侵犯成为宪政国家的最基本原则。"保障被告人的权利是文明社会的特征之所在,即便保障这些权利会被某些人看作是对一个有组织社会的损害也在所不惜。"①作为国家追诉对象的被追诉人面临着其权利受到国家和社会双重侵害的现实危险,保障被追诉人的人权已成为各国刑事诉讼的根本目标和价值理念而贯穿在刑事诉讼法中。刑事司法报道规制也应当以被追诉人权利的保障为价值目标。具体的制度设计在增进司法效益的考虑下,还应当以保障被追诉人的权利为导向,规制媒体在报道刑事司法时坚守主体性原则,在字里行间尊重被追诉人的人格尊严以及由此衍生出的姓名权、名誉权、肖像权和隐私权等人格诸权和诉讼权利。媒体在进行刑事司法报道时对无论是作为公众人物还是作为普通小民的被追诉人必须承担不得故意歪曲事实、丑化被追诉人、侵犯被追诉人人权的责任。此等要求已然被绝大多数国家和地区信息传播法和新闻道德规范所吸纳和认可。如法国《传播自由法》第43-11条就规定:"第44和45条列举的公司(注:国家公共新闻媒体)以公共利益为目的执行公共服务任务。他们应当向全体公众提供节目和服务,要求多样和多元,质量和创新,尊重个人权利并且宪法上的民主原则。"美国《广播电视新闻道德准则》第4条、第9条强调:"广电新闻记者应在所有新闻中表现出对新闻所涉及的人的尊严、隐私权及其福利的人文主义尊重。""在报道被诉讼或可能被诉讼的事情中,新闻记者必须避免可能趋于同个人的公平审判权相冲突的做法。"中国台湾地区2004年"通讯传播基本法"第5条也规定:"通讯传播应维护人性尊严、尊重弱势权益、促进多元文化均衡发展。"

(2)刑事司法报道规制应当保障刑事被害人的权利

作为现代刑事诉讼基本理念的人权保障,具有丰富的内涵,不仅被追诉

---

① Arthur J.Goldbcrg,"Can We Afford Liberty",15 Akron L.R 1(1981),p.12.

人的人权需要保障,作为犯罪行为实施对象的被害人的权利也需要保障。在传统法学理论上,受报应刑思想支配,刑事诉讼的焦点一直聚集于如何追究被告人的刑事责任,被害人权益的保障问题完全被忽略。20世纪末刑事诉讼领域主体性原则的确立和人权保障呼声的日益高涨,使被害人权益保障问题的重要性先后被世界各国所认识并被提上议事日程。如 2002 年和 2003 年英国政府公布《所有人的公正》和《刑事司法法》,主张刑事司法体制应当向有利于被害人和证人的方向重新平衡,首次确立被害人在刑事司法体系的核心地位并就其权益保护作出了更为具体的规定。在美国,对被害人权利的兴趣也成为刑事司法的重要主题,除去联邦和州颁布形式多样的被害人权利保护法之外,人们正在试图使一条保护被害人权利的修正案写入美国宪法①。日本、法国、德国也相继颁布《犯罪被害人保护措施法》《被害人权利改革法》等法律,设立严密而系统的制度,赋予被害人权利更多的保障,被害人权利保障在刑事司法中开始与被追诉人权利保障同等重要。由于媒体报道刑事案件时不可避免地会涉及犯罪被害人及其近亲属,如果公检法机关将被害人身份暴露于外,如果媒体过于详尽地披露被害人及其近亲属的身份情况,或者对被害人及其近亲属反复多次地侵扰,则会使被害人及其近亲属的隐私权、安宁权受到侵害,使本就受到犯罪行为侵害的被害人受到二次伤害②。因此,尊重和保障被害人及其近亲属的权利应当隐含于刑事司法报道规制的目标之内,在设计对媒体和刑事司法机关行为的规制措施时,应当以尊重和保障被害人及其近亲属的权利为基本界限,凡是可能造成对被害人及其近亲属权利的侵犯的行为和信息,

---

① 陈光中:《21 世纪域外刑事诉讼立法最新发展》,中国政法大学出版社 2004 年版,代序言第 6 页。

② 如台湾地区轰动一时的南侧铁路出轨案,因检察机关的放话与媒体报道,使李姓被害人深感不平,愤而自杀,因而公众和部分媒体业者因此而感慨"媒体,是刽子手中的那把刀",而有媒体审判与杀人之观感。林璨璋、林信雄:《侦查管理:以重大刑案为例》,五南图书出版股份有限公司 2010 年版,第 280 页。

都应当禁止。

（3）刑事司法报道规制应当保障司法人员的权利

监督司法权的运作,提高司法运作的文明度和规范度,乃是媒体刑事司法报道的重要内容和职责。因而,媒体对于警察、检察官和法官的司法权行使行为有权进行报道、批评和评论,但对司法人员司法权行使行为的报道、批评和评论不能等同于对司法人员个人的肆意报道、批评和评论。因为,司法人员具有双重的身份:一方面,他们是司法权的行使者,其行为代表着国家;另一方面他们又是普通公民的一员,以普通公民的身份行事并享有国家赋予普通公民的权利。媒体的刑事司法报道应当将司法人员的私人生活与职务行为严格区分开来,媒体可以报道司法人员的职务行为,并对程序违法和贪污受贿等办案作风问题展开毫不留情的批评和评论,但对司法人员的个人权利却不能肆意加以侵犯。保障司法人员的个人权利应当成为媒体报道刑事司法的基本尺度。媒体在报道司法人员的职务行为时,应当考虑司法人员的人身安全,采用马赛克等形式隐去司法人员的面部,以保护他们不受犯罪分子及其同伙的侵害;在对司法人员的职务行为进行批评和评论时,应当将批评和评论的笔触置于职务行为本身,不能延展至对司法人员的个人权利进行攻击,如侵犯司法人员的名誉,贬损司法人员的外表、相貌,等等。因此,保障司法人员的权利是隐含于刑事司法报道规制内部的又一人权保障目标,国家在设计对媒体的刑事司法报道的规制措施时,同样应当以保障司法人员的权利为准绳。凡是可能造成司法人员人格权和人身权受侵犯的信息和行为,都应当在法律上受到禁止。

（4）刑事司法报道规制应当保障新闻从业人员的权利

如前所述,刑事司法报道规制的基本立场在于“一般保护、特别限制”:对媒体报道刑事司法的权利予以保护是世界各国和国际公约的一贯态度,只有基于有效的司法管理等特定的法定理由,才能对刑事司法报道进行限制。为了实现刑事司法报道与司法管理的博弈共赢,刑事司法报道规制具有保护和限制的双重含义,即便是限制,其出发点仍是在承认和保护媒体新闻自由的基础上进行。而新闻自由是一个抽象的概念,必须具体化在新闻从业人员的身上才能实际地得以贯彻和实现。因此,保护新闻自由,实际上就是保护新闻从业人员的采访权、报道权等新闻权利以及延展于新闻从业人员的各种人身权。在司法公开已确立为刑事诉讼基本原则的今天,前者早已内化为新闻媒体及从业人员的固有权利,而后者也基于人之为人这一先验性前提而为新闻从业人员所同样拥有,但却在实践中很难得到保障①。有鉴于此,保障新闻从业人员的权利理应成为刑事司法报道规制之人权保障的应有之义。法律在设计对刑事司法机关的规制措施时,应特别注意对新闻从业人员各种权利的保护,防范刑事司法机关运用行政管理权侵犯媒体的新闻自由权,运用刑事司法权公报私仇、制裁媒体的司法报道行为。

(三) 维护公序良俗

1. 公序良俗的基本要义

公序良俗是公共秩序和善良风俗的简称。它要求自然人的行为应当遵守公共秩序,符合善良风俗,不得违反国家的公共秩序和社会的一般道德。尽管现代社会推崇并允许公民致力于追求个人的自由和权利,但对个人权利和自由的极端推崇,必定带来公共秩序的混乱和社会善良风俗的蜕变,最终使权利和自由的追求者也反受其害。遵循法律,人人都依法行使权利、履行义务,并不能消除社会交往中的冲突和对社会善良风俗的侵犯,带来社会的安宁。更何况,法律在很多的社会生活领域并不是无处不在,法律规定的不周全性和滞后性使得很多行为无法可据,个人的权力行使行为必须受到

---

① 牛静:《媒体权利的保障与约束研究》,华中科技大学出版社 2014 年版,第 3 页。

某种更高层次、更具有概括性的规则的约束。在这种情况下,法律政策作为公共利益的代名词开始进入所有的私法领域,私法自治的绝对原则被彻底打破,公序良俗的一般规则作为这种私法公法化的结果得以在各国立法中确立。如《德国民法典》第 138 条第 1 款规定"违反善良风俗的行为无效";中国台湾地区"民法"第 1 条规定"民事法律所未规定者,依习惯;无习惯者,依法理",第 2 条规定"民事所适用之习惯,以不违背公共秩序或善良风俗者为限",第 72 条规定"法律行为,有违背公共秩序或善良风俗者,无效"。时至今日,公序良俗已经从民法扩展至整个法律体系,成为指导整个法律体系的最高理念,"所有法律体系应该由公序良俗支配"。同样,在刑事司法报道领域,媒体报道刑事司法的行为也应当遵循公序良俗原则,在法律有规定时遵从法律规定,在法律无规定时尊重公共秩序和社会善良风俗。比如,对犯罪现场、对尸体、对各种血腥的作案手段的报道等等,就应当考虑对公共秩序和社会善良风俗的影响而对报道内容和语言文字有所规范。"禁止报道诉讼中任何涉及医疗、外科手术或是生理细节的可能有伤风化的不雅内容。"英国 1926 年《司法程序(规范媒体报道)法》第 1 条的规定可谓是对公序良俗率先吸纳的典范。①

2. 刑事司法报道规制与公序良俗之遵循

"人是合群的社会动物,决不可能离开群体而正常生存"。人的社会性使人在与社会的关系中,总是要受到社会的制约。人不仅是单独的个人,还是一种具有社会责任、履行社会义务的主体。刑事司法报道规制同样应该体现公共秩序和善良风俗对媒体报道的约束,以维护公序良俗为价值追求。

(1)维护公共秩序,防止报道对犯罪的诱发和模仿

在弗洛伊德的人格理论看来,易受影响和暗示是人类最基本的天性之

---

① 英国司法研究委员会、英国报业协会等:《英国刑事法院案件报道指南 2009》,林娜译,《人民法院报》2013 年 11 月 29 日。

一:外部的积极力量能够增强人的控制能力,而消极的暗示力量则会减弱甚至消除人对冲动的心理抗力,打破行为的平衡。而媒体对犯罪分子如何精心策划、选择地点和时机、作案手段、犯罪现场、尸体等等大张旗鼓的报道,毫无疑问构成诱发犯罪行为的主要外部驱动力和犯罪行为模仿的参照,易使人萌生犯意,甚至起而效尤。"毫无疑问,报纸那种犯罪新闻的报道方式无意之间在青少年、意志薄弱和有犯罪倾向的人群中诱使和鼓励了犯罪。那些报道让这类人相信,犯罪非常简单,而且比较安全。"[1]媒体的报道为犯罪行为的"模仿"提供了几乎所有可以想象的行为样式和象征符号,犯罪分子的不良言行举止、实施犯罪的手法、逃避侦查的技巧等等经由媒体的大肆演绎,会使受众,尤其是青少年很容易把大众媒体报道中的犯罪分子当作榜样来学习,造成社会化障碍,形成犯罪人格倾向,进而造成犯罪恶果和对社会秩序的破坏。因此,刑事司法报道规制在设计具体的制度安排时,维护公共秩序、防范报道对犯罪的诱发和模仿就成为媒体报道刑事司法的边界,也是整个刑事司法报道规制应当追求的目标。

(2)维护社会善良风俗,防止社会道德的异化和堕落

善良风俗,通常是指一般道德观念,主要是指人们对婚姻家庭、真善美和假丑恶等私人生活领域中的现象所持的伦理道德观念。作为社会生活中的一种普遍现象,这种道德观念无处不在。"哪里有社会生活,哪里就必定有道德的存在。……在一个共同体中,都存在着其成员有义务加以培养和实践的各种美德,存在着他们有义务据以行事的各种原则,存在着他们有义务遵守的各项规则。"[2]这些社会绝大多数人所秉持的相同的情感、兴趣和爱好,构成一个社会共同的价值取向,与普通人的生活紧密相关。而媒体对

---

[1] [美]利昂·纳尔逊·弗林特:《报纸的良知——新闻事业的原则和问题案例讲义》,萧严译,中国人民大学出版社 2005 年版,第 183 页。

[2] [英]A.J.M.米尔恩:《人的权利与人的多样性——人权哲学》,夏勇等译,中国大百科全书出版社 1995 年版,第 56 页。

刑事案件中的血腥、暴力、色情、恐怖等细节不加评判地加以渲染,重大刑事案件报道时的个人英雄主义情感往往将犯罪嫌疑人予以英雄化、偶像化,以"丰功伟绩"来玩味嫌疑人过往的犯罪事迹,极易造成视听污染,刺激受众感官,极度弱化媒体的教化功能,使社会道德沦丧。如邱兴华案,媒体对邱兴华的家境和性格、对邱兴华家人的态度的报道,完全背离媒体报道宣传效果与社会效果相统一的精神,将一个杀人犯炒成一个名人,导致整个社会观念迷失、伦理堕落、良知泯灭、是非标准混乱的后果①。再如 2008 年上海发生的杨佳袭警案,媒体的报道没有看到杨佳袭警杀人的严重危害,而把大量笔墨用于同情和为杨佳开脱,甚至将其描绘为与警察抗争的"英雄""大侠""义士"。再如 2009 年成都的孙伟铭案,媒体以"同情""善意"和"美化"等不当立场对案件所做的报道,也违背了媒体匡扶正义、追求真理、主持公道、解危济困等等应有的社会责任。因而,媒体报道刑事司法应当以维护社会善良风俗为己任,报道刑事司法一定要"戒色、祛俗、驱腥",防止社会道德、社会风气因刑事司法报道而沦丧。刑事司法报道规制理所当然应当以维护社会善良风俗为价值导向,设计具体的规制措施时应当防范媒体报道活动对社会善良风俗的异化。

二、刑事司法报道规制的原则

法律原则是法律的基础性原理,构成立法建设和司法实践一切法律工作的出发点。据此,任何法律制度的建构,首先必须确立指导该法律制度建构的基本原则。同样,刑事司法报道规制作为一种规范刑事司法报道的法律制度,也必须首先确立规制的基本原则,所有制度建构都应当与这些基本原则相一致而不得背道而驰。

---

① 　王清:《邱兴华的名人效应与媒体的社会责任》,见 http://news.sina.com.cn/c/pl/2006-12-31/002011925756.shtml。

（一）无罪推定原则

1. 无罪推定的实质内涵

无罪推定是指任何受刑事追究者在未经司法程序最终确认为有罪以前,在法律上应被假定或推定为无罪。无罪推定的理论来源较早地出现于英国的诉讼理论中,但现代意义上作为人权保障思想的无罪推定,则是由意大利刑事古典学派创始人贝卡利亚所提出:"在法官判决之前,一个人是不能被称为罪犯的。只要还不能断定他已经侵犯了给予他公共保护的契约,社会就不能取消对他的公共保护";"如果犯罪是不肯定的,就不应折磨一个无辜者,因为在法律看来,他的罪行并没有得到证实。"①时至今日,无罪推定已经得到全世界的公认并被绝大多数国家上升为宪法原则,它与刑法中的"罪刑法定"原则一起,构成现代刑事法律的基石。在理论上,无罪推定具有三层含义:一是被追诉人的罪行必须依法才能证明确定。无罪推定属于可反驳的推定,要在法律上推翻无罪的假定,控诉方必须承担起举证责任证明被追诉人有罪,如果控诉方不能证明被追诉人有罪或证明达不到法律所要求的"事实清楚、证据确实充分"的程度,被追诉人就应当获得"疑罪从无"的待遇,无罪推定就会成为无罪的判定。二是法律意义上的定罪权只能由法院行使,其他任何单位和个人都无权对被追诉人的财产、自由和生命等权益加以剥夺;而且在法院依法作出的有罪判决生效以前,任何单位和个人都同样无权在道德或法律层面将被追诉人视之为有罪之人而进行声讨。三是被追诉人在刑事诉讼过程中理应获得确实的权利保障。被追诉人因有罪判决尚未作出并生效,其身份和地位在诉讼中处于特殊状态:一方面,因为有罪判决尚未生效,被追诉人在实体法上处于无罪的地位,不能被视为罪犯来对待;另一方面,被追诉人毕竟有犯罪的嫌疑,在程序法上仍处

---

① ［意］贝卡利亚:《论犯罪与刑罚》,黄风译,中国法制出版社 2002 年版,第 35 页。

于受追诉的地位而应当受到某些限制。因此，应当赋予被追诉人某些对抗国家追诉和社会指控的所需的一切保障。

总而言之，无罪推定原则虽然不是对被追诉人作出的无罪判定或终结性结论，但此种对被追诉人在刑事诉讼过程中所处地位的保护性规定，能够确保被追诉人在刑事诉讼过程中受到公正和人道的对待，防止其人格尊严受到不适当的贬损，其诉讼地位不因被追诉而恶化。但无罪推定原则的意义并不限于国家刑事司法机关对被追诉人诉讼权利的保障，其意义更在于通过防止国家和社会过早地和无根据地把任何人看作是罪犯，不允许"根据推断、一般了解、未经充分检验的材料和违反既定证明程序而取得的信息，认定一干人实施了犯罪"[1]，而保障被追诉人对自身社会角色和社会地位的维护。国家对刑事司法报道的规制，必须恪守无罪推定的精神，无论是司法机关的信息发布，还是媒体的刑事司法报道规则，都必须围绕无罪推定原则而具体构建。

2. 刑事司法报道规制与无罪推定原则之贯彻

（1）媒体报道必须坚守无罪推定原则

无罪推定原则构成对国家和社会对被追诉人态度的整体约束，不仅仅国家刑事司法机关必须以此为办案规范，时常警钟长鸣，诉讼外主体乃至整个社会也必须以此为行事准则，尊重被追诉人的人权，媒体也不例外。对于此点，国外的立法及相关的媒体职业规范[2]都将之作为一个基本的原则加以规定，要求媒体报道刑事司法必须遵守无罪推定原则。1994 年 6 月的俄罗斯《新闻工作者职业道德准则》也要求"新闻工作者应遵守'当事人除非在法庭上被证明有罪，否则他就是无辜的'这一通则"。立陶宛《新闻工作者道德准则》规定："新闻工作者应遵守无罪推定的原则。惟有法庭才有权

---

[1]　陈瑞华：《刑事审判原理论》，北京大学出版社 2004 年版，第 133 页。
[2]　魏永征、张咏华、林琳：《西方传媒的法制、管理和自律》，中国人民大学出版社 2003 年版，第 416—452 页。

以强制性的判决宣告一个人犯罪。"冰岛《新闻道德准则》要求新闻工作者"在报道法律或犯罪事件时,他们必须遵守'无罪推定'这一通则"。挪威《新闻业务道德准则》要求:"在刑事案件或法庭报道中,必须特别防止臆断被控方有罪。应明确表明法庭判决生效前无法判断被怀疑者、被报道者、被指控者有罪与否。"因此,规制刑事司法报道,首先就要求媒体报道刑事案件必须遵循和贯彻无罪推定。

第一,刑事司法报道必须坚守报道的合法性原则。法治社会的一个重要特点就是法律至上,媒体的行动也不能超越法律的范畴,而必须控制在合法的限度之内。"记者不是警察""媒体不是法官",媒体无权指控也无权对被追诉人的行为下定论,逾越法律的规定展开报道。因此,媒体报道刑事司法时,应坚持合法性原则,重视对案件事实本身和如何适用法律的分析报道,将案件与案件背后所涉及的社会制度、当事人双方社会地位、社会评价等社会因素相剥离,做到奠基于案件事实本身的客观、公正报道评论,而不对社会深层问题进行评判以影响个案裁判;描述案情应立足于足够的证据基础上,尽量使用法言法语,避免用词不当而引发公众误解,造成公众与法官的无谓对立和被追诉人权利的受损;严格按照法律的专业术语、判断标准、运行规则进行报道,其措辞不能给受众以被追诉人有罪或会被定罪的印象,除非裁判已经生效,否则在报道中不得使用"罪犯""犯人""人犯"等措辞,防止形成媒体公诉、媒体审判的舆论氛围。

第二,刑事司法报道必须坚守报道的平衡性原则。报道的平衡性原则又称报道的全面性原则,要求新闻媒体在报道刑事司法活动时,必须给予诉讼各方平等的话语权,要给立场对立冲突的各方提供充分表达自己意见的平台,通过对各方提供的信息和观点的公平报道呈现案件的完整面貌,让公众正确了解案件事实与诉讼经过。这一报道原则已为各国新闻界和法律界所肯认和践行。如1997年修订的英国《新闻投诉委员会的实践准则》第2条就强调:"应给予被指控当事个人或机构以公平机会以便对不实之处进行辩解。"2000 年制定的日本《新闻协会新闻伦理纲领》关于"独立与宽容"的条款也规定:"报纸为了保持言论的公正,应确保独立,排除任何势力的干涉,自戒不被利用。另一方面,对待即使是与自己不同的意见,报纸也应该有责任正确、公正、主动地为其提供版面。"美国第九巡回上诉法院弗莱切法官主张:"报道必须有一定的规则,不允许就某一个侧面进行报道,即应完整全面地反映法庭活动。"①媒体在报道刑事案件时,不能承担控诉职能而一边倒,也不能承担辩护职能而一边倒,营造被追诉人有罪或无罪的形象,而应秉持客观中立的立场,认真倾听来自各方的意见,全面报道刑事司法。

　　第三,刑事司法报道必须坚守报道的连续性原则。连续报道原则,又称跟踪报道原则,要求根据新闻事件的发展过程和阶段,对事件进行即时而连续的报道。由于刑事诉讼活动具有阶段性、线性变迁的特点,直到终审裁判作出前,每一阶段的案件事实都只是案件全貌的一部分,伴随着诉讼阶段的变化而可能有新的变化,因而媒体必须对案件办理的整个发展过程给予全面的关注,按照诉讼程序对案件进行连续的、及时的跟踪报道。只要报道一经开始而案件诉讼活动又未彻底终结,媒体就该对该诉讼活动进行后续报道,不能有始无终、半途而废。正是如此,最高人民法院原院长肖扬要求媒体"在报道方式上由终了式报道变为进行式报道"。德国《新闻业准则》第13.1 条规定:"当媒体把可上诉的定罪及姓名或相关人士的身份向广大读者报道时,在与有关人士的合法利益不相左的情况下,媒体也必须报道后来发生的导致最终的宣判无罪或撤销起诉的上诉。这一点也适用于此后中止的刑事调查的报道"。挪威《新闻业务道德准则》要求:"对先前报道过的法庭审理的最后结果的报道是良好新闻行为的一部分"。立陶宛《新闻工作者道德准则》要求:"如果是为社会的利益必须透露犯罪人的姓名而过后其

---

① 宋冰:《程序、正义与现代化》,中国政法大学出版社 1998 年版,第 464 页。

犯罪事实并未得到证实,新闻工作者应立即对此予以公布。"只有这种手段,才能实时地纠正关于案件报道在事实方面存在的瑕疵问题,才有可能消除先前的报道可能给被追诉人带来的负面的社会评价和客观上的伤害,确保刑事司法报道能够真实地反映刑事案件的办理过程和办理结果,给予各方主体应有的尊重和权利诉求的满足。

第四,区分事实与评论原则。评论是新闻报道的点睛之笔。禁止新闻媒体评论刑事案件,既侵犯媒体言论自由权,又与国际趋势相悖。媒体可以评论,但必须与事实相区分。德国《新闻业准则》第13.1条就规定,"对官方调查和法庭诉讼的报道,旨在向公众彻底客观地描述犯罪的事实、检举和审判","对法律诉讼的评论性报道应明显区别于审判报道"。美国《(新闻界)信条宣言》也要求:"新闻报道和发表意见之间,有清楚的区别。新闻报道不应参杂任何意见或评论。"法律必须明确刑事司法报道不能采用夹叙夹议的报道手法。评论应该由新闻机构中专门法律人员主笔或者参与,同时应附加"本评论纯属个人意见"或"本评论不代表报刊的意见"的字词。不仅如此,判决作出之前的评论应主要限于司法人员的程序违法和不当作风,不能对定罪量刑的实体问题,也不能对司法人员以及被追诉人个人进行评论和诱导;判决生效后除去对司法人员和被追诉人个人仍然不得评论外,媒体可以就案件的实体和程序问题自由评说。

(2)司法机关发布信息应坚持无罪推定原则

无罪推定原则,在理论上,首先是对刑事司法机关追诉行为的要求,因此,司法机关贯彻司法公开而对外发布信息时首先必须遵循无罪推定。总的而言,无论是通过新闻发布,还是侦查、起诉和审判公报,抑或是通过提供通稿,刑事司法机关向公众和媒体提供的信息应限于案件办理的程序进展、被追诉人的身份、强制措施的采取情况以及起诉书中所指控的案件事实。凡是可能导致公众作出不利于被追诉人的臆断的信息不能出现在对外公布的范围之内。如李庄案,警方通稿就被指违背无罪推定。笔者整理发现,在此案尚未经法院审判定罪的情况下,警方提供的通稿里就出现大量定性词语:如贪婪律师、一手"捞人"一手"捞钱"、混迹律师界十余年、远远填不满李庄的胃口、面授机宜、授意、赶紧逃跑、经不起推敲、不攻自破、炮制、铤而走险、有恃无恐、仗恃、沦丧社会公德、缺失职业道德、玩弄亵渎法律的无良律师、充其量只是一个讼棍等语句。2012 年发生在云南的巧家爆炸案①,侦查机关在案件事实不清、证据不充分的情况下三次向媒体和公众通报案件侦查进程,并在通报中宣布了赵登用这个所谓犯罪嫌疑人的身份、QQ 号、QQ 聊天记录、空间日志和日记本等证据和材料,推断赵性格孤僻、言行极端、悲观厌世,有报复社会的心理,并播放了爆炸现场的视频监控录像。这些信息发布构成对侦查不公开原则和无罪推定原则的双重违反,致使巧家县公安局的公信力和权威性受到严重挑战,并因此而遭致赵登用家属提起的名誉权诉讼。因此,坚持无罪推定应当成为刑事司法机关发布信息坚守的准则。

(二) 利益平衡原则

1. 利益平衡原则的实质内涵

新闻自由与公正审判都是现代司法文明非常珍视的权利。新闻自由的充分保障是一国政治民主程度的体现,公正审判则是一国人权状况的"晴雨

---

①　案情介绍:云南巧家爆炸案是 2012 年 5 月 10 日上午发生在云南巧家县白鹤滩镇花桥社区便民服务大厅内的爆炸事件,爆炸致使 3 人当场死亡、15 人受伤。案发当晚,巧家县公安局就宣称,已经锁定一名李姓女性拆迁户是重大犯罪嫌疑人。但时隔不到一日,5 月 11 日下午,巧家县公安局又召开爆炸案通报会,称犯罪嫌疑人重新锁定为另一人——赵登用。5 月 12 日上午,巧家县公安局再次发布通告,确认赵的嫌疑,并播放爆炸现场的视频监控录像,公布赵的 QQ 号、QQ 聊天记录和空间日志、日记等材料,推定他性格孤僻、言行极端、悲观厌世,有报复社会的心理。消息一出,因公安机关并未提供相应证据证明赵乃凶手,当事人家属和舆论一片哗然。媒体更是抓住案件的只言片语大做文章。2012 年 8 月 7 日,云南省昭通市公安局发布通报,称"5·10"爆炸案已经告破,嫌疑人乃邓德勇、宋朝玉而非赵登用。而后,赵登用家属起诉巧家县公安局侵犯赵登用的名誉权,并提出百万精神损害赔偿。此事件是侦查机关违背侦查不公开和无罪推定原则公布信息而带来严重后果的一次事件。关于侦查是否公开、如何公开、媒体应如何报道审前程序等问题,引起社会各界的广泛关注。

表"。保障刑事司法报道的自由固然重要,但是保障被追诉人的基本人权也不容忽视。由于二者在权利实现的过程中利益冲突的不可避免,进行适度的规制以实现二者利益相对的平衡是世界各国的共同策略。在面临言论、出版自由与公正审判这两种利益的冲突时,各国都趋于采用"利益衡量法"来解决问题。作为一种分析和解决问题的办法,利益衡量是司法裁判的重要因素,也是立法需要考虑的首要因素。正是如此,对刑事司法报道进行规制时,无论是实行立法规制模式的国家还是实行司法规制的国家,都无不把利益衡量作为规制刑事司法报道的基本原则。但在如何进行利益衡量,即究竟是因案而异还是根据某种统一的原则进行,西方国家有两种不同的主张。

第一种是"个别比较衡量论"(Ad hoc balancing of Interests)。当宪法上两种价值发生冲突时,根据个案分析刑事司法报道的利益与被追诉人的个人利益,具体情况具体分析:当确定个案中新闻自由的价值的利益大于公正审判时,保护新闻自由;当确定个人的权利更为重要时,尊重个人的人格诸权和诉讼诸权。美国、德国、日本和1994年以来的加拿大在处理新闻自由与公正审判的冲突时,就采取了这种主张。在美国,早在1941年的"伯瑞兹诉加利福尼亚州案"中,Frankfurter大法官就提出了这一主张。他认为:"第一修正案所保障的言论自由并不高于《权利法案》所保障的其他利益(这些利益包括法律正当程序和公正审判),不能为了保护言论自由而置其他的权利于不顾或损害其他的权利和自由,在个案中对冲突的利益加以权衡,选择保护一种更为重要的利益是解决言论和出版自由与被追诉人公正审判之间存在的权利冲突的最佳方法。"①遗憾的是,Frankfurter的这一主张作为少数意见未被采纳,此后美国的一系列判决都在事实上主张新闻自由优先的观点。1976年在"内布拉斯加州出版协会诉斯图尔特案"中,美国首席大法官伯格和布伦南重提此项原则,认为:"《权利法案》的作者们并没有试图

① Bridges v.Carlifornia.,313 U.S.252(1941).

在第一修正案和第六修正权利之间排出优先次序,使某一权利高于另一权利。……因此,当公正审判与新闻自由确实发生冲突时,应当在具体的情势中进行权利配置。"①1995 年"丹尼斯诉美国案"将这一原则正式确立为处理公正审判与新闻自由冲突的适用准则并从此成为美国在此问题上的主流态度。在本案中,文森(Wensen)大法官提出:"在此特定时刻,法院的责任在于决定这两种相冲突的利益,何者需要更大的保障。"②著名法学家德沃金对法院所采取的这一立场也表示赞同,他说:"美国的社会所承认的个人权利常常以这种方式发生冲突,当它们发生冲突的时候,政府的任务就是要区别对待。如果政府做出正确的选择,保护比较重要的,牺牲比较次要的,那么它就不是削弱或贬损一个权利的观念,反之,如果它不是保护两者之间比较重要的权利,它就会削弱或贬损权利观念。所以,我们必须承认,如果政府有理由相信对立的权利中有一方是更为重要的,它就有理由限制另一些权利。"③而在德国,在言论自由与公正审判这两个同样重要的宪法权利发生冲突时适用个别比较衡量方法也已被司法系统所承认。在具有标志性意义的 1973 年"刑满出狱报道案"中,德国宪政法院就旗帜鲜明地主张个别比较衡量法,"在解决广播自由和个性自由之间的冲突时,两种宪法考虑都属于《基本法》的自由民主秩序的基本层面;结果,其中任何一种都不能在原则上宣称超越地位。在发生冲突时,(普通法院)必须尽可能调整两种宪法价值;如果这不可能实现,那么根据案件性质及其特殊情形,它必须决定何种利益应作出让步。"④著名法学家拉伦茨这样描述个别比较衡量法,

---

①　[美]约翰·D.泽莱兹尼:《传播法判例》,王秀丽译,北京大学出版社 2007 年版,第140 页。

②　Dennis v.U.S,341 U.S.494(1951).

③　[美]德沃金:《认真对待权利》,信春鹰等译,中国大百科全书出版社 1998 年版,第255 页。

④　D.P.Kommers, *The Constitutional Jurisprudence of the Federal Republic of Germany* (2nd Ed.),Durham,South Carolina:Duke University Press,1977,p.414.

他说:"为确定在个案中相互冲突的基本权利或宪法原则之各该效力范围,应运用'个案中之法益衡量'的方法。……司法裁判适用此方法的范围所以这么大,主要归因于权利之构成要件欠缺明晰的界限……权利也好,原则也罢,假使其界限不能一次确定,而毋宁多少是开放的,具流动性的,其彼此就特别容易发生冲突,因其效力范围无法自始确定。一旦冲突发生,为重建法律和平状态,或者一种权利必须向另一种权利(或有关的利益)让步,或者两者在某种程度上必须各自让步。于此,司法裁判根据它在具体情况下赋予各该法益的重要性,来从事权利或法益的衡量。"①近年来,日本也在引进这种"个别比较衡量论"的原则,将二者置于天平上衡量,看限制表达自由所获得的利益与不予限制所获得的利益何者更大,由此而在个案中采取不同的判决。

第二种是"界限确定衡量论"(definitional balancing),又称"定型化的权衡"。这种方法不主张具体情况具体分析,而是要求在宪法上明确言论自由或个人权益的优越地位,据此而决定适用原则,因此,不同案例将适用同样的冲突处理原则。在刑事司法报道规制问题上,英国、1994年以前的加拿大就是这一主张的代表。在英国,公正审判的权利在宪法上具有无可比拟的优越性,当刑事司法报道与公正审判发生冲突时,公正审判就成为英国司法的不二选择。英国法官这样评价公正审判权的优越性,"公正审判权……是我能想象到的最接近绝对权的一种权利",新闻界尽管享有报道自由,但"一旦进入诉讼程序,新闻自由就要让位于公正审判权"②。"新闻自由是宪法规定的基本自由,报纸有——也应该有——对公众感兴趣的问题发表公正意见的权利,但是这种权利必须受诽谤法和蔑视法的限制。报纸绝不可发表损害公平审判的意见,如果发表了就会自找麻烦。"③1979年

---

① [德]拉伦茨:《法学方法论》,陈爱娥译,商务印书馆2003年版,第279页。

② Regina v.Lord Chancellor ex parte Witham,(1998)Q.B.575.

③ [英]丹宁勋爵:《法律的正当程序》,李克强等译,法律出版社1999年版,第48页。

的女王诉桑一案,史卡曼勋爵指出:"法院有义务保证被告人获得公正的审判,这是英国刑事司法的一项根本性原则。"①1994年以前的加拿大在此问题上持与英国相同的立场。1992年审理加拿大广播公司案的法院就表明:"尽管新闻自由被视为是自由民主社会的标杆,但不是绝对的。在新闻自由与被告人的公正审判权发生冲突之时,法院坚持认为公正审判权是至上的,新闻自由必须让位于被告人的公正审判权。"②正是基于这样的立场,英国等国为媒体报道刑事司法的活动设置了严格的界限以示对公正审判权的保障。

2.刑事司法报道规制与利益平衡原则之贯彻

诚如有学者所言:"在因利益冲突两项目标不可能同时达到的情况下,就要求两方面都要有所牺牲:为了防止过分限制公民自由损害公民正当权益,国家权力行使应有所限制;另一方面,为实现'公共利益',根据法定程序和正当理由限制公民的某些权利也是必要的。在一个利益多元化的社会,一种社会政策必然是相互冲突的利益调和、妥协的结果。"③在个人基本权利及体系功能的维持的利益间求取一个最佳的平衡点,让两者都能安排至"适当的位置上"④。利益平衡原则对于冲突解决的重要性由此可见。在刑事司法报道领域,不同的价值诉求、行业特征往往使新闻自由和公正审判短兵相接的情形难以避免,刑事司法报道规制同样应当坚守利益平衡的基本原则:在冲突发生时,估量与比较相关的利益,确定正确的行为选择以实现二者的利益平衡、博弈共赢,是刑事司法报道规制的应有之义。具体而言,我们应当:

(1)最大限度地保障司法独立和公正审判

司法是社会正义的最后一道防线。鉴于刑事司法机关维护和实现社会

---

①　Reg.v.Sang,H.of L.(1979)3 W.L.R.263.

②　Canadian Broardcasting Corp.v.Nat'l Film Bd.Of Canda,1992 Ont.C.lexis342(1992).

③　龙宗智:《相对合理主义》,中国政法大学出版社1999年版,第71页。

④　Hesse,Grundzuge des Verfassungsrechts der Bundesrepublik Deutschland,1980,S.131.

正义的主要功能,现代国家无不把司法的独立和公正上升为基本的宪法原则,要求必须从制度上保证司法权的独立和公正行使。《公民权利和政治权利国际公约》也将其作为联合国人权活动的基本原则加以规定,使之成为联合国各成员国必须共同遵循的基本准则。这些规定除正面宣示独立和公正的司法对被追诉人实现公正审判的重要性之外,还隐藏着另外一层言外之意:任何机关、团体和个人都应当尊重和维护司法的独立和公正,不得干涉司法的独立和公正行使,媒体也不例外。正因如此,尊重司法独立和公正审判,已经成为媒体报道刑事司法不言而喻的逻辑前提。也正因如此,《马德里准则》才在导言中开宗明义地宣称:"媒体有义务尊重国际公约保护的个人权利和司法独立"。在中国,受行政化的司法管理体制的影响,司法与行政的纠葛不清使司法的独立和公正还是一个任重而道远的目标,长期的重实体轻程序、重惩罚轻保障的传统也使被追诉人的人权保障仍然还是一个艰难的任务。因而,保障司法独立和公正审判,在现实中国的境遇下对于维护被追诉人的人权具有特别重要的意义,最大限度地维护司法独立和公正应当成为刑事司法报道规制应当秉持的目标导向。国家对媒体报道的限制必须出于维护司法独立和公正的直接目的,达致保障被追诉人人权的最终目的。换而言之,当新闻自由与其他权益狭路相逢而冲突时,我们应当以司法独立和被追诉人人权为优先选择。

(2)合理界限内的新闻自由

新闻自由是言论自由的延伸,是公民权利的应然含义,这已经为大众所认同。今天,新闻自由已上升为现代民主国家宪法所保障的基本权利高度,甚至成为衡量一国是否民主以及民主化程度的指标。保障新闻自由又成为刑事司法报道规制人权保障目标的重要内容,国家对媒体刑事司法报道的限制必须首先站在维护新闻自由的立场上,牢牢记住司法独立和司法公正不能寄希望于通过限制新闻自由、限制舆论来达到。和国家权力,特别是行政权力的纠缠不清,使媒体始终受国家控制与操纵而易对被追诉人人权和司法的独立和公正造成侵害；经济利益的介入，可能使媒体在生存焦虑的驱动下，因注重对商业利益的追逐而弱化"公意表达"的形象。这正如台湾学者洪贞玲所言："媒体开放下的媒介表现仍多受批评，时有政治立场偏颇、商业利益挂帅、捏造不实言论、侵犯人民权利等作为，在这种情况下，新闻自由只能代表媒体资源的释出与媒体拥有者的发言权，却不代表媒体善尽其作为公共领域的责任，也未见公民的言论自由得到伸张。"[①]目前，我国的司法还未强大到能够抵御舆论的侵扰，同时公众的法律意识和认知能力也未达到能够明智地看待和辨识媒体报道的程度。如果不对媒体的刑事司法报道的内容和方式加以规范，就容易使公众舆论被媒体所误导，异化为非理性的、冲动的民愤或民怜，严重围逼司法、影响公正裁决。适当地限制媒体报道，将新闻自由界定在合理限度之内就是刑事司法报道规制运用利益平衡原则考量后的一种理性选择。

（三）动态规制原则

由于刑事诉讼是一个动态的过程，从侦查、起诉到审判、执行，各个阶段担负着不同的使命，各个阶段的媒体报道规制就承载着不同的价值和意义。因而，动态规制应当成为刑事司法报道规制应当坚持的原则，国家应当根据诉讼的不同阶段，因时、因势而作不同的制度安排。具体而言：

1. 从严控制的审前刑事司法报道

在西方的法律体系中，今天，审前的侦查起诉程序基本上都可归之于行政程序，无论是警察局还是检察院，通常都是国家的行政机关，担负着追诉犯罪的重任。各国的政府信息公开法也都无一例外地要求同属于政府部门的侦查起诉机关也负有"公开"的义务，媒体对此类信息也有权获知并采访报道。但众所周知，在侦查和审查起诉阶段，案件事实尚未查清，犯罪嫌疑

---

① 洪贞玲：《谁的媒体？谁的言论自由？——解禁后近用媒介权的发展》，《台湾民主季刊》2006 年第 4 期。

人是否确实为犯罪行为的实施者也未调查清楚,刑事司法机关不可能也无从就案件事实本身发表终结性的评论。如果此时就对犯罪事实以及涉嫌的行为人予以公开,就构成对无罪推定原则的公然违背。因为,媒体会以超乎寻常的笔墨详细地披露所谓的犯罪事实、犯罪嫌疑人的身份、经历等等事项,在社会上营造起犯罪嫌疑人有罪的强烈形象。一方面,即便最终侦查起诉所认定的事实没有被法院所确认,犯罪嫌疑人也难逃舆论定罪的命运,从此要生活在社会的有色眼镜和异样的眼光之下,很难再获得社会的重新认同。审前的刑事司法报道构成对犯罪嫌疑人公正审判权和人格诸权的严重侵犯。2012年云南巧家爆炸案即是例证。另一方面,审前的刑事司法报道会过早地给犯罪嫌疑人贴上"罪犯"的标签,给其内心打上耻辱的烙印,产生自我降格的心理变化并埋下仇恨的种子,易为社会的稳定留下安全隐患。因此,鉴于审前刑事司法报道的危害性,国家对审前阶段的刑事司法报道应当从严控制。总的来讲,对于侦查起诉机关,"禁止公开为原则、允许公开为例外",国家应当严格限制其对外发布信息的能力,只有在"为维护公共利益或保护合法权益而确有必要"的特殊情形下才能向媒体发布信息,而且可以发布的信息范围应当仅限于指明犯罪嫌疑人的身份特征和简要犯罪行为。对媒体而言,允许媒体自寻管道获取案件信息,但报道的内容仍应当从严控制:具体说来,在侦查起诉阶段,可借鉴英国的做法,对凡是尚未进入正式审判程序的案件,规定媒体只能约略地报道双方当事人和证人的姓名、年龄、住址、职业、被指控的罪名、辩护律师的姓名、是否交付审判的决定以及审判法院的名称等九项内容,禁止媒体在审判开始前就详细报道案件的细节。

2. 放宽控制的审时刑事司法报道

案件进入审判环节之后,由于案件事实经过侦查起诉已经基本确定,对法庭审理的案件事实的同步报道不会给被追诉人带来有罪推定的危险。再者,审判公开原则的确立和实行,使得法庭上所发生的事实都可以被公之于众,媒体对刑事司法的报道权相比审前阶段有了极大的扩展,诉讼进程的改变使得国家对刑事司法报道的规制样态也必然随之而发生变化。审前阶段"从严控制"的规制样态已不适用于审判阶段,审判程序的开放性特征使国家对审判阶段的刑事司法报道的规制策略必须有别于具有封闭性的审前程序。总的来讲,对于起诉机关而言,"禁止公开为原则,允许公开为例外"的审前信息公开限制可以获得解除,取而代之为"公开为原则,不公开为例外"。但为防止不利于被追诉人的舆论产生,起诉机关信息发布的内容仍应当受到适当的限制,不得包含可能导致和强化对被追诉人不利裁判的信息和主观意见,起诉机关只能就被追诉人的身份特征、简要犯罪事实、侦查程序等事项进行发布。对于法院而言,由于"不能禁止新闻界报道在法庭上业已展现的事实"是现代法律所确立的一项基本准则,"限制报道为例外"应当成为审时刑事司法报道规制总的指导思想。除去法定的不公开审理的案件和特定诉讼环节,法院通常不能关闭法庭,排拒媒体的介入;除非允许媒体报道将给法院司法活动本身的公正性和被追诉人的人权造成无可挽回的损失,法院不得轻易限制媒体对案件事实的报道。对于媒体而言,国家对媒体的刑事司法报道持宽松的态度,只要不造成法院司法的独立和公正、被追诉人和司法人员个人权利的侵害,不打扰司法过程的连续性,审判过程中所发生的一切媒体都可以报道和评论。一句话,国家对审判阶段的刑事司法报道规制应持较为宽容的立场。欧洲人权法院在1992年Castells案的判决中的表达就是这一立场的经典诠释:"政府所占有的支配地位,使得它在诉诸刑事程序时必须表现出节制,特别是在可以利用其他手段回应反对者或新闻出版界的不适当攻击和批评时,尤其如此。"①

3. 宽严相济的审后刑事司法报道

判决生效之后,刑事诉讼随即进入执行阶段。此时,诉讼环境发生了不

---

① Castells v.Spain Judgment,23/04/1992,A236,para 46.

同于审前程序和审判程序的变化：一方面，判决已经生效，媒体对案件的报道和评论已经不会对法院的司法独立、公正以及被追诉人的权利造成侵害；另一方面，被追诉人的身份发生质变，从刑事诉讼的追究对象变为刑事责任的承担者，从嫌疑人、被告人变为已决犯，媒体对已决犯的刑事司法报道不利于其回归社会。因此，鉴于此种特殊情况，对执行阶段的刑事司法报道规制应当宽严相济、刚柔并举。所谓"宽"和"柔"，主要是针对判决刚刚生效的一段时间而言，国家应当允许媒体对案件的实体问题自由地报道和评论，允许媒体代表社会的声音对法院的裁决进行理性的质疑。所谓"严"和"刚"，主要是就已经处于执行程序之末期就快刑满释放的已决犯而言，为了帮助其重新社会化，国家应当禁止媒体对其犯罪事件再行报道。因为，"公众接受现存信息的利益已经获得了满足，罪犯'不受干扰'的权利就变得更为重要，媒体和公众的权利由此而应当受到限制……一旦刑事法庭已指控被告，并为其吸引公众注意的行为定罪，且他已经受了社会的公正谴责，对罪犯个人层面的进一步或重复的侵犯，便通常不具备理由。""法院必须把罪犯在社会上重新做人的利益，作为决定限制广播的关键因素"，"不论如何，如果报道危及罪犯重返社会，且不再被各种对现行事件接受信息的利益所支持，那么电视报道就不得重播。罪犯重返社会的关键利益和社团恢复其社会地位之利益，必须通常超越进一步讨论罪行的公共利益。"①因此，为了实现罪犯的重新社会化，帮助其重返社会，对于已处于执行程序末期的罪犯，国家应当禁止媒体对其罪行再做报道。

（四）比例原则

1. 比例原则的基本要义

"比例原则是西方国家公法，包括刑事诉讼法的一项重要原则。这一

---

① D.P.Kommers, *The Constitutional Jurisprudence of the Federal Republic of Germany* (2nd Ed.) ,Durham ,South Carolina：Duke University Press ,1977 ,pp.414-417.

原则对于防止国家的权力滥用和保护公民个人权利具有非常重要的意义。许多国家和地区都在立法、行政和司法领域对其加以贯彻。"①由德国行政法发展而来的比例原则,现已经上升至宪法性原则的高度,普遍适用于全部法律领域,刑事诉讼法亦受其支配。在理论上,比例原则要求国家所追求的某一"目的"与达成这种"目的"所采取的"手段"或"方法",相互之间必须具有合理的比例和平衡关系,从而将权力的运行规制在合理的框架之内,防范权力行使的无序和恣意妄为,在本质上构成对国家权力行使的强力约束。比例原则具有三个子概念,即手段的适合性原则、手段必要性原则和限制妥当性原则。适合性原则,是要求国家限制公民权利所采用的手段必须恰好能实现所追求的目的的达成。如果手段达不到其所追求的目标或者根本就不是致力于法定目的的实现,该手段的采取就不符合适合性原则的要求。必要性原则又称为"最小侵犯原则""不可替代原则",要求国家为实现某种职能目标而必须对公民权利施加限制时,国家必须从多种同样能够达成目的手段中选择对公民权利损害最小的手段。限制妥当性原则,又称狭义的比例原则或相当性原则,则是要求国家所采取的手段必须与所追求之目的成正比,要求对公民权利进行限制的手段所追求的社会利益必须大于所造成的不利益,否则,就构成对限制妥当性原则的违背。总而言之,其核心思想就是要求手段与目的之间应恰如其分,反对用高射炮打蚊子,用宰牛刀杀鸡。

由于刑事诉讼是和平时期国家对公民基本权利进行最严厉限制和剥夺的领域,在其中,国家权力更容易被滥用,个人权利更容易被侵犯,作为限制国家权力滥用的比例原则,迅速获得了各国刑事诉讼法的认可和贯彻,并被国际刑事司法准则和一些区域性公约所采纳。在刑事司法报道规制领域,由于国家立法、司法机关为了实现增进司法效益、维护公民权利和公序良俗

① 陈永生:《侦查程序原理论》,中国人民公安大学出版社 2003 年版,第 132 页。

的法定目的,同样需要运用国家权力对媒体的刑事司法报道行为实施限制。为了防止国家在限制媒体刑事司法报道行为时滥用权力,构成对媒体新闻报道权利的侵犯,比例原则应当被视为国家规制刑事司法报道所必须遵循的一项基本原则。借助该原则,我们能够约束国家在规制刑事司法报道方面的行为选择:即在刑事司法报道可能给司法效益、人权保障和公序良俗带来现实的损害风险时,国家对刑事司法报道只能采取那些在范围、幅度、期间等方面刚好能够达致其所追求的目标的措施。凡是在客观上不能达到所追求的目标或不是为了法定目标的措施,凡是超越所追求目标而违背限制妥当性原则的措施,因其都与比例原则相抵触,而应被禁止。

2. 刑事司法报道规制与比例原则之贯彻

(1)国家只能对可能妨害刑事司法报道规制目标的报道行为实施限制

依据适合性原则,国家限制或剥夺公民权利的权力行使,只有在公民的特定行为危及到国家或社会公益时才具有合法性。对刑事司法报道进行限制也是如此,只有媒体的刑事司法报道活动给司法效益、人权保障和公序良俗带来现实的危险时,国家才有正当的理由对媒体的新闻报道自由进行限制或剥夺。在审前阶段,媒体对案件事实任何不当的报道和评论,都可能违反无罪推定的原则,在法庭审理之前就在全社会造成被追诉人罪证确凿、罪该万死的舆论,构成对被追诉人公正审判和人格诸权的公然侵害,因而国家对侦查、起诉机关的信息发布作了严格的限制:只有在为维护公共利益或保护合法权益而有必要时,侦查、起诉机关才能通过新闻发布、侦查公报或是侦查热线等渠道对外发布法律明文规定的事项;除此之外的任何情况下,两机关都不能对外公布任何信息。在审判阶段,国家也只能对那些可能妨害司法效益、侵害人权保障和公序良俗的报道行为予以限制和约束,而不能对涉及此案的所有信息传播活动不分青红皂白地一律禁止。

(2)国家对刑事司法报道实施的限制措施应当与其目的相当

依据必要性原则和限制妥当性原则,国家为实现某一职能目标而要对公民权利进行限制时,只能选择对公民权利损害最小并且对公民权利的损害在事实上小于其所要保护的社会利益的手段。换而言之,国家为限制公民权利而采用的手段与其所要追求的目标之间必须合乎比例。刑事司法报道规制同样应当体现规制措施与规制目的之间的比例关系:国家不能无所顾忌地采用限制新闻自由的措施,其所采用的措施必须与要实现的利益呈正比关系。对此,欧洲人权法院在其判例法中反复声明这一观点:"每一种在该领域中被施加的'手续'、'条件'、'限制'或'惩罚'都必须与所追求的合理目标适度。"①《马德里准则》第 14 条也表明刑事司法报道规制必须遵循比例原则:"只能在以达成目的所需的最低的程度和最短的时间内对基本准则进行限制,如果能以较低限度的限制达成目的,那就不能实施较高限度的限制。"《英国刑事法院案件报道指南 2009》也反复强调:"任何限制司法报道的理由都必须令人信服,所有此类限制措施都应当合理、适度,不得超出满足相关目的的必要性范畴。……在所有情况下,法院都必须先确认是否确有必要对司法报道予以限制,且最终的限制令内容必须以达到必要目标为限。"②国家必须证明:它对媒体刑事司法报道的限制乃是不得已而为之,它所采取的限制措施已是最低限度,已达到防止刑事司法报道侵损司法效益、人权保障和公序良俗的最低极限。国家必须合理、谨慎和诚信地行使限制新闻自由的权力,不应因某些微不足道的私人权利、社会利益或秩序为借口,对具有重要价值的新闻自由进行限制。换而言之,国家限制媒体的刑事司法报道活动,必须能够达到法定的目标,要么必须能增进司法的效益,推进侦查程序的顺利进行、维护司法的独立和公正、提高审判的效益,要么必须能够增进被追诉人、被害人或者刑事司法人员的人权保障,要么必须

---

①　Handyside v.United Kingdom,(1979—1980)1EHRR737.转引自[英]克莱尔·奥维、罗宾·怀特:《欧洲人权法:原则与判例》,何志鹏等译,北京大学出版社 2006 年版,第 382 页。

②　英国司法研究委员会、英国报业协会等:《英国刑事法院案件报道指南 2009》,林娜译,《人民法院报》2013 年 11 月 29 日。

能够维护公共秩序和社会的善良风俗,国家不能基于诸多法外的目的而滥用限制新闻自由的权力,国家也不能因小失大,以牺牲新闻自由为代价去保护那些并不很重要的权利。如美国 2005 年迈克尔·杰克逊狎童案,主审法官梅尔维尔允许媒体在法庭内设置麦克风,录音直播迈克尔·杰克逊 10 项控罪的裁决。[①] 此案法庭对媒体庭审采访手段的限制——适用录音直播而不是画面直播,实现了保护未成年被害人隐私的目的与新闻自由的平衡。

[①] 《杰克逊狎童案今天出裁决　法官批准全球直播》,见 http://yule.sohu.com/20050606/n225840147.html。

第 五 章

中国刑事司法报道规制的构建

"方向和目标是不难确定的,如何在实现这些方向和目标的过程中,克服一系列的体制和观念方面的障碍,却是极为艰巨的课题。"[①]在我国,刑事司法报道规制基本上是一个新鲜事物,属于新闻法和诉讼法的交叉领域。由于刑事司法报道规制事关媒体报道自由、刑事司法独立和被追诉人人权三项重要权利的博弈互动,要构建一个行之有效、科学合理的制度框架实非易事,需要我们审慎思考、小心求证、大胆探索。

一、中国刑事司法报道规制的立法选择

(一) 中国刑事司法报道规制的立场选择

采用何种立场和模式是我们构建中国刑事司法报道规制体系首先必须做出的选择。尽管"要在二者之间做出选择实在困难",但面对新闻自由与公正审判必然的冲突,回避不是办法。考虑中国新闻自由、被追诉人人权和司法独立三者之间关系的历史与现实,肯认新闻自由,但在新闻自由与被追

[①]　陈瑞华:《未决羁押制度的理论反思》,《法学研究》2002 年第 5 期。

诉人人权、司法独立发生冲突时应优先保护被追诉人,是当前刑事司法报道规制应有的立场选择。

1. 肯认新闻自由的规制前提

今天,新闻自由已上升为现代民主国家宪法所保障的基本权利高度,甚至成为衡量一国是否民主以及民主化程度的指标。目前,中国正在进行市场化改革,努力调整国家与社会的关系。家国一体、国家与社会一元的传统体制在市场经济逐步成熟的情况下正在实现国家与社会的分化,市民社会的逐渐形成催生了民众信仰的多元化和表达自己思想、意见的要求。在这样一种大环境下,尊重和保障参与决策和监督公权的权利,给公众一个自由的空间就极具现实意义并成为现时代的主旋律。媒体在促进思想交流、维系与推进民主、疏导社会不满情绪、促进个人自我实现、监督国家公权等方面所具有的重要价值,已使媒体成为民众表达、参与、监督的代言人,新闻自由在现代社会表现得越来越不可或缺。随着现代社会的发展,新闻媒体的影响力正呈现越来越强化的趋势。在过去,新闻媒体原本被认为是一场球赛的播报员,但现在其已下场参加球赛,并成为有能力左右球赛输赢的球员之一。在刑事诉讼领域,媒体对刑事司法的报道所具有的保障公众知情权、督促刑事司法权公正行使、增进公众对司法的信心的重要性使得对新闻自由的保障应该成为一国法律的必要内容。在我国,新闻自由解禁的历史还很短暂,从改革开放以来到今天也不过30余年。尽管随着社会的发展,新闻界获得了较之过去更多的报道空间,但整体上仍然处于发育不足的状态。媒体对刑事司法的报道仍然主要以正面表扬肯定为主、反面批评否定为辅,媒体对刑事司法权力运作的批评监督功能还很微弱,远远称不上"第四种权力"。实践中,媒体批评、监督司法权力的报道还可能因后者的猛烈反扑而损失严重。2002年兰州市公安局封杀《兰州晨报》等六家报纸的十六名记者的事件①,2003年

---

① 《公安局封杀16名记者谁编造"黑名单"?》,《南方周末》2002年8月8日。

广东省高级人民法院封杀《南方日报》等三大报业集团六家报社的六名记者的事件①，都证明新闻禁锢的梦魇仍然挥之不去，媒体报道刑事司法的自由仍然亟待保障。当前，中国构建刑事司法报道规制体系，首先必须将肯认媒体报道刑事司法的自由确立为规制的前提，大力推进扩权性改革，赋予新闻媒体接近刑事司法的更大权利保障。如若没有保障只有限制，新闻自由必然会因此而夭折，而这必然因与时代潮流背道而驰而不可行。

肯认新闻自由，也是国际形势的要求。当今世界，新闻自由早已被各国宪法和诸多国际公约所肯认，保障新闻自由为原则、限制新闻自由为例外，早已被世界各国达成共识。如前所述，被视为"国际人权宪章"之一的《公民权利和政治权利国际公约》第19条就对言论自由的保障和限制作了明确规定。我国已于1998年10月5日签署了这一公约，尽管全国人大至今尚未批准加入，但批准加入是迟早的事情。为了履行"条约必须遵守"的国际法义务，我们在构建刑事司法报道规制时应当遵循公约的基本精神，在法律中首先对新闻媒体报道刑事司法的自由予以保障，这应当成为我们规制刑事司法报道的前提和基本立场。

2. 被追诉人人权优先的最终选择

尽管在制度的构建上我们可以提前为刑事司法报道设置权利行使的边界，但却无法阻挡刑事司法报道与被追诉人人权发生冲突的现实。基于各自所追求利益的差异、各自行为的出发点和各自行为属性的不同，媒体刑事司法报道与被追诉人的权利、公正审判之间的冲突几乎是不可避免。刑事司法实践早已证明，"几乎所有的影响性刑事案件，其刑事司法过程或多或少都引发了刑事司法与民意之间的紧张关系。"②在面对二者的冲突时，诉诸利益平衡的办法乃是理性的选择。因为，"若两个定律发生冲突，除非考

---

① 《广东法院"封杀"六名记者》，《新闻周刊》2003年12月9日。

② 徐光华：《转型期刑事司法与民意互动的实证研究》，中国政法大学出版社2015年版，第117页。

虑到结果的善或恶,否则很难根据理性作出选择。"①利益衡量法的意义在于它有助于消除我们所惯有的"无代价自由"的错误观念和对自由所作的叶公好龙式的幻想,对刑事司法报道的界域进行有效的限制和完善,以防止旧弊难除,新问题又生。

面对新闻自由与被追诉人人权间的利益冲突,世界各国有两种利益衡量的解决方法:"个别比较衡量论"和"界限确定衡量论"。前者主张在个案中因案而异地进行衡量以确定在个案中究竟应该保护哪一种权益;后者主张从宪法原理出发确定某一种权利的优越地位,以此作为一个统一的规则来解决刑事司法报道和被追诉人权利之间的冲突。综观"个别比较衡量论"适用的司法实践,"个别比较衡量论"有实用主义的好处,但这个优点同时又是这个方法的本质缺陷:因为必须就个案进行单独判断,在冲突的利益之间无法形成一致的普适理论,法官必须自行判断新闻自由与其他利益何者更为优先,什么条件下新闻自由应当被牺牲,其他利益应当被保护,以致个人永远无法预测他个人因表达自由所得到的利益是否会在权衡利益的程序之下超过与之抵触的、在法律中所提及的国家的利益。② 适用这种原则来衡量刑事司法报道与被追诉人人权、公正审判之间的冲突,个案中起决定作用的将是判断者的价值观和个人经验认识,容易使案件的结果呈现出同案不同判、因人而异的状况。不仅如此,这种衡量原则的付诸实践还要求法官具有高度的正义感和智慧。而在我国,现有的司法制度并不能保障法官判案完全只服从法律而不受任何外来因素影响,法官素质的高低有别也使适用这种原则无法保证判决的公正。而"界限确定衡量论"从宪法原理出发,承认言论自由或个人权益的优越地位而确定适用的原则,能够避免"个别比较衡量论"的不足。因而,我国在规制刑事司法报道时,应当选择"界

---

① A.C.Ewing,*Ethics*,NewYork:Free Press,1965,p.58.

② Frrantz,"The First Amendment in the Balance",71Yale L.J.1424(1962),pp.1440–1443.

限确定衡量论"的利益衡量原则而祛除"个别比较衡量论"。在新闻自由与被追诉人人权何者优先的问题上,我们又应当以被追诉人人权优先为选择,在新闻报道自由与被追诉人的人权保障发生冲突时,优先考虑后者。

首先,我国现实国情要求采用被追诉人人权优先的原则。在我国,尽管没有专门的新闻法来保障媒体的新闻自由,但由于主流媒体的官方化色彩和不自治性,媒体在与被追诉人的权利冲突中无可置疑地处于强势地位。而基于有罪推定的法律思维和法文化,作为追惩对象的被追诉人人权的保障在国家层面尚未受到司法权的充分认同,在社会层面也未受到公众的普遍接纳,在面对媒体的不当报道时被追诉人往往只能束手就擒、被动挨打,尚无招架之功何来还手之力。考量既往的案例,无论是张金柱案、邱兴华案、蒋艳萍案、刘涌案,还是李昌奎案、药家鑫案,都可以发现:造成媒体刑事司法报道与被追诉人权利之间冲突的原因通常都是媒体滥用新闻自由所致;在媒体和被追诉人的较量中,媒体始终是强者。由于我国媒体侵权责任追究机制的缺位,媒体很少因为这种冲突而受到不利或被追究法律责任,而被追诉人则无一例外地受到了媒体的狂轰滥炸,要么被称之为"杀人狂魔""魔头""女巨贪""银弹""肉蛋"而名誉受损,要么被加重刑罚,甚至于"由生而死","命丧"媒体之口。不仅如此,媒体不当的刑事司法报道,还可能在全社会掀起一股强大的舆论狂潮质疑司法机关的裁判结果的正当性,煽动社会不良情绪,危及社会稳定。因而,综合考虑新闻自由与被追诉人交锋的现实国情而权衡再三,坚持刑事被追诉人人权优位应当是目前我国的最佳选择。

其次,西方国家的成功经验为我国采用被追诉人人权优先原则提供借鉴。西方国家的历史经验也证明,选择被追诉人人权优先的利益衡量原则有其合理性。事实上,即便在疾恶如仇、控制犯罪优于人权保障的大陆法系国家,也基于保护被追诉人人权的考虑,刑事诉讼中的新闻报道自由也一直受到严格的限制:在审判阶段,虽然实行审判公开,媒体可以旁听案件的审理并自由报道,但媒体采访庭审的手段却大受限制,法国、德国等国家都无一例外地禁止电子设备在庭审报道和采访中的使用;在侦查阶段,虽然传统的侦查秘密原则正在逐渐地松绑,国家也在逐步扩大媒体的介入,但基本状况并没有根本改变,媒体在侦查阶段对案件的报道权利和报道内容仍然受到很大限制。英美两国在建国初期,为在社会中培育无罪推定的意识和对法官权威的维护,也曾以藐视法庭罪严格限制媒体的刑事司法报道,只是后来才渐渐放宽。在中国,尽管 2012 年修订的刑事诉讼法大大提高了人权保障的力度,但惩罚犯罪的文化观仍然深植于社会,保障人权的理念仍未被大众所普遍接纳。"痛打落水狗"的心态使刑事司法报道肆意侵犯被追诉人人权的现象频频发生。因此,当前我们应选择刑事被追诉人人权优先的原则,要求新闻媒体报道刑事司法应当以尊重被追诉人的人权尤其是公正审判权为前提和边界。在二者发生冲突时优先保护被追诉人人权。这样的选择才是"具有现实合理性的方式"。①

(二) 中国刑事司法报道规制的模式选择

综观国外刑事司法报道规制,可以发现,西方国家在规制司法新闻报道时几乎都是采取多管齐下、多元化控制的方式,很少单独采取某种方法,但在主要控制方式上仍然有侧重点的差异,依据是否重视立法的作用而形成了以司法规制为主的美国模式和以立法规制为主的欧陆模式②。马克思曾言:"应当认为没有关于出版的立法就是从法律自由领域中取消出版自由,因为法律上所承认的自由在一个国家中是以法律形式存在的。……因此,

---

① 龙宗智:《相对合理主义》,中国政法大学出版社 1999 年版,第 17 页。
② 尽管英国属于英美法系,在规制体系、规制措施等方面与美国有着很多的共同点,但由于地处欧洲,在新闻自由与公正审判的冲突处理问题上,英国又与欧洲大陆有许多相似之处,其中之一就是在规制模式的选择上,英国与欧洲大陆国家一样采用了立法规制为主的模式,法律对刑事司法报道内容、媒体信息采集能力、推迟报道制度、媒体刑事责任的追惩等都作了严密而细致的规定,与美国注重司法规制的状态形成鲜明的对照。

出版法就是出版自由在立法上的认可。"①"如同国家发展的其他方面一样，大众传播媒介发展只有在适当的法律和制度范围内才会最合理、最有秩序地进行。"②立法规制成为相对于司法规制更为普遍适用的模式。结合我国的法学理论与现实，中国刑事司法报道规制也应当采用立法规制的模式。由于历史上我们就与大陆法系有着深厚的亲缘关系，法律传统和司法制度的相似性，更由于中国现实的国情，中国刑事司法报道规制机制在模式选择上应当采用立法的模式。

1. 立法规制模式是我国现行法律的要求

仅仅由法律来规制刑事司法报道这一基本原则，已经得到国际公约和各国宪法的普遍承认，并被视为各国刑事司法报道规制应有的模式选择。如前所述，《公民权利与政治权利国际公约》第 19 条第 3 款、《欧洲人权公约》第 10 条第 2 款均已规定："上述自由（即表达自由）的行使既然带有责任和义务，其得受法律所规定的程式、条件、限制或惩罚的约束"。《美洲人权公约》第 13 条第 2 款规定："前款所规定的权利（思想和表达的自由）的行使不应接受事先审查，但随后应当受到法律明确规定的义务的限制……"法国 1789 年《人权宣言》第 4 条也宣称，对自然权利的行使所施加的限制，只能由法律规定。《德意志联邦共和国基本法》也明确宣称，表达自由只得由法律来限制。

相比之下，我国宪法并没有法条就限制表达自由的模式直接作出明文规定，但《立法法》第 8 条和第 9 条却从立法的层面有所触及。按照《立法法》第 8 条明文规定："下列事项只能制定法律：（一）国家主权的事项……（五）对公民政治权利的剥夺、限制人身自由的强制措施和处罚……"而言论自由在宪法上属于政治权利的范畴，按照《立法法》的规定，对言论自由

---

① 《马克思恩格斯全集》第 1 卷，人民出版社 1995 年版，第 71 页。
② ［美］韦尔伯·施拉姆：《大众传播媒介与社会发展》，金燕宁等译，华夏出版社 1990 年版，第 240 页。

的限制就只能由国家立法来进行,其他任何行政机关、司法机关都不能自行出台规定对公民和媒体的言论自由施加非法的限制。正是在这个意义上,前述广东省高级人民法院和相关部门联合下发的《关于规范采访报道法院审判案件活动的若干规定》即是对立法法的违反而应当归于无效,最高人民法院 2009 年单方发布的《关于人民法院接受新闻媒体舆论监督的若干规定》同样有越权立法之嫌。既然作为宪法重要组成部分的《立法法》已经对言论自由的规制明文要求采用立法的模式,中国刑事司法报道规制理所当然应该以立法规制作为应有的模式选择。

2. 立法规制模式也是我国社会现实的要求

(1)中国式法学教育模式下产生的法官不具有司法规制的能力

不同的法学教育模式锻造出不同素质的法官,由此也影响到国家对刑事司法报道规制的模式选择。在美国,独特的法科招生体制和课堂教学方法成就了美国素质全面而理性的高能法官。在美国,法律是一种渊博的社会之学,法律价值和社会政策的多元化使得案件的分析和判定需要借助多学科的知识。只有复合型的法律人才,才能得心应手地运用法律这一社会控制的工具。因此,法科招生体制要求进入法学院攻读的法科学生必须已经接受四年的非法律专业本科教育。加上三年的法学教育,法科学生通常至少具备两种学科的专业知识,有着较为成熟的心智和较强的逻辑分析能力,能够具备法官断案所要求的素质。与此同时,案例讨论式的课堂教学方法能够提供符合司法规制素质要求的法官。案例教学法是美国法律教育的突出特征,法学教育界普遍认为,"法院的判决是法律科学的真正素材",强调通过对案例的研习培养学生从"实然"和"应然"的双重角度来学习和看待法律的能力。在案例教学法中,教师很少做长篇大论的讲解,而是通过提出启发性的问题并继之以不断的追问,引导学生对案例中的各种司法意见进行缜密的分析,并就各种不同的观点展开激辩。通过这种苏格拉底式方法的训练,学生就会掌握洞察法律问题如何产生以及律师、法院和立法机关试图如何解决这些问题的能力,学会像律师那样思考,就会变得坚定、实际而机敏。对法律的个性化理解,致使学生能够"对看似有效和普适的东西提出质疑,培养坚忍不拔和不断探索的精神,以及对重要情势经深思熟虑作出决断后起而行的能力和意愿"。① 而很显然,这种坚忍不拔的探索精神正是美国法官能够胜任法官造法传统下对媒体报道进行司法规制的原因所在。

在中国,"复合型"法律人才从来没有成为法学教育培养的目标。从中国法学专业的生源看,中国的法科学生直接来源于高中毕业生,根本没有受过大学本科教育,当然没有非法律本科的学历教育背景;法学教育的课程往往只重视法学学科的知识传授,而较少涉及相关学科。法科学生知识结构的单一性使得中国法学毕业生进入法官职业时无法像美国法科学生那样担当起司法规制媒体报道的重任。与此同时,中国式法学教育倡导"传道授业解惑"的课堂教学方法,强调教师在课堂上对法律基础知识、基本原理和基本技能的讲授,而学生多数则洗耳恭听,很少参与教师授课的互动。尽管目前法学教育也在引入案例教学法,但中国的案例教学与其说是案例讨论,毋宁说是案例分析。教师一般事先已备有正确的标准答案,案例教学探讨的是如何将现行的法律规则适用于具体案件的问题,而不是研究如何从现有的判例推论出案件的裁判规则。在中国的案例教学课堂上可以看到的是,教师在侃侃而谈,而学生则平心静气地倾听的安静场面。这种训练方法难以培养学生个性化的思维方式,也难以养成学生自己推断、释义和评价法律的能力和坚忍不拔的探索精神。这种单一的知识结构和创新探索精神的匮乏,使得中国法学教育模式培养出的法律人才并不适合也不能胜任美国式法官对刑事司法报道的规制任务。相反,这种课堂讲授的方法培养出的

---

① E.M.Morgan,"The Case Method",*Journal of Legal Education*(1952),p.387.转引自徐崇利:《中美法学教育模式之比较:"法官型"人才 v."律师型"人才》,载廖益新编:《厦门大学法律评论》第11辑,厦门大学出版社2006年版,第12页。

学生恰好具有的是按部就班、慢条斯理的性格,而这恰和大陆法系的制定法传统一脉相承、严丝合缝。因此,中国刑事司法报道规制模式在选择上理所当然应以立法规制为主,美国式的司法规制并不适合中国。①

(2)制定法传统下的法官不具有司法规制的权力

选择立法规制而摒弃司法规制,也是中国深厚的制定法传统使然。这种传统不是晚近的成果,早在中国古代即已瓜熟蒂落。综观中国古代法制,可以发现,我们的法律体系与大陆法系相似而与英美法系相距甚远,整体上呈现出以律为核心的制定法的特点。在这个法律体系内,历代王朝都以前朝之律为基础修订本朝之律,延绵不绝,形成了制定成文法典的深厚传统。尽管中国古代也有廷行事、决事比等司法实践中创制的判例,但与今天以遵循先例原则为核心的英美判例相比,这些判例少具体事例而多一般规则,法律效力不是来自于普通法官而是皇帝。因此,中国式的判例乃是条文化的判例,打上了制定法的烙印,与英美判例远不能相提并论。由于中华法系的"大一统理念"与大陆法系的国家主义观念的某种契合、中华法系的"法自君出"、尊崇律典的观念与大陆法系法典编纂观念的相近、中国古代流行的注经思维方式及由此派生的律学思想与大陆法系注重从法典条文出发演绎法律旨意的思维方式的雷同,更由于中华法系长期盛行的司法擅断审判方式与大陆法系的审问式的类似,中国近代西学东渐和沈家本修律时,中国对大陆法系的法典化予以了继受,制定法传统在近代中国法律演变的历程中得以牢固树立。与制定法传统相适应,立法的权力归属于国家,法官没有造法的权力,只被允许在严格的审判权限内解释和适用法律规范。因此,中国刑事司法报道规制在模式的选择上仍然应当与一脉相承的制定法传统保持

---

① 在这一点上,英国的法学教育方法与大陆法系有很大的相似之处,英国采用同大陆法系相似的标准教科书,书中内含一页页黑体字的法律规则及其举例说明;法学院的主流教学方式是大陆法式的说教式讲授,辅之以教师指导下的对某些问题的小组讨论。这与英国刑事司法报道主要以立法规制为主的模式刚好相互映衬。

一致,以立法规制模式为依归。

二、中国刑事司法报道规制的制度设计

他山之石,可以攻玉。刑事诉讼基本原理的普适性决定了西方国家刑事司法报道规制机制的具体制度和程序设计具有借鉴、参考的价值,但各国国情的特殊性也决定他国经验我们不能机械地照抄照搬,而需要根据本国国情做本土化的改造。正如韦尔伯·施拉姆分析的那样:"基本的事实是,在各种法律体系之间存在着一种根本的多样性,这种多样性既是各种思想、文化、经济水平和社会需要的反映,又是其必然后果。在这些不同的体系当中,特别是在像新闻这样一个领域中,政治因素使这些体系的多样性和从属性变得更突出,尤其是当传统和文化的多样性又加上了区别大多数发展中国家和高度工业化国家的巨大经济发展差距时,怎样才能找到法规的共同点呢?……在目前的发展阶段,同时适用于所有国家的标准法规是不可想象的。但有一点可以肯定,即:如果不考虑这方面法律因素的特点,就会严重影响目前为改进大众传播媒介和保证它们可以也应该对社会经济发展作出贡献所做的努力。"①当前,我们应立足于本土,结合本国的国情、民情、社情,适当地吸收他国经验,创制出真正科学合理并行之有效的刑事司法报道规制机制,以实现刑事司法报道和公正司法、被追诉人人权保障的共赢。

(一)健全司法新闻发言人制度,保障媒体审前信息获知权

众所周知,重大犯罪案件因具有高度的新闻价值而成为传媒竞相追逐的焦点。由于被追诉人及其家属和辩护律师通常不愿提供案件信息,向其寻求信息既费时又费力,大众媒体只能诉诸官方渠道。调查显示,记者在报

---

① 〔美〕韦尔伯·施拉姆:《大众传播媒介与社会发展》,金燕宁等译,华夏出版社1990年版,第241页。

道犯罪新闻时,利用消息来源最多的是警方说法、其次是检方说法,再其次依序为法院说法、判决书、受害人及其亲友说词、相关证人或其他利害关系人,最不常利用的消息来源是律师。① 可见,为求迅速提高收视率和发行量,站在刑事侦查、起诉工作第一线的司法机关,因最接近犯罪事实的原貌而经常成为新闻从业人员竞相挖掘线索的主要来源。而在我国,由于媒体获取刑事司法信息的权利和手段没有得到法律的切实保障,司法实践中媒体报道刑事司法的内容、范围和自由度严重受制于司法机关的单方意志,司法人员也常基于各种各样的目的动辄主动披露案情或接受媒体邀请,在媒体上披露案情并就案件进行评论。刑事司法报道因此而流弊丛生,陷入"一人以废言,一人以举言"、媒体失语和媒体审判看似怪诞、实则内在统一的奇特景观,构成对媒体报道自由、刑事被追诉人人权和司法权威的双重侵害。为此,当前,要构建良好的刑事司法报道机制,我们首先就应当确认和保障新闻媒体对刑事司法的信息获知权,健全新闻发言人制度,为媒体接近和采访报道刑事司法提供一个制度化的入口,理性调谐媒体、国家与被追诉人之间的关系,实现公众知情权和公正审判的两全其美。这正如美国传媒法学者彭勃所言:"在真实信息的发布被窒息的气氛里,谣言容易盛行,与其让新闻记者传播谣言工厂制造的货色,不如让他们用正确与真实的言论报道案件。"②

1. 归口管理司法新闻发言人制度

综观世界,刑事诉讼通常分为审前程序和审判程序两个阶段。由于审判公开早已被确认为现代刑事诉讼的基石,法院审理案件的活动除去陪审团合议以外几乎都向媒体开放,媒体可以获知从立案、庭审、执行、听证、文书、审务在内所有的法院活动,因而即便是对备受关注的重大刑事案件的审

---

① 新闻评议委员会:《社会记者与警方消息来源互动关系之研究》,新闻评议委员会1997年版,第19页。

② [美]彭勃:《大众传媒法》,张金玺译,中国人民大学出版社2005年版,第410页。

判,法院也无须由新闻发言人向媒体公布案件的审理进展。因为,刑事案件在法庭的办理进展,媒体都可以通过参与庭审及其他程序而获知,法院设立刑事案件的新闻发言人制度实无必要。因而,刑事司法新闻发言人制度通常针对检察官和警察而设立。由于在西方的国家体制中,检察院和警察在体例上都属于国家的行政机关,受司法部管辖,因而,由司法部统一制定和管理新闻发言人制度成为世界各国的通例。在美国,司法新闻发言人制度由联邦司法部统一制定,用以规范全美联邦检察系统、警察系统、刑罚机构、移民和侨民机构对媒体的刑事案件信息发布。美国司法部《媒体关系指南》第1-7.210条"基本责任"规定:"事关媒体与司法部所有事务的最终责任由公共事务办公室主任承担。总检察长应随时充分知晓有关事务。地方联邦检察官负责牵涉到地方媒体的所有事务。"第1-7.220条"指派媒体代表"规定:"所有联邦检察官办公室和司法部其他组成部门办公室都应指派一名或多名人员充任媒体事务的联系人。没有可资利用的人力资源全职充当媒体事务联系人的联邦检察官办公室或司法部其他部门,应将联系媒体事务的职责委派给身份明确的个人。"根据该条,美国司法部下属的上述所有部门都应当接受司法部的统一规定,在本部门建立新闻发言人制度。在德国,新闻发言人制度也统一由司法部创设,统辖法院和检察院新闻发言人并负责向新闻界报道法律政策、司法管理和刑罚执行事项。在我国台湾,检警调等侦查机关的新闻发言人制度也由"法务部"制定并严格规范。可见,各国(地区)都在司法部内设立有一个职司刑事司法报道工作的机构,具体指导检察院或警察机关的新闻发布工作。

反观我国,尽管也有司法新闻发言人制度,但却没有统一的规制主体,公安机关和检察院各自为政,对有重大社会影响的刑事案件的发布内容没有明确的规范,刑事案件信息的发布和管理常常彼此冲突、相互矛盾。因此,有必要将公安机关和检察院的司法新闻发言人制度进行归口管理。但在确定归口管理新闻发布的主体上,我们还得审慎思考,西方的司法部统管模式并不适合中国。依照国外的政府体制,司法部通常是政府的一个职能部门,其任务是保障法律的施行,维护政府的法律利益和保障法律对所有公民都平等施行。为了履行这一任务,司法部拥有检察、警察与司法行政等多种事务,检察机关和警察机关在性质上都属于行政机关而受司法部统一管辖,双方之间属于领导与被领导的关系,因而司法部有地位、有职权对警察机关和检察机关的新闻发布进行直接管理。同时,司法部长向来由总检察长担任并享有阁员地位,司法部长的任职人选也反映出司法部对于归口管理新闻发布具有法律效力并对警察和检察机关具有强制力。而中国的司法部显然不具有与西方国家的司法部同样的职权和地位。在中国,司法部虽然也是政府的一个部,但却并不管辖警察与检察机关。公安部与司法部级别相当、各不隶属,高检则比二者还要高出半级;同时,司法部只负责司法行政事务,并不具有诉讼的功能。因此,中国的司法部对侦查和起诉并不负有监管的权力和责任,自然就不宜也不能承担起主持或协调新闻发布的工作。考量当前中国的体制架构,承担这一责任的最恰当主体还是非最高人民法院莫属。其一,作为最高审判机关的最高人民法院拥有法定的独立地位,能够对侦查和起诉机关的新闻发布中立性地进行规范。尽管法院目前还没有实现完全的独立,很多方面还受制于党政部门,但随着司法体制改革的推进和深化,法院的真正独立和权威是迟早的事情,由具有权威的最高人民法院来归口管理侦查和起诉的新闻发布具有合理性,更容易得到侦查和起诉机关的认同。其二,世界上绝大多数国家都将检察院定位为行政机关。尽管中国检察院在宪法上属于司法机关,"生于司法,但却无往不在行政之中",行使的仍是与国外检察机关并无二致的权力,实践中我们也主要是将检察院视之为行政机关来管理。因而,由中立而具有权威的法院来统一规范其新闻报道也在情理之中。其三,侦查和起诉阶段的新闻发布是否恰当,直接掌控着媒体刑事司法报道的舆论导向,最终影响着法院的审判独立和公正裁决。法院是侦查和起诉阶段新闻发布政策效果的最终承受者,由法院站在司法审判的立场对侦查和起诉阶段的司法新闻发布进行统一管理,对于规范侦查和起诉信息的适度公开,防范媒体刑事司法报道失范无疑最具功效。因此,将归口管理侦查和检察机关新闻发布的权力和责任赋予最高人民法院,是行得通的策略。除此之外的任何机关都不具有合理性。①

2.明确司法新闻发言人的职责

明确职责乃是司法新闻发言人制度能够付诸实践的前提,也是司法新闻发言人真正履行职责的依据。为了达致向媒体公开司法、防止媒体发布倾向性报道影响司法审判、保护被追诉人人权的目的,各国和地区都明确规定了刑事案件中的司法新闻发言人的职责。如德国《萨克森州司法部传媒管理规定》就明确,"法院和检察院的新闻发言人主要负责司法判决及检察机关侦查活动的新闻报道工作","新闻界发布的不正确报道有损司法声誉或为案件参与方之利益计不可不予反驳的,应谋求适当之更正。有关适当更正之努力无效果或从一开始就表明无效果且事件的意义及影响表明有必要予以反正陈述的,应依《萨克森州新闻法》第10条而提出反正陈述之要求。反正陈述由涉案司法机关的机关领导人作出。""在新闻实务方面,法院和检察院的新闻发言人直接与萨克森州司法部新闻处联络。重要的新闻通报应告知各上级司法机关的新闻发言人及州司法部新闻处。"美国司法部《媒体关系指南》第1-7.310条规定:"美国联邦调查局、禁毒署、移民规划署、监狱机构、社区关系部的公共事务官员应负责与司法部公共事务办公室主任一起规范新闻媒体。"在我国台湾,警察局、检察院的新闻发言人的职责也在于向公众发布刑事案件侦查的相关信息并核查媒体刑事司法报道有无失实以即时澄清、以正视听。可见,用于刑事案件信息发布的新闻发言

---

① 如政法委就不合适。尽管政法委是公检法事实上的共同上级,在司法实务中起着统率公检法的作用,但政法委在性质上是归属于同级党委的工作机构,是党委主管政法工作的职能部门,既不是主管侦查的行政机关,也不是主管起诉的检察机关,本身并不具有诉讼的职能,也就不能就具体工作向公检法发布规范性文件。由它来统一管司法新闻发布于法于理都不通。

人的职责有二:发布案件信息并对不实新闻报道予以纠正。很显然,我国目前的司法新闻发言人的职责通常只限于向媒体发布信息,缺乏对媒体刑事司法报道的监管职责,因而在规制刑事司法报道的法律缺位的情况下,媒体刑事司法报道因缺乏监管而泛滥的现象就难以避免。当前,完善司法新闻发言人制度,应当明确司法新闻发言人的职责,不仅要及时向新闻媒体传递信息,还应肩负起监管刑事司法报道、纠正不实报道的责任。

3. 明确司法新闻发布的内容和禁止事项

综观绝大多数国家和地区的司法新闻发言人制度,为防范媒体进行倾向性报道,司法新闻发言人制度都以审前和审判阶段的不同特点为基础对各诉讼阶段应当公布的信息范围和禁止事项作了明确规定。在审前阶段,都不约而同将不公开为原则、公开为例外确立为司法新闻发布的标准。美国司法部《媒体关系指南》第1-7.530条"正在进行的调查的相关信息的公布"规定:"A.除B款的情况外,司法部各组成部门(包括联邦调查局、联邦监狱管理局、药品执法管理局、联邦执行官署、移民规划局及其司法部其他分支部门)及人员不得对正在调查中的事项作出回应,也不得发表对其性质、进度的评论,包括在正式成为公共资料之前的传票的发布和送达。B.对于已经实际公开的事务,或者公众有必要知晓调查机关正在调查某一事件的信息,或者有助于保护公共利益、安全、福利的信息,社会有权得到这些事务的确认和评论。在这些情况下,调查官员将与联邦检察署或者司法部分支机构协商并得到批准以向媒体发布相关信息。"我国台湾地区"侦查不公开作业办法"也作了与美国类似的规定:侦查不公开作为一般原则,检警调机关通常不能向媒体公布案件信息,但为维护公共利益或保护合法权益,认为有必要时,可以向媒体公布相关信息。为此,"侦查不公开作业办法"第9条将为维护公共利益或保护合法权益而确有必要向媒体公开相关信息的情形限定为九种。因此,在法律许可公开审前案件信息的情形下,绝大多数国家和地区法律以正反两面双管齐下的方法对审前阶段的司法新闻发布内容和禁止事项进行明确规定。一方面,法律率先从反面明文列举审前阶段新闻发布的禁止事项。如美国司法部《媒体关系指南》第1-7.550条"关于偏见的信息"即规定:"鉴于某些信息的公开可能给未来的裁决程序造成倾向性影响,下列信息应当禁止公开:A.对被追诉人性格的观察。B.被追诉人的陈述、供述、自白,不在犯罪现场的陈述或者拒绝陈述或没有陈述的情况。C.调查程序中用作参考的信息,如指纹、测谎测试、弹道测试、或包括DNA检测在内的法医服务,或者被追诉人拒绝进行此类检测和测试的情况。D.与证人的身份、证言、信誉有关的陈述。E.与证据和辩论有关的陈述,无论审判中是否使用。F.被追诉人有罪的意见,以及对被控犯罪做有罪答辩或罪轻答辩的可能性。"第1-7.540条同时规定:"司法部人员在调查或审判程序中不得公开被追诉人或相关诉讼参与人先前的犯罪记录,但在政治避难或引渡案件等特殊情形下为确认被追诉人的身份,或以前的裁判是目前指控的一部分而需要使用其先前犯罪记录时除外。"我国台湾地区"侦查不公开作业办法"第8条也将侦查阶段禁止公开的信息明文列举为十二种。另一方面,又对审前信息的新闻发布内容作正面宣示和规定。对审前阶段的案件信息公开,美国《媒体关系指南》第1-7.530条"正在进行的调查的相关信息的公布"规定:经联邦检察署或者司法部分支机构批准,调查官员可以向媒体发布"相关信息"。我国台湾地区"侦查不公开作业办法"第9条要求:为维护公共利益或保护合法权益而有必要发布案件信息时,信息发布的范围应以"适度"为限,而且"对于犯罪行为不宜作详尽深刻之描述,亦不得加入个人评论"。德国《萨克森州司法部传媒管理规定》也要求,新闻发布的范围"应当在合理限度内"。法国2000年6月15日的法律赋予检察官一定的信息发布权,但规定检察官基于避免传播不完整或不准确的信息,或为制止对公共秩序的扰乱而向社会发布的信息,也只限于"一定的材料"。可见,审前阶段个案信息的新闻发布内容,各国并未进行正面列举式的详细规定,而是采用概括的方法,把审前阶段案件信息公开的内容交给侦查和检察机关自由裁量和把握。

为了防范检察机关的程序外言论对公正审判构成危险,美国还就起诉之后的新闻发布许可和禁止事项作了明确规定。如美国《媒体关系指南》第1-7.520条就规定:对已经提出刑事指控的案件,司法部应当将被告人姓名、年龄、住址、职业、婚姻状况和类似背景信息向社会公开,并要求公开这些信息只限于客观描述,不得有主观观察。这些应当公开的信息具体涉及:"A.起诉书中所涉及的实体性指控和其他公共信息;B.调查和逮捕执行机构的情况以及调查的时间和范围;C.逮捕的时间、地点、有无反抗追击、是否持有和使用武器、逮捕时身上有何物品等情况。"但第1-7.550条所规定的"关于偏见的信息"仍是新闻发布的禁区。因此,美国就已起诉刑事案件的信息发布与禁止事项作了与《职业行为示范规则(2004)》相似的规定:法律将检察机关案件信息发布的权限控制在起诉书的范围内。这些规范检察机关、警察机关新闻发布的规定,既保障了新闻媒体获知刑事司法信息的权利,又使刑事司法报道自由不至于被滥用,被追诉人的公正审判权和司法权威也得到了应有的尊重和保护。因此,对于有重大社会影响的刑事案件的新闻发布,中国也应当明确司法新闻发布的信息范围和禁止事项。由于法院的审判进程和案件处理信息,媒体都可以借助审判公开制度而获悉,因此,刑事司法新闻发言人制度就应当主要针对警察与检察官而设立。

由于警察处于犯罪侦查第一线,后续的起诉和审判都是在侦查阶段所获取的事实和证据的基础上展开,侦查阶段的信息对追求时效的媒体而言无疑最具诱惑力,也最易于引发媒体对侦查程序的干扰、对被追诉人权益的侵犯以及对司法权威的挑战。因此,为了将对媒体刑事司法报道的规制落到实处,确实防范媒体失语或媒体审判现象的发生,对侦查阶段的司法信息发布,应当处理好信息发布条件、信息发布的适用情形和发布幅度三个事项的规定,为刑事司法机关确立起明确可供操作的规范。一是明确侦查阶段信息发布的条件。考虑到近年来居高不下的刑事案件发案率和公安机关所面临的繁重的破案任务，以及由于侦查技术的不发达所带来的破案难度，如果允许侦查阶段的信息随意公开，侦查工作势必难以为继，侦查机关的公信力和权威性也可能在无序的公开中折损。因此，公开个案中的侦查信息，条件必须从严掌握，只有在"为维护公共利益或保护合法权益而有必要时"才能对外发布信息，解禁侦查不公开的禁区。二是落实侦查信息发布的适用情形。尽管明确了侦查信息发布的条件，但"为维护公共利益或保护合法权益而有必要"是高度抽象化的概念而不易拿捏好分寸，因此，法律还需就侦查信息发布的适用情形进行细化，换而言之，在何种情况下可以发布侦查信息，必须使人能一目了然。考虑到公众知情权、个人的公正审判权以及政府的司法管理三种利益的平衡，我们可以将侦查阶段对外发布信息的情形限制在以下三种情况：(1)案件经过侦查而已经为公众所知晓；(2)案件对公众生命、自由、身体、财产安全有重大影响，需要提醒公众防范时；(3)案件对于社会治安有重大影响，需要公众协助破案时。在此三种情况下，允许侦查机关借由新闻发言人向公众发布案件相关信息。三是确定侦查信息发布的幅度。确定了侦查信息发布的适用情形，并不意味着这些情形下侦查信息的发布可以不受限制。基于防止某些信息公开给未来的审判程序造成偏见的考虑，侦查机关在发布信息时必须杜绝下列信息的出现：(1)犯罪嫌疑人是否自首或供述及其内容；(2)侦查方法、实施侦查的方向、进度、内容及侦查过程中的推断；(3)侦查中的重要证物及与此有关的陈述；(4)能够识别被害人身份的信息；(5)与证人的身份、作证情况、可信度有关的陈述；(6)被害人及其亲属的身份情况；(7)对犯罪嫌疑人性格的观察；(8)犯罪嫌疑人的犯罪前科；(9)犯罪嫌疑人是否有罪的意见。在接受上述限制的情况下，侦查机关可以向媒体适度发布新闻。如若个案不具备信息发布的上述条件和情形，侦查机关仍然应当严格奉行侦查秘密原则，关闭侦查程序的大门，不得向媒体透露案件的任何信息。

案件起诉后,为了防止检察机关在审判之外发表可能造成媒体审判的倾向性言论,法律同样需要对检察机关新闻发布的事项明确规定。由于起诉之后,案件事实已基本查清,侦查程序已经终结,发布案件信息对国家司法管理责任尤其是侦查程序已不构成威胁。除去可能给刑事审判带来偏见的信息以外的,侦查阶段所禁止发布的部分信息已经可以解禁发布。具体来讲,检察机关可以发布的信息可以集中于下列三类:(1)被告人的姓名、年龄、住址、职业等身份信息;(2)起诉书中所包含的实体性指控和其他公共信息;(3)强制措施采取的相关信息,如强制措施采取的时间、地点、有无反抗等内容。总体而言,司法新闻发布的内容应当只限于案件的程序进展,不得包含任何可能会导致被追诉人有罪评价的意见材料。通过规范的审前信息发布,媒体能够从官方获得审前程序中的案件信息,既满足了其知情权,又能防范媒体因为采访渠道堵塞而铤而走险、胡乱报道,审前的刑事司法报道一定程度上得到规范。

(二) 确立职务秘密保密制度,规范司法人员程序外言论

在现代刑事诉讼法上,司法人员保守职务秘密制度来源于侦查秘密原则的要求。作为现代各国侦查程序所共同遵循的法治原则,秘密侦查原则与公开审理原则相对照,要求案件的侦查秘密进行。参与侦查的检察官、刑警、律师以及侦查法官对于进行侦查而获知的相关事项负有保密之责,既不得泄露给犯罪嫌疑人,也不得向社会成员(主要就是指新闻媒体)披露[1]。法律之所以规定侦查秘密,乃是有着多方面的价值考量。正是因为侦查阶段任意公布案件信息而可能带来司法有效管理和诉讼参与人人权受损的双重危险,侦查秘密原则一向受到世界各国的高度重视,无论是大陆法系还是英美法系都将其作为一个重要的制度加以规定。在我国,法官、检察官和律

---

[1] 孙长永:《侦查程序与人权》,中国方正出版社2000年版,第34页。

师职业道德基本准则均将法律职业人员保守职务秘密作为其纪律要求而内化为其职业道德,要求检察官、法官、律师在执行职务的过程中维护国家安全、荣誉和利益,维护国家统一和民族团结,严守国家秘密、检察工作秘密和审判工作秘密。不仅如此,2010 年新修订的《保守国家秘密法》将保守因追诉犯罪而获知的侦查秘密、检察工作秘密和审判工作秘密从职业伦理规范上升为法律规范,课与法律职业人员严守侦查、检察、审判工作秘密的法律义务。可以说,保守职务秘密已经为我国法律确认。但遗憾的是,现有法律和职业规范并没有对司法人员泄露职务秘密应当如何惩戒作出卓有成效的规定。无论是《检察人员纪律处分条例(试行)》还是《法官法》的规定,都表现出"泄露检察工作秘密""泄露审判工作秘密"的惩戒制度与《国家公务员法》对公务员、党章对党员的惩戒处分手段雷同,记过、记大过、降级、撤职或开除这样的行政处分无法起到遏制司法人员泄露职务秘密的功效。鉴于现实中司法人员随意对外公布案情,利用媒体为自己充当"第二公诉人",为自己歌功颂德,侵犯被追诉人人权而又不能给予有效制裁的现象,我们要建立健全司法新闻发言人制度,在为媒体获取刑事司法信息建立起规范的官方渠道之同时,必须要建立针对司法人员个人的职务秘密保密制度,防范刑事司法信息的非法泄露。

1. 辟专条建立职务秘密保密制度

纵观世界,职务秘密保密制度的建立有两种模式。一种是在刑事诉讼法中辟专条明文规定司法人员的职务秘密保密制度。如我国台湾地区"刑事诉讼法"第 245 条第 3 款就规定:"检察官、检察事务官、司法警察官、司法警察、辩护人、告诉代理人或其他于侦查程序依法执行职务之人员,除依法令或为维护公共利益或保护合法权益有必要者外,侦查中因执行职务知悉之事项,不得公开或揭露予执行法定职务必要范围以外之人员。"意大利刑事诉讼法也根据秘密侦查原则对国家司法人员建立保守职业秘密的要求,法条第 114 条规定:"禁止采用印刷手段或其他传播手段公布,包括部分地或者摘要地公布秘密文书或它们的内容"。法国也在刑事诉讼法中辟专条赋予司法程序的参与人保守职业秘密的义务,"一切参与此程序的人,均应依《刑法典》第226-13条与第226-14条规定的条件保守职业秘密;违者,处该两条款所定之刑罚。"一种是在司法人员各自的职业纪律和道德准则中规定并赋予其强制力。如,美国的司法人员职务秘密保密制度就并非确立于联邦刑事诉讼规则,而是主要通过《媒体关系指南》《律师职业行为示范守则》《司法行为示范守则》这三部职业纪律规范所确立。如美国司法部《媒体关系指南》第1-7.530条"正在进行的调查信息的公布"A款对警察、《律师职业行为示范守则》3.6第a款对检察官和律师、《司法行为示范守则》第9条和第12条①对法官的保密义务分别作了详细的规定。通过这三部职业纪律规范,警察、检察官、法官、辩护律师的职务秘密保密制度在美国得到全方位确立。我国的警察、检察官、法官及律师的职业道德基本准则也已涉及职务秘密保密问题,但由于职业道德基本准则在我国仅具有道德自律的作用,并没有法律上的强制力,实务中职务秘密保密制度并没有根本确立。因而,从强调警察、检察官、法官、律师保守职务秘密的意识和责任,确实防范其非法泄露案件信息而导致媒体审判的角度出发,应当选择在刑事诉讼中辟专条的形式明文规定职务秘密保密制度。具体内容上,一是应将承担职务秘密保密义务的主体扩展至刑事警察、检察官、法官、辩护律师及在刑事诉讼中承担相应职责的其他人员,确立起从侦查、起诉、审判、辩护在内的立体化的职务秘密保密制度,防范案件信息的非法、非规范泄露而给公正司法带来威胁。二是确立职务秘密保密的例外,允许上述人员在依法令或为维护公共利益或保护合法权益时可以对外发布信息。这种例外的设

---

① 《司法行为示范守则》第9条和第12条分别规定:"在某诉讼系属或者即将系属于任何法院时,法官不得进行任何可能被认为影响该诉讼的处理结果或者破坏其公平处理的公开评论以及可能严重干涉公平审判或者听证的非公开评论。""法官不得出于与司法职责无关的任何目的,而披露或者利用以司法身份获知的非公开信息。"

计应当与前述新闻发布的条件、适用情形和禁止事项保持一致,只有在有紧急情况而无法通过本部门司法新闻发言人发布信息时上述人员才能径自发布信息。

2. 规定违反保守职务秘密应负的法律责任

徒法不足以自行,仅有职务秘密保守制度并不能确保司法人员真正能够做到不私自泄露案情,严格的法律责任是确保职务秘密保守制度真正发挥实效的根本。综观世界,无论是英美法系还是大陆法系诸国和地区,都建有完备的法律责任追惩制度。如美国,对违反职务秘密保密义务的双方律师通过律师协会律师惩戒程序和法院藐视法庭处罚来进行制裁,对违反职务秘密保密义务的法官剥夺其审理本案的资格,并通过法官弹劾程序来予以惩戒并依相关法律起诉、审理、判决和处罚。意大利刑事诉讼法第 115 条则规定:"对违反秘密侦查原则,擅自公布刑事诉讼法第 114 条和 329 条规定的秘密文件的国家职员等人员实行包括纪律处分至刑事法律制裁在内的各种法律制裁措施。"我国台湾地区也规定:"实施侦查之公务员倘若违反'侦查不公开原则'之规定,有故意或过失泄露因侦查活动所知悉之应秘密事项者,应负刑法上公务员泄密罪('刑法'第 132 条之规定参照)。"[①]法国刑事诉讼法也对职务秘密保密义务的违反者的法律责任予以明确:"除司法侦查有必要外,未经受审查人或其权利人、签字人或收件人同意,向未经法律允许、无资格了解文件内容的人通报或扩散经搜查获得的文件,处 4500 欧元罚金并处 2 年监禁。"而反观我国,除去律师的惩戒有专门的惩戒机构、惩戒程序、惩戒措施外,我国对警察、检察官、法官的惩戒都呈现出高度的同一性:惩戒措施等同于对公务员的惩戒处分手段,没有考虑到警察、检察官、法官的职业性质,缺乏对公检法等人员泄露职务秘密的严密的刑事责任追究体系;缺乏专门的惩戒机构,惩戒均由本部门内设的纪检监察部门

---

① 　傅美惠:《论侦查不公开与无罪推定》,《刑事法杂志》2006 年第 2 期。

负责,惩戒程序高度封闭化和行政化,既缺乏惩戒的中立性,又缺乏惩戒的有效性,可能使人逃脱惩戒,也可能使人受到不公正处罚但却无处申诉;惩戒程序原则化,没有针对法官的专门惩戒程序。因而,未来我们应实现职务秘密保密义务的违法责任及追惩机制的完善。一是应考虑刑事司法的特殊性,在刑法中增设法律职业人员泄密罪,给予公检法工作人员以及律师的泄密行为以刑事责任,以此矫正司法实践中检警法、律师非法泄密而给公正审判造成严重后果但缺乏必要的可操作的处罚措施的现状。李某某强奸案中,被告律师在辩护词中指责被害人私生活糜烂、并非处女、患有严重的妇科病,并对妇科病作了极尽详细的描述。而后辩护律师虽然因曝光辩护词、侵犯被害人隐私和名誉而遭致了处罚,但受罚的力度仅仅限于行业"处分"①。这样一种无关痛痒式的轻度处罚,并不能从根本上祛除刑辩律师的泄密冲动。2015年11月1日生效的《刑法修正案九》新增了"泄露审判信息罪"②,将司法工作人员、辩护人、诉讼代理人或者其他诉讼参与人,泄露依法不公开审理的案件中不应当公开的信息,造成信息公开传播或者其他严重后果的行为定性为犯罪并给予刑罚处罚,在一定意义上对不公开审理的案件的刑事司法信息披露能起到震慑作用。但此罪只针对不公开审理的案件的信息披露,适用范围过窄,没有覆盖公开审理的案件侦查、起诉阶段的侦查秘密、检查工作秘密等信息泄密的责任,因而对于审前阶段的非法信息披露仍然鞭长莫及。为此,应该继续完善刑法之规定,将审前负有保密义务者也纳入刑法的规制范围,以实体性制裁堵塞其泄密之动机,方是治本之

---

① 李某某案,7名辩护及代理律师因涉嫌泄露当事人隐私、不当披露案件信息、不当发表贬损同行言论等违规行为,而被北京市律师协会分别于2013年11月28日和12月2日正式立案,展开全面调查。历经3个多月调查和答辩、调查、听证、讨论等相关程序,2014年1月21日,北京市律师协会对其中6名律师分别给予训诫、通报批评、公开遣责的行业纪律处分。

② 2015年11月1日施行的《刑法修正案(九)》第36条规定:"司法工作人员、辩护人、诉讼代理人或者其他诉讼参与人,泄露依法不公开审理的案件中不应当公开的信息,造成信息公开传播或者其他严重后果的,处三年以下有期徒刑、拘役或者管制,并处或者单处罚金。"

策。二是应考虑设立相对中立的惩戒机构,对尚未构成犯罪的泄密者在处罚时实现处罚者与被处罚者的机构分离。当前,可考虑组建独立的司法官惩戒委员会,广泛吸纳法官、检察官、律师、人大代表、政协委员、非法律界人士等组成司法官惩戒委员会行使惩戒权,使惩戒权脱离党政机关和司法部门,既保证惩戒的中立性又保证惩戒的有效性。三是为惩戒机构设立专属的惩戒程序,通过立案、调查、听证、处理、申诉等步骤构建一个严密的惩戒程序,赋予被指控者进行答辩、举证质证、申诉以及提请复议等权利,保证惩戒结论的公平公正。

(三) 完善不公开审理制度,限制媒体的接近庭审权

1. 明确不公开审理的案件禁止报道

综观西方国家的刑事司法报道规制机制可以发现,无论是大陆法系国家还是英美法系国家,都确立了作为公开审判原则例外的不公开审理制度。大陆法系国家通常在诉讼法或者其他法律中对不公开审理的案件范围作明文规定,以列举的方式对新闻记者和公众的庭审接近权何种情况下应受限制进行规定。涉及国家机密、不满 16 岁的未成年人和个人名誉或隐私的案件一般成为大陆法系不公开审理的法定范围。英美法系国家虽然也允许特定情况下的不公开审理,但并不采用立法方式规定不公开的案件类型,而是通过判例设定不公开审理的条件,由法官决定究竟是否不公开审理。随着新闻自由呼声的日益高涨,英美法系自 20 世纪下半叶以来对不公开审理的案件限制更加严格。1980 年的"里奇蒙德报业公司诉弗吉尼亚州案",美国联邦最高法院正式解释了庭审公开、媒体接近庭审乃是一项宪法基本权利,不公开审理只能是特例。"公开审判是普通法的优良传统和法院公正的象征,对于医治社会弊病保证公民参加社会管理,减少司法权滥用有重要价值,因此无论是刑事案件还是民事案件,任何人和居民均可自由旁听案件。但由于绝大多数公民都依赖新闻媒体提供关于案件审理的信息,所以新闻

界出席审理可视为社会人士的代表。……相反,如果不对收集新闻进行某种程度的保护的话,那么新闻自由只是一句空话。"①对比两大法系不公开审理制度的规定可以发现,相较于大陆法系,英美法系由于实行判例法,在媒体倾向性报道严重危及司法公正时可以裁量适用闭庭审理,在保护司法公正而使用不公开审理方法时法院有更多的裁量余地,尽管这种裁量权近些年来受到严格规制。而大陆法系则基于对法官"自持力"的信任和对舆论干扰司法公正审判的不担忧,不公开审理制度的规定具有很大的确定性,法官除严格依照法律的规定外无自由选择空间。这类不公开审理的案件之于新闻媒体,是一种绝对的禁止。在审前、审时和审后任何阶段,媒体都不得采访报道和评论。这正如丹宁勋爵所言:"当法庭私下审理法庭保护的诉讼案时,每一个到庭的人都要记住是禁止发表任何有关案件的消息的。……不仅在实际审理过程中从法官得到的消息不准发表,而且官方代诉人、社会工作者或其他人在事前提供的任何消息也都不准发表。"②

反观我国刑事诉讼法,尽管也如大陆法系规定了不公开审理案件的种类,要求这类案件的审理不对外公开,媒体不得采访报道。但目前的这种规定过于原则和抽象,不具有可操作性,导致不公开审理的案件在实践中有分歧,并不能制止媒体对此类案件信息的报道。为此,完善不公开审理的案件范围,一是要明确不公开审理的案件的内涵外延。建议全国人大常委会具体界定国家秘密、个人隐私等用语的内涵外延,为司法实践中把握不公开审理的案件范围提供可操作的依据。在具体形式上,全国人大常委会可以制定相应法律解释的形式进行界定,也可以授权最高人民法院进行司法解释。二是细化不公开审理的具体办法。由于现有的刑事司法制度对不公开审理的案件的规定相当简略,法院、当事人、媒体各方应当如何行事的细节,缺乏具体规则加以规范。因此,健全不公开审理的具体办法,就是要规范法院、

---

① Richmond Newspapers v. Virginia,448 U.S.555(1980).
② [英]丹宁勋爵:《法律的正当程序》,李克强等译,法律出版社1999年版,第45—47页。

当事人及其辩护人(代理人)、媒体在不公开审理活动中的行为,督促责任落到实处,惩罚落到实处。除去继续要求当事人及其辩护人、代理人对诉讼中所得知的案件秘密和他人隐私承担保密义务之外,对法院就是要求要"瘦身"裁判文书。依照我国法律,不公开审理的案件虽然不公开,但却要求要公开宣判、公开判决书(未成年人犯罪案件的判决书可不公开)。而公开宣判实质上就是将庭审过程重新回放、展现于宣判之时,媒体借助于旁听宣判和阅览刑事判决书的途径,仍能达到如同参与庭审、获知案件信息的相同功效。因此,要将不公开审理的案件真正不公开,法院就必须在裁判文书中对涉及个人隐私、国家秘密和商业秘密的内容做简化处理。否则,前面所做的一切不公开努力都会付诸东流,法官也会因此而被追责。对于媒体,法律必须明确不公开审判的案件禁止报道,并将此规定溯及于刑事诉讼的侦查、起诉阶段,杜绝媒体为寻求卖点、热点而诉讼各阶段挖掘并曝光案件信息,为其设立报道的禁区。

2. 增设特定诉讼环节不公开审理的规定

除去不公开审理的案件以外,由于种种原因,公开审理的案件仍然有媒体和公众不宜旁听、采访、报道的诸多环节。对这些环节,法律仍然有必要作出不公开审理,排除公众和媒体旁听的规定。如德国法院组织法第172条就规定,即便是公开审理的案件,如果审判中涉及一些敏感问题,法庭也可以禁止包括媒体记者在内的公众参与部分审判。① 例如,当审判公开会危害公众道德以及国家或证人的安全时,或者当法庭听取不满16周岁的证人陈述时,则应当禁止该部分的公开。这些环节若一律允许公开审判,无论是对个人隐私与安全,还是对国家安全、社会公序良俗都有重大的不利。目前,中国也应借鉴德国的这类做法,在刑事诉讼法中增设不公开审理的环节。当被害人和证人必须出庭作证而又必须保护其隐私权或安全时,可以

---

① ［德］托马斯·魏根特:《德国刑事诉讼程序》,中国政法大学出版社2004年版,第136页。

灵活地运用有关旁听人员退庭的规定,对公开即会侵犯其隐私的被害人和证人的作证环节进行不公开审理;再如,当量刑程序涉及被告人的隐私时,为保护被告人的隐私利益也应当屏退相关人员旁听。

(四)建立庭审直播法律制度,规范媒体庭审采访活动

资讯科技的一日千里,极大地提高了媒体采访司法程序的能力,也正是如此,媒体侵犯被追诉人人权和司法权威的现象如雨后春笋般频频发生。正如唐纳德·M.吉尔摩所言,"尽管司法系统和新闻媒体之间的紧张关系几乎和共和制度一样由来已久,有关二者之间冲突的案例的数量却是在近些年才飞速膨胀","几乎所有的有关新闻界和法律系统之间的冲突的案例都发生在刑事诉讼和其相关程序。"①为了防止媒体的影像同步传播和评论影响被追诉人的人权和公正审判,世界各国,无论是允许庭审直播录播的国家还是禁止庭审直播录播的国家,都对庭审直播进行了立法或司法的规制。

目前,无论在西方国家还是在我国,对是否应允许庭审直播形成了截然不同的两种观点:一是肯定论。认为,庭审直播是贯彻公开审判原则最有效的形式,应当允许。其原因在于庭审直播具有诸多的优点:可以最大限度地防范司法腐败和专横;可以对公众进行普法宣传教育;可以增进公众对司法系统的理解、尊重和信心;可以为社会不良情绪提供宣泄的窗口;可以督促所有诉讼参与人综合素质的提高;可以阻止伪证的发生,使整个刑事司法体系因为公开而更诚实;有助于改变庭审虚化;有助于推动司法判例制度的完善②。二是否定论。认为电视直播妨碍审判公正,弊大于利而应予禁止。

---

① [美]唐纳德·M.吉尔摩:《美国大众传播法:判例评析》,梁宁等译,清华大学出版社2002年版,第352—353页。

② 何家弘、王燃:《法院庭审直播的实证研究》,《法律科学》2015年第3期;[美]马乔里·科恩、大卫·道:《法庭上的摄影机》,曾文亮、高忠义译,商周出版社2002年版,第47页;高一飞、王友龙:《庭审直播对于司法公正利大于弊——对法官、律师、被告人、证人的实证调查》,《新闻记者》2012年第11期。

其原因则是基于庭审直播的危害（庭审直播妨碍法庭行为的自然性，影响诉讼参与人自然发挥；导致"舆论审判"，破坏审判独立）、庭审直播的高成本、对发现事实真相与抑制腐败无济于事等等。

应当说，肯定说与否定论都有一定根据，但就媒体的刑事司法报道是否可以采用庭审直播这一方式必须作出选择而言，媒体采用电子设备特别是电视、广播、网络直播庭审的权利，已经是一个不可阻挡的潮流和应当选择的态度。这是因为，第一，庭审直播的存在和获许已经是不言自明的现实。从国外来看，越来越多的国家都允许广播电视、网络对庭审进行直播。在美国各州，庭审直播已被视为是新闻媒体的职业权利；法国通过禁止加例外、日本通过原则上允许但从严批准的立法模式对庭审直播的存在合理性予以了实质性认可；澳大利亚、比利时、丹麦、立陶宛、西班牙、新西兰、挪威、波兰等国家，也在本国的立法中允许对刑事案件进行庭审直播①。在我国，尽管刑事诉讼法并没有就庭审直播问题进行规定，但庭审直播作为媒体采访庭审、进行刑事司法报道的重要方式已经被刑事司法实践所认可，从最高人民法院 20 世纪 90 年代以来所出台的几个司法解释的规定即可以看出这一现实。实践中，庭审直播的使用也越来越常规化。在这样的现实背景下，若在立法上否定庭审直播不啻冒天下之大不韪，与社会潮流背道而驰。第二，总体来看，庭审直播利大于弊。尽管庭审直播所导致的"知情"可能会带来各种负面效应，但总的来看，保证公众有充分知情的自由是民主社会发展的趋势而不可阻挡。而现实中国，司法的问题决不是公开过度而是公开不足。②而庭审直播恰能满足公众对刑事司法的知情需求，庭审直播之于现实中国的积极作用远远大于其所带来的负面效应。正是如此，荷兰法官 Ben Knapen 在衡量了有关是否允许庭审直播的正反两方面的意见后认为："尽

---

① 欧洲司法委员会联盟：《欧洲各国司法——媒体——社会关系报告》，夏南、林娜译，《人民法院报》2013 年 5 月 31 日。

② 龙宗智：《上帝怎样审判》，中国法制出版社 2000 年版，第 203—204 页。

管缓慢,但对庭审进行电视报道的做法正逐渐为人所接受。认为允许对法庭程序进行电视报道原则上并无问题的人越来越多。所缺少的是一个可以确定游戏规则的权威机构。"①第三,资讯科技的发达已经使禁止庭审直播录播变得"无用"。现代传媒尤其是网络等新媒体的发展,已经使得传统媒体所代表的"大众传播"与"人际传播"的界限被逐步打破。互联网等新媒体获得的低成本性和发表意见的便捷性使得信息发布的传统限制已经被打破。第四,通信技术的发达可以使庭审直播的危害借助技术手段而得以消除或减轻。实证研究显示,随着摄像机进入法庭的增多,90%以上的法官、检察官和律师表示已经适应了镁光灯在法庭的存在,面对摄像机已经能够做到从容应对;只是被告人、证人因与案件有利害关系或考虑自己的隐私和人身安全,而在心理上容易受到影响,因而还有对庭审直播的疑虑和抵制②。相信只要法院对庭审直播施以必要的技术控制,庭审直播的负面效应必将减至最小,司法公正和新闻自由权利的双赢效果也会随之而出现。第五,我国实行法官为主的职业审判制度,法官所具有的专业素质使得其比陪审员有更强的舆论抗压能力,庭审直播对法院和审判组织的影响远没有预期中的强烈。

正是因为庭审直播所具有的积极意义远远超过它所带来的负面效应,越来越多的国家已经在立法或司法实践中允许新闻媒体使用庭审直播的方法采访报道庭审,并为媒体使用电视、广播、网络直播庭审作了严密而可行的规范。在我国,尽管法院允许庭审直播的存在,但却对庭审直播具体事项的法律规定仍不够完善,尚无法使法官能够对庭审直播中的媒体进行从容的掌控。为此,当前,在继续保障媒体的庭审直播权的同时,应大力推进庭审直播规则的建立与完善。

---

① 怀效锋编:《法院与媒体》,法律出版社 2006 年版,第 207 页。
② 高一飞:《司法公开基本原理》,中国法制出版社 2012 年版,第 367—393 页。

1.完善庭审直播的批准条件

理论上,只要是公开审理的案件,媒体都有权进行庭审直播。但若对媒体庭审直播的条件不进行限制,媒体随意直播刑事案件的庭审,将会给司法管理带来不必要的麻烦,也会耗费媒体不必要的时间和财力,因此,对刑事案件进行有选择地直播应当成为中国境遇下庭审直播的基本态度。既然是有选择地直播,怎样进行选择就涉及给庭审直播设置条件的问题,也就是给管辖法院乃至高级人民法院的庭审直播批准行为设置条件和依据。由于绝大多数案件都是可以直播的,而要对媒体庭审直播的申请进行审核并作出批准,需要从反面来设置禁止直播的条件,只要媒体拟进行的庭审直播不至于冲破法律禁止的条件,就应当允许直播。美国在 1965 年的伊斯特诉得克萨斯州(Estes v.Texas)①一案中确立的庭审直播批准条件值得借鉴。在此案中,预审听证和部分庭审活动被转播,刑事被告人伊斯特在被判有罪后以公正审判的宪法权利受到媒体直播的破坏为由向联邦最高法院提起上诉,最高法院以"庭审直播所产生的偏见导致正当程序的内在缺失"为由以 5∶4 的多数意见驳回了定罪。哈伦大法官指出,当庭审直播导致有下列类似情况之一出现时,法庭得禁止电视转播:(1)干扰陪审员注意力并对其造成影响;(2)影响证人并降低证言质量;(3)影响法官,增加其责任感并使其遭受更大的公众压力;(4)致使被告人精神不安并减弱其辩护效果。所以,衡量是否批准庭审直播的标准应当以直播是否影响辩方、法官和证人的正常活动为依据②。

而我国 2010 年最高人民法院《关于人民法院直播录播庭审活动的规定》确实从反面设置了刑事案件庭审直播的禁止条件,规定"涉及国家秘密、商业秘密、个人隐私、未成年人犯罪等依法不公开审理的案件;检察机关明确提出不进行庭审直播、录播并有正当理由的刑事案件"这两类情形下,

---

① Estes v.Texas,381U.S.532(1964).
② 高一飞:《庭审直播的根据与规则》,《南京师大学报》2007 年第 3 期。

禁止进行庭审直播录播。此两类以外的其余刑事案件,法院皆可以庭审直播录播。这一司法解释赋予检察院对刑事案件庭审直播录播的异议权,但却丝毫没有考虑被告人、被害人和证人等利益相关主体的诉求和实际情况,剥夺了其对庭审直播录播提出异议的机会和权利。现实是,刑事案件的庭审直播直接关涉被告人的公正审判权和重新回归社会,也影响着被害人、证人等其他诉讼参与人的人身安全与个人隐私。所以,允许庭审直播的国家和地区为维护其合法利益,通常都赋予被告人、被害人、证人对庭审直播的异议权,并赋予其相应的法律效力:一旦其提出异议,法律就不得对案件进行庭审直播,或就不得对其(被害人、证人)作证的部分庭审直播。① 而高法赋予检察机关庭审直播异议权,却没有赋予刑事被告人异议权,也没赋予被害人、证人庭审直播异议权,这显然不利于维护其合法权益,也有失公平。因此,在设置庭审直播的禁止条件时,我们应赋予被告人、被害人、证人相应的异议权。但考虑到被告人和被害人、证人诉讼地位的不同以及国家设立庭审直播制度的价值考量,赋予给被告人和被害人、证人的庭审直播异议权应有所区别。对于被告人,应为其异议权的行使设置两个附加条件:一是被告人提出异议时必须附具理由,以防止被告人滥用此项权利②;二是对被告人异议的法律效力设置限制,不直接赋予其否决庭审直播的效力,而只将其作为法官是否允许庭审直播的裁量因素之一。因为,如若赋予被告人绝对的异议权和否决权,就会使被告人时时否决庭审直播,而使法律创设庭审直播进行普法教育、宣示公正、防止腐败等初衷消弭殆尽。对于被害人和证人,虽然最高人民法院赋予其对庭审直播的技术处理权,但这仍不能排除其身份被亲朋好友所识别,仍不能完全实现对其正当利益的保护。因此,仍须赋予被害人、证人对庭审直播的异议权,他们有权基于对自身权益的维护而要求对法庭审理的部分(其作证部分)或全部禁止庭审直播。

---

① 吴纪奎:《论刑事案件庭审直播的规制》,《中国刑事法杂志》2014 年第 6 期。
② North Dakota Supreme Rules, Administrative Rules, Section 6.

因此，在我国，对于公开审理的案件，是否批准庭审直播，不仅要考虑检察机关的看法，更多的是要考虑被告人的意见和被害人、证人的感受。只要庭审直播不会严重侵犯其合法权益，他们也不反对，法院就可以批准庭审直播。

2. 赋予特定主体庭审直播申请权

当今世界，庭审直播的启动有两种：依职权启动和依申请启动。绝大多数对刑事案件允许庭审直播的国家和地区，都是采用依申请的方式启动庭审直播。美国、法国、日本等国皆是如此。而我国最高人民法院却把庭审直播的启动权只授之于法院，法院启动庭审直播只能依职权而为。这种启动方式虽然表明了法院选择公众关注度高、社会影响大、具有法制宣传教育意义的公开审理的案件进行庭审直播、录播的自觉性、主动性，表明了法院主动打开大门接受社会监督的高风亮节，但法院亲自操刀上阵、主导庭审直播却容易使法院陷入趋利避害、"选择性播报"、信息内容有失偏颇的窠臼而容易使人质疑其动机不纯。因此，刑事案件庭审直播的启动方式应当有所改变，未来应当赋予相关主体刑事案件庭审直播的启动申请权，实现庭审直播启动从依职权转向依申请启动，充分发挥媒体的专业角色和功能，让传媒充当起庭审信息的传播者、司法的监督者和公众知情权的维护者，增强司法行为的公信力。

就刑事案件庭审直播的申请权而言，我国现有的司法解释和相关规定都只赋予新闻媒体庭审直播的申请权利。如最高人民法院 2012 年发布的《关于适用〈中华人民共和国刑事诉讼法〉的解释》第 249 条第 3 项就规定，除新闻记者外，包括诉讼参与人在内的任何个人都不得对庭审活动进行录音、录像、摄影，或者通过发送邮件、博客、微博客等方式传播庭审。在网络科技和新媒体的迅猛发展已经使得庭审直播禁止变得"无用"的背景下，在微博直播异常便利就成为法院公开审判、保障公众知情权和监督权的背景下，仅仅赋予媒体庭审直播的申请权显然不够。世界上很多国家和地区，如英国的英格兰、威尔士，加拿大的安大略省都允许记者和普通民众进行微博直播，但因普通公众缺乏必要的法律知识与训练，而将其与媒体相区别，规定民众需要申请获得法院许可方可以微博直播①。因而，我们完全可以借鉴国外的做法赋予个人直播申请权。但鉴于个人缺乏客观、平衡、公正报道的能力，在批准其庭审直播请求前法院应对其能力进行审查，确保其熟悉和掌握庭审直播规则后再准许其庭审直播；或者也可以审查申请者提出的申请是否符合庭审直播的条件，如果符合，可由法院组织庭审直播，申请者为此付费。这样，既能满足个人的庭审直播需求，又能解决其能力不足的缺陷，推进庭审直播的健康运行。

3.依据个案选择庭审直播的形式

纵览各国司法实践，电视直播、网络直播和电台直播是媒体直播庭审现有的三种方式。由于"电视有一个情感的权利，一个即刻的作用"，更由于电视的普及性，公众了解直播主要是通过电视的渠道，因而电视直播对庭审参与人有最大的影响；而网络和广播的适用则没有电视那么广泛，因而网络直播和录音直播对庭审参与人的影响就相对较小，其中又以录音直播的影响最小。究竟选择哪一种直播方式，需要根据个案中保护个人隐私、保障公众知情权、维护公正审判等多种利益的平衡来进行选择。当保护个人隐私的需要压倒一切时，不暴露特定个人身份、长相的直播方式应当成为首选。如 2005 年 6 月的美国迈克尔·杰克逊猥亵儿童一案，主审法官梅尔维尔为了实现保护个人隐私与新闻自由的平衡，就批准了代表全球数以百计传媒的记者小组的要求，允许其采用现场录音的手段直播法庭书记弗雷宣读对迈克尔·杰克逊十项控罪的裁决。② 在我国，录音直播尚未出现，司法实践

---

① 张文祥、周长军：《双重视角下的薄熙来案庭审微博直播考察》，《新闻与法律》2013年第 10 期。

② 《杰克逊猥童案今天出裁决 法官批准全球直播》，见 http://yule.sohu.com/20050606/n225840147.html。

中常用的是电视直播和网络直播。自 1998 年 7 月 11 日中央电视台对北京市第一中级人民法院国内十大电影制作单位诉北京天都电影版权代理中心等三被告侵犯著作权一案的一审法庭庭审活动首次现场直播,2005 年 6 月北京铁路运输法院对郝劲松状告铁路、索要发票案的庭审和宣判情况首次进行网上直播,2011 年 3 月 17 日山东莱阳法院对一起买卖合同纠纷案通过新浪微博进行微博直播,2013 年 8 月 22 日济南中院对薄熙来贪污、受贿、滥用职权案进行微博直播以来,电视直播和网络直播在中国得到迅猛发展。目前,完善庭审直播制度,应当允许法院根据案件的具体情况来选择确定直播的方式。

4. 建立适合于庭审直播的具体规则

在现代社会,媒体具有双重的身份:一方面,媒体是公众的代言人,其权利来源于公众,因而媒体在报道刑事司法时除享有公众的权利之外,也应遵守法律对公众的限制,遵守法庭对公民旁听的规定;另一方面,作为公意代言人的媒体已经产生,又拥有普通公众所不具有的“话语权”,因而,与此强大的权利相映照,媒体还应接受国家对其制定的专门规则,在直播庭审时遵守对其量身定做的法庭规则。为了规范媒体庭审直播中的行为,以实现媒体知情权、公正审判的个人权利和有效的司法管理三者之间的利益平衡,美国各州都制定了庭审直播的报道规则,荷兰也有相应的规定。两相比较,两国的视听媒体直播庭审规则具有异曲同工之妙。一是限制媒体所使用设备的类型和方式。如加州法院《对庭审进行报道第 1001 号准则——用电子和摄影手段对庭审进行报道》(简称《庭审报道准则》)①就规定:“法庭里不能使用照相机的自动拍摄装置。如果照相机不是无声操作的,则建议使用无声装置。法院有权力限制使用在法院庭审中发出分散注意力的声音的照相机。”“在法院庭审中只能使用不会产生分散注意力的光或声音的音像设

---

① 怀效锋编:《法院与媒体》,法律出版社 2006 年版,第 199—200 页。

备,不能使用与音像设备相关的人工灯光设备(如镁光灯、闪光灯和反射体)。""操作人员只能在法官批准的区域内活动,不能为了拍摄照片在庭审过程中在法庭里走动。"荷兰《2003 年媒体法庭采访准则》也规定:"摄影师可以使用伸缩镜头,但在庭审过程中不得走动。"通过对媒体使用的音像设备的声音、光亮以及活动区域进行限制,能够达致庭审直播活动悄然进行,不干扰诉讼参与人的效果。二是禁止拍摄特定主体或者对其进行录音。加州法院《庭审报道准则》规定:"禁止对律师与客户、联合辩护律师、对方辩护律师之间的会议或是法律代表与法官之间的会议进行实况转播或录音,无论该谈话是在何处进行的。但可以拍照。""不得拍摄单个陪审员的照片。在法庭拍照时,如无法避免陪审团进入镜头,可以允许以陪审团为背景,但禁止拍摄能识别单个陪审员的特写镜头。""如果参与庭审的人提出要求并且:(1)此人是刑事案件的受害者或证人,是重新安置的证人或青少年,或者(2)案件是相应证据不得公开、是离婚案或是包含商业机密的案件,审判法官应禁止媒体对参与庭审的人录音和拍照。""在宣判之前,不得拍摄刑事案件的被告被带入或带出法庭的照片。"荷兰《2003 年媒体法庭采访准则》也对禁止拍摄的对象作了规定:"如果希望对律师和其他法律助理进行拍摄和录音,需要在开庭前征得其同意。""除非本人事前明确表示可以摄像或录音,否则在庭审中不允许对法律案件的非职业参与者进行拍摄、录音。如果是有律师代理的诉讼当事人和被告人,则需要征得其代理律师的同意。……媒体应自己负责获得允许拍摄或录音的许可,并提前告知新闻联络官。不允许对出庭的公众进行摄像、录音。""在录音节目中,不得播出非职业参与者的姓名。应对包含这些姓名的片段进行修改,通过音频信号抹去或进行替代。"通过对上述特定主体的拍摄或录音禁止,法庭能够实现对有效的司法管理、个人人权的保护目的。三要规定媒体设备搬入搬出法庭的时间。加州法院《庭审报道准则》将媒体设备搬入或搬出法庭的时间限于每天开庭前、休庭或休息时,规定只有在休息时间才能在法庭更换电视胶片盒、照相机胶卷和镜头以及录音磁带,携带其照相机离开法庭的摄影师只有在休息时间才能离开和返回法庭。四要规定公共摄影师和录音师的选择问题。"当有多家电视台固定摄影机或录音设备要求报道庭审时,法院应该指定公共摄影师和录音师。如果报道者就公用摄影师的指定或使用的设备有争议,则不允许任何音像设备进入法庭。"通过上述措施,法庭能够实现对庭审直播的技术控制。由于庭审直播行为的相似性,未来我们在构建庭审直播规则时,完全可以以此为借鉴,确立起庭审直播的具体规则。

（五）建立报道推迟制度,防范倾向性报道影响司法

纵观国外刑事司法报道规制机制,可以看出,媒体获取未决信息的管道非常宽泛。基于新闻自由的宪法权利属性,无论是立法机关还是司法机关都无权对媒体自寻管道地获取刑事司法信息的权利进行限制。因而所有国家都转而从规制控辩双方当事人、限制庭审采访手段、封闭庭审等方面来间接限制媒体,这些措施因对媒体获取官方信息的能力进行限制而能在源头上防止倾向性报道的产生,对保护被追诉人人权免遭媒体倾向性报道的侵害有着治本的作用。但这些措施都是从防止媒体获取信息的角度着眼,如果媒体经由合法的渠道获得某些如若公开就会危及公正审判的信息,依赖前述的制度构建显然不能实现防范媒体发布其合法获得的信息,防止被追诉人人权和司法管理遭受侵害的目的,我们必须寻求另外的途径。良方之一就是尽快建立直接针对媒体的报道推迟制度。

对于尽管是媒体经由合法渠道获得并可以发布的信息,但若一旦公布就会给未决程序造成严重危险的信息,很多国家都建立起媒体报道推迟制度。如英国通过立法,美国通过判例即已建立媒体报道的推迟制度。如前所述,英国1981年《藐视法庭法》规定了两种形式的报道推迟制度:诉讼程序的推迟报道和特定事项的推迟报道。二者的适用条件各有差异,对于后

者,只要法官认为有必要,就可以发出法院令推迟媒体对相关人员姓名或其他事项的报道;对于前者,法律采用了与美国直接限制媒体的禁口令基本相同的标准——明显且现实的危险标准。由于"事前限制"被视为是对言论自由最严重的侵犯,自 1976 年以来媒体报道推迟制度的适用概率在美国急剧缩减,"一般认为法庭无权禁止媒体报道有关案件的情况,而法庭也没有再试图这样做。"①由于媒体的报道在实践中很少能对司法程序造成现实而明显的危险,媒体报道推迟制度在英美两国主要是作为一个制度上的创设以预防万一而存在,对媒体的刑事司法报道权构成一个潜在的限制。反观我国,由于新闻法制尚不健全,法律缺乏对倾向性报道的补救机制,一旦倾向性报道对公正审判和被追诉人人权造成侵害,公正审判的权利往往无从救济。而媒体报道推迟制度能够实现对媒体已有信息发布的较好管理,实现媒体审判现象的防患于未然。因而,我们有必要建立诉讼中的报道推迟制度。在具体的条文设计上,我们可以选择:

1. 确定法院为发布推迟报道命令的权力主体

从国外的制度来看,无论是立法还是判例,都把推迟报道命令的发布权赋予法官。因为在传统上,法官有责任有权利对法庭及法庭的周遭环境进行控制,保证法庭审判的公正性。这正如克拉克大法官所言,"考虑到现代传播媒介日趋普及,从陪审员头脑中去除偏见性新闻的影响困难重重,初审法院必须采取有力的措施,确保天平不倒向不利于被告人的方向"②。在中国,法院同样有维护法庭及周遭环境以及审判公正的义务和责任,只不过以前法官对此的维护偏重于对法庭及周遭环境的控制,而对于媒体会给公正审判造成威胁的庭外报道行为缺乏规制的权利,事实上也从未施以控制,致使媒体刑事司法报道流于失范、媒体审判现象频发。因此,我们可以借鉴英

---

① 李义冠:《美国刑事审判制度》,法律出版社 1999 年版,第 88 页。
② 赵刚:《公开与公正的博弈——美国最高法院如何平衡新闻自由与审判公正》,法律出版社 2012 年版,第 141 页。

国的做法,在立法中将报道推迟令的发布权赋之于法官,由法官根据个案情况具体裁量。

2.规定推迟报道命令的适用条件

由于媒体报道推迟制度在本质上属于对媒体的事前限制措施,在新闻自由权利意识极度高涨的今天,媒体已然成为现代国家生活中的"第四种权力"。如果轻易限制媒体的刑事司法报道自由,既会引发新闻界的反弹,又会严重抑制新闻本身对国家权力的监督作用,因而实务中采用媒体报道推迟制度的国家无不对报道推迟制度的适用条件严格限制。在我国,新闻自由的历史尚很短暂,为了防范媒体倾向性报道的产生而适用报道推迟制度,同样必须审慎界定制度适用的幅度,保证媒体报道刑事司法的自由不因报道推迟制度的适用而受到减损和剥夺。换而言之,报道推迟制度的适用条件必须严格掌握,既要实现防范倾向性报道的初衷,又要达到不致侵损新闻报道自由的双重目的。当前,我们可以借鉴英美的做法,规定"明显且现实的危险"标准,赋予法官适用的自由裁量权,既保证在明显且现实的危险发生时有推迟报道制度可资采用,又防范报道推迟制度适用条件的宽泛化可能给新闻自由带来的冷禅效应。

（六）完善倾向性报道制裁机制,消除倾向性报道不良影响

即使立法中划定了刑事司法报道的合理界限,规定了前述司法新闻发布、职务秘密保守、不公开审理、庭审直播控制、报道推迟等系统而严密的预防性机制,但仍然无法避免现实中的媒体基于利益驱动或惩罚犯罪的思维惯性热衷于对未决案件进行肆意渲染。在我国,媒体和个人之所以敢于公然违反刑事司法报道的诸多法律规定,相应制裁机制的缺失是重要原因。在法律上规定程序性制裁措施和实体性制裁措施,以根除媒体违反报道规则的心理动因,就是亡羊补牢的应对策略。

1. 建立程序性补救机制，力争消除倾向性报道的不良影响

综观国外刑事司法报道规制，可以发现，在公共舆论失控后，司法和媒体都要为此承担相应的责任，对司法而言，那就是要采取程序性措施来消除倾向性报道的不良影响，对媒体而言则要承担相应的刑事或民事责任。反观我国，司法和媒体几乎都不用为公共舆论失控的后果承担任何责任，受倾向性报道影响的公正审判权处于不能救济的状态。因此，必须在司法程序上建立起对倾向性报道的补救机制。具体制度构想上，可以借鉴西方国家的有益做法，但应结合我国的国情进行本土的建构。最适宜、最经济的方法是就现行刑事诉讼法中已有的制度作充分的利用和完善。

（1）扩大回避的适用情形

这种做法类似于德国法官的"有因回避"制度。在德国刑事诉讼法上，法官回避制度有两种：法官自行回避和被动的有因回避。前者类似于我国《刑事诉讼法》第二十八条关于回避事由的规定，而后者则是因为法官自身的行为导致当事人有理由怀疑其公正性而由刑事诉讼法赋予当事人对法官提出的有因回避。而法官在审判开始之前告知媒介他认为犯罪嫌疑人有罪，就构成当事人提出有因回避的正当事由，持有偏见的法官将被要求退出案件的审理。美国法上的"陪审员预先甄选"程序也具有异曲同工之妙：通过双方当事人的询问或法院组织的问卷调查，能够将受媒体报道影响而对案件持有偏见的预备陪审员排除出正式陪审团。这种有因回避的制度，通过更换审判人员而能够极大地消除倾向性报道的影响，不失为程序性补救的首选办法。而因为媒体报道而持有偏见在我国刑事诉讼法上并不构成回避的理由，法官不会主动回避，当事人也无权申请回避。这一制度缺位使已经形成的偏见无法得到消除，被追诉人公正审判权无法得到救济。既然刑事诉讼法有回避制度存在，我们完全可以扩大回避的事由，将"存在能够证明法官之公正性不值得信任的理由时，法官应当回避"的情形纳入现行回避制度。只要有证据证明法官从审前报道中确已形成足以影响公正审理的

预断与偏见，法官就必须主动或依申请退出案件的审理。

（2）从严适用延期审理措施

延期审理不啻为消除倾向性报道影响的又一良方，但从我国刑事诉讼法关于延期审理的规定来看，公正审判受倾向性舆论的严重威胁并不构成延期审理的理由。为此，我们可以扩大延期审理的事由，将延期审理用作倾向性舆论的程序性补救办法。只要媒体的审前报道对案件进行了足以影响审判的不当渲染，法院可以决定延期审理，使外界对案件的关注和热情先冷却一段时间，待外界倾向性舆论减轻或消散时才恢复审理。

（3）扩充适用指定管辖

在我国，刑事诉讼实践中常用的指定管辖以实现异地审判的方法，通常用于解决管辖权争议或者消除外界权力对案件的干扰①。但公共舆论干扰公正审判尚未成为指定管辖、变更审判地的适用事由。目前，我们应当对指定管辖做扩张解释，允许法院在公众舆论干扰公正审判时通过申请上一级人民法院变更审判地来实现对倾向性舆论的消除，将案件移交给未曾受到舆论影响或受到舆论影响较小的异地同级法院审理。

（4）重用重新审理措施

重新审理是消除倾向性舆论的又一有力举措。在我国刑事诉讼法上，重新审理只有在原判决事实不清或者证据不足和一审诉讼程序严重违法时才能采用。受倾向性舆论影响而未能得到公正审判不构成重新审理的理由，刑事被追诉人不能以此要求重审，法官也不能将之用于消除舆论的不当影响。未来在构建刑事司法报道规制机制时，应当将公正审判受到倾向性舆论影响纳入重新审理的理由，允许被追诉人在判决生效后以公正审判权

---

① 山东省委原副书记杜世成案由最高法指定福建厦门中级人民法院审理，安徽省原副省长何闽旭案由最高法指定山东临沂中级人民法院审理，黄松有案由最高人民法院指定河北廊坊市中院管辖，这些案件都是指定管辖以消除外界权力对审判的干扰，保证审判公正进行的典型例子。

受到倾向性舆论侵害为由要求重新审理。

2. 确立媒体报道违法制裁机制

媒体责任追究的制度缺位,是造成刑事司法报道严重失范、媒体审判现象泛滥的重要原因。前述程序性制裁措施仅仅是着眼于程序的补救,对于媒体的违法行为起不到威慑作用。因此,真正有效的办法是,对媒体违反报道规则的行为建立多元化的、具有可操作性和足够威慑力的实体性制裁机制。

(1)课予相应的民事责任

媒体因其不当报道给被追诉人人权造成损害的,应当承担相应法律责任。借鉴国外的立法例,在刑事诉讼法中我们可以为媒体设置如下民事责任,以救济被追诉人的人格权损害。

一是课予媒体自觉更正的责任。在国外新闻传播界,更正已经作为一种制度理念而深入人心。各国通常通过三种模式赋予媒体更正责任:立法规制、行业监督和媒体自律。第一种为法国、日本、丹麦等国所采用,在新闻法中以法条对更正责任加以规定。如日本《新闻纸法》第 17 条就规定:"新闻纸揭载事项有错误时,倘与该事项有关之本人或直接关系者请求更正或揭在正误书、辩驳书,须在接收到请求后次回或第三回发行之时实行更正,或揭载正误书、辩驳书之全文。"第二种为英国所采用,通过建立新闻评议会这种行业监督方式督促新闻界承担新闻失实后的更正责任。如英国《新闻界行为准则》第 1 条就规定:"一旦发现发表了具有实际意义的不准确、误导性词语或歪曲性报道,应立即更正并在版面上给予必要的突出处理;必要时应发表适当的致歉声明。"第三种为美国所采用,通过媒体的自我约束来实现对失实信息的更正。确立媒体更正责任的这三种模式都不适合中国:由于目前中国媒体职业道德素质的羸弱,仅仅依靠媒体自律来承担更正责任不太现实;而行业组织对媒体作出的更正裁决不具有法律的效力,难以对媒体起到实质的约束力,靠行业的监督来确保更正责任的履行也不现实;

新闻立法倒能督促媒体真正承担起更正的责任,将更正责任真真正正落到实处,但在我国新闻法屡次难产的背景下,要把媒体更正责任寄希望于新闻法的想法和努力仍然不够现实,因为新闻法的制定和颁布仍然是任重而道远的事情,而课予媒体更正责任则是迫在眉睫之事。结合中国国情,把媒体更正条款纳入刑事诉讼法,是相对合理的选择。原因有二:一是刑事诉讼法也是法,而且还是基本法,将更正条款纳入刑事诉讼法能够彰显媒体更正义务的强制性。在新闻法没有出台的背景下,刑事诉讼法上的更正条款比起行业监督和媒体自律下的更正条款对媒体具有更大的约束力,更易于贯彻实施。二是媒体的刑事司法报道活动与刑事诉讼直接相关,既牵涉到被追诉人的人权保护问题,又牵涉到司法机关公正审判和司法权威的问题,将媒体失实报道的更正责任规定在刑事诉讼法上有其合理性。因而,刑事诉讼法应设定媒体的更正责任,允许被追诉人在媒体对其发布不当报道,进行有罪推定的描述和介绍时,请求法官发布更正命令,责令媒体以相同方式在相同范围内进行更正以制止媒体的侵权行为。二是限制媒体采访报道的特定手段和权利。对于违反刑事司法报道规则而进行案件采访报道的媒体,法律可对其采访报道的手段和特定权利施以特定限制。如:对违反庭审直播规则的媒体和个人,可取消其对该案的庭审直播权并剥夺其一定期限内的庭审直播申请权。这一做法由于会让违法的媒体和个人在激烈的新闻竞争中无法立足,因而对媒体具有巨大的威慑力,迫使其采访报道不得不遵循报道的边界和尺度。三是追究媒体民事责任。对于媒体刑事司法报道失范侵犯被追诉人民事权益的,被追诉人有权要求媒体赔礼道歉、恢复名誉并赔偿损失。

(2)课以恰当的刑事责任

也许这是防范媒体违规采访报道、侵犯被追诉人人权和公正审判的最佳办法。前述的所有方法可能对记者而言都无关痛痒,不能对记者起到根本的约束作用。而刑事责任的课处,则会随时随地最紧迫而现实地触及记者的切身利益而迫使记者报道刑事司法时注意约束自己的言行。媒体和记者因不当报道侵害公正审判而应承担刑事责任,是国外法治国家刑事司法报道规制上的共同举措。欧陆各国确立了诽谤罪,英美法系则同时为媒体从业人员设置了诽谤罪和藐视法庭罪两个罪名。尽管由于新闻自由权利的崛起已使得重在维护司法权威的藐视法庭罪已很少适用,但诽谤罪仍是媒体追究违法失序报道刑事责任的藩篱。刑事责任的威胁,给媒体报道刑事司法树立起一个强有力的界碑,对"媒体审判"现象的发生能起到很好的预防效应。当前,我国也应设立追究媒体不当报道的刑事罪名,但应区分情况而定:对于媒体无视法庭闭庭审理、推迟报道等报道限制而公然报道的行为,可从维护司法权威的角度追究媒体的藐视法庭罪。虽然 2015 年《刑法修正案九》第 36 条增设"披露、报道不应公开的案件信息罪",将公开披露、报道不公开审理的案件信息,情节严重的行为定性为犯罪,为媒体的刑事司法报道行为设置了禁区,但此罪仍只限于不公开审理的案件信息的报道禁止和责任追究,不及于对公开审理的案件的审前信息报道行为,因而并不能对媒体侵犯被追诉人诉讼权益和干扰审判独立的审前报道行为进行制裁。尽管藐视法庭罪西方国家已经使用较少,但在我国,在媒体刑事司法报道公然藐视司法尊严的现象比较突出而需规制的起步阶段,我们不妨有一点"矫枉过正"的勇气,将英美刑事司法报道规制早期行之有效的藐视法庭罪引进过来,促使对新闻从业人员的刑事责任能敦促其自始至终规范报道。对于媒体严重侵损被追诉人实体权益的报道行为,可从被追诉人人权保障的视角追究媒体刑事责任,但具体罪名不宜照搬英美国家的藐视法庭罪,而应选用我国刑法已有的诽谤罪和侮辱罪。因为,一方面,藐视法庭罪在性质上属于公诉罪,只要媒体公然违背法庭的报道限制,就必然要受到刑事制裁。如果我们不加区分地采用藐视法庭罪,只会严重抑制媒体对刑事司法的监督作用,这与中国本就羸弱亟须保护的刑事司法报道现状不相吻合。另一方面,侮辱罪和诽谤罪在刑法和刑事诉讼法上皆属于自诉的范畴,是否追究侵权者的刑事责任完全由被害人自行决定。以侮辱罪和诽谤罪追究媒体的刑事责任,既使媒体报道刑事司法不敢随性而为,又使媒体不至于因刑事司法报道而受到过于泛化的制裁。侮辱罪和诽谤罪这两柄达摩克利斯之剑对媒体刑事司法报道足以构成足够的威慑。

3. 确立媒体报道救济机制

美国大法官马歇尔曾言:"公民权利的精髓在于,每个人在受到侵害时都有权要求法律的保护。合众国被强调为法治政府而非人治政府。如果法律不对受到侵犯的法定权利给予救济,它就不值得这个高尚的称号。"①所以古谚才云,"没有救济,就没有权利"。因此,法律在创设媒体违法报道责任追究机制的同时,还应当为媒体留下足够的救济空间,确立起媒体报道救济机制。对于法律施加的报道违法责任,无论是民事责任还是刑事责任,媒体都可借助于法定的诉讼程序而寻求救济;而对于法庭所施加的报道限制,现行法律并没有为媒体留下救济的渠道,因而,媒体报道救济机制的确立,就是对法庭的报道限制命令向媒体提供救济手段。根据我国国情,目前现实可行的救济手段可设置两种:一是提出撤销法令的听证请求。受到报道限制的媒体可以推举代表向发出报道限制命令的法院请求撤销法令,法院应当举行听证会听取媒体的请求和理由,以决定是否撤销法院的推迟报道令。但在此之前,媒体需要遵守法庭发出的报道限制命令,否则会遭致相应的制裁。二是允许媒体向上一级法院提起上诉,请求第二审法院对报道限制命令进行审查以寻求救济。

三、中国刑事司法报道规制的配套措施

古人云:"制而用之存乎法,推而行之存乎人"。法律的实施取决于人

---

① 　Marbury v.Madison,5U.S.137(1803).

的因素。由于刑事司法报道失范的发生实际上是三种主体之间关系异化的结果:媒体、司法人员和社会公众,因此,在着重立法建设的同时,刑事司法报道规制还必须围绕这三种主体做好制度的配套建设,确保三者在刑事司法报道中都能做到正确报道、正确对待报道。

(一) 继续推进司法体制改革,维护司法独立

汉密尔顿有句名言:"一旦法官的独立性受到破坏,无法及时止息争论,宪法将不复存在,这是一个死亡的信号。"[①]刑事司法报道的种种乱象,除可归责于媒体机关报式的管理体制、利益驱动和从业人员的职业道德素质,归责于刑事司法信息控制的行政化和公众法律素养的缺失之外,司法也难辞其咎。正是因为司法的不独立和法官的不自治,在媒体失语与媒体审判的问题上,司法公正才受到那么强烈的问责。因而,刑事司法报道规制的完善和顺利实施,需要继续推进司法体制改革,改善司法生存与运作所处的外部环境、条件与氛围,保障司法的独立和自制。具体而言,当前必须继续:

1. 改革和完善司法经费保障体制

经费独立而不受制于人,是司法实现独立的首要因素,加强司法经费保障就成为司法体制改革的重要内容。中国经过 30 余年的司法建设,特别是 20 年的司法改革,司法体制中表层的东西已基本建设完毕,司法改革越来越触及深层的体制问题,某种程度上改革已进入"逆水行舟,不进则退"的转折点和攻坚阶段,体制问题不解决,司法改革将无法继续。而司法经费保障体制则是司法体制改革的瓶颈之一。2008 年启动的新一轮司法改革就将司法经费保障体制纳入改革的范畴。经过此次改革,中央和地方明确责任、分类负担、收支脱钩、全额保障的司法经费保障体制得以确立。这种司法经费保障体制改变了先前司法经费由地方财政承担、分灶吃饭、分级负

---

① [美]约翰·罗伯茨:《美国最高法院 2006 年度年终报告》,李松锋译,见 http://article.chinalawinfo.com/Article_Detail.asp? ArticleID =36905&Type=mod。

担、分级管理的体制,但并没有改变司法的地方化现象,改革后的司法经费保障体制仍然依赖于地方财政的支持,司法经费仍然无法摆脱同级党政部门①。"拿人手短、吃人嘴软",法院在"为了生计手捧帽子,向他们的主要的当事人(指政府)乞讨"的同时,怎么可能保持司法独立和公正。因此,我们仍然必须继续深化司法经费保障体制。

(1)取消分级负责制,法院经费统一由省级财政统管

根据"财权与事权相统一"的财政原则,既然司法活动乃是法律的适用活动,司法行使的是国家事权,司法经费就应该由代表国家的中央财政来保障,不受同级地方财政控制。而在中国,司法经费事实上主要由地方财政在负担,中央财政承担的司法经费与其财政收入极其不成比例。统计数据(见表5-1)表明:拥有国家财政收入近50%的中央财政只担负着极其有限的司法经费供给任务,其所承担的司法经费多年来基本保持在3%左右,不足全国的4%;而与中央财政收入相去不远的地方财政,却承担了占全国96%之多的司法经费供给。而在司法经费内部,无论是公安机关工作经费,还是检察、法院工作经费,同样存在着经费供给的地方化现象。以法院经费为例,数据(见表5-2)显示,尽管近年来国家投向法院的经费数量在逐年增长,但这些经费投入仍以地方为主力,中央财政用于法院经费的支出始终徘徊于一个百分点,而地方则承担了99%的法院运转经费。这样一种司法经费供给地方化的司法经费保障体制,加之分级负责的实施办法,必然无法使司法摆脱地方势力的干预。实践中,很多法院经常在证明被告人有罪的证据严重不足时仍根据代表媒体意志的同级党政部门的意见作出被告人有罪的裁决,就是源于司法经费受制于人的无奈现实。

---

① 改革后的司法经费保障体制,将政法经费划分为人员经费、公用经费、业务装备经费和基础设施建设经费四大类,并区分项目、区域和部门进行分类保障。虽然公用经费和基础设施建设经费,经由2008年的司法改革已经实现了绝大部分的中央和省级供给,但人员经费和业务装备经费由同级财政负担的状况并没有改善,仍然受制于同级地方财政。王亚新:《"省级统管"改革与法院经费保障》,《法制与社会发展》2015年第6期。

表 5-1　司法经费比例分配表　　　　　（单位:亿元)

年度	国家财政收入	全国司法经费	中央财政收入	中央财政收入占比	地方财政收入	地方财政收入占比	中央财政支出	中央财政支出占比	地方财政支出	地方财政支出占比
2015	152217	69234	45.4%	82983	54.6%	6225.61	199.92	3.2%	6025.69	96.8%
2014	140370	64493	45.9%	75877	54.1%	5491.43	178.52	3.3%	5312.91	96.7%
2013	129210	60198	46.6%	69011	53.4%	5193.74	165.02	3.2%	5028.72	96.8%
2012	117254	56175	47.9%	61078	52.1%	4742.29	141.61	3%	4600.68	97%
2011	103874	51327	49.4%	52547	50.6%	3861.94	124.2	3.2%	3737.74	96.8%
2010	83102	42488	51.1%	40613	48.9%	3360.26	67.92	2%	3292.34	98%

资料来源:1.根据财政部网站 2010—2015 年《全国公共财政支出决算表》和《地方公共财政支出结算表》提供的数据整理;2.此处司法经费仅指公、检、法三机关的经费总额;3.2010 年和 2011 年两年,因国家统计局和财政部只提供了公、法两部分数据,故此两年司法经费不含检察院经费。

表 5-2　法院经费比例分配表　　　　　（单位:亿元)

年度	全国法院经费	中央财政支出	中央财政支出占比	地方财政支出	地方财政支出占比
2015	877.60	8.66	0.99%	868.94	99.01%
2014	773.98	5.53	0.71%	768.45	99.29%
2013	741.45	6.5	0.88%	734.95	99.12%
2012	667.55	5.29	0.79%	662.26	99.21%
2011	596.32	7.32	1.23%	589	98.73%
2010	543.95	5.72	1.05%	538.23	98.95%

资料来源:根据财政部网站 2010—2015 年《全国公共财政支出决算表》和《地方公共财政支出决算表》的数据整理。

纵观世界各国司法经费尤其是法检经费的配置,可以发现,今天世界配置司法经费主要有两种模式:在单一制国家,司法经费通常由中央财政完全负责;在联邦制国家,司法经费的供给因法院的类别而作区分,联邦系统的司法经费由中央财政负担,各州、邦或共和国的司法经费则由各州、邦或共和国一级独立提供。中国属于单一制国家,由中央财政统一负责、专项确定全国四级法检系统的司法经费,确实能够化解司法的地方化难题。而且随着国家经济的发展,中央财政也具有司法经费收归中央支出的能力。但中国有32(还不算我国台湾地区)个省区市,3000多个普通法院、普通检察院和专门法院、检察院,要由中央统一直供全国各级法检系统司法经费,必然难以兼顾各地经济发展水平、司法经费需求以及历史遗留等因素,造成各地司法经费配置的不平衡和相应冲突,因而,司法经费全部由中央财政保障近期将难以实现。鉴于分税制改革以来,地方财政实力的提升使得地方财政也有足够能力承担司法经费,而且司法经费主要由地方财政负责供给已是司法实务中的不争事实,因此地方财政负担司法经费具有其可行性。但为防范再次掉入历史上分级负责、同级财政负担原则所造成的司法地方化窠臼,在地方财政负担司法经费上应当借鉴联邦制国家的经验,地方司法经费不受制于各级法院的同级财政而由省级财政统管统筹。党的十八届三中全会明确要求:"确保依法独立公正行使审判权检察权。改革司法管理体制,推动省以下地方法院、检察院人财物统一管理,探索建立与行政区划适当分离的司法管辖制度,保证国家法律统一正确实施。"中央全面深化改革领导小组第三次会议2014年6月6日审议通过的《关于司法体制改革试点若干问题的框架意见》,确定在东、中、西部选择上海、广东、吉林、湖北、海南、青海、贵州七个省市进行试点。可以说,司法经费由省级财政统筹、中央财政保障部分经费的司法经费保障模式已经被党的十八大所肯认。未来必须做好顶层设计与实践探索的结合,根据各地经济社会发展和司法工作实际,实现司法经费配置的公平、公正,解决司法独立性的深层影响因素。

(2)提高法院经费在财政支出中的份额

司法经费在国家财政收入中占较高比例,也是世界各国的惯例。为保证司法的独立、公正,世界各国都给予司法以充分的经费保障。如英国,警察、检察院、法院经费就占国家财政支出总额的8.3%;德国,各州财政给予法院全部预算3.5%的经费;巴西,法院经费占全国预算总额的3.7%;哥斯达黎加甚至将法院的经费保障额度纳入宪法,规定"司法机构的预算总额不得少于每年度日常收入预算的百分之六";更多国家则在宪法中明文规定司法预算不得低于全部预算的 2%,秘鲁如此,危地马拉如此,巴拿马如此,甚至连经济发展落后于我国的洪都拉斯也都如此①。反观我国,尽管近年来司法经费在逐年增长,但司法经费在国家财政支出的比重一直偏低,始终徘徊在 3.6% 左右;法院经费在国家财政支出中的占比则更低,多年来均不到 1%,远远没有达到世界通行的 2% 的标准,甚至还有逐年下滑的趋势(见表 5-3)。以 2015 年为例,全国法院经费约 877.6 亿元,国家财政支出为 175768 亿元,法院经费仅占国家财政支出的 0.5%。因此,我们在将司法经费交由省级财政负担的同时,还必须逐年提高法院经费占财政支出的比例,保证法院有足够的经费来维持运转和抵抗外力的干预。

表 5-3　司法经费支出结构表　　　　（单位:亿元）

年度	全国财政支出	全国司法经费支出及占比	全国法院经费支出及占比	全国检察经费	全国公安经费
2015	175768	6225.61(3.5%)	877.60(0.5%)	574.62	4773.39
2014	151786	5491.43(3.6%)	773.98(0.51%)	511.7	4205.75
2013	140212	5193.74(3.7%)	741.45(0.53%)	513.57	3938.72
2012	125953	4742.29(3.8%)	667.55(0.53%)	464.29	3610.45
2011	109248	3861.94(3.5%)	596.32(0.55%)	—	3265.62
2010	89874	3360.26(3.7%)	543.95(0.61%)	—	2816.31

资料来源:根据财政部网站 2010—2015 年《全国公共财政支出决算表》和《地方公共财政支山决算表》的数据整理。

（3）提高司法人员的工资福利

法官是法院裁判职能的最终承担者。保证司法的独立、公正,最终要落

---

① 根据国际货币基金组织统计数据,洪都拉斯人均国民生产总值世界排名虽然落后中国 7 位,但其宪法仍要求司法部门每年的经费不得少于国家纯收入的百分之三。姜士林等:《世界宪法全书》,青岛出版社 1997 年版,第 144 页。

实到赋予法官相当的职务保障,尤其是充分的经济保障。在西方,法官的薪俸、津贴等通常高于行政公务员。而在我国,尽管长期以来一直有学者强烈主张提高法官工资待遇,建立独立于行政人员的法官保障体系①,但参照行政人员工资标准确定法官工资福利仍然是实践中的惯常做法。2005年的《公务员法》第3条第2款规定,"法律对公务员中的领导成员的产生、任免、监督以及法官、检察官等的义务、权利和管理另有规定的,从其规定"。这一法条意味着,除法律另有规定外,法官在工资待遇上与行政人员同样适用公务员法。由于公务员工资中的某些构成部分要由机关自行解决,而司法经费在公检法内部之间的分配的严重失调,公安工作经费占据司法经费总额的77%,法院经费所占比例往往不足14%,致使法院经费捉襟见肘,根本无力发放这些自行解决的部分。因而,我国法官的工资收入整体上低于公务员。工资无法得到保证,作为社会正义最后一道防线守门人的法官就很容易受到外界因素的干扰,司法独立和公正自然无从谈起。因此,当前我们必须改革法官工资福利体系,建立独立于公务员的法官工资福利体系,使法官工资得到有效保障。有幸的是,党的十八大已经提出要"完善司法人员分类管理制度,健全法官、检察官、人民警察职业保障制度"。刚刚推行的法官、检察官员额制改革正在试点解决司法一线的法官、检察官的职级、待遇问题。希望法官、检察官单独序列的改革,能够实现法官、检察官收入的大幅增长,提升其抵御外界干扰的经济抗压能力。

2. 优化法院内部职权配置

经费保障机制的建立,只能确保法院整体的独立,祛除法院因经费受制于人而受外部影响的可能性,并不能解决法院系统内部对法官断案的潜在

---

①　1993年的《公务员暂行条例》和1995年的《法官法》关于公务员身份和法官工资的规定,响应了这些学者的号召。如《公务员暂行条例》没有将法官纳入公务员范畴,1995年《法官法》要求根据审判工作特点确定法官工资制度和工资标准。但遗憾的是,这样的规定很快就被2005年《法官法》所取缔。

影响问题。因此,为保证法官能够独立而公正地断案,西方国家普遍建立起法定法官制度,明确区分司法审判与司法管理,使法官成为真正职权独立的主体。而在我国,如前所述,法院系统内部职权划分紊乱,法官断案不仅要受到来自上级法院的干预,还要受到来自法院内部司法管理权的掣肘。因此,要实现法官独立审判,我们还必须加快法院内部的司法职权配置改革,改变司法行政化现象。

(1)理顺上下级法院之间的关系,让上下级法院回归监督关系

具体而言,我们可以借助于下述措施来实现法院上下级监督关系的回归。第一,完善上级法院对下级法院的监督指导工作机制,明确上级法院对下级法院进行司法业务管理、司法人事管理和司法行政管理方面的范围和程序,构建科学的审级关系。祛除司法实践中各地法院对下级法院通过案件评查、案件审判的质量与效率等司法管理手段强化对下级法院的监督等行政化的管理方法。第二,规范发回重审制度,明确发回重审的条件,建立发回重审案件的沟通协调机制。解决发回重审的标准不明确、发回重审导致矛盾下放、影响下级法院司法独立等问题。第三,规范下级人民法院向上级人民法院请示报告制度。对案件请示报道制度作诉讼化改造,将法律适用上具有普遍意义的刑事案件移送管辖,纳入到诉讼法范畴中。解决实务中下级法院就案件实体问题请示汇报——上级法院作出决定——干预法官独立断案、消解两审终审的做法。第四,完善委托宣判、委托送达、委托执行工作机制,对法院在程序性业务上的上下级合作关系进行妥善处理。总而言之,应当沿着上级法院放弃对下级法院的诸多实质性权力的方向进行来改革法院上下级关系。

(2)剥离司法审判和司法管理,让法官真正实现独立

针对法院内部司法行政管理与司法审判高度同质化,司法管理权干预司法审判、妨碍法官独立审判的现实,我们可以通过下述方法来实现二者的剥离,确保法官断案能够真正独立。第一,明确区分审判职责与司法管理职

责。必须以限制领导的司法行政管理权为方向,对法院内部审委会、院长、庭长、合议庭、审判长、法官、法官助理、书记员、管理人员、辅助人员之间的职责进行准确划分,只有这样,审判职责才能实现与司法行政管理职责的彻底剥离。第二,继续完善审判委员会制度。尽管法院"一五""二五"改革期间对审判委员会制度进行了改革,但改革的成效不彰,审判委员会的运行仍不规范,因而,需要继续改革审判委员会,进一步明确审委会的职责范围,改变实务中"审而不判、判而不审"的怪圈,真正做到让裁判者审理、让审理者负责。第三,改革和完善审判管理制度。通过建立符合工作规律和实际特点的审判流程管理办法和审判管理工作机制,规范审判管理部门的职能和工作程序,促使其权责分明、高效运转,与法官办案过程彻底剥离。总而言之,只要法院系统下定决心、排除万难,实现法院职权的优化配置,解决审判权与审判管理权长期以来的纠葛是完全可能的。

3. 加快司法官遴选制度改革,提高法官业务素质

作为社会正义最后一道防线的守门人的法官,应当具有广博的法律知识和科学知识,才能胜任司法裁判的重任。实务中,法律知识仅构成法官裁断所需知识的一部分而非全部,法官还需要借助法学之外的知识,包括自然科学和社会科学的知识,以及常情、常识、常理这些非正式知识来调谐公众朴素的公正正义观与司法所追求的公平正义,提高司法裁决的可接受度。美国大法官卡多佐就这样衡量广博知识对于法官的重要性,他说:"他是一个有用的法官还是一个糟糕的法官就看他对措施的估测精确不精确,他必须将他所拥有的成分,他的哲学、他的逻辑、他的类比、他的历史、他的习惯、他的权利感以及所有其他成分加以平衡,在这里加一点,在那里减一点,他必须尽可能明智地决定哪种因素将起决定性作用。"[1]为了保证执掌社会正义最后一道防线的法官能够胜任社会对他的要求,各国均规定了严格的司

---

① [美]卡多佐:《司法过程的性质》,苏力译,商务印书馆1998年版,第101—102页。

法官遴选制度。反观我国,法学教育模式下的单学科教育和忽视实践操作能力的特征,使得我国的法官后备队伍远远达不到实务要求。"三证合一"的司法考试模式忽视了法官职业的个性和人们对法官职业的角色期待,由此遴选出来的法官在素质上难以胜任裁判的重任,在面对外来干预时容易失却法律的立场。为此,当前应加快司法官遴选制度改革,造就具有良好素质的优秀人才,实现法官的实质独立。

(1)加快法学教育模式改革,培养审判职业所要求的优秀人才

尽管我们要培养知识复合型和操作能力强的双通人才,但并不意味着我们就必须借鉴英美的法学教育模式,对现有的法学教育模式做伤筋动骨的彻底改变。考虑到中国法律体系和法学教育的传统特征,在实现培养知识复合型和操作能力强的人才培养目标上,我们可以遵循如下的改革路径。第一,适当加大非法学的学科课程在法学教育中的比重,合理配备法科学生的知识构成。针对当前法科毕业生知识结构单一的问题,我们不可能像美国那样对法学招生体制作改头换面的彻底变革,通过要求法科学生入读法学专业之前必须已经取得一个大学本科学位的方法来实现法科学生的知识复合。目前可行的策略之一是,修改法学专业教学计划,在教学课程中增大非法学学科的课程比重,通过这种方法来提高法科学生的知识复合度。第二,鼓励法科学生在读期间攻读第二学位,促进学生知识结构的复合化。第三,加大法学教育中的职业教育力度,增强法科学生实务操作能力。我国法学教育"强调素质教育而忽视职业教育"的倾向素来备受谴责,但着力提高学生实际操作能力我们也不必完全照搬美国式的案例教学法,因为美国式的案例教学法从根本上不适合中国的制定法传统。当前,法学教育应作长远规划,彻底变革,实现向法律职业教育的变革。我们应当加快探索实训教学法,通过加大实训力度、调动学生参与实训的积极性、让学生参与真实案件的诉讼代理和非讼案件的办理,在实践中培养学生自主思考、独立探索的精神,提高学生分析和解决问题的实务操作能力,让学生真正成为知识复

合、能力精干的优秀法律人才。

（2）改革司法官遴选制度，提高法官的专业素质

在法治社会中，法官作为司法者所担负的将实体正义与程序正义的立法价值实现于社会的特殊角色，决定法官职业的准入资格应该有更高的要求。无论是大陆法系的法律职业一元化模式，还是英美法系律师到司法官的职业转换模式，都对法官的准入资格规定较高。在大陆法系（如德国），两次司法考试的通过者中最优秀者才能被司法部选中授予法官资格；在英美法系，只有具有成功职业生涯的律师或政府官员才可能进入法官行列。而我国现行的"三证合一"的法律职业资格考试模式只重视法律职业的共性而忽视了不同职业因为社会分工的不同而应该具有的个性。法官的准入资格与律师完全相同，不能确保法官具有裁判所要求的相比于律师更高的素质。为此，未来仍需对中国的司法官遴选制度——法律职业资格考试制度进行改革。第一，增加法律职业资格考试的次数，实现法官、检察官与律师资格认定的分离。即在当前"三证合一"的法律职业资格考试模式基础上再增加法官、检察官的单独选拔考试。由于属于最初级的资格考试，国家没有必要严格控制第一次法律职业资格考试的通过率，反而还可以适当扩大通过率。第一次法律职业资格考试的通过者可以从事律师职业，但不能从事法官、检察官职业。目前，国家在近几年已经放宽法律职业资格考试的通过率，但初衷不是由于法律职业资格考试改革，而是为了解决东西部地区法律人才的匮乏和法学毕业生就业困难的问题。在没有进行法律职业资格考试整体改革的大背景下，这种随意扩大考试通过率、降低准入门槛的做法只会让法官素质不尽如人意的现实雪上加霜。第二，在第二次法律职业资格考试中，增设法官职业所需要的特定知识。现代社会，法官断案所依赖的知识已远不限于法律知识，断案所要求的知识结构的复合性以及法学教育随之而产生的培养模式的变化，都应该在法律职业资格考试内容中得以体现。由于第一次考试通过者不能进入法官、检察官队伍，第一次法律职业资

格考试侧重考察法律基础知识和基本原理,无须增设针对提高法官、检察官职业素质的理论知识,而第二次法律职业资格考试就应当在考试内容上有所不同,侧重对应试者案例分析、逻辑推理、文书写作和法律职业伦理的考察。只有经过如此选拔出来的法官后备队伍,才可能具备司法职业的尊荣感和司法裁判所需求的素质,真正能够做到只服从法律。第三,改革司法官遴选程序,确保招录进入司法官队伍的是真正理论与实务素养兼备的优秀人才。建立初任法官、检察官统一招录、集中培训、基层任职、有序流动、逐级遴选的机制,建立司法职业转换机制,从优秀律师、法律学者等专业人才中选任司法官,成立由资深法律实务与法学理论专家组成的司法官遴选委员会负责司法官的遴选和任免,综合考察后备人才的法律信仰、实务能力、临场反应、人际沟通、口头表达、职业操守等因素择优招录。

4. 提升法官的职业素养和职业自信

诚如著名学者梁治平所言:"如果人们希望司法机关能够严格、公正地适用法律,他们就必须尊重和维护司法自治,这就好比公正的报道和独立的见解要以媒体的自治来保障一样。问题是,自治的另一面就是自律。因此,无论司法机构还是媒体,一旦它们失去了自律,不再恪守自己的界域而热衷于扩张的时候,它们的自治也就岌岌可危了。"① 司法要免受媒体刑事司法报道的影响而能公正审判,除了受到司法体制改革所赋予的前述司法独立保障之外,法官本人的冷静与自制也是保障免受刑事司法报道影响、保持公正审判的必要因素。丹宁勋爵曾反复告诫下属法官:"在国会内外,在报纸或广播里,就公众利益发布公正的甚至是直率的评论是每一个人的权利。人们可以如实地评论法院在司法过程中所做的一切。不管他们的目的是否在于上诉,他们都可以说我们做错了事,我们的判决是错误的。我们所要求

---

① 梁治平:《法律的文化解释》,生活·读书·新知三联书店1998年版,第48页。

的只是批评我们的那些人应该记住,就我们职务的性质来说,我们不能对他们的批评作出答复。我们不能卷入公开论战,更不用说卷入政治性的论战了。我们必须让我们的行为本身来进行辩白。"①"自我克制的能力在美国当代历史上曾占据重要的地位,与此相比,现在它更加必要,经过训练获得的自我克制的能力从不过时。"②《加拿大司法委员会司法行为评论法案》也规定:"对于一个已经开始审理的案子,法官只评论一次,评论的就是作出判决的原因。此后,法官是不允许去作解释,或作辩护,或是对审判进行评论,甚至是去澄清哪些批评是模棱两可的。"③在西方国家,面对舆论的冷静与自持,已经内化为法官职业的立身之本而为各国法官所体认和一贯遵循。

而目前在我国,尽管《法官职业道德基本准则》用整整 6 个条款对法官的言论自由进行规范,希望法官在发布言论与面对媒体时能够做到冷静、自持,但司法实践中法官远未做到冷静与自持。面对备受关注的刑事案件,法官往往按捺不住寂寞,或主动出击,通过网络、博客、BBS 或著书立说大谈对案件的看法,或接受媒体邀请,在报纸、电视、广播、网络上侃侃而谈,不管案件是自己审理的,还是他人负责的;在面对媒体刑事司法报道掀起的与法律裁决不一致的舆论狂潮,法官不能保持高度的超然和理性,不能坚定立场,容易随波逐流,顺应舆论而进行裁决。因此,提升法官的职业素养和职业自信,也是当前构建刑事司法报道规制的一个必不可少的配套措施。法官必须深知:"在取得公众信任和受到欢迎之间存在着一个重要的差别。……法官的作用是裁决而不是取悦,是作出判决而不是进行宣传,是忠实于法治原则而不是屈从于来自任何方面的外部压力。"④因而,只有具备良好的职

①　[英]丹宁勋爵:《法律的正当程序》,李克强等译,法律出版社 1999 年版,第 39 页。
②　[美]玛丽·安·格伦顿:《法律人统治的国度——法律职业危机如何改变美国社会》,沈国琴、胡鸿雁译,中国政法大学出版社 2010 年版,第 166 页。
③　怀效锋编:《法院与法官》,法律出版社 2006 年版,第 24 页。
④　[加]安东尼奥·拉默:《法官的角色与作用》,陈鹏译,《人民司法》1999 年第 11 期。

业素养和职业自信,对媒体刑事司法报道掀起的滔天民意保持高度的超然和理性,法官才能正确地看待事实和面对媒体,对公众舆论中的真实与虚假、正确与错误才能有恰如其分的态度并最终作出理性的裁决,最大限度地实现公平、正义。黄静裸死案、杨佳袭警案、胡斌飙车案,尽管都有高涨的舆论要求严惩被告人或者为其开脱,但承办法官都摒弃了舆论的干扰,既未因为舆论对黄静之男友姜俊武的口诛笔伐就宣布姜有罪,也未因舆论将杨佳塑造为反抗压迫的"英雄"就放弃对杨佳的定罪,也未因公众舆论喧嚣而加重对胡斌的量刑,依照事实和法律作出了公正的裁判。这正是司法坚守理性、坚守法律,正确辨识和引导公众舆论而追求司法独立与公正的强力例证。

(二) 加快媒体管理体制改革,收缩政府权力

对于媒体刑事司法报道影响司法审判的路径,学界早已达成共识。但无论是媒体直接影响司法,或是媒体通过形成公众舆论借助舆论影响司法,还是媒体通过刑事司法报道形成公众舆论,引起某些领导"高度重视"而影响司法,这些媒体报道影响司法审判的路径都暗含着一个无法回避的因素:那就是权力的干预。因此,在舆论无处不在、舆论影响无法彻底根除的背景下,要实现媒体报道自由、被追诉人人权保障和公正司法三种价值在刑事司法领域的互存互荣、博弈共赢,除了要着眼于诉讼法的完善和司法职业的自身强大之外,将精力聚焦于防止权力影响司法的制度建设,也应当是规制刑事司法报道、建立媒体报道和司法独立之间良性互动关系的因应举措。为此,我们必须:

1. 加快传媒管理体制改革,转变行政权力对媒体的管理方式

美国著名经济学家道格拉斯·C.诺思在其名著《经济史中的结构与变迁》中曾谈道:"在详细描述长期变迁的各种现存理论中,马克思的分析框架是最有说服力的,这恰恰是因为它包括了新古典分析框架所有的因素:制

度、产权、国家和意识形态。"①可以说,当下媒体刑事司法报道之所以能够造成喷涌的"媒体公诉""媒体审判"而影响和干预司法裁判,除去刑事司法报道的具体内容和方式失范的原因之外,马克思、诺思所言的制度、产权、国家和意识形态因素也掺杂其中,对机关报式的媒体管理体制造成此种乱象可谓最好的注解。20世纪70年代末以来30余年的改革,解决了政府对传媒的财政支出不足的难题,实现了传媒采编运作和利润分配的市场化,使传媒获得了新时代背景下的巨大发展,但也使中国传媒呈现出双重属性、混合体制的角色冲突。"事业单位、企业化管理"典型地展现出时下中国传媒的真实处境:一方面,机关报的性质定位使得绝大多数传媒都属于上层建筑范畴,带有较强的意识形态性质。机关报、事业单位法人的定位使其至今无法脱离主办或主管单位的管辖,从而使得其容易成为当局尤其是主办部门的传声筒,追求刑事司法报道的政治效果和社会效果的统一,而不易发出自己的声音。另一方面,企业化管理诞生了媒体的"商品"和市场属性。对商业利润的极度追求所导致的媒体刑事司法报道娱乐化现象,错误引导公众舆论,造成对刑事被追诉人和公正司法的严重侵害。而这又和媒体的级别成正比,级别越高,对司法审判的影响和危害就越大。《外交世界》主编拉莫内忧心忡忡:"当无冕之王不但背叛了人民,而且带着军火辎重投奔了权力与资本时,我们该如何奋起保卫自己? 随着市场化、全球化的加速,以社会利益标榜的'第四种权力'政治蜕变为一个空壳,失去制衡权力的初衷。如果媒体失去公正之心,媒介过滤公共信息,媒体原创谎言,那么注定是无数悲剧。"②因此,"双重属性、混合体制","事业单位、企业化管理"正是造成媒体刑事司法报道失范的根本原因之一。因此,未来防范刑事司法报道失范、祛除媒体审判,最重要的一个配套措施当然是媒体体制改革。而回看

---

① ［美]道格拉斯·C.诺思:《经济史中的结构与变迁》,陈郁等译,上海人民出版社1994年版。

② 崔林:《媒体对刑事审判监督及其界限研究》,法律出版社2013年版,第90页。

30 余年来中国传媒体制改革的历程,传媒体制改革已经逐渐由边缘性的增量改革转向核心层的存量改革①。由于传媒体制所集中展现的制度、国家、产权与意识形态的交织与博弈,聚集着传媒多元化的角色、功能和价值取向,以及同政府、公众之间的互动关系,未来必须以产权改革的创新和完善作为传媒体制改革和传媒制度安排的着力点和突破口。只有致力于产权改革,转变行政权力对媒体的管理方式,才能塑造媒体作为"社会公器"的角色而秉公进行刑事司法报道与舆论监督,刑事司法报道失范、"媒体审判"的现象才能根本上扭转。

2. 加快政府职能转变,破除行政权力对司法独立的不合理侵入

产权改革和传媒所有制结构的创新和完善虽然是实现媒体与行政权力的彻底分离,确保媒体能善尽社会公器之责的根本之策,但产权和所有制结构的调整和改革涉及体制层面的全方位改革,非一日之功而可以完成。因此,我们在推动传媒产权和所有制结构改革的同时,不能完全寄希望于此,而要同时加快政府职能的转变,促进传媒主办或主管机关的职责意识转变。虽然市场经济体制改革已经运行 30 多年,政府对很多领域的直接管理和控制都在弱化,但政企不分、政事不分仍然存在。在传媒领域,虽然政府在改革开放之初因为无力承担传媒的全部运营经费,而赋予传媒企业化管理、产业化运营的发展空间,但并没有放弃对传媒在人事乃至经营上的控制。因而才有刑事司法报道问题以及由此而导致的司法审判上的行政权力干预。因此,未来必须加快政府职能转变,促使政府不断收缩行政权力对传媒经营事务等的微观控制,转向对传媒的宏观管理,破除行政权力对司法权力的不合理侵入。另外,要强化行政权力对司法独立性的尊重和对司法权威的倡导和维护意识,还要加大对行政权力干预司法的制度防范和制裁。而在此方面,2014 年 10 月 23 日党的十八届四中全会已经提出:"要建立领导干部

---

① 刘艳娥:《生态文明语境下中国传媒体制改革的基本逻辑与基本问题研究》,《出版科学》2014 年第 3 期。

干预司法活动、插手具体案件处理的记录、通报和责任追究制度。"2015年3月30日，中共中央办公厅、国务院办公厅制定并正式发布这一制度，从反面对行政权力监督司法的边界和方式进行了限定，以破除行政权对司法活动的不合理侵入。施行半年后，2015年11月6日，中央政法委向社会公开通报五起领导干部干预司法活动、插手具体案件处理和司法机关内部人员过问案件的典型案件①。相信这一制度的严格执行，必能对行政权力干预司法起到积极的遏制作用而能保障司法权行使的独立性。

（三）完善媒体职业道德规范体系，加强媒体自律

在刑事司法报道规制的体系中，立法的规制和司法的自制都是外在的因素，在媒体管理体制尚未根本变革的背景下，媒体的道德自律，某种程度上成为规制刑事司法报道最有效的手段。著名新闻人普利策为此而宣称："只有最崇高的理想，最严谨追求真理的热望，最正确丰富的知识，以及最忠诚的道德责任感，才能将新闻事业，从商业利益的臣属，自私自利的追求，以及社会利益的敌对中拯救出来。"事实证明也确实如此，媒体的洁身自好能在根本上掐断刑事司法报道的各种乱象的源头。因此，高度重视媒体自律，不断完善媒体职业道德规范体系，应当成为保障刑事司法报道规制顺利实施的配套工作。

1. 强化新闻从业人员职业道德素养，加强媒体自律

思想是行为的先导。要督促媒体报道刑事司法时兼顾司法公正和被追诉人人权，首先必须强化媒体职业道德素养。第一，新闻从业人员应当提高守法意识。刑事司法报道不同于一般新闻报道的地方，就在于其同时牵涉到被追诉人人权、媒体的报道自由和国家的司法管理三种复杂的利益博弈，一旦报道失范，可能引发对被追诉人不利的实体评价，损及司法的独立和公

---

① 《我国首次通报干预司法活动插手具体案件处理典型案件》，见 http://news.xinhuanet.com/2015-11/06/c_1117059414.htm。

正,影响媒体未来刑事司法报道在司法机关的观感和评价。因此,刑事司法报道的失范,带来的是被追诉人人权、媒体报道自由与司法管理三种权益的俱损。因而,新闻从业人员报道刑事司法,首先必须恪守法律规范,以合法的方式接近与采访刑事诉讼,遵守司法报道规则,熟悉法律术语与法律规范,以法言法语报道,不对刑事被追诉人使用有违无罪推定和罪刑法定原则的语言和评论。互联网、手机等新媒体尤其要自觉遵守刑事案件的网络报道规范,严格按照国务院新闻办公室《可供网站转载新闻的新闻单位名单》对网上案件报道的新闻来源进行管控,只得转载官方新闻网站采编的新闻,不得登载自行采编的信息和转载报道博客、播客、微博、论坛等非官方网站发布的信息。① 强化守法意识就成为媒体报道刑事司法时职业道德素养应该强化的首要内容。第二,新闻从业人员应当秉持良心、正义和社会责任的要求,强化清正廉洁的道德素养。客观公正地记录与报道刑事司法是对每个新闻从业人员的基本道德要求。鉴于新闻媒体经常描绘犯罪率上升以及犯罪多为暴力型犯罪的虚假图景②,并围绕涉案主体的身份特征进行大量倾向性报道,严重误导公众舆论的司法实践,必须加强新闻从业人员的责任心培养,促使其基于良心客观公正地报道,杜绝有偿新闻和新闻腐败等不正之风,提高行为的廉洁性。第三,新闻从业人员要强化公平、正直的道德素养。媒体报道要尽可能祛除情感冲动。诚如马克思所言:"报刊是带着理

---

① 国家把提供互联网新闻信息服务的网站区分为官方网站和非官方网站,赋予官方新闻机构设置的网站垄断行使新闻采编权,而对商业网站等非官方网络媒体则只赋予"转载权",不得登载自行采编的信息,不得转载非官方网站发布的信息。为此,国新办制作《规范稿源内的媒体》目录,确定中央和省级媒体单位为官方新闻单位,下发给各新闻网站参照执行。到 2015 年 5 月 5 日,国信办次对外公布的可供网站转载新闻的新闻单位名单只有 380 家,《南方都市报》《第一财经日报》《财经》《华夏时报》等比较激进的报纸均被定义为"非规范稿源",禁止各新闻网站转载。唐海华:《挑战与回应:中国互联网传播管理体制的机理探析》,《江苏行政学院学报》2016 年第 3 期。

② [美]斯蒂芬·E.巴坎:《犯罪学:社会学的理解》,秦晨等译,上海人民出版社 2011 年版,第 59 页。

智的,但同样也是带着情感来对待人们生活状况的。"①由于刑事司法报道处理不当,可能导致公众对司法的误解和公正审判的减损,媒体报道诉诸情感的判断特征在刑事司法报道中必须得到抑制。更何况,尊重司法独立和被追诉人人权已经成为一个公认的准则。为此,每一个新闻从业人员在面对遭致媒体审判的指责时,必须躬身自省:自己在法律系统的入口处——法治热点事件中——给予了公众怎样的糟糕经验②,而督促自身强化公平正直的道德素养,秉持良心、公正报道刑事司法。

2. 提高新闻从业人员法律素养,降低刑事司法报道失范频率

新闻从业人员法律素养的欠缺,是造成刑事司法报道失范的主要原因之一。规制刑事司法报道,实现媒体报道自由与公正审判的双赢,需要来自媒体的努力——提高新闻从业人员的法律素养。在我国新闻记者法律素养参差不齐的背景下,一要加强对专跑刑事司法新闻的记者的法律素养的养成和强化培训。具体策略上可以灵活多样:既可选派刑事司法记者从事在职的系统法律学习,健全新闻记者的法律知识,提升其法律素养,又可通过请进来的办法邀请司法机关工作人员对记者进行定期培训,通过理论知识讲授和记者自己的实务经验的有机统合,迅速增进记者对法律知识的了解和把握,在报道刑事案件及相关信息时掌握好法律的"度"。通过训练,要使记者明确侦查和审判阶段尤其是侦查阶段刑事案件报道的"底线"(不得将属于保密范围的侦查信息提前暴露到公众面前),了解和熟悉刑事案件司法报道的具体规则,懂得超越法律规定的失范刑事司法报道应负的责任,真正做到心中有法律、报道有规则、违法有责任。二要在新闻媒体内部配备专门的法律事务人员。在西方国家,配备专门的法律事务人员尤其是律师,已经成为主流媒体的惯常做法。这些专职法律事务人员,既承担着同司法

---

①　《马克思恩格斯全集》第 1 卷,人民出版社 1995 年版,第 378 页。
②　陈柏峰:《法治热点案件讨论中的传媒角色——以"药家鑫案"为例》,《法商研究》2011 年第 4 期。

机关宣传部门进行沟通配合,以避免报道对刑事司法活动产生不必要的重大误解的责任,又兼负着对媒体即将刊发的报道进行内容审查的任务,确保没有明显的诱导和倾向性,防范可能影响司法独立或者被追诉人人权的报道流向社会以防患于未然。这样的专职法律事务人员在中国语境下能够达到同样的功效。

(四) 营造良好法律文化,提高公众认知能力

卢梭曾说:"所有法律之中最重要的法律,既不是铭刻在巨石之上,也不是刻在钟表之上,而是铭刻在公民的内心之中,它形成了国家的真正宪法,并且每天都在获得新生,当其他法律衰老或消亡之时,它可以复活那些法律或代替那些法律,可以保持一个民族的精神,可以逐渐地以习惯代替权威。"[①]可见,精神层面的法律意识与观念的确立,对于国家法律制度的推行和实施是多么重要。如果没有整个社会对法律的神圣观念,公众没有把法律法规当作自己的生存和生活方式,颁布再多的法律法规也很难建立真正的法治社会。刑事司法报道及其规制的良性运作,同样离不开良好的法律文化和认知能力。当前,我们仍须大力提高公民的认知水平和认知能力,营造良好的法治环境。

1. 加强普法教育,提高公众的认知能力

刑事司法是否受到媒体报道和公众舆论的影响,受到何种程度的影响,除了与刑事司法的现状、媒体报道的内容和方式等诸多因素密切相关之外,公众的认知能力、认知水平也是重要的影响因素。公众的认知能力和认知水平会直接影响其对刑事司法报道的理解并为此决定其对特定刑事个案的意见表达。刑事司法报道侵损司法权威和被追诉人公正审判,就在于媒体试图借助公众舆论来影响司法。因此,如果公众普遍具有较好的法律素质,

---

① [法]卢梭:《社会契约论》,何兆武译,商务印书馆 1987 年版,第 56 页。

对案件能够有自己独立的判断,有自己独立的认识,就不会被媒体所左右;如果公众具有良好的法律素养,知道媒体也是基于道德的立场在做情感性判断,媒体也可能犯错,能够理性地看待并分辨媒体所提供的信息并且理智地克制由这些信息所激发的情绪,媒体也就丧失了兴风作浪的条件,媒体审判等等一系列失之于规范的行为就无从发生。因此,鉴于舆论所具有的聚蚊成雷、激涌若潮的狂热态势和公众对公众舆论和媒体报道的辨识能力,提高公众的法律意识和认知能力,应当成为革除刑事司法报道失范的根本之道。只有当法律信仰内化为公众真正的精神归属,才能激发起公众对法律的信任、信心和尊重。但公众的认知能力和法律意识的提高不是一蹴而就的事情,需要我们持续不断地努力。改变我国公众法律意识和认知能力低下的现状,我们一方面要诉诸继续加强普法教育,培养公众依法判断案件的法律习惯,祛除依照感情、道德和伦理评判案件的传统惯习,逐步提高公众的法律意识和认知能力。另一方面要借助于司法实践中个案的处理让公众感受到"司法活动正确与否从来不取决于它是否得到公众的欢迎或是否符合大多数人的想法与做法"①,事实与法律才是案件裁决的基准和关键而非公众舆论,借助于司法实践个案处理的公平正义让其坚定对法律、对法院的信任、尊重和信心,从而能够理性地辨识媒体刑事司法报道所传递的信息,正确认识案件。

2. 培养程序正义的法律文化,祛魅实体正义的传统惯性

现代世界,法律所追求的正义包括实体和程序正义的双重含义。在法治国家,程序正义具有与实体正义同样重要的地位和价值,在实体正义实现无望的时候程序正义还具有正当化司法裁决的价值,程序既是手段又是目的。而传统中国盛行的则是实质中心主义,以实质正义统领程序正义,实质正义是目的,程序正义是手段。刑事司法报道能够煽动民众的情绪,借以影

---

① ［美］沃赛曼:《美国政治基础》,陆震纶译,中国社会科学出版社 1994 年版,第 149—151 页。

响司法,最根本的就是追求实质正义的这种传统法律文化的作祟。有罪推定的思维惯性外加追求实质正义的法律文化,造就公众容易被媒体情感判断所左右的特质。因此,规范刑事司法报道行为,要真正祛除媒体不当干预和影响公正审判,必须着力培养程序正义的法律文化,祛除公众内心实质正义的妖魔。只有公众将程序正义的理念内化为自己的信念,才能在面对媒体的刑事司法报道时始终保持冷静和理性,不至于过早地对案件定罪定性,以至于与司法裁判形成无谓的对立。

参考文献

一、中文参考文献

（一）中文译著

［1］［美］T.巴顿·卡特、朱丽叶：《大众传播法概要》，黄列译，中国社会科学出版社 1997 年版。

［2］［美］唐纳德·M.吉尔摩：《美国大众传播法：判例评析》，梁宁等译，清华大学出版社 2002 年版。

［3］［美］唐·R.彭勃：《大众传播法》，张金玺等译，中国人民大学出版社 2005 年版。

［4］［法］卡斯东·斯特法尼、乔治·勒瓦索、贝尔纳·布洛克：《法国刑事诉讼法精义》，罗结珍译，中国政法大学出版社 1998 年版。

［5］［德］克劳思·罗科信：《刑事诉讼法》，吴立琪译，法律出版社 2002 年版。

［6］［德］托马斯·魏根特：《德国刑事诉讼程序》，岳礼玲等译，中国政法大学出版社 2004 年版。

［7］［日］田口守一：《刑事诉讼法》，刘迪等译，法律出版社 2000 年版。

［8］［日］松尾浩也：《日本刑事诉讼法》，张凌译，中国人民大学出版社 2005 年版。

[9][日]松井茂记:《媒体法》,萧淑芬译,元照出版公司2004年版。

[10][美]伟恩·R.拉费弗、杰罗德·H.伊斯雷尔、南西·J.金:《刑事诉讼法》,卞建林等译,中国政法大学出版社2003年版。

[11][英]麦高伟、杰弗里·威尔逊:《英国刑事司法程序》,姚永吉等译,法律出版社2003年版。

[12][美]爱伦·豪切斯泰勒·斯戴丽、南希·弗兰克:《美国刑事法院诉讼程序》,陈卫东等译,中国人民大学出版社2002年版。

[13][英]克莱尔·奥维、罗宾·怀特:《欧洲人权法:原则与判例》,何志鹏等译,北京大学出版社2006年版。

[14][英]萨利·斯皮尔伯利:《媒体法》,周文译,武汉大学出版社2004年版。

[15][美]德沃金:《自由的法——对美国宪法的道德解读》,刘丽君译,上海人民出版社2001年版。

[16][美]阿兰·艾德斯、克里斯托弗·N.梅:《美国宪法:个人权利案例与解析》,项焱译,商务印书馆2014年版。

[17][美]埃尔斯特、[挪]斯莱格斯塔德:《宪政与民主——理性与社会变迁研究》,潘勤等译,生活·读书·新知三联书店1997年版。

[18][美]汉密尔顿等:《联邦党人文集》,程逢如等译,商务印书馆1980年版。

[19][美]新闻自由委员会:《一个自由而负责任的新闻界》,展江等译,中国人民大学出版社2004年版。

[20][美]P.S.阿蒂亚、R.S.萨默斯:《英美法中的形式与实质——法律推理、法律理论和法律制度的比较研究》,金敏等译,中国政法大学出版社2005年版。

[21][美]弗雷德·西伯特、西奥多·彼得森、韦尔伯·施拉姆:《报刊的四种理论》,中国人民大学新闻学系译,新华出版社1980年版。

［22］［美］罗纳德·德沃金:《认真对待权利》,信春鹰等译,中国大百科全书出版社 1998 年版。

［23］［美］诺内特、塞尔兹尼克:《转变中的法律与社会:迈向回应型的法》,张志铭译,中国政法大学出版社 1994 年版。

［24］［美］罗伯特·厄特:《司法独立的保障》,蒋惠岭译,人民法院出版社 1998 年版。

［25］［美］庞德:《普通法的精神》,唐前宏等译,法律出版社 2001 年版。

［26］［美］梅尔文·德弗勒、艾弗雷特·丹尼斯:《大众传播通论》,颜建军等译,华夏出版社 1989 年版。

［27］［美］艾伦·德肖维茨:《最好的辩护》,唐交东译,法律出版社 1994 年版。

［28］［美］亚伦·德肖维茨:《合理的怀疑:从辛普森案批判美国司法体系》,高忠义、侯荷婷译,法律出版社 2010 年版。

［29］［美］约翰·D.泽莱兹尼:《传播法判例:自由、限制与现代媒介》,王秀丽译,北京大学出版社 2007 年版。

［30］［美］阿丽塔·L.艾伦、理查德·C.托克音顿:《美国隐私法:学说判例与立法》,冯建妹等译,中国民主法制出版社 2004 年版。

［31］［美］本杰明·卡多佐:《司法过程的性质》,苏力译,商务印书馆 2005 年版。

［32］［美］戴维·J.博登海默:《公正的审判:美国历史上刑事被告的权利》,杨明成等译,商务印书馆 2009 年版。

［33］［美］斯蒂芬·E.巴坎:《犯罪学:社会学的理解》,秦晨等译,上海人民出版社 2011 年版。

［34］［美］马乔里·科恩、大卫·道:《法庭上的照相机》,曾文亮、高忠义译,商周出版社 2002 年版。

［35］［美］沃尔特·李普曼:《公众舆论》,阎克文、江红译,上海人民出

版社 2006 年版。

[36][美]迈克尔·埃默里:《美国新闻史》,展江等译,新华出版社 2001 年版。

[37][美]埃尔曼:《比较法律文化》,贺卫方等译,清华大学出版社 2002 年版。

[38][美]博登海默:《法理学:法律哲学与法律方法》,邓正来译,中国政法大学出版社 1999 年版。

[39][美]哈罗德·J.伯尔曼:《法律与革命——西方法律传统的形成》,贺卫方译,中国大百科全书出版社 1993 年版。

[40][英]丹宁勋爵:《法律的正当程序》,李克强等译,法律出版社 1999 年版。

[41][英]克雷斯蒂安·冯·巴尔:《欧洲比较侵权行为法》(上卷),焦美华译,法律出版社 2004 年版。

[42][英]朱利安·罗伯茨、麦克·豪夫:《解读社会公众对刑事司法的态度》,李明琪等译,中国人民公安大学出版社 2009 年版。

[43][英]伊冯·朱克斯:《传媒与犯罪》,赵星译,北京大学出版社 2006 年版。

[44][英]约书亚·罗森伯格:《隐私与传媒》,马特等译,中国法制出版社 2012 年版。

[45][英]罗杰·科特威尔:《法律社会学导论》,潘大松等译,华夏出版社 1989 年版。

[46][法]孟德斯鸠:《论法的精神》,张雁深等译,商务印书馆 1961 年版。

[47][法]托克维尔:《论美国的民主》,董果良译,商务印书馆 1991 年版。

[48][法]达维德:《当代主要法律体系》,漆竹生译,上海译文出版社

1984 年版。

[49][意]戴维·奈尔肯:《比较刑事司法论》,张明楷等译,清华大学出版社 2004 年版。

[50][意]莫诺·卡佩莱蒂:《比较法视野中的司法程序》,徐昕等译,清华大学出版社 2005 年版。

[51][德]拉伦茨:《法学方法论》,陈爱娥译,商务印书馆 2003 年版。

[52][德]卡尔·曼海姆:《重建时代的人与社会:现代社会结构的研究》,张旅平译,生活·读书·新知三联书店 2002 年版。

[53][荷]亨利·马尔赛文、格尔·范德唐:《成文宪法的比较研究》,陈云生译,华夏出版社 1987 年版。

[54][奥]曼弗雷德·诺瓦克:《民权公约评注——联合国〈公民权利和政治权利国际公约〉》(上册),毕小青等译,生活·读书·新知三联书店 2003 年版。

(二) 中文著作

[1]龙宗智:《刑事庭审制度研究》,中国政法大学出版社 2001 年版。

[2]龙宗智:《相对合理主义》,中国政法大学出版社 1999 年版。

[3]孙长永等:《英国 2003 年版〈刑事审判法〉及其释义》,法律出版社 2005 年版。

[4]孙长永:《侦查程序与人权》,中国方正出版社 2000 年版。

[5]卞建林、焦洪昌等:《传媒与司法》,中国人民大学出版社 2006 年版。

[6]陈卫东:《公民参与司法研究》,中国法制出版社 2011 年版。

[7]陈光中:《21 世纪域外刑事诉讼立法最新发展》,中国政法大学出版社 2004 年版。

[8]万鄂湘:《欧洲人权法院判例评述》,湖北人民出版社 1999 年版。

［9］白建军:《公正底线:刑事司法公正性实证研究》,北京大学出版社2008年版。

［10］卞建林:《刑事诉讼的现代化》,中国法制出版社2003年版。

［11］魏永征、张咏华、林琳:《西方传媒的法制、管理和自律》,中国人民大学出版社2003年版。

［12］怀效锋编:《法院与媒体》,法律出版社2006年版。

［13］李缨、庹继光:《法治视野下的司法传媒和谐论》,巴蜀书社2009年版。

［14］高一飞:《媒体与司法关系研究》,中国人民公安大学出版社2010年版。

［15］高一飞:《司法公开基本原理》,中国人民公安大学出版社2012年版。

［16］朱颖:《守望正义:法治视野下的犯罪新闻报道》,人民出版社2008年版。

［17］陈瑞华:《刑事审判原理论》,北京大学出版社2000年版。

［18］沈宗灵:《比较法总论》,北京大学出版社1987年版。

［19］梁治平:《法律的文化解释》,生活·读书·新知三联书店1998年版。

［20］李学军:《美国刑事诉讼规则》,中国检察出版社2003年版。

［21］王利明:《司法改革研究》,法律出版社2002年版。

［22］岳礼玲:《〈公民权利和政治权利国家公约〉与中国刑事司法》,法律出版社2007年版。

［23］宋冰:《程序、正义与现代化》,中国政法大学出版社1998年版。

［24］北京大学法学院人权保障研究中心:《司法公正与权利保障》,中国法制出版社2001年版。

［25］王锋:《表达自由及其界限》,社会科学文献出版社2006年版。

［26］侯健：《表达自由的法理》，生活·读书·新知三联书店 2008 年版。

［27］陈欣新：《表达自由的法律保障》，社会科学文献出版社 2003 年版。

［28］邱小平：《表达自由——美国宪法第一修正案研究》，北京大学出版社 2005 年版。

［29］徐光华：《转型期刑事司法与民意互动的实证研究》，中国政法大学出版社 2015 年版。

［30］肖泽：《宪法学——关于人权保障与权力控制的学说》，科学出版社 2003 年版。

［31］刘迪：《现代西方新闻法制概述》，中国法制出版社 1998 年版。

［32］简海燕：《美国司法报道的法律限制》，知识产权出版社 2008 年版。

［33］时延安、付立庆：《大案隐喻：中国 2011 年最受关注刑事案件评点》，中国人公安大学出版社 2012 年版。

［34］时延安、刘计划：《大案征候：中国 2012 年最受关注刑事案件评点》，中国人公安大学出版社 2013 年版。

［35］时延安、刘计划：《大案聚焦：中国 2013 年最受关注刑事案件评点》，清华大学出版社 2014 年版。

［36］赵刚：《公开与公正的博弈——美国最高法院如何平衡新闻自由与审判公正》，法律出版社 2012 年版。

［37］崔林：《媒体对刑事审判监督及其界限研究》，法律出版社 2013 年版。

［38］柴艳茹《刑事侦查与大众传媒关系研究》，中国人民公安大学出版社 2013 年版。

［39］吴卫军：《司法改革原理研究》，中国人民公安大学出版社 2003

年版。

[40]张千帆:《西方宪政体系》(上册·美国宪法),中国政法大学出版社 2004 年版。

[41]张千帆:《西方宪政体系》(下册·欧洲宪法),中国政法大学出版社 2005 年版。

[42]徐美君:《侦查权的运行与控制》,法律出版社 2009 年版。

[43]陈永生:《侦查程序原理论》,中国人民公安大学出版社 2003 年版。

[44]郭卫华:《网络舆论与法院审判》,法律出版社 2010 年版。

[45]杨开湘:《刑事诉讼与隐私权保护的关系研究》,中国法制出版社 2006 年版。

[46]任东来:《美国宪政历史:影响美国的 25 个司法大案》,中国法制出版社 2005 年版。

[47]苗有水、刘树德:《在大案要案的背后:媒体审判与司法审判的对话》,江苏人民出版社 2005 年版。

[48]林钰雄:《刑事诉讼法》,中国人民大学出版社 2005 年版。

[49]李昌林:《从制度上保证审判独立:以刑事裁判权的归属为视角》,法律出版社 2006 年版。

[50]吕光:《新闻自由与新闻法》,台北学生书局 1975 年版。

[51]林子仪:《言论自由与新闻自由》,元照出版公司 1999 年版。

[52]章友德:《犯罪社会学理论与转型期的犯罪问题研究》,广西师范大学出版社 2008 年版。

[53]荆知仁:《美国宪法与宪政》,三民书局 1984 年版。

[54]姚广宜:《中国媒体监督与司法公正关系问题研究》,中国政法大学出版社 2013 年版。

[55]廖元豪:《美国法学院的 1001 天》,中国法制出版社 2011 年版。

［56］梁上上:《利益衡量论》,法律出版社 2013 年版。

［57］郝文明、杨会永:《新闻媒体有效利用与适度控制的法制化研究》,法律出版社 2013 年版。

［58］唐枫:《言论自由的刑罚限度》,法律出版社 2010 年版。

［59］初广志、郎劲松、张殿元:《转型期大众传播媒介的伦理道德研究》,首都师范大学出版社 2007 年版。

［60］牛静:《媒体权利的保障与约束研究》,华中科技大学出版社 2014 年版。

（三）中文论文

［1］徐迅:《中国媒体与司法关系现状评析》,《法学研究》2001 年第 6 期。

［2］［美］罗杰·埃内拉:《美国、法国与其他欧洲国家的新闻和出版自由》,载［美］路易斯·亨金、阿尔伯特·J.罗森塔尔:《宪法与权利》,生活·读书·新知三联书店 1996 年版。

［3］陈弘毅:《从英、美、加的一些重要判例看司法与传媒的关系》,载北京大学法学院人权保障研究中心:《司法公正与权利保障》,中国法制出版社 2001 年版。

［4］陈斯喜、刘松山:《冲突与平衡:媒体监督与司法独立》,载信春鹰编:《公法》第 3 卷,法律出版社 2001 年版。

［5］陈新民:《新闻自由与司法独立——一个比较法制上的观察与分析》,《台大法学论丛》(台北)第 29 卷第 3 期。

［6］龙宗智:《"内忧外患"中的审判公开——主要从刑事诉讼的视角分析》,《当代法学》2013 年第 6 期。

［7］高一飞:《庭审直播的根据与规则》,《南京师大学报》2007 年第 3 期。

［8］高一飞:《国际准则视野下的媒体与司法关系基本范畴》,《东方法学》2010 年第 2 期。

［9］贺卫方:《对电视直播庭审过程的异议》,《中国律师》1998 年第 9 期。

［10］陈永生:《冤案的成因与制度防范——以赵作海案件为样本的分析》,《政法论坛》2011 年第 6 期。

［11］封安波:《论转型社会的媒体与刑事审判》,《中国法学》2014 年第 1 期。

［12］刘静:《司法惩戒·法院与媒体——中荷国际研讨会综述》,《法律适用》2002 年第 2 期。

［13］林孟皇:《新闻自由与媒体特权(上)——以新闻记者的刑事诉讼为中心》,《本土法学杂志》2007 年第 95 期。

［14］舒国滢:《从"司法的广场化"到"司法的戏剧化"——一个符号学的视角》,《政法论坛》1999 年第 3 期。

［15］罗斌:《美国司法与传媒关系走向》,《人民司法》2004 年第 11 期。

［16］刘金根:《日本新闻中的犯罪报道》,《国际新闻界》2000 年第 3 期。

［17］杨成铭、李云飞:《论表达自由与公正审判权冲突的协调——以新闻自由和公开审判为视角》,《社科研究》(香港)2005 年第 2 期。

［18］张泽涛:《庭审应该允许有选择性地直播》,《法学》2000 年第 4 期。

［19］周泽:《司法审判与媒体报道和舆论的关系新探——兼对刘涌案的法理解读》,载陈兴良编:《刑事法评论》第 15 卷,中国政法大学出版社 2004 年版。

［20］熊秋红:《解读公正审判权:从刑事司法角度的考察》,《法学研究》2001 年第 6 期。

［21］王启梁:《法律世界观紊乱时代的司法、民意和政治——以李昌奎案为中心》,《法学家》2012 年第 3 期。

［22］张志铭:《当代中国的律师业——以民权为基本尺度》,见夏勇编:《走向权利的时代》,中国政法大学出版社 2000 年版。

［23］张志铭:《欧洲人权法院判例法中的表达自由》,《环球法律评论》2000 年第 4 期。

［24］张志铭:《传媒与司法的关系——从制度原理分析》,《中外法学》2000 年第 1 期。

［25］顾培东:《论对传媒的司法监督》,《法学研究》1999 年第 6 期。

［26］顾培东:《当代中国司法生态及其改善》,《法学研究》2016 年第 2 期。

［27］顾培东:《公众判意的法理解读——对许霆案的延伸思考》,《中外法学》2008 年第 4 期。

［28］周长军:《刑事侦查阶段的犯罪新闻报道及其限制》,《中外法学》2005 年第 6 期。

［29］张千帆:《合众国诉微软公司——法官、媒介与司法公正》,《南京大学法律评论》2001 年第 1 期。

［30］王好立、何海波:《"司法与传媒"学术研讨会讨论摘要》,《中国社会科学》1999 年第 5 期。

［31］侯健:《传媒与司法的冲突及其调整——美国有关法律实践评述》,《比较法研究》2001 年第 4 期。

［32］徐昕、卢荣荣:《中国司法改革年度报告（2009）》,《政法论坛》2010 年第 3 期。

［33］夏锦文:《当代中国的司法改革:成就、问题与出路》,《中国法学》2010 年第 1 期。

［34］［美］富布莱特:《谁来监督监督者? 司法独立、司法道德与法

治?》,见 http://51zy.cn/115430022.html。

[35]陈永生:《司法经费与司法公正》,《中外法学》2009 年第 3 期。

[36]赵建文:《公民权利和政治权利国际公约第 14 条关于公正审判权的规定》,《法学研究》2005 年第 5 期。

[37]王伟亮:《审判公开的新进展与新闻记者的采访权——以新旧规定的比较为视角》,《新闻记者》2007 年第 9 期。

[38]简海燕:《两大法系在新闻自由与司法公正平衡机制中的创造》,《辽宁大学学报》2008 年第 5 期。

[39]曹越:《新闻发言人制度的历史与现状》,《新闻记者》2003 年 7 期。

[40]傅美惠:《论侦查不公开与无罪推定》,《刑事法杂志》(台北)2006 年第 2 期。

[41]彭文正、箫宪文:《犯罪新闻报道对于司法官"认知"、"追诉"及"判决"的影响》,《台大法学论丛》(台北)2006 年第 3 期。

[42]彭文正、箫宪文:《犯罪新闻描述手法与影响认知之实证研究》,《东吴法律学报》(台北)2007 年第 12 期。

[43]陈祥、孙立杰:《当"侦查不公开"遇见"新闻自由":警察机关与媒体记者的冲突拔河研究》,《新闻学研究》(台北)2009 年第 101 期。

[44][美]Hans A.林德:《公正审判与新闻自由——两种针对国家的权利》,冯军译,载夏勇编:《公法》第 2 卷,法律出版社 2000 年版。

[45]赵正群、宫燕:《美国的信息公开诉讼制度及其对我国的启示》,《法学评论》2009 年第 1 期。

[46]冀祥德:《民愤的正读——杜培武、佘祥林等错案的司法性反思》,《现代法学》2006 年第 1 期。

[47]周慧、冀建峰:《我国新闻媒体监督司法审判的体制和文化障碍》,《山西大学学报》2005 年第 2 期。

［48］刘李明：《社会舆论与司法审判互动的个案研究》，《甘肃政法学院学报》2007 年第 11 期。

［49］邵俊武：《论审判过程中的传媒活动》，《法学评论》2002 年第 5 期。

［50］刘峥、蒋飞：《审判公开制度施行情况的实证调查与思考》，《法律适用》2006 年第 3 期。

［51］粟铮：《传媒与司法的偏差——以 2009 年十大影响性诉讼案例为例》，《政法论坛》2010 年第 5 期。

［52］孙笑侠：《司法的政治力学——民众、媒体、为政者、当事人与司法官的关系分析》，《中国法学》2011 年第 2 期。

［53］孙笑侠：《公案及其背景——透视转型期司法中的民意》，《浙江社会科学》2010 年第 3 期。

［54］孙笑侠：《法学教育的制度困境与突破——关于法学教育与司法考试等法律职业制度相衔接的研究报告》，《法学》2012 年第 9 期。

［55］孙笑侠、熊静波：《判决与民意——兼比较中美法官如何对待民意》，《政法论坛》2005 年第 5 期。

［56］周安平：《舆论挟持司法的效应与原因——基于典型案例的分析》，《学术界》2012 年第 10 期。

［57］周安平：《涉诉舆论的面相与本相：十大经典案例分析》，《中国法学》2013 年第 1 期。

［58］王启梁：《网络时代的民意与法律应有之品性——从"躲猫猫"事件切入》，《法商研究》2009 年第 4 期。

［59］胡铭：《转型社会刑事司法中的媒体要素》，《政法论坛》2011 年第 1 期。

［60］孟涛：《论当前中国法律理论与民意的冲突》，《现代法学》2010 年第 1 期。

[61]潘庸鲁:《网络民意对刑事审判的影响》,《国家检察官学院学报》2012 年第 2 期。

[62]陈柏峰:《法治热点案件讨论中的传媒角色——以"药家鑫案"为例》,《法商研究》2011 年第 4 期。

[63]褚国建:《法院如何回应民意:一种法学方法论上的解决方案》,《浙江社会科学》2010 年第 3 期。

[64]陈卫东:《刑事错案救济的域外经验:由个案、偶然救济走向制度、长效救济》,《法律适用》2013 年第 9 期。

[65]陈林林:《公众意见在裁判结构中的地位》,《法学研究》2012 年第 1 期。

[66]孙万怀:《论民意在刑事司法中的解构》,《中外法学》2011 年第 1 期。

[67]江西省高级人民法院课题组:《人民法院司法公信现状的实证研究》,《中国法学》2014 年第 2 期。

[68]罗智敏:《从邓玉娇案看民众"干预"司法的若干问题》,《比较法研究》2009 年第 6 期。

[69]饶慧华:《10 年 100 件公众关注刑事案件的普遍性研究》,《法律适用》2013 年第 1 期。

[70]徐阳:《"舆情再审":司法决策的困境与出路》,《中国法学》2012 年第 2 期。

[71]杨兴培:《李昌奎案:本不应轻启刑事再审程序》,《东方法学》2011 年第 5 期。

[72]陈兴良:《中国刑事司法改革的考察:以刘涌案和佘祥林案为标本》,《浙江社会科学》2006 年第 6 期。

[73]陈实、赵岩:《论人民法院新闻发言人制度之构建——以提高司法公信力为视角》,《司法论坛》2006 年第 2 期。

［74］李颖、庹继光:《限制传媒庭审采访的合法性边界探析》,《当代传播》2008 年第 2 期。

［75］胡菡菡:《新媒体条件下刑事案件报道规制的改革——以邓玉娇案为例》,《当代传播》2010 年第 2 期。

［76］庹继光:《中美司法规制传媒审判报道的比较分析》,《新闻大学》2009 年第 4 期。

［77］张丰繁、郭小燕:《法制新闻报道在定位不同的媒体上的媒介表现的差异——对〈法制晚报〉、〈京华时报〉、〈南方周末〉的内容分析》,《科技传播》2011 年第 7 期。

［78］张荆:《影响中国犯罪率攀升的六大关系研究》,《中国人民公安大学学报》2011 年第 5 期。

［79］张晓嵘:《从"李天一事件"看市场驱动下媒体的舆论反应》,《新闻世界》2011 年第 1 期。

［80］高一飞、王友龙:《庭审直播对于司法公正利大于弊——对法官、律师、被告人、证人的实证调查》,《新闻记者》2012 年第 11 期。

［81］欧洲司法委员会联盟:《欧洲各国司法——媒体——社会关系报告》,夏南、林娜译,《人民法院报》2013 年 5 月 31 日。

［82］吴纪奎:《论刑事案件庭审直播的规制》,《中国刑事法杂志》2014 年第 6 期。

［83］张文祥:《犯罪新闻报道的价值冲突与平衡——以系列校园血案和菲律宾人质事件报道为分析对象》,《国际新闻界》2011 年第 1 期。

［84］施鹏鹏:《论侦查程序中的媒体自由———种政治社会的解读》,《东南学术》第 2013 年第 1 期。

［85］张品泽:《外国刑事回避制度比较研究》,《比较法研究》2004 年第 3 期。

［86］王曙光:《略论网络舆论的法律规制及其理论前瞻》,《法学杂志》

2011 年第 4 期。

[87]许亚荃、朱颖:《中国犯罪新闻报道的历史扫描和发展现状》,《南昌大学学报(人文社会科学版)》2008 年第 6 期。

[88]赵琦:《刑事审判公开实施效果实证研究——基于传统与信息化两个途径的考察》,《现代法学》2012 年第 4 期。

[89]杨高峰:《从刘涌案看司法判决的社会公众认同》,《学术研究》2014 年第 10 期

[90]吴啟铮:《网络时代的舆论与司法》,《环球法律评论》2011 年第 2 期。

[91]何家弘、王燃:《法院庭审直播的实证研究》,《法律科学》2015 年第 3 期。

[92]徐骏:《司法应对网络舆论的理念与策略——基于 18 个典型案例的分析》,《法学》2011 年第 12 期。

[93]狄亚娜:《论大数据时代的不公开审理与隐私权保护》,《法学杂志》2016 年第 9 期。

[94]胡田野:《新媒体时代律师庭外言论的规制》,《法学》2014 年第 1 期。

[95]张新宇:《自媒体时代的舆论审判及其因应》,《江淮论坛》2014 年第 5 期。

[96]叶慧娟:《网络舆论影响刑事司法的动力机制研究》,《河北法学》2013 年第 12 期。

[97]谭世贵:《论司法独立与媒体监督》,《中国法学》1999 年第 4 期。

[98]唐芳:《司法新闻报道规制的法理正当性解读》,《科学社会主义》2009 年第 5 期。

[99]英国司法研究委员会、英国报业协会等:《英国刑事法院案件报道指南 2009》,林娜译,《人民法院报》2013 年 11 月 29 日。

［100］梁迎修:《权利冲突的司法化解》,《法学研究》2014 年第 2 期。

［101］艾佳慧:《网络时代的影响性诉讼及其法治影响力(下)——基于 2005—2009 年度影响性诉讼的实证分析》,《中国法律》2010 年第 5 期。

二、外文参考文献

［1］Matthew D. Bunker, *Justice and the Media——Reconciling Fair Trial and Free Press*, Lawrence Erlbaum Association, Publishers, 1997.

［2］Gregg Barak, *Media, Criminal Justice and Mass Culture, Criminal Justice Press Monsey*, New York, U.S.A, 1999.

［3］Warren Freedman, *Press and Media Access to the Criminal Courtroom*, Quorum Books, 1988.

［4］Douglas S. Campbell, *The Supreme Court and the Mass Media*, Praeger Publisher, 1990.

［5］Yale Kamisar, Wayne R. Lafave, Jerold H. Israel, Nancy J. King, *Modern Criminal Procedure*, West Group Publishing, 2002.

［6］Hixson, Richard F. Hixson, *Mass Media and the Constitution : An Encyclopedia of Supreme Court Decisions*, New York : Garland Pub., Inc., 1989.

［7］Douglas S. Campbell, *Free Press v. Fair Trial : Supreme Court Decisions since 1807*, Praeger Publishers, 1993.

［8］Davis、Richard, *Decisions and Images : the Supreme Court and the Press*, Prentice Hall College Div., 1993.

［9］Yale Kamisar, *Modern Criminal Procedure——Cases, Comments and Questions*, St. Paul, Minn., 1999.

［10］Darbyshire, "Raising Concerns About Magistrates' Clerks", in S. Doran and J. Jackson(eds.), *the Judicial Role in Criminal Proceedings*, Oxford:

hart, 2000.

[11] D. P. Kommers, *The Constitutional Jurisprudence of the Federal Republic of Germany* (2nd *Ed.*), Durham, South Carolina: Duke University Press, 1977.

[12] Micheal H. Graham, *Tightening the Reins of Justice in America*, Greenwood Press, 1983.

[13] Matthew D. Bunker, *Justice, Mthe Redia: Reconciling Tair Frails and a Free Press*, Lawrence Erlbaum Associates, Publishers, 1997.

[14] J. R. Spencer, "Justice English Style", in John J Sullivan and Joseph L. Victor. ed. *Criminal Justice* 96\97, Brown & Benchmark Publisher, 1996.

[15] Gobert, James J., Walter E. Jordan, *Jury Selection: the Law, Art , and Science of Selecting a Jury*, 2d ed. Collorado Springs, Colo.: Shepard's - McGraw-Hill, 1990.

[16] Office of the High Commissioner for Human Rights, *Training Manual on Human Rights Monitoring*, United Nations, New York and Geneva, 2001.

[17] Office of the High Commissioner for Human Rights in Cooperation with the International Bar Association, *Human Rights in the Administration of Justice: a Manual on Human Rights for Judges, Prosecutors and Lawyers*, United Nations, New York and Geneva, 2003.

[18] William Haltom, *Reporting on the Courts: How the MassMedia Cover Judicial Actions*, Chicago: Nelson-Hall Publishshers, 1998.

[19] Benjamin L. Liebman, "Watchdog or Demagogue? The Media in the Chinese Legal System", 105 Colum. L. Rev. 1 (2005).

[20] Adam Liptak, "Panel Two: Media and Law Enforcement: the Hidden Federal Shield Law: on the Justice Department's Regulations Governing Subpoenas to the Press", 199 Ann. Surv. Am. L. 227 (1999).

［21］Rich Curtner 、Melissa Kassier,"Not in our Town Pretrial Publicity, Presumed Prejudice and Change of Venue in Alaska:Public Opinion Surveys as a Tool to Measure the Impact of Prejudicial Pretrial Publicity",22Alaska L.Rev. 255(2005).

［22］Joanne Armstrong Brandwood,"You Say'Fair Trial'and I Say'Free Press':British and American Approaches to Protecting Defendants' Rights in High Profile Trials",75N.Y.U.L.Rev.1412(2000).

［23］Robert Hardaway、Douglas B.Tumminello,"Pretrial Publicity in Criminal Cases of National Notoriety:Constructing a Remedy for the Remediless Wrong",46Am.U.L.Rev.39(1996).

［24］David Corker、Michael Levi,"Pretrial Publicity and Its Treatment in the English Court",(1996)Crim.L.Rev.622.

［25］Matt Henneman,"Public Interest v.Private Justice",21Am.J.Crim.L. 335(1994).

［26］Andrew P.Napolitano,"Whatever Happened to Freedom of Speech? A Defense of'State Interest of the Highest Order'as a Unifying Standard for Erratic First Amendment Jurisprudence",29Seton Hall L.Rev.1197(1999).

［27］Michel Chesterman,"OJ and the Dingo:How Media Publicity Relating to Criminal Cases Tried by Jury is Dealt With in Australia and America",45Am. J.Comp.L.109(1997)

［28］William T.Pizzi,"Discovering Who We Are:An English Perspective on the Simpson Trial",67 U.Colo.L.Rev.1027(1996).

［29］H.Patrick Furman,"Publicity in High Profile Criminal Cases",10St. Thomas L.Rev.507(1998).

［30］Marc O.Litt,"'Citizen-Soldiers'or Anonymous Justice:Reconciling the Sixth Amendment Right of the Accused,the First Amendment Right of the

Media and the Privacy Right of Jurors", 25 Colum.J.L.& Soc.Probs.371(1992).

[31] Christina A. Studebaker、Steven D. Penrod, "Pretrial Publicity: The Media, the Law and Common Sense", 3 Psychol.Pub.Pol'y & L.428(1997).

[32] Joseph R. Mariniello, "Note: the Death Penalty and Pre - Trial Publicity: Are Today's Attempts at Guaranteeing a Fair Trial Adequate?", 8 Notre Dame J.L.Ethics & Pub.Pol'y371(1994).

[33] Jerry I.Shaw, Paul Skolnick, "Effects of Prejudicial Pretrial Publicity from Physical and Witness Evidence on Mock Jurors' Decision Making", 34 Journal of Applied Social Psychology 2132(2004).

[34] Brian V. Breheny、Elizabeth M. Kelly, "Maintaining Impatiality: does Media Coverage of Trials Need to be Curtailed?", 10St. John's J. L. Comm. 371 (1995).

[35] Roscoe C. Howard, Jr., "The Media, Attorneys and Fair Criminal Trails", 4Kan.J.L.&Pub.Pol'y61(1995).

[36] Scott C.Pugh, "Note: Checkbook Journalism, Freee Speech and Fair Trails", 143U.Pa.L.Rev.1739(1995).

[37] Robert S. Stephen, "Note, Prejudicial Publicity Surrounding a Criminal Trial: What a Trial Court Can Do to Ensure a Fair Trial in the Face of a 'Media Circus'", 26 Suffolk U.L.Rev.1063(1992).

[38] Honourable J J, Spigelman AC, "The Principle of Open Justice: a Comparative Perspective", (2006) Unsw Law J 119.

[39] Gavin Phillpson, "Trial by Media: the Betraya of the First Amendment's Upose", 71Law & Contemp.Probs 15(2005).

[40] Kathleen M.Laubenstein, "Media Access to Juvenile Justice: Should Freedom of the Press be Limited to Promote Rehabilitation of Youthful Offenders?", 68Temp.L.Rev.1897(1995).

[41] Jonathan M. Remshak, "Truth, Justice and the Media: an Analysis of the Public Criminal", 6 Seton Hall Const. L. J. 1083 (1996).

[42] Vidmar & Judson, "The Use of Social Science Data in a Change of Venue Application: a Case Study", 59Can. Bar Rev. 76. (1981).

[43] Rene Nu, "Note, Calibrating the Scales of Justice: Balancing Fundamental Freedom in the United States and Canada", 14 Ariz. J. Int'l & Comp. L. 551 (1997).

[44] Howard D. Hunter, "Toward a Better Understanding of the Prior Restraint Doctrine: a Reply to Professor Mayton", 67 Cornell L. Rev. 283 (1982).

[45] Justice P. N Bhagwait, "The Pressures on and Obstacles to the Independence of the Judiciary", 23 CIJL Bulletin 14 (1989).

[46] Kevin C . McMunigal, "The Risks, Rewards and Ethics of Client Media Campaigns in Criminal Cases", 34Ohio N. U. L. Rev. 687 (2008).

[47] Gary A. Hengstler, "The Media's Role in Changing the Face of U.S. Courts", http://italy.usembassy.gov/pdf/ej/ijde0503.pdf.

[48] Kenneth Dowler, "Media Consumption and Public Attitudes toward Crime and Justice: the Relationship Between Fear of Crime, Punitive Attitudes, and Perceived Police Effectiveness", *Journal of Crinal Justice and Popular Culture*, 10.2.2003.

[49] Sheran, L., "Trust and Confidence in Criminal Justice", *National Institute of Justice Journal*, 2002.

[50] Michael J. Hindelang, "Public Opinion Regarding Crime, Criminal Justice, and Related Topics", *Journal of Research in Crime and Delinquency*, 11. 2, 1974.

[51] Ann Kibbey, "Legal Meaning in the Age of Images: Trial by Media: Dna and Beauty−Pageant Evidence in the Ramsey Murder Case", 43 N. Y. L.

Sch.L.Rev.691(2000).

[52]Bronwyn Naylor,"Fair Trial or Free Press:Legal Responses to Media Reports of Criminal Trials",53The Cambridge Law Journal492(1994).

[53]Roscoe C.,Howard,Jr.,"Court System Panel:the Media,Attorneys, and Fair Criminal Trials",4 Kan.J.L.& Pub.Pol'y 61(1995).

[54]J.Tufts,J.V.Roberts,"Sentencing Juvenile Offenders:Coparing Public Preferences and Judicial Practice",13 *Criminal Justice Policy Review*46(2002).

[55]Taffiny L.Smith,"The Distortion of Criminal Trials Through Televised Proceedings",21Law & Psychol.Rev.257(1997).

后　记

　　本书系我的国家社科基金项目"刑事司法报道规制研究"的研究成果，也是根据我的同名博士论文修改完善而成。自1998年张金柱因交通肇事被判死刑，而惊爆"记者杀人"、公众舆论干预司法审判以来，刑事司法报道规制问题开始受到关注。伴随着刘涌案、许霆案、清洁工捡黄金案、邓玉娇案等媒体审判案例的急剧增多，如何规制媒体的刑事司法报道行为以调和同为民主社会基本价值的公正审判和表达自由在刑事司法领域的冲突，实现二者在刑事诉讼中的共赢，成为理论界和实务界面临并亟须解决的重大课题。在此背景下，我选择此题作为博士论文的选题进行研究，博士论文《刑事司法报道规制研究》在此背景下写就并于2010年答辩通过。博士毕业以后，我深感刑事司法报道及规制事关实现司法权的正当行使、公众表达自由与被追诉人人权三者的复杂博弈，需要用更权威的素材和资料进行更深入的研究，才能对中国特定社会文化和司法实践背景下媒体报道、刑事司法和政府、被追诉人三者的关系现状有精准的认识和把握，也才能对如何实现三者的良性互动、构建中国特色的刑事司法报道规制机制提出更有针对性的建议。因此，我以此为选题申报国家社科基金课题，并于2011年获批立项。在课题研究过程中，司法实务中的媒体审判之风愈演愈烈，李昌奎案、药家鑫案、天价过路费案、天价手机案、李天一案、云南巧家爆炸案等案越来越凸显刑事司法报道及其规制的重要性，我收集了大量媒体审判的刑事案例进行细致的研究，试图厘清刑事司法报道影响和干预司法审判的逻

347

辑和路径,更好地归纳出造成媒体报道、刑事司法机构和政府、被追诉人三者关系的现状及隐藏其后的深层机理。但由于刑事司法报道规制是一个跨学科的研究议题,涉及刑法、刑事诉讼法、宪法、司法制度、新闻法、伦理学等诸多学科,虽然研究时我力图从多学科的视角来进行,但多学科的娴熟研究的难度使得研究成果的意义必定有不足,但仍希望能够抛砖引玉,希望有更多的学者关心并注重从实证的角度研究刑事司法报道规制课题,进而解决中国式的媒体审判难题。

在本书出版之际,首先要感谢我的导师龙宗智教授。导师就我论文的选题、写作及修改等方面倾注了大量的心血,使我的论文得以顺利完成。他那严谨的治学态度和朴实的学风使我终身受益,他那深厚的学术造诣和高尚的品格使我由衷敬佩。这里,我还要深深的感谢孙长永教授,他给予我非常多的帮助和鼓励,此情我将永远记在心中。感谢徐静村教授、陈卫东教授、樊崇义教授、牟军教授、高一飞教授、李昌林教授、潘金贵教授等提出的宝贵意见。感谢我的师兄弟和同学朋友张泽涛、蔡军、王剑虹、李昌盛、张吉喜、李忠明、康黎等的帮助,深感荣幸能与你们一同走过。西华师范大学校党委副书记聂应德教授、副校长李健教授、法学院原党总支书记刘永红教授、法学院院长周建军、法学院原党总支副书记肖红等多位师长给予了我工作和学习上的巨大帮助;西华师范大学科研处的领导和老师给予了若干技术和政策的支持;人民出版社吴继平博士为本书出版做了大量具体细致的工作。在此,我要向他们表示我真挚的谢意!

唐　芳

2017 年 7 月 8 日

责任编辑:吴继平

装帧设计:周方亚

责任校对:吕　飞

图书在版编目(CIP)数据

刑事司法报道规制研究/唐芳 著. —北京:人民出版社,2017.9

ISBN 978－7－01－018063－2

Ⅰ.①刑…　Ⅱ.①唐…　Ⅲ.①刑事诉讼-案件-新闻报道-制度建设-研究-中国　Ⅳ.①D925.304 ②G219.20

中国版本图书馆 CIP 数据核字(2017)第 200335 号

刑事司法报道规制研究

XINGSHI SIFA BAODAO GUIZHI YANJIU

唐　芳　著

人民出版社 出版发行

(100706　北京市东城区隆福寺街 99 号)

北京中科印刷有限公司印刷　新华书店经销

2017 年 9 月第 1 版　2017 年 9 月北京第 1 次印刷

开本:710 毫米×1000 毫米 1/16　印张:22.5

字数:310 千字

ISBN 978－7－01－018063－2　定价:52.00 元

邮购地址 100706　北京市东城区隆福寺街 99 号

人民东方图书销售中心　电话 (010)65250042　65289539